21世纪高等学校
经济管理类规划教材
高校系列

INTRODUCTION TO E-COMMERCE

电子商务概论

胡斌 主编
黄继梅 邵敏 罗倩倩 汪发兴 童武平 副主编

ECONOMICS AND MANAGEMENT

人民邮电出版社
北京

图书在版编目（CIP）数据

电子商务概论 / 胡斌主编. -- 北京 : 人民邮电出
版社, 2015.2(2018.8重印)
21世纪高等学校经济管理类规划教材. 高校系列
ISBN 978-7-115-38005-0

Ⅰ. ①电… Ⅱ. ①胡… Ⅲ. ①电子商务－高等学校－
教材 Ⅳ. ①F713.36

中国版本图书馆CIP数据核字(2015)第022035号

内容提要

本书从应用与管理的角度，针对经济管理类专业大学生的特点，按照电子商务知识体系从理论到实践进行了全方位的内容整合，突出电子商务在商务活动中的实际应用，采用最新的案例和数据，深入浅出地阐述电子商务的方法和原理，突出互联网、移动互联网、网上消费者和网络营销等电子商务实践部分内容，强调它们之间的内在联系。全书共分为 9 章，包括电子商务基础知识、电子商务战略与规划、网络营销概述、电子商务基础技术、电子交易与支付、电子商务物流、电子商务系统规划与应用、电子商务法律基础、电子商务的发展前沿。

本书适合高等院校电子商务专业和经济类、管理类、信息类及计算机类等非电子商务专业的电子商务概论课程使用。

♦ 主　　编　胡　斌
副 主 编　黄继梅　邵　敏　罗倩倩　汪发兴　童武平
责任编辑　武恩玉
执行编辑　刘向荣
责任印制　沈　蓉　彭志环
♦ 人民邮电出版社出版发行　　北京市丰台区成寿寺路 11 号
邮编　100164　　电子邮件　315@ptpress.com.cn
网址　http://www.ptpress.com.cn
北京九州迅驰传媒文化有限公司印刷
♦ 开本：787×1092　1/16
印张：17.75　　2015 年 2 月第 1 版
字数：408 千字　　2018 年 8 月北京第 3 次印刷

定价：42.00 元

读者服务热线：(010)81055256　印装质量热线：(010)81055316
反盗版热线：(010)81055315

前 言 FOREWORD

自互联网诞生以来，人类社会就进入到了全新高速发展阶段。互联网浪潮深入到了社会经济的各个领域。

电子商务的出现改变了企业的经营环境。企业因为电子商务的介入而改变了组织结构和运作方式，提高了生产效率，降低了生产成本，最终提升了集约化管理程度，从而得以实现高效经营。电子商务也改变了世界。目前，电子商务已经成为全球一体化生产和组织方式的重要工具，在掌握资源配置主动权、提升国家竞争力过程中日益发挥着重要的作用。我国在国民经济和社会发展“十二五”规划纲要中明确提出，要积极发展电子商务，加快发展电子商务。这将有利于优化调整我国经济在全球产业中的定位和布局，有利于加快进一步融合全球化的步伐，提升国际竞争力。在电子商务引发的变革风潮中，电子商务已经成为后工业时代经济增长的强大推动力。

随着电子商务的蓬勃发展，我国对电子商务人才产生了巨大的需求。近年来，不少出版社出版了很多电子商务方面的教材。由于电子商务的发展日新月异，作为一门新学科，知识更新很快，无论是电子商务的内涵、技术、营销手段还是电子商务的管理及运营，与几年前相比都发生了很大的变化，原有教材的很多内容显得有些滞后，不能满足和适应现有电子商务专业和其他相关专业学生的需要，这促使我们要尽快地在原有基础上不断推出新的内容。

本书从管理的视角，针对电子商务专业的初学者以及非电子商务专业的大学生，对知识体系进行了重新整合，全书共分为 9 章，内容包括电子商务基础知识、电子商务战略与规划、网络营销概述、电子商务基础技术、电子交易与支付、电子商务物流、电子商务系统规划与应用、电子商务法律基础、电子商务的发展前沿等。

全书系统地介绍了电子商务的整体框架及其所涵盖的主要内容，强调相关概念、基本理论、技术支持和实际应用的完整性和成熟性；同时也强调研究成果的前沿性，力图反映出电子商务的最新发展趋势，使读者在阅读此书后能够对电子商务有一个清晰完整的了解，为后续课程的学习奠定基础。本书的每一章精心设计挑选了一个相关案例，通过案例分析来深化理解文章中的理论知识，提升读者的学习效果。为了方便教学，本书配有电子课件，可供课堂教学使用。

各章的编写分工如下：胡斌编写了第一章、第二章、第九章；罗倩倩编写了第三章；邵敏编写了第四章、第八章；黄继梅编写了第五章、第六章；汪发兴编写了第七章；童武平负责后期的整理工作。

本书可作为高等院校电子商务、经济管理以及计算机相关专业的教材或参考书，同时也可作为从事电子商务的实际工作者和相关领域管理人员的参考用书或培训教材。

编　者

2014 年 12 月

目录 CONTENTS

第一章 电子商务基础知识

电子商务——一场伟大的信息革命，改变了人们对传统商业模式的认知，以比以往更具创新力的力量及爆炸式的增长影响着现代社会。无论是现代的信息技术型企业还是线下的传统企业，甚至是每一个个体都将不可避免地面对电子商务技术发展所带来的挑战。

第一节 亚马逊的启示：为什么要实施电子商务①

一、亚马逊的故事

1994 年，29 岁的杰夫·贝索斯(Jeffery Bezos)是华尔街上一家银行家信托公司的高级副总裁。当了解到互联网用户每年增长 2300%时，他意识到了巨大商机的存在，他选择了辞职，转而投资于一种他认为可以在网络上畅销的产品，他很快发现了图书。

（一）为什么选择图书

有那么多商品可以销售，为什么却选中了图书呢？杰夫·贝索斯认为："图书有非常不寻常的特征，它有非常多的图书品种，任何给定时间段都有近 150 万册英文图书，如果考虑全球所有语言，则不少于 300 万册。当你谈及如此庞大的数目时，计算机的排序和组织能力就能得到充分发挥。没有哪一家实体书店能存放我们网站的 110 万种图书。没有哪个地方能支撑这么一个庞大的书店，也没有办法印刷这样一册图书目录。如果将我们网站上提供的图书目录打印出来，大约相当于 7 本纽约的电话号码簿。"因此，网上书店能给予客户最大的价值体现。

选择图书的其他原因还包括以下几种。

（1）消费者在购买图书时很少需要接触到书。消费者感兴趣的图书信息，如作者、出版商、内容、价格，可通过网页提供的内容展示、介绍、对比获得，更容易让消费者得到满意的图书。

（2）图书市场没有"巨人"，容易形成竞争优势。

（3）物流配送方便。图书体积小，容易包装，不易损坏，方便配送。

（4）商品价格不高，不会让消费者产生巨大的心理压力。

（二）亚马逊的快速成长

在筹措了几百万美元风险资金后，亚马逊(Amazon.com)网站于 1995 年 7 月正式开通，并在随后的 16 个月里以 34%的月平均速度快速增长，尽管贝索斯没有公布其销售数据，但据《华尔街日报》（The Wall Street Journal）的报道，亚马逊的年销售额超过了 500 万美元，《商业周刊》（Business Week）则估计有 1 700 万美元的销售额。而当时全球的电子商务年销售额才

① 资料来源：百度百科：http://wenku.baidu.com/link?url=pkJIGuXkYm412tYJ45-4FKeG_GrAvjN4U5dYMjXLg8GhUvMjL7jDk1SiFF5sz7op0_iDYBEgiZibFPih-sZDgV9TqApvpctaXMwBQz5jqRi

32 400 万美元，平均每个在线零售商的销售额仅 3 000 美元左右。

1997 年 5 月在美国纳斯达克市场挂牌上市，Amazon 首次公开募集资金达 5 000 万美元，1999 年 2 月再次融资 10 亿美元，注册客户也从 1997 年年底的 100 多万人，到 2000 年年底突破 2 000 万人，目前已有约 5 000 万客户在亚马逊网站消费购物。快速的扩张也给亚马逊的经营带来巨大压力，虽然销售额不断地翻倍，但亏损额也在快速增加，仅 2000 年一年就亏损超过 14 亿美元，这也引起了风险资本的大规模撤离，公司股价从也从每股 100 多美元下跌到 6 美元左右。表 1-1 显示了亚马逊公司从开业到 2013 年年底的主要经济指标变动情况。

表 1-1　亚马逊公司主要经济指标　　（单位：百万美元）[①]

年份	销售额	净利润	总资产
1995	0.51	0.30	—
1996	15.75	-6.25	8.27
1997	147.79	-31.02	149.01
1998	610.00	-124.55	648.46
1999	1 640.00	-719.97	2 471.55
2000	2 761.98	-1411.27	2 135.17
2001	3 120.00	-567.28	1 637.55
2002	3 932.94	-149.13	1 990.45
2003	5 263.70	35.28	2 162.03
2004	6 921.12	588.45	3 248.51
2005	8 490.00	359.00	3 696.00
2006	10 711.00	190.00	4 363.00
2007	14 840.00	476.00	—
2008	19 166.00	645.00	8 314.00
2009	24 509.00	1130.00	13 813.00
2010	34 204.00	1152.00	18 797.00
2011	48 080.00	631.00	252 278.00
2012	61 090.00	-39.00	32 555.00
2013	74 452.00	274.00	40 159.00

图 1-1 显示了亚马逊公司从 1997 年到 2011 年的毛利率与销量的变动曲线。

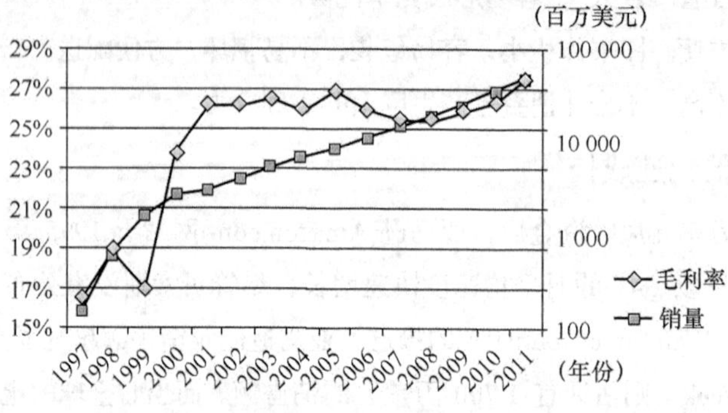

图 1-1　亚马逊公司主要经济指标变化曲线

① 注：数据来源于网络，可能与 Amazon 的财务数据有出入，以 Amazon 官方的财务数据为准。

为了应对危机，亚马逊公司采取了一系列的对策。

1．从单一的图书产品扩大到 CD、玩具等

现在亚马逊产品已经覆盖十多个大类几十个小类。2007 年起开始在亚马逊商店销售由亚马逊自己设计研发的电子书阅读器 Amazon Kindle，图 1-2 为亚马逊的最新主页。

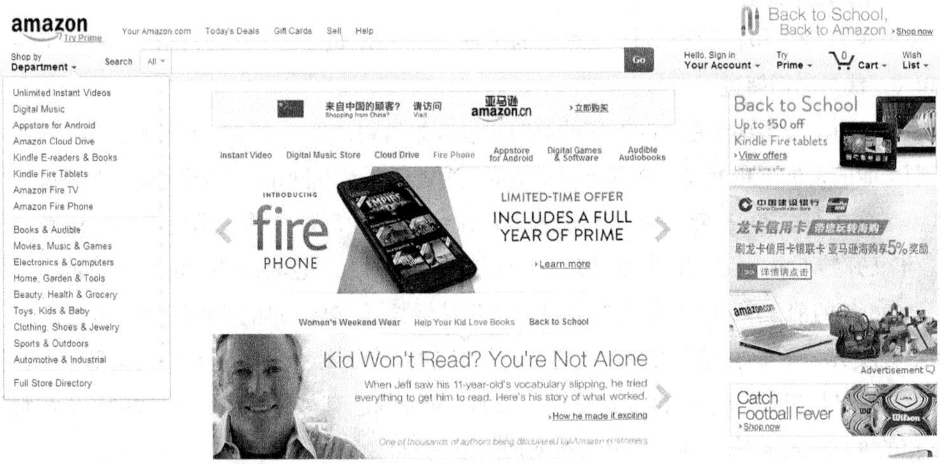

图 1-2　亚马逊英文主页（amazon.com）

2．从单一的美国市场向全球市场推进

虽然电子商务网站本身不存在地域限制，但由于语言、文化、物流配送等方面的问题，单纯从美国本土对外交易存在着巨大的困难，因此先后在英国、德国、法国、日本、加拿大和中国寻求合作伙伴，拓展业务。在中国通过收购卓越网（joyo.com）进入国内市场，经过多年整合，最终完成“亚马逊中国”的布局。图 1-3 为亚马逊中国的主页。

图 1-3　亚马逊中国主页（z.cn）

3．改善客户服务和客户体验

在网站建设上更体现客户关怀，优化网站结构方便用户浏览，提供高效的搜索引擎使客户找到所需信息；根据客户档案为客户提供个性化的产品信息和评论，推荐满足客户个性化需求的产品；推出“一键式（one-click）”订单服务，简化下单程序，保障支付安全，并可跟踪或修改订单。Amazon.com 网站有许多使在线购物体验更愉快的特点，例如它的“gift central”描绘了新的礼品理念和服务；客户可以利用“e-cards”免费发送动画贺卡给其朋友或家庭等等。公司还认识到订单履行对提高客户服务质量的重要性，投入了上亿美元的资金建设适合小包装配送的物理仓库。

4．精简公司员工

公司采取合作和招聘季节性临时工的方法裁退固定员工，例如公司在 2001 年共裁员 1 200 人，裁员比例超过了 10%。

经过努力，公司终于在 2002 年的第四季度开始赢利，且于 2003 年实现了全年赢利。当然新型企业的发展不可能是一帆风顺的，2003 年之后，互联网市场逐渐回暖，亚马逊公司开始了第二次扩张。2003 年后公司的销售额再次快速膨胀，资产总值迅速增加，但净利润到 2005 年又开始下滑，而“即使如杰夫·贝索斯般乐观的人，也将证明 2006 年是地狱般的一年”。2006 年的前三个季度的销售额虽然同比仍然增长了 22%，但净利润却从 1.6 亿美元下降到 0.93 亿美元，下降幅度达 42%，而这是在相对 2004 年已经下降了近 40%的基础上的。我们可以从其固定员工数目的增加就可见一斑，2003 年亚马逊有员工 7 800 人，2004 年恢复到了 2000 年的 9 000 人水平，2005 年又大幅增加到了 12 000 人。

二、亚马逊的启示

亚马逊的历史几乎反映了电子商务的发展历史，虽然它只是最成功的电子商务企业之一。它告诉了我们许多有关电子商务问题的基本答案：为什么需要电子商务？电子商务能帮助我们做些什么？如果要开展电子商务业务，我们从哪里开始？过程如何？下面我们对此案例做一个简单总结。

（一）网上购物的理由：面向消费者的策划

消费者愿意购买某产品，实际上就认同了该产品所体现的价值，因此客户愿意在网上购物也就认同了这种商业模式的价值。

（1）多种选择：110 万种图书可供选择，利用搜索引擎技术很容易找到你理想的图书。

（2）方便快捷：没有店铺经营时间的限制，没有地理位置的约束，你可以在任何时间、任何地点，只要能接入互联网，就可以下单购物。

（3）价格低廉：由于互联网能够降低交易成本以及可获得政府的优惠政策，很多商品都能为客户提供高折扣，亚马逊网上书店 70%以上的图书都能提供令客户满意的折扣。

（4）服务周到：电子邮件和电话提供客户支持，提供自动的订单确认、订单跟踪以及运输信息查询。

（二）投资的理由：面向经营者的策划

（1）不需实体店面：实体店面的投资是昂贵的，而那些有商业价值的所谓黄金地段并不是所有投资人愿意承担的。

（2）可以节约人力成本：不需要营业员，不需要销售代表。

（3）不需要维持大量的库存：可以依靠分销商、按订单生产或进货等，即使是畅销产品库存的数量也不大。实际上，亚马逊公司每年的库存周转达 19 次之多（来源：Amazon.com

Annual Report,2002），而传统书店仅 3 次左右。

（4）专注产品设计：由于不直接面对消费者，公司的员工将精力集中在产品设计上。从 1995 年 7 月亚马逊开业到 2013 年年底，亚马逊公司所提供的产品、服务不断更新，特别是其服务和营销理念很多都成为其他互联网公司模仿的样板。

（三）传统书店无法比拟的优势：个性化与推荐

（1）历史推荐：你买过什么书吗？如果买过，那么只要你再次登陆其网络店铺，或者你留有个人联系的方式，如 E-mail 或电话，系统都会给你推荐你感兴趣的书目。

（2）协同推荐：你想买什么书吗？只要你输入你想要的书名，与此相关的书籍都会推荐给你。如果你愿意提供你的一些个人偏好或资料，系统还能将其他与你具有相似偏好的读者购买图书的习惯告诉你，供你参考。

（3）货比三家：如果你想在亚马逊网站购买一本有关电子商务方面的图书，输入"电子商务"，就会列出一系列相关书籍，并且每本书后面都可能留有其他读者的评价；你还可以通过电子邮件的方式与你感兴趣的读者、作者沟通，能非常方便地比较不同作者的书籍。

思考题

1. 从该案例中你能知道开展电子商务有哪些好处吗？
2. Amazon.com 获得了哪些优势？
3. 你能学到哪些经验和教训？
4. 开展电子商务时你可能要注意哪些问题？
5. 访问 Amazon.com，看看它现在能提供哪些服务。
6. 在 2004 年之后，Amazon 又遇到了新的困难，请收集 Amazon 在此后的资料，分析一下产生新困难的原因及其应对措施，结果如何。

问题扩展

点击流跟踪是企业常采用的一项网络营销技术，查阅相关资料，回答下列问题：

1. 什么是点击流跟踪？
2. 有人认为跟踪用户的点击流，有利于提高个性化服务水平，对电子商务发展是有利的。你持何观点？

第二节　电子商务的产生与发展

一、电子商务产生和发展的条件

电子商务最早产生于 20 世纪 60 年代，发展于 20 世纪 90 年代，其产生和发展的重要条件主要有以下几点。

（一）计算机的广泛应用

近 20 年来，计算机的处理速度越来越快，处理能力越来越强，价格越来越低，应用越来越广泛，这为电子商务的应用提供了基础。

（二）网络的普及和成熟

由于 Internet 逐渐成为全球通信与交易的媒体，全球上网用户呈级数增长趋势，快捷、安全、低成本的特点为电子商务的发展提供了应用条件。

（三）信用卡的普及应用

信用卡以其方便、快捷、安全等优点而成为人们消费支付的重要手段，并由此形成了完善的全球性信用卡计算机网络支付与结算系统，使“一卡在手、走遍全球”成为可能，同时也为电子商务中的网上支付提供了重要的手段。

（四）电子安全交易协议的制定

1997 年 5 月 31 日，由美国维萨（VISA）和万事达卡（Mastercard）国际组织等联合制定的电子安全交易协议（Secure Electronic Transfer Protocol，SET）的出台，以及该协议得到大多数厂商的认可和支持，为在网络上开发电子商务提供了一个关键的安全环境。

（五）政府的支持与推动

自 1997 年欧盟发布“欧洲电子商务协议”，美国发布“全球电子商务纲要”以后，电子商务受到世界各国政府的重视，许多国家政府开始尝试“网上采购”。这为电子商务的发展提供了有利的支持。

二、我国电子商务的发展历程

（一）1993—1998 年起步阶段

1993—1997 年，由政府领导组织开展的“三金工程”，为电子商务发展期打下坚实基础。1993 年成立了由国务院副总理为主席的国民经济信息化联席会议及其办公室（简称信息办），相继组织了金桥、金关、金卡等“三金工程[①]”，取得了重大进展。1996 年，全桥网与因特网正式开通。1997 年，信息办组织有关部门起草编制中国信息化规划。同样是在 1997 年，中国第一家垂直互联网公司诞生——浙江网盛科技股份有限公司（现浙江网盛生意宝股份有限公司）。1998 年 3 月，中国第一笔互联网网上交易成功。从此，中国的电子商务开启了星星之火的燎原之势。

［知识链接］

继美国提出信息高速公路计划之后，世界各地掀起信息高速公路建设的热潮，中国迅速做出反应。1993 年年底，中国正式启动了国民经济信息化的起步工程——“三金工程”。“三金工程”的目标是建设中国的“信息准高速国道”。三金工程即“金桥工程”、“金卡工程”、

① 百度百科：http://baike.baidu.com/view/702752.htm?fr=aladdin

“金关工程”。“金桥工程”首先建立国家共用经济信息网。其具体目标是建立一个覆盖全国并与国务院各部委专用网连接的国家共用经济信息网。“金关工程”是对国家外贸企业的信息系统实联网，推广电子数据交换技术（EDI），实行无纸贸易的外贸信息管理工程。“金卡工程”则是以推广使用“信息卡”和“现金卡”为目标的货币电子化工程。

（二）1999—2002 年曲折发展阶段

随着电子商务在国际上的快速发展，投机行为开始显现，网络泡沫出现了。1994 年，马赛克（Mosaic）浏览器及万维网（World Wide Web）的出现，互联网开始引起公众注意。1996 年，对大部分美国的上市公司而言，一个公开的网站已成为必需品。初期人们只看见互联网具有免费出版及即时传播世界性资讯等特性，但逐渐人们开始适应了网上的双向通信，并开启了以互联网为媒介的直接商务（电子商务）及全球性的即时群组通信。这些概念吸引了不少年轻的人才，他们认为这种以互联网为基础的新商业模式将会兴起，并期望成为首批以新模式赚到钱的人。

随着雅虎（Yahoo）、亚马逊（Amazon）、易贝（ebay）等互联网公司的上市，上市市值节节攀升，风投家目睹了互联网公司股价的创纪录上涨，故而出手更快，不再像往常一般地谨小慎微，选择让很多竞争者进入，再由市场决定胜出者来降低风险。美国 1998—1999 年的宽松货币政策带来的低利率，帮助了互联网公司启动资金总额的增长。而在这些企业家中，大部分缺乏切实可行的计划和管理能力，却由于新颖的“DOT COM”概念，仍能将创意出售给投资者。在 2000 年 3 月，以技术股为主的纳斯达克综合指数（Nasdaq Composite Index）攀升到 5048，网络经济泡沫达到最高点。然而宽松的货币政策并没有持续太久。从 1999 年至 2000 年初，利率被美联储提高了 6 倍，资金的成本快速上升，出轨的经济开始失去了速度。最终，网络泡沫于 2000 年 3 月 10 日开始破裂，该日 NASDAQ 综合指数到达了 5048.62（当天曾达到过 5132.52），比 1999 年的指数翻了一番还多。NASDAQ 此后开始小幅下跌。3 月 13 日星期一的大规模的初始批量卖单的处理引发了抛售的连锁反应：投资者、基金和机构纷纷开始清盘。仅仅 6 天时间，NASDAQ 就损失了将近 900 点，从 3 月 10 日的 5050 点掉到了 3 月 15 日的 4580 点。股市的快速下跌引发了投资者的恐慌性抛售手中的股票，导致大量上市网络公司市值严重缩水，最终部分企业因资金链断裂而破产，“DOT COM”泡沫全面破灭。

虽然国内电子商务的发展滞后于西方发达国家，但在西方部分网络公司成功上市的刺激下以及国内早期几家成功的互联网企业的发展影响下，例如新浪、百度、腾讯等互联网企业，大量的企业、个体纷纷开始进军互联网产业。甚至这个时间段出现了大量公司变更企业名称的现象，纷纷在企业名称上冠上“科技公司”“网络公司”之类的词语。这些现象足以看出当时国内电子商务的发展热潮。

但是和企业如火如荼发展电子商务的热潮相比，国内的电子商务环境还很不完善，包括网上支付、物流配送、消费观念等还无法跟上时髦的电子商务。很多企业在对待电子商务时心态上不够理智，把电子商务当作一夜暴富的手段。疯狂地投项目、盲目地吸引风投，结果大量的互联网公司在这个阶段倒下。其中最为典型的是堪称为中国 B2C 电子商务鼻祖的 8848。

[知识链接]

1999 年王峻涛创办 8848 网站，先后担任总裁、董事长。该网站自 1999 年 1 月从 4 个人、约 16 万元人民币起步，迅速发展成为中国电子商务的标志性企业。1999 年 11 月，Intel 公司总裁贝瑞特访华，称 8848 是“中国电子商务领头羊”；2000 年 1 月，8848 被中国互联网大赛评为中国优秀网站工业与商业类第一名；2000 年 2 月，美国《时代周刊》称 8848 网站是“中国最热门的电子商务站点”；2000 年 7 月，8848 被《福布斯》杂志列入中国前十大网站。2001 年，CNNIC 的调查显示，8848 是中国工业和商业类网站被用户访问最多的网站。至 2001 年，8848 公司先后融资约 6000 万美元。

就是这样一家互联网公司接下来的发展却和前两年截然相反。公司为了能上市，大量地吸收风投资金，使公司创始人不断失去公司经营的控制权；由于风投和公司创始人之间不断发生经营理念的冲突，结果，在资本的“力量”下，公司创始人不断地“让步”，最终 8848 的发展不断地偏离预期的轨道而没落。

（三）2003—2006 年高速增长阶段

2003 年 4 月起在中国广东省及香港地区所暴发的流行病——严重急性呼吸道综合症(SARS)对中国乃至全球经济发展产生了巨大的影响。由于病毒传染性较强，死亡率极高，当时人们谈“非典”色变。当非典来临的时候，中国经济遭遇一定的冲击，造成直接经济损失 1400 多亿元人民币。“非典”在 2003 年第二季度对旅游、餐饮、运输业造成严重影响，甚至出现改革开放 20 多年来首次负增长。但是与此同时，某些行业却得到了新的机遇，其中最受益的就是电子商务行业。

当我们说到京东商城和淘宝的发展，就会从 2003 年开始讲。“非典”肆虐的时候，马云和阿里巴巴的员工都被闷在家里办公，就这样“闷”出了淘宝的想法。淘宝网是 2003 年 5 月成立的。而京东商城则是完全被“非典”“逼”出来的。2003 年京东门店开到 12 家，“非典”来临，顾客不再上门，每天损失好几万。无奈之下刘强东带着员工到各个网站发帖，注册几百个 QQ 号推销产品，意外发现网上销量增长惊人。2004 年，京东转型成了网上商城。

“非典”时期，中国电子商务得到了快速发展。显示了中国电子商务产业具有良好的基础设施和政策环境，得到广大中国网民的青睐和信任。中国电子商务潜在的广大需求市场，在非典时期得到充分展现和释放。不少企业电子商务交易成果喜人。据新华网 2003 月 5 月 29 日报道，卓越网平时月销售额约 1000 万元，而从 4 月 29 日到 5 月 4 日，仅短短的 5 天，销售额已经突破 1500 万元；易趣网日均的出价次数从 2003 年 4 月的 3 万多，增长到超过 4 万，日均交易额从 2003 年 3 月 180 万元猛增到 230 万元。

在 NASDAQ 交易所，中国电子商务股受到国际投资者的高度关注和追捧。非典时期三个月，NASDAQ 交易所“新浪”股票每股市价由 2003 年 3 月 31 日的 8.42 美元上升到 2003 年 6 月 30 日的 20.25 美元，平均上升了 2.4 倍；“搜狐”股价由 10.92 美元上升到 34.00 美元，上升了 3.1 倍；“网易”股价由 14.95 美元上升到 36.47 美元，上升了 2.4 倍。2003 年 4 月 1 日至 6 月 30 日三个月来，这些中国电子商务股股价的飙升，使它们成为 NASDAQ 市场上名副其实的绩优股。它们股价的成长速度高于 NASDAQ 所有股票平均成长速度十倍以上，它们成为高速成长股，其成长速度列NASDAQ所有股票的前10名。

通过2003年的洗礼，更多的人开始理性看待电子商务。电子商务的发展逐渐走上健康的发展轨道。在这一阶段，当当、卓越、阿里巴巴、慧聪、环球资源、淘宝，这几个响当当的名字成了互联网江湖里的热点。这些生在网络长在网络的企业，在短短的数年内崛起，和网游、SP企业等一起搅翻了整个通信和网络世界。这个阶段对电子商务来说有3个最大的变化。

（1）大批的网民逐步接受了网络购物的生活方式，而且这个规模还在高速的扩大。

（2）众多的中小型企业从B2B电子商务中获得了订单，获得了销售机会，“网商”的概念深入商家之心。

（3）电子商务基础环境不断成熟，物流、支付、诚信瓶颈得到基本解决，在B2B、B2C、C2C领域里，都有不少网络商家迅速成长，积累了大量的电子商务运营管理经验和资金。

（四）2007年以后电子商务全面发展阶段

这个阶段最明显的特征就是，电子商务已经不仅仅是互联网企业的天下。数不清的传统企业和资金流入电子商务领域，使得电子商务世界变得异彩纷呈。B2B领域的阿里巴巴、网盛的上市标志着发展步入了规范、稳步发展的阶段；淘宝的战略调整，百度的试水意味着C2C市场不断地优化和细分；PPG、红孩子、凡客诚品、京东商城的火爆，不仅引爆了整个B2C领域，更让众多传统商家按捺不住纷纷跟进。

这个阶段，电子商务的交易额节节攀升。从2007年的2.33万亿元到2013年突破10万亿元，6年间交易额增长了近4倍。从B2B、B2C到C2C还是现在热门的O2O交易都全面开花。其中2013年中国网络零售市场交易规模达18851亿元（如图1-4所示），2014年前6个月我国网络零售市场交易规模达10856亿元，同比增长43.9%。2014年仅阿里巴巴旗下的零售平台天猫和淘宝“双十一”当天更是创造了571亿元的销售奇迹。

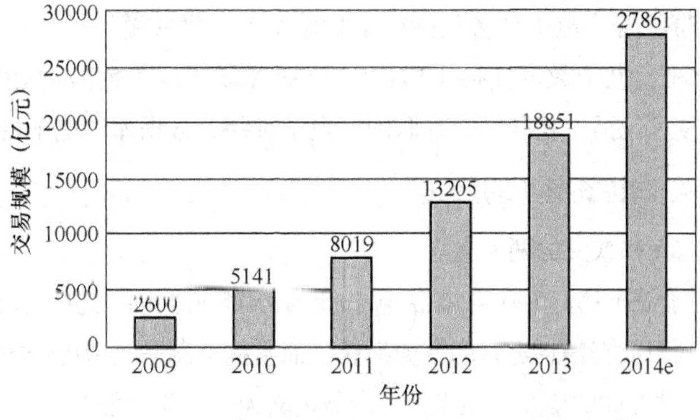

图1-4　2009—2014年中国网络零售市场交易规模[①]

［知识链接］

2009年，天猫（当时称淘宝商城）开始在11月11日“光棍节”举办促销活动，最早的出发点只是想做一个属于淘宝商城的节日，让大家能够记住淘宝商城。选择11月11日，也是一个有点冒险的举动，因为光棍节刚好处于传统零售业十一黄金周和圣诞促销季中间。但这

① 中国电子商务研究中心．2013年度中国网络零售市场数据监测报告.2014.3.4.

时天气变化正是人们添置冬装的时候，当时想试一试，看网上的促销活动有没有可能成为一个对消费者有吸引力的窗口。结果一发不可收拾，“双十一”成为电商消费节的代名词,甚至对非网购人群、线下商城也产生了一定影响力。

天猫历年“双十一”销售额（部分数据包含天猫商城和淘宝集市的总额）:

2009 年“双十一”: 0.5 亿元

2010 年“双十一”: 9.36 亿元

2011 年“双十一”: 33.6 亿元

2012 年“双十一”: 191 亿元

2013 年“双十一”: 350.19 亿元

2014 年“双十一”: 571 亿元

第三节　电子商务的基本概念

一、电子商务的定义

电子商务是指在互联网（Internet）、企业内部网（Intranet）和增值网（Value Added Network，VAN）等上以电子交易方式进行交易活动和相关服务的活动，是传统商业活动各环节的电子化、网络化。电子商务是利用 PC 技术和网络通信技术进行的商务活动。各国政府、学者、企业界人士根据自己所处的地位和对电子商务参与的角度和程度的不同，给出了许多不同的定义。电子商务虽然在各国或不同的领域有不同的定义，但其关键依然是依靠电子设备和网络技术进行的商业模式。随着电子商务的高速发展，它已不仅仅包括其购物的主要内涵，还应包括物流配送等附带服务。电子商务包括电子货币交换、供应链管理、电子交易市场、网络营销、在线事务处理、电子数据交换（EDI）、存货管理和自动数据收集等系统。在此过程中，利用到的信息技术包括：互联网、外联网、电子邮件、数据库、电子目录和移动电话。

（一）联合国关于电子商务的定义

电子商务，有广义和狭义的两种概念。

（1）根据《联合国国际贸易委员会电子商务示范法》，广义的电子商务（Electronic Business，EB)是指利用数据信息进行的商业活动，而数据信息是指由电子的、光学的或其他类似方式所产生、传输并存储的信息；狭义电子商务定义为，主要利用 Internet 从事商务或活动。无论是广义的还是狭义的电子商务的概念，电子商务都涵盖了两个方面：一是离不开互联网这个平台，没有了网络，就称不上为电子商务；二是通过互联网完成的是一种商务活动。

（2）狭义上讲，电子商务（Electronic Commerce，EC)是指：基于互联网平台实现商业交易电子化的行为。通过使用互联网等电子工具（这些工具包括电报、电话、广播、电视、传真、计算机、计算机网络、移动通信等）在全球范围内进行的商务贸易活动。是以计算机网络为基础所进行的各种商务活动，包括商品和服务的提供者、广告商、消费者、中介商等有关各方行为的总和。人们一般理解的电子商务是指狭义上的电子商务。

（二）政府部门的定义

欧洲议会关于电子商务的定义是：电子商务是通过电子方式进行的商务活动。它通过电子方式处理和传递数据，包括文本、声音和图像。它涉及许多方面的活动，包括货物电子贸易和服务、在线数据传递、电子资金划拨、电子证券交易、电子货运单证、商业拍卖、合作设计和工程、在线资料、公共服务获得。它包括了产品（如消费品、专门设备）和服务（如信息服务、金融和法律服务）、传统活动（如健身、体育）和新型活动（如虚拟购物、虚拟训练）。

（三）权威学者的定义

美国学者瑞维·卡拉科塔和安德鲁·B·惠斯顿在他们的专著《电子商务的前沿》中提出："广义地讲，电子商务是一种现代商业方法。这种方法通过改善产品和服务质量、提高服务传递速度，满足政府组织、厂商和消费者降低成本的需求。这一概念也用于通过计算机网络寻找信息以支持决策。一般地讲，今天的电子商务是通过计算机网络将买方和卖方的信息、产品和服务器联系起来，而未来的电子商务是通过构成信息高速公路和无数计算机网络将买方和卖方联系起来。"

（四）中国的定义

中国上海市电子商务安全证书管理中心对电子商务下的定义是：电子商务是指采用数字化电子方式进行商务数据交换和开展商务业务活动。电子商务（EC）主要包括利用电子数据交换（EDI）、电子邮件（E-mail）、电子资金转账（EFT）及 Internet 的主要技术在个人间、企业间和国家间进行无纸化的业务信息的交换。

（五）IT（信息技术）行业对电子商务的定义

IT（信息技术）行业是电子商务的直接设计者和设备的直接制造者。很多公司都根据自己的技术特点给出了电子商务的定义。虽然差别很大，但总的来说，无论是国际商会的观点，还是 HP 公司的 E-World，IBM 公司的 E—Business，都认同电子商务是利用现有的计算机硬件设备、软件设备和网络基础设施，通过一定的协议连接起来的电子网络环境进行的各种各样商务活动。

随着电子商务魅力的日渐显露，虚拟企业、虚拟银行、网络营销、网上购物、网上支付、网络广告等一大批前所未闻的新词汇正在为人们所熟悉和认同，这些词汇同时也从另一个侧面反映了电子商务正在对社会和经济产生的影响。

电子商务是以商务活动为主体，以计算机网络为基础，以电子化方式为手段，在法律许可范围内所进行的商务活动交易过程。

电子商务是运用数字信息技术，对企业的各项活动进行持续优化的过程。

二、电子商务的特点

电子商务是一种依托现代信息技术和网络技术，集金融电子化、管理信息化、商贸信息网络化为一体，旨在实现物流、资金流与信息流和谐统一的新型贸易方式。电子商务在互联网的基础上，突破传统的时空观念，缩小了生产、流通、分配、消费之间的距离，大大提高了物流、资金流和信息流的有效传输和处理，开辟了世界范围内更为公平、公正、广泛、竞争的大市场，为制造者、销售者和消费者提供了能更好地满足各自需求的极好机会。

与传统的商务活动方式相比，电子商务具有以下几个优势。

（1）交易虚拟化。通过 Internet 为代表的计算机互联网络进行的贸易，贸易双方从贸易磋商、签订合同到支付等，无需当面进行，均通过计算机互联网络完成，整个交易完全虚拟化。对卖方来说，可以到网络管理机构申请域名，制作自己的主页，组织产品信息上网。而虚拟现实、网上聊天等新技术的发展使买方能够根据自己的需求选择广告，并将信息反馈给卖方。通过信息的推拉互动，签订电子合同，完成交易并进行电子支付，整个交易都在网络这个虚拟的环境中进行。电子商务的发展打破了传统企业间明确的组织界限，出现了虚拟企业，形成了“你中有我，我中有你”的动态联盟，表现为企业有形边界的缩小，无形边界（虚拟企业的共同边界）的扩张。

（2）交易成本低。电子商务使得买卖双方的交易成本大大降低。

① 距离越远，网络上进行信息传递的成本相对于信件、电话、传真而言就越低。此外，缩短时间及减少重复的数据录入也降低了信息成本。

② 买卖双方通过网络进行商务活动，无需中介者参与，减少了交易的相关环节。

③ 卖方可通过互联网络进行产品介绍、宣传，避免了在传统方式下做广告、发印刷品等大量费用。

④ 电子商务实行“无纸贸易”，可减少 90% 的文件处理费用。

⑤ 互联网使买卖双方即时沟通供需信息，使无库存生产和无库存销售成为可能，从而使库存成本降为零。

⑥ 企业利用内部网可实现“无纸办公（OA）”，提高了内部信息传递的效率，节省时间，并降低管理成本。通过互联网络把其公司总部、代理商以及分布在其他国家的子公司、分公司联系在一起，及时对各地市场情况做出反应，即时生产，即时销售，降低存货费用，采用高效快捷的配送公司提供交货服务，从而降低产品成本。

⑦ 传统的贸易平台是地面店铺，电子商务贸易平台则是网吧或办公室，大大降低了店面的租金。有资料表明，使用 EDI 通常可以为企业节约 5%～10%的采购成本。

（3）交易效率高。由于互联网络将贸易中的商业报文标准化，使商业报文能在世界各地瞬间完成传递与计算机自动处理，使原料采购、产品生产、需求与销售、银行汇兑、保险、货物托运及申报等过程无需人员干预，而在最短的时间内完成。传统贸易方式中，用信件、电话和传真传递信息必须有人的参与，且每个环节都要花不少时间。有时由于人员合作和工作时间的问题，会延误传输时间，失去最佳商机。电子商务克服了传统贸易方式费用高、易出错、处理速度慢等缺点，极大地缩短了交易时间，使整个交易非常快捷与方便。

（4）集成性。电子商务是一种新兴产物，其中用到了大量新技术，但并不是说新技术的出现就必须导致老设备的死亡。万维网的真实商业价值在于协调新老技术，使用户能更加行之有效地利用他们已有的资源和技术，更加有效地完成他们的任务。电子商务的集成性，还在于事务处理的整体性和统一性，它能规范事务处理的工作流程，将人工操作和电子信息处理集成为一个不可分割的整体。这样不仅能提高人力和物力的利用，也提高了系统运行的严密性。

（5）协调性。商务活动是一种协调过程，它需要雇员和客户、生产方、供货方以及商务伙伴间的协调。为提高效率，许多组织都提供了交互式的协议，电子商务活动可以在这些协议的基础上进行。传统的电子商务解决方案能加强公司内部相互作用，电子邮件就是其中一种，但那只是协调员工合作的一小部分功能。利用网络将供货方连接至管理系统，再连接到客户订单处理，并通过一个供货渠道加以处理，这样公司就节省了时间，消除了纸张文件带来的麻烦并提高了效率。电子商务使企业之间的沟通与联系更加便捷，信息更加公开与透明，极大地降低了企业间的交易成本。在传统的商务运作中，高的通信成本、购销成本、协作成本大大增加了企业的负担，成为阻碍企业组织间协作的主要因素。这种状况下，企业倾向于采用纵向一体化战略扩张其规模，以此来替代横向协作，从而降低交易成本。电子商务的发展，使得企业可以与主要供应商之间建立长期合作伙伴关系，并将原材料采购与产品的制造过程有机地配合起来，形成一体化的信息传递和信息处理体系。电子商务还使得贸易双方的交流更为便捷，大大降低了双方的通信往来费用，简化了业务流程，节约了大量的时间成本与传输成本。除此之外，通过电子商务，供应链伙伴（供应商、制造商、分销商等）之间更加紧密地联系在一起，使以往商品生产与消费之间、供给与需求之间的“时滞”变为“实时”，大大改善了销售预测与库存管理，降低了整个供应链的库存成本，并节省了仓储、保管、行政等多方面的开支。

（6）交易透明化。买卖双方从交易的洽谈、签约以及货款的支付、交货通知等整个交易过程都在网络上进行。通畅、快捷的信息传输可以保证各种信息之间互相核对，可以防止伪造信息的流通。

（7）优化社会资源配置。由于一个行业的所有企业不可能同时采用电子商务，所以，那些率先使用电子商务的企业会有价格上的优势、产量上的优势、规模扩张上的优势、市场占有上的优势和规则制定上的优势，而那些后来使用者或不使用者的平均成本则有可能高于行业的平均成本。这样，社会的资金、人力和物力等资源会通过市场机制和电子商务的共同作用，从成本高的企业向成本低的企业流动，从利用率低的企业向利用率高的企业流动，从亏损的企业向赢利的企业流动，从而使社会资源得到更合理和更优化的配置。

（8）有利于企业的技术创新活动与市场进行无缝链接。电子商务促使中小企业更新生产技术，提高市场应变能力。Internet 的飞速发展为产品的研发提供了快捷的方式，在企业技术创新和产品升级方面电子商务发挥了一定的积极作用。因为电子商务使新技术、新创意在网上迅速传播，为企业开发新产品提供了准确、及时的信息，开发者可以利用网络快速调研，了解顾客最新的需求。在开发产品的过程中，电子商务是迅捷简便的，具有友好界面的用户信息反馈工具，决策者们能够通过它获得高价值的商业情报，辨别隐藏的商业关系和把握未来的趋势。因而，他们可以做出更有创造性、更具战略性的决策。开发者利用网络迅速地得到市场反馈，以便随时对产品进行改良，使产品最大限度地满足市场需求。

电子商务还为消费者提供个性化服务创新了条件，在提高整个社会服务水平的同时，也为企业增加赢利提供了契机。在传统方式下，人们必须在商场营业时间去商场购物，受较强的时间和地点限制。电子商务的全球市场由计算机网络联结而成，网络工作的不间断特性使之成为一个与地域及时间无关的一体化市场，世界各地的任何人都可以通过计算机和 Internet 随时、随地、随意地进行商务活动。企业也利用网络追踪和分析每一位消费者的偏好、需求和购物习惯，同时将消费者的需求及时反馈到决策层，促进企业针对消费者而进行的研究和开发活动，使企业对客户的了解和认知更为透彻，更好地为他们提供个性化服务，提高他们的满意度和忠诚度，为企业增加赢利。

（9）提高企业内部团队合作效率。在企业内部，电子商务模式可以促使企业打破部门之间的界限，把相关人员集合起来，按照市场机制去组织跨职能的工作，从而减少企业的管理层次和管理人员的数量。将那种容易形成官僚主义、低效率、结构僵化、沟通壁垒的单一决策中心组织改变为分散的多中心决策组织。因为决策的分散化能够增强员工的参与感和责任感，提高了决策的科学性和可操作性，改变下级服从上级，上级行政干预下级的专制型的企业管理模式。在管理思想上，强调高效、敏捷；在管理体制上，注重各环节的协调、配合和并行工作；在组织功能上，强调企业领导者的协调、服务和创新，着力培养企业员工的团队精神，增强企业的凝聚力；在管理的任务方面，强调以客户的需求为中心。

综上所述，电子商务是运用计算机网络技术进行的一种社会生产经营形态，根本目的是通过提高企业生产率，降低经营成本，优化资源配置，从而实现社会财务最大化。从这个意义上说，电子商务要求的是整个生产经营方式价值链的改变，是利用信息技术实现商业模式的创新与变革。

第四节　电子商务模式

电子商务模式，就是指在网络环境中基于一定技术基础的商务运作方式和营利模式。研究和分析电子商务模式的分类体系，有助于挖掘新的电子商务模式，为电子商务模式创新提供途径，也有助于企业制定特定的电子商务策略和实施步骤。电子商务模式可以从多个角度建立不同的分类框架，最常见的是根据参与主体的身份来分类：比如 B2B、B2C 和 C2C 等电子商务模式。

一、B2B 电子商务模式

（一）B2B 电子商务模式的基本概念

B2B（Business to Business）电子商务是指企业与企业之间通过互联网进行产品、服务及信息交换的电子商务活动。B2B 电子商务平台是指市场领域的一种企业对企业之间的营销关系。它将企业内部网，通过 B2B 网站与客户紧密结合起来，通过网络的快速反应，为客户提供更好的服务，从而促进企业的业务发展。

B2B 电子商务模式是当前电子商务模式中份额最大、最具操作性、最易成功的模式。比如我国的阿里巴巴（见图 1-5）。

图 1-5　阿里巴巴首页（1688.com）

（二）B2B 电子商务的主要商业模式

1. 垂直 B2B 电子商务模式

垂直 B2B（Vertical B2B）电子商务模式是指专注于某一领域，专业程度深的商业模式。可以分为两个方向，即上游和下游。生产商或商业零售商可以与上游的供应商之间形成供货关系，比如 Dell 计算机公司与上游的芯片和主板制造商就是通过这种方式进行合作。生产商与下游的经销商可以形成销货关系，比如 Cisco 与其分销商之间进行的交易。其中以中国化工网、鲁文建筑服务网、网盛科技为首的网站成为行业 B2B 的代表网站，将垂直搜索的概念重新诠释，让更多生意人习惯用搜索模式来做生意圈，找客户。垂直 B2B 成本相对要低很多，因为垂直 B2B 面对的多是某一个行业内的从业者，所以，他们的客户相对比较集中而且有限。

2. 面向中间市场的水平 B2B

面向中间交易市场的水平 B2B 电子商务交易模式，是指利用网上中介服务平台将买方和卖方集中到一个市场上来进行信息交流、广告促销、拍卖竞标、商品交易、仓储配送等商业活动。如阿里巴巴、环球资源、中国制造等都从事的是为传统企业提供网上中介服务。

这种模式之所以称为“水平”B2B 电子商务，是因为利用这种模式的行业广泛、企业众多，很多的行业和企业都可以在同一个网站上进行商务贸易活动。

（三）B2B 电子商务的交易模式

B2B 电子商务模式按市场战略的不同又可以分为 3 种类型，即卖方控制型、买方控制型以及中介控制型。

1. 卖方控制型市场战略

卖方控制型市场战略是指由单一卖方建立，以期寻求众多的买者，旨在建立或维持其在交易中的市场势力的市场战略。这种交易模式主要是一些大中型企业利用网络平台面向广大的经销商、代理商等开展销售业务。

2. 买方控制型市场战略

买方控制型市场战略是由一个或多个购买者建立，旨在把市场势力和价值转移到买方的市场战略。买方控制型市场战略除了由一个购买者直接建立的电子市场之外，还包括买方代理型和买方合作型两种买方控制型市场战略。

3．中介控制型市场战略

中介控制型市场战略是由买卖双方之外的第三方建立，通过第三方平台为买卖双方搭建一个集广告、交易、支付、物流等业务的市场战略。中介控制型市场能广泛的聚集闲散的资源、优化资源配置，为买卖双方搭建一个广阔的、一站式的交易平台；同时，由于中介控制型市场包括了广泛的行业，因此，平台的交易体量、社会品牌及影响力都比较大。

（四）B2B 电子商务的营利模式

1．会员费

企业通过第三电子商务平台参与电子商务交易，必须注册为 B2B 网站的会员，每年要交纳一定的会员费，才能享受网站提供的各种服务。目前会员费已成为我国 B2B 网站最主要的收入来源。比如阿里巴巴网站收取中国供应商、诚信通两种会员费，中国供应商会员费分为 4 万/年和 6 万/年两种，诚信通的会员费每年 2300 元；中国化工网每个会员第一年的费用为 12000 元，以后每年综合服务费用为 6000 元/年；五金商贸网中国的金视通会员费 1580 元/年，百万网的百万通会员费为 600 元/年等。

2．广告费

网络广告是门户网站的主要营利来源，同时也是 B2B 电子商务网站的主要收入来源。阿里巴巴网站的广告根据其在首页位置及广告类型来收费。中国化工网有弹出广告、漂浮广告、Banner 广告、文字广告等多种表现形式可供用户选择。ECVV 网站提供固定排名、首页广告和关键字广告等多种方式。

3．竞价排名

企业为了促进产品的销售，商家都希望在 B2B 网站的信息搜索中将自己的排名靠前，而网站在确保信息准确无误的基础上，根据会员交费的不同对排名顺序作相应的调整。阿里巴巴的竞价排名是诚信通会员专享的搜索排名服务，当买家在阿里巴巴搜索供应信息时，竞价企业的信息将排在搜索结果的前三位，会被买家第一时间找到。中国化工网的化工搜索是建立在全球最大的化工网站上的化工专业搜索平台，对全球近 20 万个化工及化工相关网站进行搜索，搜录的网页总数达 5000 万，同时采用搜索竞价排名方式，确定企业排名顺序。

4．增值服务

B2B 网站通常除了为企业提供贸易供求信息以外，还会提供一些独特的增值服务，包括企业认证、独立域名、提供行业数据分析报告、搜索引擎优化等。像现货认证就是针对电子这个行业提供的一个特殊的增值服务，因为通常电子采购商比较重视库存这一块。另外针对电子型号做的谷歌排名推广服务，就是搜索引擎优化的一种，像国际贸易网（ECVV）这个平台就有这个增值服务，企业对这个都比较感兴趣。所以可以根据行业的特殊性去深挖客户的需求，然后提供具有针对性的增值服务。

5．线下服务

线下服务主要包括展会、期刊、研讨会等。通过展会，供应商和采购商可以进行面对面的交流，一般的中小企业还是比较青睐这个方式。期刊主要是关于行业资讯等信息，期刊内也可以植入广告。Global Sources 的展会现已成为重要的营利模式，占其收入的 1/3 左右。而 ECVV 组织的线下展会和采购会也已获得不错的效果。

6．商务合作

商务合作包括广告联盟、政府、行业协会合作、传统媒体的合作等。广告联盟通常是网络广告联盟。亚马逊通过这个方式已经取得了不错的成效，但在我国，联盟营销还处于初始阶段，大部分网站对于联盟营销还比较陌生。国内做得比较成熟的几家广告联盟有：百度联盟、谷歌联盟等。

二、B2C 电子商务模式

（一）B2C 电子商务模式的基本概念

“商对客”（Business to Customer，B2C）是电子商务的一种模式，也就是通常说的商业零售，直接面向消费者销售产品和服务。这种形式的电子商务一般以网络零售业为主，主要借助于互联网开展在线销售活动。B2C 是企业通过互联网为消费者提供一个新型的购物环境——网上商店，消费者通过网络在网上购物、在网上支付。

（二）B2C 电子商务模式的分类

1．综合型 B2C 电子商务模式

综合型 B2C 电子商务模式是指经营范围广、经营业务众多的一种网络零售模式。综合型 B2C 电子商务平台发挥自身的品牌影响力，积极寻找新的利润点，培养核心业务。如亚马逊中国，可在现有品牌信用的基础上，借助母公司亚马逊国际化的背景，探索国际品牌代购业务或者采购国际品牌产品销售等新业务。网站建设要在商品陈列展示、信息系统智能化等方面进一步细化。对于新老客户的关系管理，需要精细客户体验的内容，提供更加人性化、直观的服务。选择较好的物流合作伙伴，增强物流实际控制权，提高物流配送服务质量。常见的综合型 B2C 电子商务模式有天猫（tmall.com）、亚马逊（z.cn）、京东（jd.com）等，如图 1-6 所示。

图 1-6　天猫首页（tmall.com）

2．垂直型 B2C 电子商务模式

垂直型 B2C 电子商务模式和综合性 B2C 是相对应的，其主要区别在于经营范围的不同。一般而言，垂直型 B2C 电子商务主要是专注于某一细分领域做大做强，形成其核心竞争力。如专注于美妆领域的乐蜂网（lefeng.com）、专注于母婴市场的红孩子（redbaby.suning.com）、以及早期专注于图书领域的当当（dangdang.com）等，如图 1-7 所示。

图 1-7　乐蜂网（lefeng.com）

垂直型 B2C 电子商务由于经营对象的限制，一般客户群比较稳定，但受众范围和综合型 B2C 电子商务有较大差距。在现在的电子商务经济中，流量是制胜的法宝，所以大量的垂直型 B2C 电子商务发展到一定阶段都不约而同地选择向综合型 B2C 电子商务转型。当然这并不是说垂直型 B2C 电子商务模式不如综合型 B2C 电子商务模式，而是投资者、经营管理者对于市场博弈的需要。

3．传统生产企业网络直销型 B2C 电子商务模式

电子商务的发展不断地影响企业的经营思路和管理决策。对于传统型的生产企业而言，电子商务是不得不面对的机遇和挑战。一方面电子商务巨大的市场需求使得传统的企业蠢蠢欲动；但另一方面，互联网大量的不确定因素以及传统经营理念与互联网思维的矛头又使得企业家们犹豫不决。

图 1-8　联想官网（lenovo.cn）

传统生产企业要利用互联网开展营销活动，首先要从战略管理层面明确这种模式未来的定位、发展与目标。协调企业原有的线下渠道与网络平台的利益，实行差异化的销售，如网上销售所有产品系列，而传统渠道销售的产品则体现地区特色；实行差异化的价格，线下与线上的商品定价根据时间段不同设置高低。线上产品也可通过线下渠道完善售后服务。在产品设计方面，要着重考虑消费者的需求感觉。大力吸收和挖掘网络营销精英，培养电子商务运作团队，建立和完善电子商务平台。这类平台典型的代表有戴尔（dell.com）、联想（lenovo.cn）、海尔（haier.com）等，如图 1-8 所示。

4．第三方交易平台型 B2C 电子商务模式

开展 B2C 电子商务会受到很多因素的制约，特别是中小企业在人力、物力、财力都有限的情况下。第三方交易平台型 B2C 是专门为中小企业搭建网络销售平台的一种经营策略，其平台本身并不参与商品的买卖，而是为买卖双方提供集信息发布、交易磋商、交易、支付、物流服务等于一体的综合性第三方平台。这类平台的影响力比较大，能有效地吸引中小企业入驻。这类平台典型的代表有：天猫（tmall.com）、QQ 网购（wanggou.com）等。

5．传统零售商网络销售型 B2C 电子商务模式

传统零售商自建网站销售，将丰富的零售经验与电子商务有机地结合起来，有效地整合传统零售业务的供应链及物流体系，通过业务外包解决经营电子商务网站所需的技术问题，当然也有完全属于自己的技术团队。这类平台往往在传统的市场上有一定的影响力，开展电子商务有先天的优势。消费者愿意把实体店当做试用、试穿的平台，然后利用网络的价格优势进行线上交易。典型代表就是国美在线（gome.com.cn）、苏宁易购（suning.com）、京东商城（jd.com）等。随着供应链的不断整合、优化以及商家对电子商务的理解加深，线上线下不断融合，其界限也在不断模糊。线下也不仅仅只作为消费者“看样”的场所。比如苏宁云商把线下线上的价格全部打通，从 2013 年 6 月 8 日实施“线上线下同价”，把线下努力打造成满足消费者体验的重要平台，如图 1-9 所示。

图 1-9　苏宁易购（suning.com）

三、C2C 电子商务模式

C2C（Consumer to Consumer）是消费者对消费者的交易模式，其特点类似于现实商务世界中的跳蚤市场。由于个人消费者的资源有限，要实现 C2C 电子商务必须借助一个交易平台来连接买卖双方。全球最早的 C2C 电子商务平台是 1995 年 9 月 4 日由皮埃尔·奥米迪亚（Pierre Omidyar）在美国创立的 eBay，如图 1-10 所示。国内的 C2C 始于 1999 年 8 月，由邵亦波和谭海音在上海创立的易趣网（2003 年被 eBay 全资控股）开启了国人对电子商务的疯狂。目前国内市场份额最大的 C2C 平台是由阿里巴巴于 2003 年 5 月 10 日投资成立的淘宝网（taobao.com），占据着国内 90%以上的市场份额。

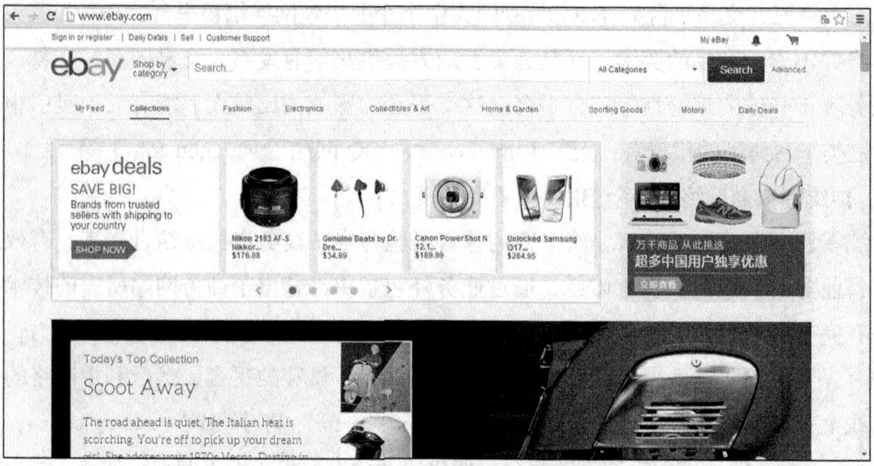

图 1-10　eBay 主页（eBay.com）

四、G2B 电子商务模式

电子政务（Government to Business，G2B，又写作 G to B）是指政府(Government)与企业（Business）之间的商务模式，即政府通过电子网络系统进行电子采购与招标，精简管理业务流程，快捷迅速地为企业提供各种信息服务。在 G2B 模式中，政府主要通过电子化网络系统为企业提供公共服务。G2B 模式旨在打破各政府部门的界限，实现业务相关部门在资源共享的基础上迅速快捷地为企业提供各种信息服务，精简管理业务流程，简化审批手续，提高办事效率，减轻企业负担，为企业的生存和发展提供良好的环境，促进企业发展。G2B 模式目前主要运用于电子采购与招标、电子化报税、电子证照办理与审批、相关政策发布、提供咨询服务等。

（一）电子政务为企业服务

电子政务为企业的服务包括 3 个层面。

（1）政府对企业开放各种信息，以方便企业经营活动。

（2）政府对企业业务的电子化服务，包括政府电子化采购、税收服务电子化、审批服务电子化，对中小企业电子化服务等各种与企业业务有关的电子化服务活动等。

（3）政府对企业进行监督和管理，包括工商、进出口、税务、环保等。

（二）G2B 主要内容

1．电子采购与招标

通过网络公布政府采购与招标信息，为企业特别是中小企业参与政府采购提供必要的帮助，向他们提供政府采购的有关政策和程序，使政府采购成为阳光作业，减少徇私舞弊和暗箱操作，降低企业的交易成本，节约政府采购支出。

2．电子税务

使企业通过政府税务网络系统，在家里或企业办公室就能完成税务登记、税务申报、税款划拨、查询税收公报、了解税收政策等业务，大大提升税务活动的效率并有效地降低其成本。

3．电子证照办理

让企业通过互联网申请办理各种证件和执照，缩短办证周期，减轻企业负担。如企业营业执照的申请、受理、审核、发放、年检、登记项目变更、核销，统计证、土地证、房产证、建筑许可证、环境评估报告等证件、执照和审批事项的办理。

4．信息咨询服务

政府将拥有的各种数据库信息对企业开放，方便企业利用，如法律法规规章政策数据库、政府经济白皮书、国际贸易统计资料等信息。

5．中小企业电子服务

政府利用宏观管理优势和集合优势，为提高中小企业国际竞争力和知名度提供各种帮助，包括为中小企业提供统一政府网站入口，帮助中小企业向电子商务供应商争取有利的能够负担的电子商务应用解决方案等。如青岛政务网（见图 1-11）。

图 1-11 青岛政务网（qingdao.gov.cn）

五、O2O 电子商务模式

线上到线下（Online to Offline，O2O）是指将线下的商务机会与互联网结合，让互联网成为线下交易的前台，这个概念最早来源于美国。O2O 的概念非常广泛，只要产业链中既可涉及线上，又可涉及线下，就可通称为 O2O。主流商业管理课程均对 O2O 这种新型的商业模式有所介绍及关注。2013 年 O2O 进入高速发展阶段，开始了本地化及移动设备的整合，于是 O2P（Online to Place）商业模式横空出世，成为 O2O 模式的本地化分支。其实 O2O 模式，早在团购网站兴起时就已经开始出现，只不过消费者更熟知团购的概念。团购商品都是临时性的促销，而在 O2O 网站上，只要网站与商家持续合作，那商家的商品就会一直“促销”下去；O2O 的商家都是具有线下实体店的，而团购模式中的商家则不一定。O2O 电子商务模式需具备四大要素：独立网上商城、国家级权威行业可信网站认证、在线网络广告营销推广、全面社交媒体与客户在线互动。

O2O 之所以能够快速发展，主要是因为其市场巨大。2014 年 3 月 4 日国内电商研究机构中国电子商务研究中心发布了《2013 年度中国网络零售市场数据监测报告》。报告显示，2013 年中国网络零售市场交易规模达到 18851 亿元，较 2012 年 13205 亿元，同比增长 42.8%。我国电子商务交易每年都以较快的速度发展，但目前网络零售总额只占到社会消费品零售总额的 8.04%。90%以上的交易仍然在线下。商家们正是看到了巨大的线下市场，所以纷纷把业务从线上拓展到线下，当然传统型企业也利用互联网把部分业务从线下延伸到线上。

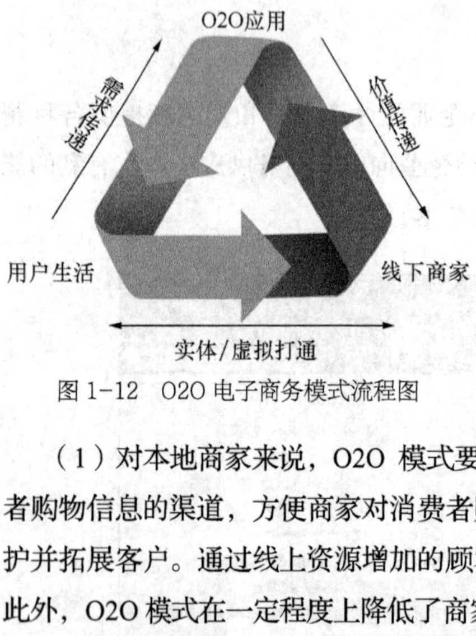

图 1-12　O2O 电子商务模式流程图

O2O 商务模式的关键是：在网上寻找消费者，然后将他们带到现实的商店中。它是支付模式和为实体店创造客流量的一种结合（对消费者来说，也是一种“发现”机制），实现了线下的购买。它本质上是可计量的，因为每一笔交易（或者是预约）都发生在网上。这种模式应该说更偏向于线下，更利于消费者，让消费者感觉消费得比较踏实。如图 1-12 所示。

整体来看 O2O 模式运行的好，将会达成“三赢”的效果。

（1）对本地商家来说，O2O 模式要求消费者通过平台支付，支付信息会成为商家了解消费者购物信息的渠道，方便商家对消费者购买数据的搜集，进而达成精准营销的目的，更好地维护并拓展客户。通过线上资源增加的顾客并不会给商家带来太多的成本，反而带来更多利润。此外，O2O 模式在一定程度上降低了商家对店铺地理位置的依赖，减少了租金方面的支出。

（2）对消费者而言，O2O 提供丰富、全面、及时的商家折扣信息，能够快捷筛选并订购适宜的商品或服务，且价格优惠，消费者能从中得到真正的实惠。

（3）对服务提供商来说，O2O 模式可带来大规模高黏度的消费者，进而能争取到更多的商家资源。掌握庞大的消费者数据资源，且本地化程度较高的垂直网站借助 O2O 模式，还能为商家提供其他增值服务。

六、其他电子商务模式

1．C2B 电子商务模式

C2B（Customer to Business）即消费者对企业的商务模式，是电子商务买方时代的到来体现。真正的 C2B 应该先有消费者需求产生而后有企业生产，即先有消费者提出需求，后有生产企业按需求组织生产。通常情况为消费者根据自身需求定制产品和价格，或主动参与产品设计、生产和定价，产品、价格等彰显消费者的个性化需求，生产企业进行定制化生产。

2．C2C2B 电子商务模式

C2C2B（Consumer to Consumer to Business）的创新性在于为所有的消费者提供新的电子商务交易规则。它改变了人们的生活方式和消费观念，从而使人们能够利用一个新型商业模式的网站来实现自己的财务自由和时间自由。

C2C2B 电子商务模式结合了 C2C 和 C2B 的优势，在这种模式下，作为个人可以通过介绍他人来一个更好的交易平台，为他人提供一个消费或者经营的机会，从而让他人也来推荐更多的商家入驻或者叫加盟来获得更大的消费群体，以达到增加销量的目的。在这样一个新的交易平台里，消费者、经营者和商家三方达成平衡式的获利，这种模式属于交互式营销的一种。

3．C2B2C 电子商务模式

C2B2C（Customer to Business to Customer）电子商务模式是顾客通过企业电子商务平台，实现顾客与企业之间、顾客与顾客之间的信息交流。在这个平台里，顾客向企业提供信息，企业根据信息满足顾客需求，公司还对顾客进行顾客价值评估，吸引顾客参与企业服务来创造价值，使他们从一个学习型消费者转变成更多的消费型学习者。C2B2C 的内涵是由一群有共同消费需求的顾客，通过互联网互相交流想法和感受而形成各种“主题式消费者群体”并反馈给企业，企业再根据这些群体的消费需求，销售他们满意的产品。通俗的说法是：顾客通过企业的商务平台跟更多的顾客发生关系，从而获得健康和财富。

电子商务模式除了上述按参与角色分类之外，从不同角度还有大量的其他类型。比如按交易对象有有形电子商务和无形电子商务之分；按依托互联网的程度分为完全电子商务和不完全电子商务等。电子商务的分类是帮助我们认识、理解电子商务的一种手段，也是深化电子商务研究的必要前提。

第五节　电子商务对传统社会经济的影响

电子商务从诞生到现在只有短短二十余年的时间，但它对社会产生的影响却超越了以往的技术革命。从企业的经营管理方式到人们的生活消费习惯；从政府行政职能的实施到金融机构的金融产品创新等无处不受到电子商务的影响。可以说，我们的社会已经无法离开电子商务了。

- 改变商务活动的方式

传统的商务活动最典型的情景就是“推销员满天飞”“采购员遍地跑”“说破了嘴、跑断了腿”，消费者在商场中筋疲力尽地寻找自己所需要的商品。现在，通过互联网只要动动手就可以了，人们可以进入网上商场浏览，采购各类产品，而且还能得到在线服务；商家们可以在网上与客户联系，利用网络进行货款结算服务；政府还可以方便地进行电子招标、政府采购等。

- 改变人们的消费方式

网上购物的最大特征是消费者的主导性，购物意愿掌握在消费者手中，同时消费者还能以一种轻松自由的自我服务的方式来完成交易，消费者的自主权可以在网络购物中充分体现出来。

- 改变企业的生产方式

由于电子商务是一种快捷、方便的购物手段，消费者的个性化、特殊化需要可以完全通过网络展示在生产商面前。为了取悦顾客，突出产品的设计风格，制造业中的许多企业纷纷发展和普及电子商务，如美国福特汽车公司早在 1998 年 3 月就把全世界的 12 万个计算机工作站与公司的内部网连接起来，并将全世界的 1.5 万个经销商纳入内部网，福特公司的最终目的是实现能够按照用户的不同要求，做到按需供应汽车。

- 对传统行业带来一场革命

电子商务是在商务活动的全过程中，通过人与互联网的结合，极大地提高商务活动的效率，减少不必要的中间环节。传统制造业可以借此进入小批量、多品种的时代，“零库存”成为可能；同时也为传统的零售业和批发业开创了“无店铺”“网上营销”的新模式；各种线上服务为传统服务业提供了全新的服务方式。

- 带来一个全新的金融业

由于在线电子支付是电子商务的关键环节，也是电子商务得以顺利发展的基础条件，随着电子商务在电子交易环节上的突破，网上银行、银行卡支付网络、银行电子支付系统以及电子支票、电子现金等互联网金融产品和服务，将传统的金融业带入一个全新的领域。

- 转变政府的行为

政府承担着大量社会、经济、文化的管理和服务功能，在电子商务时代，当企业应用电子商务进行生产经营，银行金融电子化，以及消费者实现网上消费的同时，将同样对政府管理行为提出新的要求，电子政务将随着电子商务发展而成为一个重要的社会角色。

总而言之，作为一种商务活动过程，电子商务将带来一场史无前例的革命，其对社会经济的影响远远超过商务的本身。

一、电子商务的新经济学特征①

在网络虚拟条件下，商务活动在参与主体及交易过程中都发生了较大变化，呈现了许多新的特点。

总的来说，由电子商务派生出的新经济特征与以往的传统经济学理论虽有很大区别，却仍有其自身的运行规律。主要体现为如下经济学规律：摩尔定律（技术进步方式）、梅特卡夫法则（网络的外部效用）、正反馈机制、边际效益递增和边际成本的递减、达维多定律和马太效应等。

（一）摩尔定律

摩尔定律（Moore's Law）是网络信息技术功能价格比的变化规律，它揭示了信息技术产业快速增长和持续变革的根源。摩尔定律指出 IC（集成电路）上可容纳的晶体管数目，约每隔 18 个月便会增加一倍，性能也将提升一倍。摩尔定律是由英特尔(Intel)名誉董事长戈

① 刘洋.电子商务的经济学特征及其对微观经济的影响.沿海企业与科技.2010

登·摩尔（Gordon Moore）经过长期观察发现得出的。摩尔定律说明技术对经济的作用和影响力，高新技术的进步使产品的性能和功能成倍增长，而成本和价格却不断下降，这就是网络时代的新特点。如图 1-13 所示。

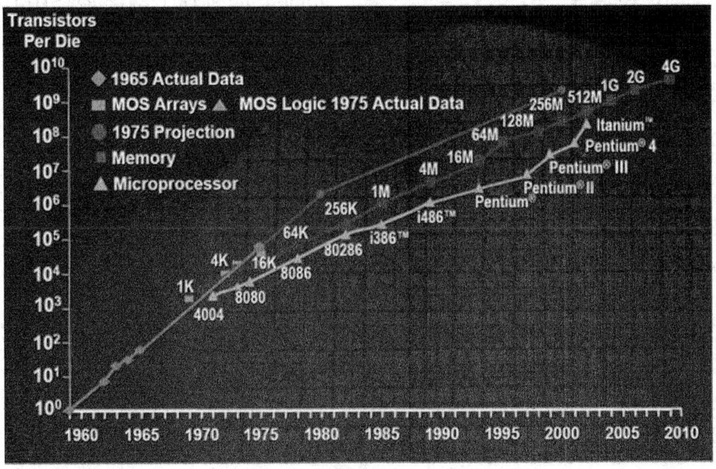

图 1-13　摩尔定律示意图（Moore's Law）

（二）梅特卡夫定律

梅特卡夫定律是一种网络技术发展规律，梅特卡夫定律是 3Com 公司的创始人，计算机网络先驱罗伯特·梅特卡夫提出的。梅特卡夫定律认为网络的有用性（价值）随着用户数量的平方数增加而增加。梅特卡夫定律决定了新科技推广的速度。梅特卡夫定律常常与摩尔定律相提并论。这反映网络环境的市场规模与上网人数的平方成正比。如果有 100 人上网，则相互间的联系可以达到近万人次。因此该定律说明网络的效应，反映了网络市场的规模。梅特卡夫法则概括的是连接一个网络的价值取决于已经连接到该网络的其他人的数量这一基本的价值定理，即经济学家所称的“网络效应”或“网络的外部”。应用梅特卡夫法则可以对网络市场的规模效应进行研究，特别是作为 C2C 市场效益价值的研究的理论依据。

（三）正反馈机制

传统的经济模型告诉我们，当一种商品的价格因需求增加而上涨时，生产者会增加供给，而消费者会减少需求，从而对价格的上涨形成某种抑制，反之则相反，这就是负反馈机制，负反馈机制能使市场达到均衡。经济学研究均衡理论长期形成的学派，在网络经济领域，这一负反馈理论似乎不适合去分析一些现象。例如数字产品和 IT 的软硬件，供给方的价格下降反而使需求增加，而需求的增加往往会创造出更高效率的报酬，从而导致供给方价格的进一步的下降，进而创造出更多的需求，这种需求与供给的正反馈效应具有滚雪球效应，与均衡的效应完全不同。

在网络经济中，正反馈起着决定性作用。正反馈机制的表现是：使强者更强，弱者更弱。一个公司在网络中的影响是以指数形式迅速扩张的，比如说，消费者在购买计算机操作系统软件时，是在选择一个用户网络，而不仅仅是一种产品，他要考虑软、硬件与其他用户兼容的问题。苹果公司的 MACINTOSH 操作系统也相当优良，但最终却彻底输给了微软的 Windows 系统，仅仅是由于最初价格上略微偏高。但随着 Windows 系统在 PC 市场上份额增长，用户发现其越来越具有吸引力；而 MACINTOSH 系统市场份额继续下跌，用户开始担心其随着软件开发商的减少而被孤立，于是越发不愿购买。微软的优势被网络中的正反馈机制放大，最终成为胜利者。成功引发更大的成功，失败产生失败，这就是正反馈机制的本质。

事实上，正反馈机制是一个很复杂的过程，同时也牵涉到了网络经济中其他诸多相关知识和概念，本文从以下 3 个方面进行分析。

1．边际效益递增

边际效益递增是指当其他生产要素不变，连续增加某种生产要素（知识、客户、网络等新生产要素，而不是劳动、资本或土地）时，带来的边际产量是上升的。信息和知识使用规模的不断扩大，可以带来不断增加的收益。这种传递效应，也使网络经济呈现规模收益递增的趋势。知识和技术总量的边际收益的提高弥补了劳动力增加边际收益递减的影响，从而使生产率提高。供给方规模经济也是其原因，网络的连接功能强大，众多小企业联系在一起，资源、信息技术等共享，也能形成一个强大的整体，提高生产率。

2．学习效应

学习效应指企业生产规模扩大时，因经验的增加和知识的积累，而带来平均成本的下降和经济效率的提高。学习是正反馈机制的核心部分，一项新产品、新技术面市后，会有人不断修改提高，于是有了更多的学习，导致新产品进一步增值，而且规模的扩大可使公司增加经验，深入了解客户的需求，促使公司更快、更多地降低成本。

3．需求方规模经济

网络经济是以需求为中心的经济。高开发成本和低复制成本，使得建立庞大的用户基础成为成功的关键。例如在上面提到的 Windows 操作系统成功占领市场的例子中，人们认为，既然微软的操作系统被广泛应用，已经成为事实上的产业标准，那么就应该是很有价值的，加之，使用的人越多，为其开发的软件就越多，而消费者可利用的软件也就越多，于是客户不断增加，又进一步提高其产品的价值，吸引新客户。

（四）达维多定律

达维多定律（Davidow's Law）是由曾任职于英特尔公司高级行销主管和副总裁威廉·H·达维多（William H Davidow）提出并以其名字命名的。一家企业要在市场中总是占据主导地位，那么就要做到第一个开发出新一代产品，第一个淘汰自己现有的产品。人们在市场竞争中无时无刻不在抢占先机，因为只有先入市场才能更容易获得较大的份额和高额的利润。英特尔公司在产品开发和推广上奉行达维多定律，并获得了丰厚的回报。英特尔公司始终是微处理器的开发者和倡导者，他们的产品不一定是性能最好的和速度最快的，但他们一定做到是最新的。为此，他们不惜淘汰自己哪怕是市场上卖得正好的产品。因此，要保持领先，就必须时刻否定并超越自己。

二、电子商务对微观经济的影响

正因为电子商务有其自己的运动规律和特征，对宏、微观经济都产生了深刻影响，但其对微观方面的影响更为深远。下面将从四个方面阐述电子商务对微观经济的影响。

（一）电子商务对企业生产方式的影响

电子商务对传统企业生产方式的影响主要体现在降低原材料采购及库存成本两个方面。

1．降低采购成本

对于企业来说，采购过程中信息获取和信息传递是主要的工作内容，也是采购成本的主要方面。EDI（电子数据交换）出现以后，一些企业已经在专用网络上使用它，大量的数据通过网络传输以减少采购过程中所需的人力、印刷和邮寄等费用。据统计，利用 EDI 的企业一般可以节省 5%～10%采购成本。虽然专用网络接入成本较高，中小企业难以承受，但 Internet 网络信息传输费用极其低廉，因此，中小企业也可以使用基于 Internet 网络的 EDI 来降低采购成本。另外，由于 Internet 网络的上网企业众多，所以，采用网上招标，可以寻求更理想的供应商，以尽可能低的价格来完成采购。例如，美国通用电气公司利用 Internet 在网上采购，采购费用下降了 30%，材料费用下降了 20%。

2．实现零库存生产

企业的各种成本中，库存成本不容忽视。减少库存直至实现零库存是企业降低成本必不可少的措施，是企业管理中的重要目标。

（1）电子商务实现原材料零库存。由于互联网全天 24 小时连通，可以随时访问供应商的网站，而且网上信息传送速度非常快，并可与供应商进行即时的信息交流，所以企业可以根据每天的生产量来确定每日的原材料需求量。供应商则按质按量安排物流配送中心及时将原材料送至生产企业。

（2）电子商务实现产成品零库存。企业的生产可按接到用户订单之前或之后开始生产产品分为备货生产和订单生产。备货生产是根据市场需求预测来制订生产计划，在接到用户订单之前生产产品。企业根据市场调查和预测结果，就可用 DSS（决策支持系统）作出决策，生产适销对路的产品，并通过网络寻找中间商或最终用户，使产品不经库存就销售出去。订单生产是企业接到用户订单之后才开始生产产品，其特征是产品为专门的用户生产。订单生产的关键是应用网络信息技术，由客户将需求信息填入企业在 Internet 的电子订单上。这样，用户需要多少企业就生产多少，用户需要什么企业就生产什么，也实现了产品的零库存。

（二）电子商务对企业经营方式的影响

企业网站使得企业的经营发生根本性的变化：在 Internet 上，所有的企业都站在同一起跑线上，所有的商家都变成客户浏览器中的网站主页了。客户将在网上与供应商联系，利用网络进行洽谈、签订合同和结算支付等。企业从过去面向库存的生产转向面向订单的生产。由于客户在网上选择的余地变得空前的大，谁能够为客户提供更多的选择、更完善的服务和更低的价格，谁就能够吸引客户、留住客户，进而把生意做得更大。

（三）电子商务对企业管理模式的影响

1．改善企业内部管理

现代企业的管理模式一般都采用层次性指令控制结构，即使应用计算机管理信息系统（MIS）的企业也是如此，一般可以分为，最高决策层、中间管理层和业务处理层。各级管理者通过各种指令控制和管理整个企业的信息流、资金流和物流，使企业内部的工作形成一个有机整体，提高劳动生产率，创造价值和利润。电子商务的引入将改变企业内部管理机制，企业将从层次型的结构变为基于信息的扁平化结构，这些改变将作用于企业运行的各个环节。

2．优化供应链管理

传统的供应链形成一个端到端的关系型管理模式，管理着连接客户、生产商、供应商、销售商、竞争对手的网络。信息共享是实现供应链管理的基础。而基于现代通信及信息技术的电子商务，运用网络销售点和预测、各种财务技术、共享数据库技术等手段将在一个广泛的领域把生产、采购、销售、广告、洽谈、成交、支付、税收等所有过程都集成在一个过程之中，这样企业就可以缩短生产周期、降低成本、减少库存积压，同时通过与消费者和客户的沟通，及时了解市场动向，创造更多销售机会，从而形成流通市场的良性循环。

3．促进物流管理

在电子商务环境下，任何交易中的信息流、资金流和物流都可以通过计算机和通信设备实现。现代电子商务物流技术综合了诸多现代信息技术，如 GIS（地理信息系统）、GPS（全球卫星定位系统）、EDI、Bar Code（条码）、RFID（射频），等等。通过运用这些技术，能有效地促进物流管理，创造比传统商务更有效率的业务流程。

4．改善客户关系

客户作为企业最宝贵的资源，准确理解它的范畴有助于企业加深对客户关系管理的理解和提高客户关系管理系统（CRM）实施的效率。客户关系管理既是一种管理理念，又是一种软件技术，以客户为中心的管理理念是 CRM 实施的基础。电子商务中所运用的 CRM 软件通过客户互动渠道管理、销售自动化管理、营销自动化管理、客户服务自动化、WEB 商务及商务智能六个方面来提高工作效率，全面改善客户关系。

（四）电子商务对消费者行为的影响

1．网络环境下，消费者行为的变化

（1）消费者从大众中分离。在传统营销理论中，企业的宣传、广告和营销策略是针对所有人的，具有较大的盲目性。电子商务系统为消费者提供了全方位的商品信息展示和多功能的商品信息检索机制。在信息化社会中，消费者一旦有了需求，就会立刻上网主动搜寻有关商品的信息。于是，消费者开始从大众中分离出来。这样，只有上网主动搜寻商品信息的人才是真正意义上的消费者。那么，我们的广告和营销策略就会更有针对性，效果就会更好。

（2）消费者可以直接全程参与。在电子商务中，生产者和消费者在网络的支持下直接构成商品流通循环。其结果使得商业的部分作用逐步淡化（如营销渠道缩短等），消费者参与企业营销的过程，市场的不确定因素减少，生产者更容易掌握市场对产品的实际需求。

（3）大范围的选择和理性购买。由于网络和电子商务系统巨大的信息处理能力，为消费者在挑选商品时提供了空前的选择余地。虚假宣传、欺骗和误导都将逐渐被透明的信息机制取代，消费者会理智地考虑各种购买问题。对于生产者来说，生产优质且适合于消费者需求的产品才是唯一正确的出路。

2．电子商务对消费者行为的影响

具体到实际社会交往中，电子商务对消费者行为模式的影响具体可分为对消费者的生活、工作和学习 3 个方面。

（1）生活方面。随着电子商务的发展，在互联网上已经形成一个没有国界的虚拟社会，人们在这个虚拟社会中可以做许多从未想过的事情。人们足不出户就可以在家中上网聊天交流，获得更多、更具体的信息；还可以在网上购物消费；也可以在网上进行各种娱乐活动等等。总之，电子商务改变着人们的生活方式、消费观念和娱乐方式，使我们的生活质量得到空前的改善，使人们的个性得到充分发挥。

（2）工作方面。由于网络通信的快捷、安全和广泛性，电子商务环境下办公的方式是灵活的。不必把宝贵的时间都花在旅途和谈判桌上，各种工作角色的人都可以方便地坐在家里，通过网络处理各种工作事务。电子商务的发展将促使各个行业的分工发生变化，会出现很多新的行业。如信息服务、网络消费和物流配送也将空前发展，这都需要大量的信息技术和管理人才，为社会提供许多新的就业机会。目前，网上求职很流行，各种求职招聘网站层出不穷。可见，在 Internet 上求职和招聘是现在和将来员工和企业交易的主要方式。

（3）学习方面。随着互联网的广泛应用，促使教育的内容和形式发生变化。在互联网上开设网络大学进行远程教育已为国内外众多大学所采用。网络大学需要的管理机构和人员少，教育成本低，效果好，可以充分发挥名校教师和教材的优势，低投入、高产出地完成高质量的教育。同时，电子商务已经成为一门新兴的热门学科，国内外许多大学都开办了电子商务专业和电子商务方面的课程，积极普及电子商务方面的知识，培养社会急需的电子商务专业人才。

综合案例

HeyJewel：独立设计师首饰的美丽舞台

HeyJewel 是一家专营独立设计师原创首饰的品牌集成店，创立于 2012 年 3 月，出售的是 39 位国内设计师和 19 位国外设计师的作品。产品多达 2 700 来款，价格统一由设计师敲定。与大众化品牌的首饰相比，独立设计师首饰往往带有强烈的个人色彩，情感表达更为天马行空，不太受市场和企业的支配。相应的，它们也需要承受严苛的市场考验，在小众市场中找到自己的位置。

基于这样的特性，HeyJewel 采用聚合模式，将派系不同、设计风格多样的独立设计师首饰集合起来呈现给消费者，满足不同客户的审美需求。以集成店的形式运作独立设计师首饰，虽然市场依然小众，但至少能吸引顾客的目光。“对商家而言，聚拢优质的设计师资源是生存的根本；而对消费者来说，产品的创新性、独特性和趣味性成了店铺最大的亮点。”创始人姜景云坦言。

平台效应

在创立 HeyJewel 之前，姜景云有长达 6 年的首饰买手经验，曾在业余独立经营一家专营外贸首饰的淘宝店。那段时间，她接触了国内很多首饰工厂，发现中国虽然是一个首饰制造大国，但主流首饰品牌的产品设计、材质和工艺都趋于同质化，缺少设计感鲜明、个性突出的原创设计首饰品牌，难以满足当下年轻人求新多变的审美需求。

“首饰就像服装，商场里的服装往往趋于商业化、大众化，但近年来，越来越多风格迥异的设计师服装品牌开始通过网络等渠道涌现，赢得了一定的客户群，首饰行业或许也会朝这个方向发展。”

因此，在中欧商学院读完 MBA 之后，姜景云并没有继续在外企从事品牌推广工作，而决定将首饰作为创业方向，走原创设计品牌的道路。起初，她设想过推出自己的原创设计首饰品牌，或为一个国外原创设计品牌做代理。不过这样的商业模式并不新鲜，她想尝试一种与众不同的经营方式。

姜景云想起，在国外买手店看到的独立设计师首饰是国内很少见的。通过向业内人士请教，她了解到 20 世纪 50 年代，欧洲就出现了独立设计师首饰的前身——仿真首饰。由于第二次世界大战以后物资匮乏，纯金纯银等不能用于民用，一些设计师就用铜、塑料、合金、木头、仿真珍珠等替代材料制作首饰，挖掘它们的特殊美感。从那时起，首饰的发展变得非常多元化，民众不再只注重首饰的贵重性，强调身份的彰显，很多人开始追求更加个性化、有设计感的首饰，关注首饰与衣服的搭配。

20 世纪 70、80 年代，欧洲出现一批风格多元化的独立首饰设计师，发展路线后来出现了分化：一部分逐步弱化了设计感，转变为商业品牌；另一部分依然坚持个性化的独立设计和小批量制作，走小众路线，获得了很多设计类奖项，在业内和客户圈里保持着不错的口碑。“这部分设计师很少有自营店铺，基本都由各地的代理商代理，通过品牌集成店、买手店、商场柜台、博物馆礼品店等不同渠道进行销售，大部分以小工坊形式存在，每年出两三个系列新品。”姜景云说。

相比国外独立设计师首饰，国内的独立设计师首饰起步很晚，发展时间不过短短四五年，由于近两年媒体的曝光才进入大众的视线。

市场的空白既是机会也是挑战。姜景云决定从线上网店入手，辅以线下体验店进行形象展示，用设计风格独特、材质和工艺多元化的趣味性首饰吸引当下追求时尚、潮流和个性的年轻群体。

她采取了资源整合的方式切入首饰市场，与国内外的独立首饰设计师合作，聚拢这部分大众平时难以接触到的首饰资源，试图通过创新产品和经营模式获得消费者的关注。设计师专注于后端的产品设计与制作，姜景云负责前端的销售、品牌包装推广、售前售后服务等工作。

“不少设计师并不擅长市场运作，尤其是国内刚起步的独立设计师，而这恰好是我的强项。设计师单打独斗往往产品少、规模小、资金有限，而以平台形式呈现多元风格的独立设计师首饰，既便于顾客挑选，也能增加市场关注度。”她表示。

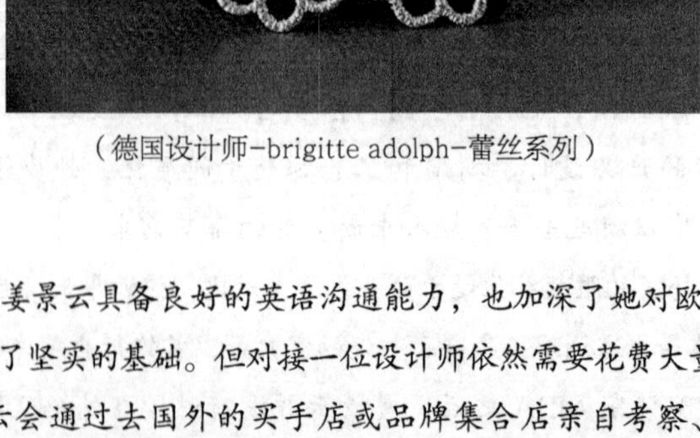

（德国设计师-brigitte adolph-蕾丝系列）

引进与适应

海外留学的经历让姜景云具备良好的英语沟通能力，也加深了她对欧美文化的了解，这为她与海外设计师沟通打下了坚实的基础。但对接一位设计师依然需要花费大量的时间和精力成本。

一般而言，姜景云会通过去国外的买手店或品牌集合店亲自考察、设计师引荐和国外的朋友介绍等渠道积累设计师资源。她选择国外设计师时十分谨慎，一般都要看过实物或细节图，以确保首饰风格的独特性和品质的优良性。

在款式的选择上，姜景云倾向于挑选在设计、材质、工艺等方面别具一格的首饰，尽量是国内消费者没有见过的产品。譬如德国的独立设计师 Brigitte Adolph 专攻蕾丝式样的首饰，用硬质的银做出繁复细腻的蕾丝造型，看起来像银布质感的真蕾丝。

姜景云并不是一个简单的搬运工，她会将顾客的意见及时反馈给设计师，并结合自己在国内首饰行业的多年从业经验，对产品做出细微调整。譬如有顾客反馈某款项链不够长，佩戴起来影响整体的美感，姜景云就请设计师增加了调节链，以适应不同消费者的需求。她还请部分设计师对售价较高的款式进行材质的替换，如将原本的纯金款改为纯银款，从而降低售价。在她看来，独立设计师首饰面向的客户群主要是年轻人，如果售价过高，会将很大一部分消费者排除在外。等到独立设计师首饰成长到一定阶段，大众的认知度逐步提高之后，再重点推广纯金、高端宝石等贵价首饰比较容易被市场接受。

漫长的生产和物流周期对姜景云也是一个考验。由于国外的独立设计师首饰大多是纯手工制作，制作时间短则一两周，长则三四周，姜景云向设计师下单后，对方还需要根据手头的现有订单进行排单，不一定能马上开始制作。算上物流时间，通常需要6～8周才能收到产品。

“消费者很难接受如此漫长的等待，所以店铺更换了合作物流公司，将原本 2～3 周的物流运输时间压缩到 2～3 天，虽然成本更高，但可以抓住更多消费者。我也一直与国外设计师磨合沟通，让他们了解到国内消费者的需求，尽量将订单排得靠前些。”姜景云表示。为了确保产品如期完成，她每次下单后都会通过邮件和电话持续跟单。

目前，姜景云下单后基本能在 3～4 周内收到产品，却依然无法满足顾客的要求。于是，她通过对产品的销售数据进行分析，对 70%～80%较为畅销的国外设计师款式备下现货，增加了店铺的安全库存。

（美国设计师-michael michaud-植物园系列）

引导与培育

在姜景云看来，与国外设计师对接遵循的主要是“引进和适应”原则，而与国内设计师合作更多的是“引导和培育”。因为国内的独立设计师首饰发展时间不长，很多设计师还处于探索、实验和尝试阶段，尚未完全确定自己的设计风格。因此，姜景云把店铺当作桥梁，将国外设计师的经验无私分享给国内的设计师，帮助他们成长，从而反向促进店铺的销售。

姜景云经常与国内设计师分享的理念是，很多国外设计师从自身的成长经历和兴趣爱好出发寻找设计灵感，产品与自身的个性特质紧密结合，这样一来消费者很容易通过了解设计师的背景来理解产品。譬如美国设计师 Michael Michaud 设计的所有首饰都是植物题材，其中最有名的是豌豆荚系列，因为他小时候经常在家里的豌豆架下玩耍。"这些首饰背后的故事并不是惊天动地的大事，更多的是与个人生活相关的小故事，那些细微的感触和温情都可以投注到产品中。"姜景云说。

不少国外设计师通过聚焦某个细分领域，将产品做到极致，来打造品牌形象和知名度，这也是值得国内设计师学习的。比如希腊的 Kiss the Frog 是一个由一对设计师夫妇组成的小团队，丈夫擅长插画设计，妻子擅长珠宝设计，因此他们专注于以猫咪、小鱼、鸟、扭扭蛇等可爱插画图案为主的首饰设计，取得了出色的销售业绩。

国内的独立设计师王元创立的品牌"凝蓝"，曾以国家大剧院的不同剧目为创作素材，设计出古琴伏羲、琵琶、大圣来也、月影梅花、喜上眉梢等多款产品。与姜景云探讨后，他发现原先的设计风格比较宽泛，因此决定借鉴国外独立设计师的做法，专注于更加细分的设计领域，将自己喜爱的中国传统工艺珐琅与现代造型相结合。现在，珐琅产品在店铺中的销量也很不错。据姜景云介绍，店铺目前合作的国内设计师有一部分是首饰专业的在读学生，他们在求学阶段就确立了做独立设计师首饰品牌的志向，通过与 HeyJewel 合作试水销售。"学生常常感到迷茫，不知道怎样平衡独立设计和商业间的关系。店铺的销量其实也是一个参考，可以让他们思考为什么同样的页面展示、同样的拍摄手法，不同设计师的销量差别这么大。"她说。现在店铺中销售额最高的设计师可以达到每月 10 万元，但销售额最低的设计师每月仅几百元。

除了针对店铺产品做营销推广的商业性微博，姜景云还特意注册了非商业性的首饰人 Jewel Maker 的微博账号，聘请专人从国外网站收集与独立设计师首饰相关的信息，进行翻译和编辑。首饰人微博以电子杂志的形式操作，遵循特定的逻辑和规范，既有设计师及其代表作品的详细文字介绍及图片展示，也有关于国外设计展览和比赛的实时资讯，试图呈现独立设计师首饰领域的完整风貌。

姜景云的初衷是将微博打造成一本类教辅的书籍，以潜移默化的方式推动独立设计师首饰在国内的发展。运营两年多，微博积累了两万多粉丝，很多都是首饰专业的师生。虽然资料梳理工作比较琐碎繁杂，但可以为国内有意朝独立设计方向发展的首饰爱好者提供借鉴，吸引同好，姜景云觉得做这样一个纯公益性的分享平台也是很有意义的。

（线下体验店）

线上线下联动

在主营 HeyJewel 网店之余，姜景云还在上海同步开设了一家线下体验店，客源主要依靠线上引流。她认为，由于店铺中部分产品走高端路线，价格在几千元到几万元不等，顾客在下单购买前先来体验店试戴会更加放心。“HeyJewel 的网店客服会经常邀请江浙沪一带的顾客来体验店转转，喝杯茶，聊聊首饰。由于上海这个地方的特殊性，潮流小店遍布街角旮旯，也有不少北京、广州等外地顾客慕名而来。”姜景云告诉《天下网商》记者。

2014 年 9 月，HeyJewel 引进了日本的手工课程，由店铺设计出戒指、项链等款式，再进行面授，目前只面向情侣开放，一次仅容纳两对情侣。顾客在线上拍下课程，提前预约后可以到线下体验店参加，课时一般在 3 小时左右。“以情侣组合的形式开设手工课程，能大大提高课程的市场接受度，因为这不仅是通常意义上的手工制作，更是一种情感的交流。在教授课程之余，有针对性地推荐产品，接受度也会更好。”姜景云坦言。为了提高课程的丰富度，今后 HeyJewel 可能会与设计师合作，教顾客串珠、自主 DIY 设计等可玩性更大的课程。

目前，线下体验店中有两台电脑可供顾客浏览网店的产品，在线下单支付。为了节省成本，体验店并不是街铺，而是隐匿在小巷中的花园式洋房，二楼是网店的办公区，一楼是体验店。店中设有可供顾客寄送明信片和礼品的小邮局以及茶吧，以满足顾客的多种需求。

现在，有不少线下商场找姜景云商谈，邀请 HeyJewel 入驻。但她认为，线下体验店承担的是网店的形象展示，营造的是家一样的感觉，具有不可复制性，每一个细节的设计都希望向大众传达出独立设计的风格特质，像通往体验店的古朴铁轨是花费很长时间才找到的。店铺陈列也完全依循设计师的特质，譬如将以植物题材为主的设计师产品布置成植物园的式样，用绣花箍呈现以古老的花丝工艺为特色的设计师产品等。“HeyJewel 并不急着扩张，按照美的方式慢慢生长，对设计师和店铺而言是最合理的。”姜景云说。

结合本案例请分析：

1. 本案例中所设计到的电子商务模式是什么？
2. 你认为 HeyJewel 成功的核心是什么？

问题扩展

请访问 heyjewel 全球独立设计师首饰集合店（http://heyjewel.taobao.com/），分析她的特别之处。

思考题

1. 电子商务具有哪些优势？
2. 电子商务对于企业经营的影响有哪些？
3. 如何理解电子商务模式？
4. 电子商务对于传统的经济管理理论产生什么影响？
5. B2B 电子商务模式与 B2C 电子商务模式的区别与联系。

第二章 电子商务战略与规划

电子商务对社会经济的影响已经深入到各行各业中了，如何做好电子商务战略关系到企业未来的存亡。电子商务战略关系到企业在互联网时代如何面对消费者的需求、面对市场变化以及面对供应链当中每个环节的变化。

第一节 互联网与企业战略

[案例]

海尔的互联网战略

2014 年 3 月 9 日，中国科学院大学管理学院邀请海尔集团董事局主席张瑞敏做客“思危大讲堂”。“没有成功的企业，只有时代的企业。”——这是张瑞敏讲座的题目。他认为，做企业不要只想做到成功的那一天，而是要永远追求成功，因为所谓成功只不过是踏上了时代的节拍，如果你赶上了这个时代你就能发展起来。海尔就是改革开放的产物，如果没有改革开放也就没有海尔的今天。而企业不可能永远地踏准时代的节拍，很多事实已经说明了这一点，互联网时代企业的寿命也越来越短，企业的发展越来越快。真正跟上这个时代很难，因为思维定式非常难以改变，比如：摩托罗拉被诺基亚取代，就是因为摩托罗拉属于模拟时代，诺基亚很快被苹果取代，因为苹果手机是进入互联网的终端而不只是一个通信工具，它摸准了互联网时代的脉搏。

互联网时代下，传统企业如何踏准节拍？有人认为，传统企业在互联网时代颠覆自己非常困难，就好比从山巅下到谷底后，再爬上另一座山，把自己完全颠覆掉。张瑞敏认为，最难的还是在于“破立”之间——是把旧的破掉，再把新的立起来，还是破立并举，这是一个非常难处理的问题，而适时的策略应是破立并举，边破边立，创新体制机制。

传统企业的战略导向思维是规模经济和范围经济，所谓规模经济就是把企业做得越来越大，所谓范围经济就是多元化。这种思维就是企业要做大做强，做大是什么呢？其实就是规模经济，做强就是范围经济，要在这个行业里头规模是最大，谁也没法和我竞争，我做这个行业多元化之后别人也难以替代，所以我就守住了这个地方。

现在互联网时代，企业的导向要从规模与范围思维向平台思维转变，平台成了互联网时代企业发展的原动力。这缘于网络使企业和最终消费者之间零距离，从信息不对称变成对称，不但对称而且关系改变了，原来信息的主动权在企业手里，而现在信息主动权到了用户手里，用户可以在网上随时点击是要你还是不要你。因此张瑞敏认为，新型企业的发展方向应是构建一个由企业、员工、用户与合作者组成的多方合作平台。

平台是一个开放的生态系统，不同于传统企业不管多大多强都是封闭有边界的。平台的框架就是快速配置资源的框架，用户和商家之间可以非常快地沟通，同时用户之间可以自交互，企业竞争就由原来的做大做强变成了现在我要做平台，谁平台做得最大谁就是做得最好。如在网络平台上，实现同样的销售额，不需要众多的实体店，只不过需要一个平台，在这个平台上所有的交互双方都可以无障碍地交互。

基于互联网平台思维，海尔做了“人单合一”双赢模式的探索。“人”即为员工，“单”即是市场目标，并不是狭义的订单，而是广义的用户需求。“人单合一”即让员工与用户融为一体。而“双赢”则体现为员工在为用户创造价值的同时体现出自身的价值。员工成为了自主创新的主体，由此形成了企业与员工之间关系的一个新格局。即由原来员工听企业的，变成现在员工听用户的、企业听员工的为用户创新的方案。“人单合一”双赢的本质是：我的用户我创造，我的增值我分享。也就是说，员工有权根据市场的变化自主决策，员工有权根据为用户创造的价值自己决定收入。

原来员工是在企业内部，用户在外部，新的模式使二者合在一起，在一个平台上。让员工在为用户创造价值的过程中实现自身价值，通过搭建机会公平、结果公平的机制平台，推进员工自主经营，使每个人都是自己的 CEO，并组成直面市场的自组织即自主经营体。同时，新模式把过去远离用户的研发、营销、制造等职能全部推近用户，各职能部门可直接取得用户的反馈，让决策者（而非以前的经销商）走向顾客。“人单合一”的概念达到了动态的持续优化以及端到端闭环优化。动态持续优化是指能够不断地收集用户最新的需求，从而立刻反馈到各个部门进行优化；而端到端的概念则为一端“用户不满意”，另一端为“用户满意”，每个员工有责任并有权直接采取反应措施，把用户的负面体验立刻解决掉。

企业战略决定组织结构，组织结构服务于企业战略。为适应平台思维企业战略，张瑞敏提出并在海尔做了企业组织结构演变的探索，从原来的“正三角组织”，到“倒三角组织”，到“自主经营体”，再到“利共体平台”，最后演化成现在的“企业生态圈”。海尔在组织观念演化方面的实践是，员工去“领导”中心，人人成为创客；用户去“企业”中心，成为体验主导；企业进行“轻足迹管理”。为更好地适应网络时代，现阶段海尔探索的目标是“三无三化”：“三无”即企业无边界、管理无领导、供应链无尺度；“三化”即企业平台化、员工创客化、用户个性化。

一、企业战略

（一）战略

战略（Strategy）一词最早是军事方面的概念。战略的特征是发现智谋的纲领。在西方，“strategy”一词源于希腊语“strategos”，意为军事将领、地方行政长官。后来演变成军事术语，指军事将领指挥军队作战的谋略。在中国，战略一词历史久远，“战”指战争，略指“谋略”。春秋时期孙武的《孙子兵法》被认为是中国最早对战略进行全局筹划的著作。

（二）企业战略

企业战略是指企业根据环境的变化、本身的资源和实力选择适合的经营领域和产品，形成自己的核心竞争力，并通过差异化在竞争中取胜。

企业战略是对企业各种战略的统称，其中既包括竞争战略，也包括营销战略、发展战略、品牌战略、融资战略、技术开发战略、人才开发战略、资源开发战略等。企业战略虽然有多种，但基本属性是相同的，都是对企业的谋略，都是对企业整体性、长期性、基本性问题的计谋。

各种企业战略有同也有异，相同的是基本属性，不同的是谋划问题的层次与角度。总之，无论哪个方面的计谋，只要涉及的是企业整体性、长期性、基本性问题，就属于企业战略的范畴。

二、企业互联网战略

目前世界经济的态势是：一方面，传统商务向互联网转移，已成为一种不可阻挡的潮流，不管是否愿意，不管是积极投入还是被拖着、拽着，都将迈向互联网；另一方面，互联网的发展速度又是惊人的。正像 Cisco 公司的总裁约翰·钱伯斯所言："互联网不会等待任何人、任何公司、任何国家，因此你跟不上很快就会被别人超过。"因此，及早制定并发展电子商务战略，是任何一家公司都必须认真对待的大事。

企业互联网战略是指企业基于互联网环境所制定的战略选择。在制定企业战略时要充分考虑互联网时代下企业的各种竞争环境的变化，使企业能不断沿着正确的方向发展。

第二节　企业电子商务经营战略

随着互联网应用的普及，企业间电子商务已经成为一种趋势，ERP 与电子商务系统的集成与协同将成为企业信息化发展的必然。

电子商务战略，则是整合电子商务发展经验，通过对产品、市场、核心业务及各种环境的深刻分析，制定并执行的推进电子商务模式不断发展的方略。

20 世纪 90 年代以来，全球商界群雄逐鹿的局面一再证实了迈克·波特的断言：企业成败的关键可能在其战略。

企业经营战略是指在市场经济条件下，企业为谋求长期生存和发展，在外部环境和内部环境分析研究的基础上，以正确的指导思想，对企业的经营理念与使命、主要目标、重大经营方针、策略和实施步骤做出长远的、系统的和全局的谋划。在近百年的企业经营战略实践中，战略对企业的生存和发展越来越具有决定性作用。在信息技术迅猛发展的当代，以因特网为核心、为基础、为纽带而形成的电子商务构架迅速延伸到经济的各个领域、各个层面，企业作为参与电子商务发展的主要角色之一，其经营发展战略必将随电子商务的发展而出现新的特性。

一、电子商务背景下的企业内外部环境分析

要研究企业电子商务的经营战略，首先有必要对企业的发展环境进行分析，了解企业自身所处的环境状态，面对的各种机遇与挑战，需要解决的有关企业发展的问题。

（一）客观环境分析

1．宏观制约因素

电子商务是一项复杂的系统工程。参与电子商务的不仅仅只有交易双方，还涉及众多的部门

以及地区之间交易的互相协作，电子商务离不开与之配套的商业流通、金融支持、政策和法律保障环境。这些因素包括：基础电信设施与通信网络、电子商务法律法规建设、技术标准与标准化模式、网络和交易安全、安全认证和保障体系、观念的制约、信任危机、电子商务管理规范等。

2．微观制约因素

在企业发展电子商务的过程中会面临很多具体的问题，这些具体问题都将直接影响企业的发展与企业电子商务战略的实施。这些因素包括：企业信息化建设、规模化经营程度、企业商品信息管理、物流配送、网上支付、消费与售后服务等。

（二）电子商务对企业经营环境的影响

1．电子商务对行业结构的影响

电子商务对行业结构的影响主要表现在新行业的产生与跨国管理的实现两个主要方面。

（1）产生了以服务为主的新行业，如网络交易中心、电子商场、电子商务咨询服务公司、电子商务应用软件开发公司等。

（2）实现了跨国管理。由于电子商务系统的建立，使得大规模的跨国组织、跨地区的商业活动成为可能。一些著名的零售业纷纷扩大营业范围和规模，组织跨地区、跨国界的商业活动，以降低成本和抢占市场份额。一些大的连锁商也在网络上创立了自己的虚拟商店，调整传统的商业结构和布局，以适应新的管理模式。

2．电子商务对市场模式的影响

电子商务的普遍应用，将促使经济由迂回经济向直接经济过渡，即由以依靠中间物流、分离生产与消费为特征的工业经济向依靠网络，使生产与消费直接“见面”以及人、资源、环境可持续发展为特征的网络经济过渡。其实质就是减少中间费用、库存和流动资金，使生产“直达”消费。

（三）电子商务对企业内部组织结构的影响

1．电子商务打破了传统的企业组织结构形式

传统职能部门依赖于分工与协作完成整个任务的过程，而在电子商务的构架里，除了市场部与销售部和客户打交道外，其他职能部门也可以通过电子商务网络与客户频繁接触。原有各工作单元之间的界限被打破，重新组合成了一个直接为客户服务的工作组并与市场接轨，以市场的最终效果来衡量流程的组织状况。企业间的业务单元不再是封闭式的金字塔式层次结构，而是相互沟通、相互学习的网状结构。这种结构使业务单元广开信息交流渠道、共享信息资源、增加利润，减少摩擦。

2．电子商务构建了新的企业组织结构管理模式

在电子商务构架之下，企业组织信息传递的方式由“一对多”到“多对多”转换，信息无需经过中间环节就可以到达沟通的双方，工作效率明显提高。在这种信息管理模式下，企业管理凸显出三个主要特点：一是企业内部构造了内部网、数据库，所有的业务单元都可以通过内部网快捷地交流，管理人员之间沟通的机会大大增加，组织结构分布化和网络化。二是中间管理人员获得更多直接信息，他们在企业管理决策中发挥的作用更大，使整个组织架构趋向扁平化。三是企业管理由集权制向分权制转换，企业过去高度集中的决策中心组织改变为分散的多中心决策组织。单一决策下的许多缺点如低效率、结构僵化、沟通壁垒等，都在多中心的组织模式下消失，企业决策由跨部门、跨职能的多功能型的组织单元来制定。这种多组织单元共同参与、共担责任、共享利益的决策过程，增强了员工的参与感和决策能力，提高了企业决策的科学水平。

二、企业电子商务经营战略

（一）企业电子商务经营的必要条件

1. 明确的营运范畴及企业定位

成功的企业在正式运营之前就有明确的公司运营范畴（包括产品市场、规模大小、地理覆盖范围、垂直整合程度等）、企业定位、盈利计划。现实中，许多企业初期都是在一个简单的创意构想下而没有明确的运营模式就开始上线运作，在产业市场开发初期也许能够取得一定成效，但随着产业成熟，具备相同条件和采用相同方式运作的企业越来越多，企业就开始失去竞争力。因此，任何企业都必须先审视自己所拥有的资源能力，注重自己的营运范畴及定位，才能具备较强的竞争能力。

2. 客户隐私权及交易安全

电子商务业者对于客户的资料应该主动积极地加以防护并提供安全加密措施的访问网站，让客户在网络交易中的安全获得保障，是开展电子商务的必备条件。

3. 企业财务管理能力

在电子商务兴起的初期，企业往往盲目投入大量资金，进行大规模的改造、并购等，而电子商务“烧钱”的时代已经过去，具有获利的能力才是电子商务经营的重点目标。而因为电子商务对于明确获利的商业模式仍在探索之中，如何在不断地扩充、提高品牌及客户服务的基本获利中，维持财务平衡更显重要，这样一个企业才能永续经营。

（二）利用网络的传播力量，强化企业的品牌价值与客户价值

1. 强化客户价值

客户越来越清楚地认识到，他们可以通过与业务合作伙伴创造性地合作来发展新的获利形式，或者通过与合作伙伴协作来减少费用和缩短产品周期，创造新价值。只有愉悦的客户才是真正忠诚的客户，客户愉悦会带来一定程度的客户满意，从而使客户重复购买。信息技术使得敏捷的参与者可以通过网络为客户创造价值。现在，绝大多数企业的构建都是围绕业务处理以及生产流程开展的。但是从行业角度来说，客户对企业的忠诚很大程度上是基于产品或服务本身、价格水平以及客户所获服务的水平和质量。特别是大多数企业都有自己的优先客户群，但他们同样欢迎任何有资格的人下订单。客户信息系统的出现使得企业可以通过网络获取客户的数据，从而有希望识别出客户独特的购买特性或趋势。这种能力带来了新的经营竞争，企业不仅要取得现有客户的终身价值（LTV），而且在此之后还要为新客户和新市场制订合适的战略计划。

2. 强化网络品牌价值

品牌不仅在传统的商业环境下是企业重要的资产，在网络环境下更是如此。由于网络彻底改变了传统商务信息传播的媒体和途径，在网络环境中，企业品牌的内涵、外延以及品牌

宣传和运作方式都发生了巨大的变化。因为网络空间是虚拟的，人们需要与商家建立信任关系，此时，品牌就成为“信任”的代名词，它对于销售有着非常微妙和切实的影响，网络品牌塑造变得尤其重要。此外，当网络逐渐成为企业营销的新兴途径时，传统企业除了要考虑将自己的营销组合与网络整合外，也必须在网络中建立自己的品牌形象。对于经营者来说，网络品牌价值是企业经营活动重要的无形资产，并且从其发展趋势来看可能超过其实物资产的价值。因此，通过注册显著的域名、建设企业网站、网站形象的设计以及其他营销手段来强化网络品牌价值的策略在企业经营中是至关重要的。

（三）利用网络增强企业的销售及购买渠道，提高运营效率

1．销售者和采购者的价值体现

销售者和采购者的价值体现是指通过网络兑取双方的购买模式并进行收集、分析和管理，从而达到渠道增强的目的。在大多数情况下，电子商务就是这样一个非常有效的活动：通过电子商务，企业可以接触到更多的客户，能够更快地获得市场信息并且做出相应反应，从而减少成本。如建设网站，将产品和服务的目录发布到网站中，同时使用这个站点进行客户支持活动。销售者根据这些信息，可以为不同的客户定制不同的产品和服务。同样的，采购者通过这些信息可以更好地进行谈判，采购程序也通过这个渠道实现了自动化，从而买卖双方都能降低成本。

2．e 采购策略

e 采购是运用电子商务技术重新设计和实施多企业之间的采购流程。e 化采购应用程序显著改进了相关产品的采购。以往，设计人员和工程师不得不在名目繁多的部件目录中寻找合适功能的部件以符合他们的设计，即便他们选择了一个部件，纸质的目录清单也不能说明该部件与其他相关部件是否匹配。用今天的 e 化采购应用系统，通过电子搜索工具可以迅速识别部件。在许多情况下，匹配和界面对接能力是自动识别的，并且软件的内在控制程序会告知询问者设计的注意事项和可能带来的问题。因此，采购价格更合理，交易成本更低廉，产品质量更高。

（四）企业虚拟实体整合——价值链集成战略

企业之间存在为客户提供价值的激烈竞争，作为电子商务价值网络的一个组成部分，企业会联合起来向客户提供价值，不能仅局限于业务伙伴的简单合作，而要与他们全面合作，我们把这称为价值链集成（Value Chain Integration），即在客户、企业、供应商以及其他的业务伙伴之间，实现业务流程和信息系统的融合，以达到经营运作一体化。这就要求企业在整个多元关系中，从辅助客户进行产品设计或是产品购买，到与供应商在生产和产品交付过程中传送商业文件，都必须具有电子化通信的能力，而互联网这种具有成本效率（Cost Efficient）的技术的出现首次为价值链集成提供了可能性。价值链集成的基本作用体现为速度优势，速度优势降低了成本——库存成本、雇员费用、计划成本等。电子商务加速了信息流，信息流的通畅加快了物流；电子商务减少了产品物流的等待队列，减少了与决策环节和步骤相关的时间延迟，也减少了产品设计配置的错误。与此同时，电子商务加速了定购流程，提高了订单执行的准确率，加快了产品部件和物料的采购、项目计划、产品配送以及安装过程。实现价值链集成的战略措施有以下几个方面。

1. **成为 e 化超企业**

以往，传统企业都围绕他们的内在价值链制定自身的经营战略，各企业相互竞争是为了向客户提供价值。但是将来，企业之间会联合起来，作为一个超企业的组成部分向客户提供价值。一个超企业是由客户、企业以及它的供应商共同组成的实体。在超企业中开展业务会产生一个新的集成了业务流程和信息系统的商务模式，这种模式称为超企业价值网络（Enterprise Value Network，EVN）。作为超企业的成员要与它的业务合作伙伴合作制定经营战略，以保证行动的一致性。并且将会产生全新类型的信息系统，可以在参与者之间集成业务流程和信息流。第三方软件商将会在市场中销售针对超企业运作的模块化软件方案，即超企业资源计划（ERP Ⅱ）系统。它为企业间进行有效、活跃的通信，提供了低成本、友好界面和非结构化的形式。通过运用相应技术构建超企业，每家企业都可以与其业务合作伙伴一起制定经营战略，以实现 EVN 最优化。

企业必须掌握如何共享有关客户和业务流程的商业信息，如何将其非战略性业务外包出去。在许多情况下，超企业的主导者是大规模、有影响力的生产企业，他们拥有将供应商和业务合作伙伴集成在一起以及制定构建价值网络标准的资源。然而，电子商务技术和应用以及客户数据挖掘和分析，可能会将网络主导者的角色转移到离客户最近的组织，而这种组织更加了解客户。掌握了客户信息和拥有忠诚客户的企业能够给其他希望同客户建立最优关系的企业提供重要的需求。在传统商务模式中，这种本质性的深刻转变，也许会给价值链内的分销商、转销商及零售商的业务操作和通信方式带来无法想象的变化。对于有实力的制造企业而言，问题的关键是要在价值链下游的中介确立其重要地位之前，实施运用电子商务技术获取客户信息和忠诚的战略。

2. **构建超企业价值网络**

EVN 由两部分构成：一是超企业供应网络，其参与者包括产品提供企业、产品提供企业的供应商以及供应链内的业务合作伙伴；二是超企业客户网络，其参与者包括产品提供企业、在需求链中的业务合作伙伴，以及客户、消费者。在 EVN 中，信息流从新产品市场研究的信息收集开始，经过产品开发和销售订购过程，再到生产和采购，接着流向业务合作伙伴和供应商。对于构建超企业价值网络的企业，价值体现很明确，就是 EVN 要为企业提供敏捷性和灵活性以适应市场环境的变化。通过 EVN，企业把必要的业务流程和信息系统集成在一起，以便把部分业务操作转包给业务合作伙伴，或分担其他业务合作伙伴的某些业务（基于业务能力的外包）。企业可以根据需求、业务能力、成本和反馈等实时地做出有效利用伙伴资源的决策。在向 EVN 转变的过程中，企业可以通过强调协同设计的开发能力以及利用市场研究和客户反馈、工程化和经营战略，使生产实践流线化，从而最终提供一流的产品和服务。例如，机械产品生产企业可以通过 e 化现场工程师、项目经理、安装人员、资源计划员以及其他人员把自身重新塑造成一个服务提供组织，从而提供信息和各种工具的访问途径，以实现快速、低成本、高质量的服务。

3. **建立 e 化供应链**

e 化供应链是超企业供应网络通信和运作的中枢。e 化供应链跨越了多个企业的界限，要求企业建立协同的业务流程。与 EDI 技术的运用不同，e 化供应链体现了供应链参与者之间的真正协作。e 化供应链有两个关键成功要素：首先，企业必须把合作关系看成是一种战略性资产，合作者之间的紧密集成和信任加速了供应和生产，降低了库存成本；其次，既然在合作关系中，信息的透明性起到了替代存货的作用，那么它必须像现在的库存管理那样进行控制，即规定严格的制度并进行日常监控。

（五）利用网络优化企业客户服务

1．交互作用和个性化服务

互联网技术使客户们可以在很大程度上与企业进行互动性活动，因此他们可以轻松地创立、编辑、发送、确认和跟踪订单。客户同时希望得到个性化服务。电子商务的应用服务可以针对每一个客户的不同需要满足他们的具体要求和个人兴趣，也可以为每个客户提供量体裁衣的服务，如为每个客户建立账户和他们的术语体系，为特定的客户提供定制的产品，并且根据客户的反馈提供定制的服务。通过互联网技术进行的客户服务能够培养出交易双方的信任，并且能够在销售过程中和销售之后为客户提供快捷、平等的个性化服务。企业通过自我服务模式进行销售工作，交易成本将显著降低。

2．管理 e 化客户关系

在电子商务世界里，企业有机会复制原先只存在于批量市场中的个性化的客户关系。企业在销售标准产品的同时，可以利用客户的信息提供一些个性化的客户服务。与此同时，便捷的界面、迅速的执行、订单处理成本的降低以及客户服务的加强会不断吸引热衷电子商务的新客户。这些客户能够低成本甚至无成本地迅速改变原先的忠诚，并且寻求可能的最好的客户服务。

在电子商务领域中，服务是最大的要点之一。为了成功地实现 e 化客户服务，企业必须开始学习使用数据库和数据挖掘技术来管理客户关系。通过数据挖掘，企业可以从自己的数据库中发现数据之间存在的广泛联系和模式，但是这些联系和模式在企业的业务活动中并不是显而易见的。通过对企业大量历史数据的研究，数据挖掘经常可以发现一些对企业有利的潮流趋势和潜在机会。对于数据库和数据挖掘这两种销售工具来说，最重要的资源就是企业长期积累下来的客户服务数据。客户关系的历史记录包含了大量信息，企业可以从这些信息中了解自己应该如何设计、制造自己的产品，如何提供服务，如何对销售和服务进行控制，从而提高客户满意度。

3．从市场到社区

收集大量客户数据并对这些数据进行分析从而得出有价值的客户信息，这种能力使得企业可以通过一种崭新的方式来定义他们的客户。客户不再仅仅是市场的组成部分，而是一个社区的成员，这个社区由那些对相似产品感兴趣的人们组成。企业可以尝试进入这些社区，从而得到关于现有产品和服务的反馈信息。一个与客户社区保持了适当联系的企业可以收集到其他企业所不能得到的客户信息，从而增加企业的竞争优势。实际上，具有经营战略意识的企业会去主动建立这样的社区——不仅在 B2B 领域同时也在 B2C 领域。现在门户网站的爆炸性增长就说明了这种社区的重要性，特别是在 B2B 的世界中，“社区”的最终价值在于“成为一个行业”。

第三节　企业电子商务战略环境分析

无论是传统型企业还是互联网企业，在制定企业战略时需要考虑很多因素，要对企业所处的各种环境进行全面分析。从分析层面来讲，企业的经营有内部环境和外部环境之分。

一、企业外部环境分析

企业外部环境（Enterprise External Environment）是对企业外部的政治环境、社会环境、技术环境、经济环境等的总称。企业战略重新评审不仅要对企业当前使命、目标、战略、政策进行评价，而且要对企业环境进行分析，以确定其中所存在的关键战略要素。在互联网时代，企业经营是面对的外部环境发生了巨大的变化。

企业外部环境分析主要从政治、经济、社会、技术等四大方面分析。非常著名的 PSET①（见图 2-1）分析法就是针对这 4 个方面进行全面、系统的分析。

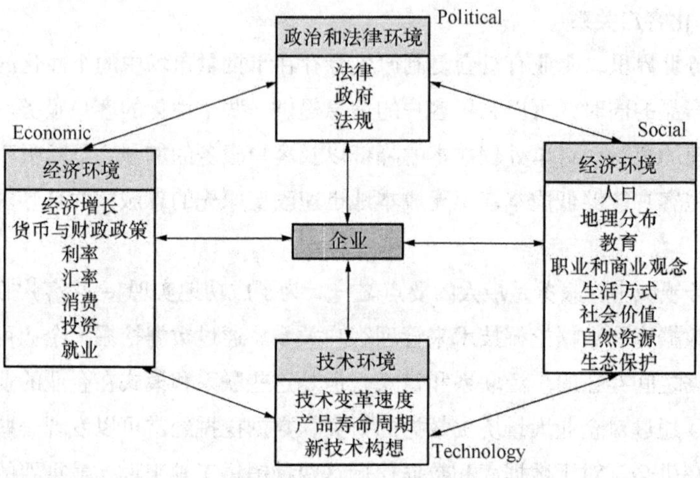

图 2-1　PEST 分析模型

企业生存与其所处的环境密切相关，环境可以促进企业的发展，也能制约企业的发展。不同的环境，会孕育出带有时代特征的企业生存方式和组织方式，也会产生符合该时代特点的管理特色和模式。从某种意义上说，企业的经营战略、组织结构、内部管理方式既是环境选择的结果，也是主动适应环境的必然。网络技术的应用，不仅影响着企业的生产、分配、交换、消费诸环节，而且从根本上改变了企业的生存环境和运作过程，改变了企业所处的政治、经济和社会文化环境、政府及社会服务环境、市场竞争环境和技术环境。②

（一）政治与经济方面

互联网时代，企业所处的政治与经济环境不同于以往任何时代。其变化主要体现在以下 3 个方面。

① 所谓 PEST1 即 Political（政治）、Economic（经济）、Social（社会）和 Technological（科技）

② 舒良友.浅析网络时代企业外部环境变化.商业研究.2008.8

（1）网络为公民个人和组织之间的沟通建立了桥梁，促进了多方交流的实现政府可以通过网络快捷、广泛地听取公民、企业的声音，客观、及时地掌握社会发展中的问题，进行科学的决策，也可以通过网络向上级政府反馈信息，从下级政府收集信息，保证社会和经济的健康发展。公民个人、企业组织可以通过网络对国家的方针、政策发表看法，对社会发展中出现的问题提出建议，表达人民的要求和愿望，维护国家和人民的利益。

（2）网络使经济全球化成为现实。信息技术使世界上不同国家和地区的资本、技术、设备、人才和原材料等生产要素的信息能够方便地传递，为生产要素在世界范围流动提供了可能，为知识和技术的世界范围内共享提供了条件，为世界经济一体化的实现提供了基础和保证。

（3）网络使经济发展动力从主要依靠物质资本转变为依靠知识和信息资源。一方面，网络使信息从时空的限制和人为的限制中解放出来，一个企业的产品和技术，很快会被其他企业学习和模仿；另一方面，物质资本的全球范围内的移动，使依靠拥有物质资本作为发展优势的企业失去了这种优势。企业若要在市场竞争中获取主动性，就必须将知识创新和信息的利用作为企业发展的动力，充分利用自己的知识资源和信息资源，在适当的时候果断放弃已有的技术和产品，推出新技术、新产品。

（二）社会文化方面

网络使得社会文化方面发生了巨大变化，影响着社会发展和每一个人的生活和工作方式。

（1）网络促进了各国、各民族之间不同文化的交流和渗透。通过网络快速、无限地传送，人们能够了解到世界各地、各民族的文化和风俗习惯，不会受到距离、交通和经济条件，以及人们空闲时间长短的限制；同时，通过网络人们可将本地区、本民族的文化和风俗习惯展现给世界，实现世界范围内的文化交流。而不同文化的渗透、融合必然影响到人们的生活方式和工作方式。

（2）网络有利于促进社会进步。从公民个人层面上看，网络教育使更多的人获得了学习提高的机会，人们能够通过网络获取知识、技术和技能。这有助于公民受教育权的实现，提高全社会的国民素质。从企业层面看，网络为企业获得市场需求、新技术和新材料的信息提供了桥梁。有助于企业采用新技术和新材料，生产市场所需的产品。为节约资源，提高效率，实现可持续发展提供了可能。所以，网络既有利于公民素质的提高，又有利于实现发展的持续性。

（3）网络改变了人们的生活方式。随着消费者消费的理性化，人们在进行消费前，通过网络来查询所要购买商品的性能、价格、服务承诺和消费者对产品消费后的反映，对许多商品进行比较、分析，进而进行消费决策。网络营销使人们能方便地购买异地出售的商品。另外，疑难病症的网络求助和咨询，让更多人的生命得到延续。网络上娱乐服务功能，丰富了人们闲暇时间的活动。可以说，当今社会人们的生活已经离不开网络。

（4）网络正改变着人们的工作方式。企业通过网络把分支机构按共同的目标和信息基础建立跨职能、跨区域的团队，借助信息技术和工作流自动化软件将不同地域和不同职能部门中的企业成员联系在一起，以适应市场需求的变化。远程办公使办公室仅仅是一个地理上的概念，但要实现远程办公，必须要有网络技术和信息技术的强有力支持。人们通过网络下达工作指令，执行任务和完成任务后通过网络进行汇报，甚至管理者对远程工作者的管理和必要的监督也通过网络来进行，而远程工作者通过网络技术与组织随时保持联系。强大的远程处理业务能力不受上下班时间限制，可以很好地实现高度实时处理。团队工作方式和远程工作方式的出现，很好地体现了以人为本的管理理念。

（三）政府及社会服务环境

政府及社会服务环境变化主要体现在政府服务、信息服务和金融服务等方面。

1．政府服务

政府服务的变化表现为对经济和企业管理控制间接化、信息收集网络化和政策、法律、法规、经济等信息发布网络化。

随着经济体制改革的不断进行，政府对企业的管理逐渐变为间接管理，网络技术的应用为这种间接管理的实现提供了可靠保证。一方面，通过网络，政府可将有关法律、法规、政策、经济状况、投资导向信息等进行发布，使政府对企业的服务更具持续性、及时性；另一方面，政府可以通过网络获得企业的有关信息，及时帮助企业解决存在的问题；也可通过网络获得市场信息，维护正常的、良性的市场秩序，并通过法律手段维护市场的公平性。

政府将现代经济手段和信息网络进行综合运用，实现对市场经济中各种参数的信息处理，利用信息网络来影响市场经济主体的利益和决策，实现宏观调控目标。

2．信息服务

信息服务的变化主要反映在信息服务企业化、信息服务规范化、信息传递快速化、信息渠道广泛化、广告展示网络化、产品信息发布网络化和供求信息发布网络化。

随着网络技术的不断应用，信息传递及时性特征尤为突出，信息成为企业决策的主要依据。信息需求的不断增大，使信息咨询、服务企业相应出现，产生了信息服务企业。从而，也使信息服务的标准、信息服务企业的管理逐步得到规范。

网络广告具有的服务不间断性、价格低廉性、用户需求获取性、范围广泛性等特征扩大了广告效应。企业利用信息服务企业或自身的网络来发布产品供求信息，使信息发布范围更广，持续时间更长，因此有利于维持和扩展产品市场。

3．金融服务

金融服务方面的变化主要体现在金融企业决策更加科学化、服务范围更广泛、服务时间的全天候和服务更快捷。

网络时代，金融企业能够利用网络获取大量信息，进行科学的资金运作决策，使决策更加科学化；同时，银行借助网络技术，建立网络银行，提供更快捷、范围更大，24 小时不间断的服务。用户接受服务时，不再受开户行所在地域的限制，也不受银行工作时间的限制，银行服务水平有了质的提高。

另外，网上银行服务系统和企业会计系统的连动，减轻了应收款项销账作业的负担，提高了企业财务人员的工作效率。

（四）市场竞争环境

网络技术的广泛应用，使得经济运行的全球化和全天候化，从而引起了市场竞争环境的巨大变化。这主要体现在市场环境和竞争环境两方面。

1．市场环境方面

市场环境的变化主要体现在市场形态虚拟化、消费者消费行为的变化、市场需求多样化和个性化及国际市场因素的影响。

网络时代，商品的交换、市场信息传递等所有的市场活动都离不开网络，电子商场成为典型的虚拟市场。通过互联网络，人们将实体的商业购物空间转化为网络上虚拟信息购物空间。网络使得地球变为了一个村，人们获取信息的渠道不再仅仅是当地新闻、报纸、广播等间断信息提供渠道，而是更方便、快捷地从网络中获取信息。由于网络信息既有本国、本民族的，也有外国、其他民族的，不同文化差异、不同观念差异的信息随处可得，使人们的文化观念自然发生变化。这体现在人们在消费时，环境保护意识更强，消费者权益的维护也更加积极。

以个人收入和闲暇时间增加为背景，人们的消费取向已经从原来追求温饱型或数量型转向小康和生活的质量。随着经济社会的国际化和网络化，消费取向更趋于多元化和多样化。这表现在人们不再侧重购买为满足需求规模而从事大量生产的商品，而是在重视商品质量和体现自己生活方式的基础上，购买具有差异化的商品。从以往消费者首先注重产品的经久耐用性，较多考虑质量、功能和价格，转变为现在的消费者往往关注产品能否给自己生活带来活力、充实、舒适和美感。需要得到的不仅是产品的功能和品牌，还有与产品有关的系统服务。

需求的多样化和个性化，改变了以前通过大量生产单一商品，以提高生产效率，降低单位生产成本获得规模经济效益的经济学原理。在需求多样化和个性化的市场上，规模效益不再存在。需求的多样化必然导致生产产品的多样性，而这又进一步影响大企业与小企业之间竞争能力的变化。

网络改变了企业与消费者之间的交流方式，使企业与消费者在线沟通成为可能。企业与消费者互为信息的需求者和提供者。

2．竞争环境方面

竞争方面的变化主要体现为竞争范围日益扩大、竞争全方位化、竞争时间连续化、竞争取胜的决定因素的变化和竞争规则的变化——协同性竞争取代对抗性竞争。

（1）竞争范围日益扩大。网络时代经济已突破国家与地区的界限，走向了一体化。许多国家结成地区性经济自由区，人员、资本和技术等要素在这些区域内可以自由竞争、流动；尤其是我国加入了 WTO，使得我国企业不得不加入国际市场的竞争。因此，网络技术的应用打破了企业间竞争与合作的地域限制，使企业竞争的地域范围越来越大，直至全球。地域限制的消除，增加了企业海外市场的可拓展性，也增强了外部资源的可利用性，竞争激烈程度变得更强。

（2）竞争全方位化。传统的企业竞争主要集中在产品的质量和价格两个方面，网络时代竞争的焦点往往出人意料，产品款式、环境保护性能、售后服务、售前网络实时咨询服务、消费者消费后的反映、信贷支持、品牌文化及广告渠道选择等都成为吸引消费者的手段。提供个性化的网络广告和售前网络实时咨询服务，使消费者方便、快捷地获取所需商品或服务的相应信息资料，更为消费者所青睐。网络时代，企业间的立体竞争已经到来。

（3）竞争时间连续化。传统的竞争受工作日和上班时间的限制，呈现出竞争时间上的间断性。而网络时代，人们工作时间更具弹性，工作日和上班时间概念越来越模糊，甚至在 24 小时内任何时间均为工作时间；同时，由于产品款式和性能介绍、售前网络实时咨询服务、广告及售后技术支持等可利用网络技术实现连续为消费者服务，广告不再受播出时间的限制。因此，竞争由传统的时间间断变得连续化。

（4）竞争取胜的决定因素发生了变化。传统的企业竞争取胜主要是通过低的成本来取得竞争的价格优势和高的质量来获得竞争中的质量优势。网络时代，技术进步、资源共享，已使竞争中的价格优势和质量优势越来越弱，甚至消失；同时，经营机遇的持续时间非常短暂，企业一旦识别了市场上对某种新产品的需求，应立即组织产品的设计、生产和销售，尽快将产品推向市场，送到消费者手中。因为在你发现这种新的市场需求的同时，其他企业也可能通过网络了解到这种信息，谁抢先将新产品送到消费者手中，谁就将获得较高收益。所以，网络使与经营有关的一切活动的节奏都加快了，速度成为企业竞争取胜的决定因素。

（5）竞争规则的变化——协同性竞争取代对抗性竞争。传统的企业竞争方式是采取一切可能的手段，击败竞争对手，将其逐出市场，企业之间进行的是零和博弈。企业与竞争对手之间是你死我活的敌对关系，甚至企业与供应商、零售商之间也是各自保守成本等信息并不断讨价还价的对抗关系。“有你无我，势不两立”是市场通行的竞争规则。网络时代，虚拟运作得以实现，企业之间可以建立动态的、灵活的合作关系，对来自不同企业的核心能力进行组合，实现优势互补，资源共享，使竞争由单个企业竞争转为联合企业，甚至供应链整体竞争，取得单个企业难以获得的巨大成功。因此，企业为了自身的生存和发展，需要与竞争对手进行合作，即为竞争而合作，靠合作去竞争，将竞争与合作结合起来，实现企业的协同性竞争。

二、企业内部环境分析

企业内部环境包括企业的物质环境和文化环境。它反映了企业所拥有的客观物质条件和工作状况以及企业的综合能力，是企业系统运转的内部基础。因此，企业内部环境分析也可称为企业内部条件分析，其目的在于掌握企业实力现状，找出影响企业生产经营的关键因素，辨别企业的优势和劣势，以便寻找外部发展机会，确定企业战略。如果说外部环境给企业提供了可以利用的机会的话，那么内部条件则是抓住和利用这种机会的关键。只有在内外环境都适宜的情况下，企业才能健康发展。

（一）按企业成长过程分类

企业内部环境分析的内容包括很多方面，如组织结构、企业文化、资源条件、价值链、核心能力分析、SWOT 分析等。按企业的成长过程，企业内部环境分析又分为企业成长阶段分析、企业历史分析和企业现状分析等。

（1）成长阶段分析，就是分析企业处于成长阶段模型的哪一个阶段，然后有针对性地制定企业发展战略，对症下药。

（2）企业历史分析，包括企业过去的经营战略和目标、组织结构、过去几年财务状况、过去几年的人力资源战略以及人力资源状况包括人员的数量及质量等。

（3）企业现状分析，包括企业现行的经营战略和目标、企业文化、企业各项规章制度、人力资源状况、财务状况、企业研发能力、设备状况、产品的市场竞争地位、市场营销能力等。

（二）按企业内部环境分析的方法分类

企业内部环境分析的方法多种多样，包括企业资源竞争价值分析、比较分析、企业经营力分析、企业经营条件分析、企业内部管理分析、企业内部要素确认、企业能力分析、企业潜力挖掘、企业素质分析、企业业绩分析、企业资源分析、企业自我评价表、企业价格成本分析、企业竞争地位分析、企业面临战略问题分析、企业战略运行效果分析、核心竞争力分析、获得成本优势的途径、利益相关者分析、内部要素矩阵及柔性分析、企业生命周期矩阵分析、企业特异能力分析、SWOT 分析、价值链构造与分析、企业活力分析以及企业内外综合分析。

一般说来以上各种各样的分析方法可归纳成两大类：纵向分析和横向比较分析。

（1）纵向分析，即分析企业的各方面职能的历史演化，从而发现企业的哪些方面得到了加强和发展，在哪些方面有所削弱。根据纵向分析的结果，在历史分析的基础上对企业各方面的发展趋势做出预测。

（2）横向比较分析，即将企业的情况与行业平均水平作横向比较。通过横向比较分析，企业可以发现相对于行业平均的优势和劣势。这种分析对企业的经营来说更具有实际意义。对某一特定的企业来说，可比较的行业平均指标有：资金利税率、销售利税率、流动资金周转率、劳动生产率等。

三、SWOT 分析方法

SWOT 分析，是基于企业内外部竞争环境和竞争条件下的态势分析，就是将与研究对象密切相关的各种主要内部优势、劣势和外部的机会和威胁等，通过调查列举出来，并依照矩阵形式排列，然后用系统分析的思想，把各种因素相互匹配起来加以分析，从中得出一系列相应的结论，而结论通常带有一定的决策性。

运用这种方法，可以对研究对象所处的情景进行全面、系统、准确的研究，从而根据研究结果制定相应的发展战略、计划以及对策等。

SWOT 分析法（见图 2-2）中的 S 代表 Strengths（优势）、W 代表 Weaknesses（劣势）是内部因素，O 代表 Opportunities（机会）、T 代表 Threats（威胁）是外部因素。按照企业竞争战略的完整概念，战略应是一个企业“能够做的”（即组织的强项和弱项）和“可能做的”（即环境的机会和威胁）之间的有机组合。

SWOT 分析方法从某种意义上来说隶属于企业内部分析方法，即根据企业自身的既定内在条件进行分析。SWOT 分析有其形成的基础。著名的竞争战略专家迈克尔·波特提出的竞争理论从产业结构入手对一个企业“可能做的”方面进行了透彻的分析和说明，而能力学派管理学家则运用价值链来构造企业的价值创造过程，注重对公司的资源和能力的分析。SWOT 分析，就是在综合了前面两者的基础上，以资源学派学者为代表，将公司的内部分析（即 20 世纪 80 年代中期管理学界权威们所关注的研究取向，以能力学派为代表）与产业竞争环境的外部分析（即更早期战略研究所关注的中心主题，以安德鲁斯与迈克尔·波特为代表）结合起来，形成了自己结构化的平衡系统分析体系。与其他的分析方法相比较，SWOT 分析从一开始就具有显著的结构化和系统性的特征。就结构化而言，首先在形式上，SWOT 分析法表现为构造 SWOT 结构矩阵，并对矩阵的不同区域赋予了不同分析意义；其次内容上，SWOT 分析法的主要理论基础也强调从结构分析入手对企业的外部环境和内部资源进行分析。另外，早在 SWOT 诞生之前的 20 世纪 60 年代，就已经有人提出过 SWOT 分析中涉及的内部优势、弱点，外部机会、威胁这些变化因素，但只是孤立地对它们加以分析。SWOT 方法的重要贡献就在于用系统的思想将这些看似独立的因素相互匹配起来进行综合分析，使得企业战略计划的制定更加科学全面。

SWOT 方法自形成以来，广泛应用于战略研究与竞争分析，成为战略管理和竞争情报的重要分析工具。分析直观、使用简单是它的重要优点。即使没有精确的数据支持和更专业化的分析工具，也可以得出有说服力的结论。但是，正是这种直观和简单，使得 SWOT 不可避免地带有精度不够的缺陷。例如 SWOT 分析采用定性方法，通过罗列 S、W、O、T 的各种表现，形成一种模糊的企业竞争地位描述。以此为依据作出的判断，不免带有一定程度的主观臆断。所以，在使用 SWOT 方法时要注意方法的局限性，在罗列作为判断依据的事实时，要尽量真实、客观、精确，并提供一定的定量数据弥补 SWOT 定性分析的不足，构造高层定性分析的基础。

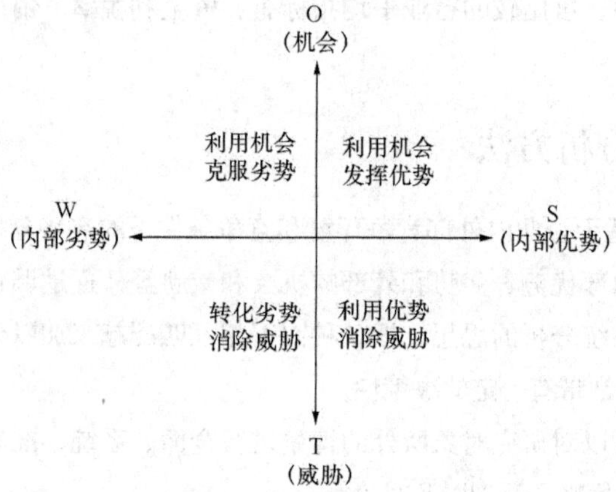

图 2-2　SWOT 矩阵模型

（一）OT 分析

随着经济、社会、科技等诸多方面的迅速发展，特别是世界经济全球化、一体化过程的加快，全球信息网络的建立和消费需求的多样化，企业所处的环境更为开放和动荡。这种变化几乎对所有企业都产生了深刻的影响。正因为如此，环境分析成为一种日益重要的企业职能。

SWOT 分析模型解析环境发展趋势分为两大类：一类表示环境威胁；另一类表示环境机会。环境威胁指的是环境中一种不利的发展趋势所形成的挑战，如果不采取果断的战略行为，这种不利趋势将导致公司的竞争地位受到削弱。

环境机会就是对公司行为富有吸引力的领域，在这一领域中，该公司将拥有竞争优势。对环境的分析也可以有不同的角度。

另一种比较常见的方法就是波特的“五力”分析（见图 2-3）。

波特“五力”模型（Porter's Five Forces Model），由迈克尔·波特（Michael Porter）于 20

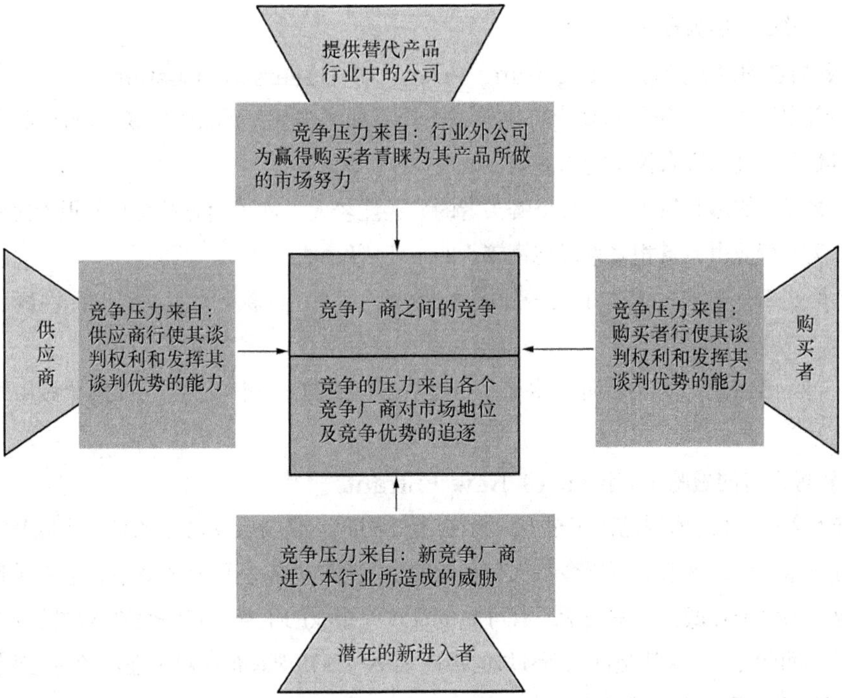

图 2-3　波特“五力”模型

世纪 80 年代初提出，它认为行业中存在着决定竞争规模和程度的五种力量，这五种力量综合起来影响着产业的吸引力。五种力量分别为进入壁垒、替代品威胁、买方议价能力、卖方议价能力以及现存竞争者之间的竞争。从一定意义上来说隶属于外部环境分析方法中的微观分析。波特“五力”模型对公司战略制定产生全球性的深远影响。用于竞争战略的分析，可以有效地分析客户的竞争环境。波特的“五力”分析法是对一个产业盈利能力和吸引力的静态断面扫描，说明的是该产业中的企业平均具有的盈利空间，所以这是一个产业形势的衡量指标，而非企业能力的衡量指标。通常，这种分析法也可用于创业能力分析，以揭示本企业在本产业或行业中具有何种盈利空间。迈克尔·波特对于管理理论的主要贡献，是在产业经济学与管理学之间架起了一座桥梁。

1．供应商的议价能力（Bargaining Power of Suppliers）

供方主要通过其提高投入要素价格与降低单位价值质量的能力，来影响行业中现有企业的盈利能力与产品竞争力。供方力量的强弱主要取决于他们所提供给买主的是什么投入要素，当供方所提供的投入要素其价值构成了买主产品总成本的较大比例、对买主产品生产过程非常重要、或者严重影响买主产品的质量时，供方对于买主的潜在讨价还价力量就大大增强。一般来说，满足如下条件的供方集团会具有比较强大的讨价还价力量。

（1）供方行业为一些具有比较稳固市场地位而不受市场激烈竞争困扰的企业所控制，其产品的买主很多，以至于每一单个买主都不可能成为供方的重要客户。

（2）供方各企业的产品各具有一定特色，以至于买主难以转换或转换成本太高，或者很难找到可与供方企业产品相竞争的替代品。

（3）供方能够方便地实行前向联合或一体化，而买主难以进行后向联合或一体化。（注：

简单按中国说法，店大欺客）

2．购买者的议价能力（Bargaining Power of Buyers of Customers）

购买者主要通过其压价与要求提供较高的产品或服务质量的能力，来影响行业中现有企业的盈利能力。其购买者议价能力影响主要有以下原因。

（1）购买者的总数较少，而每个购买者的购买量较大，占了卖方销售量的很大比例。

（2）卖方行业由大量相对来说规模较小的企业所组成。

（3）购买者所购买的基本上是一种标准化产品，同时向多个卖主购买产品在经济上也完全可行。

（4）购买者有能力实现后向一体化，而卖主不可能前向一体化。（注：简单按中国说法，客大欺主）

3．新进入者的威胁（Threat of New Entrants）

新进入者在给行业带来新生产能力、新资源的同时，将希望在已被现有企业瓜分完毕的市场中赢得一席之地，这就有可能会与现有企业发生原材料与市场份额的竞争，最终导致行业中现有企业盈利水平降低，严重的话还有可能危及这些企业的生存。竞争性进入威胁的严重程度取决于两方面的因素，这就是进入新领域的障碍大小与预期现有企业对于进入者的反应情况。

进入障碍主要包括规模经济、产品差异、资本需要、转换成本、销售渠道开拓、政府行为与政策（如国家综合平衡统一建设的石化企业）、不受规模支配的成本劣势(如商业秘密、产供销关系、学习与经验曲线效应等)、自然资源（如冶金业对矿产的拥有）、地理环境（如造船厂只能建在海滨城市）等方面，这其中有些障碍是很难借助复制或仿造的方式来突破的。预期现有企业对进入者的反应情况，主要是采取报复行动的可能性大小，则取决于有关厂商的财力情况、报复记录、固定资产规模、行业增长速度等。总之，新企业进入一个行业的可能性大小，取决于进入者主观估计进入所能带来的潜在利益、所需花费的代价与所要承担的风险这三者的相对大小情况。

4．替代品的威胁（Threat of Substitute Products）

两个处于同行业或不同行业中的企业，可能会由于所生产的产品是互为替代品，从而在它们之间产生相互竞争行为，这种源自于替代品的竞争会以各种形式影响行业中现有企业的竞争战略。第一，现有企业产品售价以及获利潜力的提高，将由于存在着能被用户方便接受的替代品而受到限制；第二，由于替代品生产者的侵入，使得现有企业必须提高产品质量、或者通过降低成本来降低售价、或者使其产品具有特色，否则其销量与利润增长的目标就有可能受挫；第三，源自替代品生产者的竞争强度，受产品买主转换成本高低的影响。总之，替代品价格越低、质量越好、用户转换成本越低，其所能产生的竞争压力就强；而这种来自替代品生产者的竞争压力的强度，可以具体通过考察替代品销售增长率、替代品厂家生产能力与盈利扩张情况来加以描述。

5．同业竞争者的竞争程度（Intensity of Competitive Rivalry）

大部分行业中的企业，相互之间的利益都是紧密联系在一起的，作为企业整体战略一部分的各企业竞争战略，其目标都在于使得自己的企业获得相对于竞争对手的优势，所以，在实施中就必然会产生冲突与对抗现象，这些冲突与对抗就构成了现有企业之间的竞争。现有企业之间的竞争常常表现在价格、广告、产品介绍、售后服务等方面，其竞争强度与许多因素有关。

一般来说，出现下述情况将意味着行业中现有企业之间竞争的加剧，这就是：行业进入障碍较低，势均力敌竞争对手较多，竞争参与者范围广泛；市场趋于成熟，产品需求增长缓慢；竞争者企图采用降价等手段促销；竞争者提供几乎相同的产品或服务，用户转换成本很低；一个战略行动如果取得成功，其收入相当可观；行业外部实力强大的公司在接收了行业中实力薄弱企业后，发起进攻性行动，结果使得刚被接收的企业成为市场的主要竞争者；退出障碍较高，即退出竞争要比继续参与竞争代价更高。在这里，退出障碍主要受经济、战略、感情以及社会政治关系等方面考虑的影响，具体包括：资产的专用性、退出的固定费用、战略上的相互牵制、情绪上的难以接受、政府和社会的各种限制等。

行业中的每一个企业或多或少都必须应付以上各种力量构成的威胁，而且客户必面对行业中的每一个竞争者的举动。除非认为正面交锋有必要而且有益处，例如要求得到很大的市场份额，否则客户可以通过设置进入壁垒，包括差异化和转换成本来保护自己。

当一个客户确定了其优势和劣势时，客户必须进行定位，以便因势利导，而不是被预料到的环境因素变化所损害，如产品生命周期、行业增长速度等，然后保护自己并做好准备，以有效地对其他企业的举动做出反应。

根据上面对于五种竞争力量的讨论，企业可以采取尽可能地将自身的经营与竞争力量隔绝开来、努力从自身利益需要出发影响行业竞争规则、先占领有利的市场地位再发起进攻性竞争行动等手段来对付这五种竞争力量，以增强自己的市场地位与竞争实力。

实际上，关于波特“五力”分析模型的实践运用一直存在许多争论。较为一致的看法是：该模型更多是一种理论思考工具，而非可以实际操作的战略工具。该模型的理论是建立在以下 3 个假定基础之上的。

（1）制定战略者可以了解整个行业的信息，显然现实中是难于做到的。

（2）同行业之间只有竞争关系，没有合作关系。但现实中企业之间存在多种合作关系，不一定是你死我活的竞争关系。

（3）行业的规模是固定的，因此，只有通过夺取对手的份额来占有更大的资源和市场。但现实中企业之间往往不是通过吃掉对手而是与对手共同做大行业的蛋糕来获取更大的资源和市场。同时，市场可以通过不断的开发和创新来增大容量。

因此，要将波特的竞争力模型有效地用于实践操作，以上在现实中并不存在的三项假设就会使操作者要么束手无策，要么头绪万千。

波特的竞争力模型的意义在于，五种竞争力量的抗争中蕴含着三类成功的战略思想，那就是大家熟知的：总成本领先战略、差异化战略、专一化战略。

（二）SW 分析

识别环境中有吸引力的机会是一回事，拥有在机会中成功所必需的竞争能力是另一回事。每个企业都要定期检查自己的优势与劣势，这可通过“企业经营管理检核表”的方式进行。企业或企业外的咨询机构都可利用这一格式检查企业的营销、财务、制造和组织能力。每一要素都要按照特强、稍强、中等、稍弱或特弱划分等级。

当两个企业处在同一市场或者说它们都有能力向同一顾客群体提供产品和服务时，如果其中一个企业有更高的赢利率或赢利潜力，那么，我们就认为这个企业比另外一个企业更具有竞争优势。换句话说，所谓竞争优势是指一个企业超越其竞争对手的能力，这种能力有助于实现企业的主要目标——赢利。

竞争优势可以指消费者眼中一个企业或它的产品有别于其竞争对手的任何优越的东西，它可以是产品线的宽度、产品的大小、质量、可靠性、适用性、风格和形象以及服务的及时、态度的热情等。虽然竞争优势实际上指的是一个企业比其竞争对手有较强的综合优势，但是明确企业究竟在哪一个方面具有优势更有意义，因为只有这样，才可以扬长避短，或者以实击虚。

由于企业是一个整体，并且由于竞争优势来源的广泛性，所以，在做优劣势分析时必须从整个价值链的 SWOT 分析模型。每个环节上，将企业与竞争对手做详细的对比。如产品是否新颖，制造工艺是否复杂，销售渠道是否畅通，以及价格是否具有竞争性等。如果一个企业在某一方面或几个方面的优势正是该行业企业应具备的关键成功要素，那么，该企业的综合竞争优势也许就强一些。需要指出的是，衡量一个企业及其产品是否具有竞争优势，只能站在现有潜在用户角度上，而不是站在企业的角度上。

企业在维持竞争优势过程中，必须深刻认识自身的资源和能力，采取适当的措施。因为一个企业一旦在某一方面具有了竞争优势，势必会吸引到竞争对手的注意。一般地说，企业经过一段时期的努力，建立起某种竞争优势，然后就处于维持这种竞争优势的态势，竞争对手开始逐渐做出反应；而后，如果竞争对手直接进攻企业的优势所在，或采取其他更为有力的策略，就会使这种优势受到削弱。

（三）类型组合

SWOT 分析有四种不同类型的组合：优势——机会（SO）组合、弱点——机会（WO）组合、优势——威胁（ST）组合和弱点——威胁（WT）组合。

（1）优势——机会（SO）战略是一种发展企业内部优势与利用外部机会的战略，是一种理想的战略模式。当企业具有特定方面的优势，而外部环境又为发挥这种优势提供有利机会时，可以采取该战略。例如良好的产品市场前景、供应商规模扩大和竞争对手有财务危机等外部条件，配以企业市场份额提高等内在优势可成为企业收购竞争对手、扩大生产规模的有利条件。

（2）弱点——机会（WO）战略是利用外部机会来弥补内部弱点，使企业变劣势为优势的战略。虽存在外部机会，但由于企业存在一些内部弱点而妨碍其利用这些机会，故可先采取措施克服这些弱点。例如，若企业弱点是原材料供应不足和生产能力不够，从成本角度看，前者会导致开工不足、生产能力闲置、单位成本上升，而加班加点会导致一些附加费用。在产品市场前景看好的前提下，企业可利用供应商扩大规模、新技术设备降价、竞争对手财务危机等机会，实现纵向整合战略，重构企业价值链，以保证原材料供应，同时可考虑购置生产线来克服生产能力不足及设备老化等缺点。通过克服这些弱点，企业可进一步利用各种外部机会，降低成本，取得成本优势，最终赢得竞争优势。

（3）优势——威胁（ST）战略是指企业利用自身优势，回避或减轻外部威胁所造成的影响。如竞争对手利用新技术大幅度降低成本，给企业造成很大的成本压力；同时材料供应紧张，其价格可能上涨；消费者要求大幅度提高产品质量；企业还要支付高额环保成本；等等。这些都会导致企业成本状况进一步恶化，使之在竞争中处于非常不利的地位，但若企业拥有充足的现金、熟练的技术工人和较强的产品开发能力，便可利用这些优势开发新工艺，简化生产工艺过程，提高原材料利用率，从而降低材料消耗和生产成本。另外，开发新技术产品也是企业可选择的战略。新技术、新材料和新工艺的开发与应用是最具潜力的成本降低措施，同时它还可提高产品质量，从而回避外部威胁影响。

（4）弱点——威胁（WT）战略是一种旨在减少内部弱点，回避外部环境威胁的防御性技术。当企业存在内忧外患时，往往面临生存危机，降低成本也许成为改变劣势的主要措施。当企业成本状况恶化，原材料供应不足，生产能力不够，无法实现规模效益，且设备老化，使企业在成本方面难以有大作为，这时将迫使企业采取目标聚集战略或差异化战略，以回避成本方面的劣势，同时回避成本原因带来的威胁。

综合案例

电信运营商的五大电子商务战略选择

在人与物交互行为过程中，“物”可以广义的理解为物质性商品与体验性商品，交互行为主要表现为买卖的交易行为、交易前期搜索比较行为及成交后的使用体验行为。围绕人与物交互行为，电信运营商通过开展电子商务、降低交易成本的方式获取新的利润源，从而实现“去电信化下”的战略转型是非常自然的思路。

电信运营商在这个领域的拓展过程中，其本质的定位主要表现为交易链条中的交易中介角色，如承担起消费者与餐饮、旅游、航空、图书、音像等各类商家之间的交易平台功能，增收空间主要表现为担当中介角色后，从降低的交易成本中间获得新收益。在这方面，电信运营商有 5 种战略选择。

电信运营商的电子商务战略选择一：利用自身优势成为电商市场中的新型替代者。

在今天的商业消费场景中，非常普遍的现象表现为各种各样的卡已经遍布在消费者的周围，这里我们重点关注各类商家以及中介机构推出的旨在吸引消费的打折卡、优惠卡、会员卡与积分卡等。由于这些卡的背后隐含着商家与消费者之间的交易关系，自然会催生相应中介。以携程卡为例，其广泛发放的背后是其在北京、广州、上海、成都等地广泛结盟的 3000 余个涉及餐饮、住宿、娱乐、旅游等联盟商家。再以北京的资和信卡为例，其在北京市业已形成数百家联盟商家，涵盖百货、超市、珠宝首饰店、面包房、餐饮店、汽车服务、美容美发等多个领域。这些中介机构通过免费发放或有价销售交易卡，利用零售与批发之间的差价获取利润。这些中介所提供的交易卡，与各种商家自身发放的消费打折卡对比，最明显的优势表现在适用面广、使用人群大并且具备基础的客户数据积累与管理能力。因此，现有中介机构已经在一定程度上形成了对于商业消费交易中介市场的先期控制。

但事实上，在这种中介类型中，没有任何企业比电信运营商更有优势。电信运营商的优势主要表现在：

首先，电信运营商具备明显的从卡技术上替代传统中介 PVC 卡的能力。无论以二维条码、RFID 还是采取与 SIM 卡一体的 IC 卡形态，都明显具备比单一 PVC 卡更加安全、环保、标准的优势。在应用、支付与认证过程中也更加方便快捷。

其次，电信运营商具备比传统中介拥有更多的发行、更换与维护渠道。

第三，电信运营商具备传统中介无法比拟的客户数据分析与增值开发优势。

电信运营商的交易卡可以实现对每笔交易的实时在线管理以及客户信息的持续积累，便于商家结合自身的 CRM 系统开展持续营销服务。电信运营商还可以利用自身优势提供邮箱、社区、积分等多种增值服务，甚至可以考虑与大型商业合作伙伴开展客户信息的合作利用与联合开发，电信运营商在转型过程中作为传统中介的新型替代者，需要形成对于买卖双方的价值满足与交易过程的撮合，对于卖方，电信运营商可以帮助商家进行打折卡、促销券、礼品券、会员卡的发放，并提供包括增值服务、价格比较、位置服务等会员关怀增值服务，同时利用电信运营商自身优势配合商家开展网络购物、呼叫中心与客户数据库平台建设运营支持服务。对于买方，电信运营商除了利用客流汇聚，帮助买家获得商家折扣优惠之外，还可以帮助买方获得便利的交易支付体验，同时获得免费邮箱、虚拟社区、交易积分、VIP 关联服务等资源。

电信运营商在转型过程中作为传统中介的新型替代者，除了通过买方折扣模式获得交易成本节省部分的利润之外，更重要的是形成买方、卖方与电信运营商、其他合作联盟构成的整体商务生态环境，使消费者获得消费的经济与便利，使合作商家获得业务持续发展的支撑与服务。

在此类模式的操作路径上，东亚电信运营商的普遍选择是先期开展手机小额度支付，再进一步推进中介式转型。如韩国的 SKT 的 MONETA 品牌，就是通过使用内置于手机中与 SIM 卡为一体的智能 IC 芯片，实现安全便捷的金融商务服务。用户可以通过网站申请成为 MONETA 会员，得到在线和无线使用认证，在网络和手机上使用 MONETA 服务。其后续开展的业务除了 MONETACredit Card 信用卡服务、MONETA Trans. Pass 的公交交通服务之外，逐步开展 MONETA Member Ship,逐步开展交易中介式的商家会员服务。

电信运营商的电子商务战略选择二：建立独特优势成为电商市场中的补缺者。

伴随着中国经济的快速发展，众多服务行业呈现出快速增长趋势。据预测，中国在线旅游市场年度总体规模接近 36 亿，主要由进行旅游产品分销、酒店预订的中介企业占据。在这样不断成长的规模性市场空间中，存在诸多的细分可能，后进入者可以通过差异化优势的形成，对主导中介的地位发起挑战。

在线旅游市场中，携程占据绝对的统治者地位，市场份额高达 55.7%。但即便如此，不同的挑战者仍然通过市场细分切割，建立相对于携程的差异化优势，从而进行了有效的市场份额掠夺。以百程网为例，其抓住携程超过 90%的业务集中于国内旅游的特点，将自身定位于中国居民出境游的中介服务，并通过积累多年的 GDS（Global Distribution System）系统，从航空公司、租车公司、旅游公司、旅馆等获取了全球众多城市的旅游信息，这些隐藏在网站页面背后的信息，构成了百程不可复制的核心竞争力。此外，由于出境游从签证办理、预订酒店、租车与旅游线路安排等过程远复杂于国内旅游，纯粹的单体网站很难完成复杂的海外资源整合，而百程所属的华远国际旅行社已经通过 20 多年的运作具备了相当的资源整合能力，帮助百程出境游方面进一步形成差异化。现在，百程网已经整合了 100 多个国家的签证信息，与世界前十大酒店预订中心中的 4 家签约了“全球资讯本土开发应用”战略合作协议。

遨游网由中青旅与美国胜腾旅游服务集团合资组建，其差异化的定位在于主打休闲旅游。由于与中国民航信息网络股份有限公司机票系统的直联,遨游网得以获得实时变动的机票价格以及更优惠的机票价格信息，使之能够实现休闲旅游产品的动态打包。对于客户来说，只要两个城市之间有航线,客户就可以自由组合时间、航班、酒店。

芒果网是由香港中旅国际投资有限公司的独资子公司，其差异化的业务定位主要放在了度假旅游方面。尤其是港澳游与东南亚游。芒果网依托港中旅的区位优势,在地区旅游市场上大打价格战,也赢得了快速发展。当前，芒果网在在线旅游市场的市场地位仅次于携程和艺龙，以 6.3%的市场份额位列第三。

以上案例带来的启发在于，电信运营商作为中介市场的后进入者，完全可以利用中介服务业的规模快速发展机遇，充分发挥自身在通信技术、信息整合、渠道体系方面的综合优势，选准差异化目标市场，实现对客户交易行为链条中中介服务份额的有效切割。

电信运营商的电子商务战略选择三：对目标行业的原有中介提供支持服务，成为“中介的中介”。

在房地产行业，已经形成了稳定的中介模式，也形成了包括我爱我家、链家、21 世纪不动产在内的房产中介大军。在这样已经具有稳定中介模式的市场中，一方面，作为大额家庭费用支出，纯粹的网络中介服务很难生存下去；另一方面，中介实体公司又不愿意过于透明地开展网络中介信息服务，从而影响到自己的线下生意。

由于这样的问题存在，网络中介服务代表者——搜房网把自身定位于衔接买家与中介、卖家与中介之间的中介。一方面，搜房网通过分布于中国各主要城市的本地化站点建设，不断汇聚有买房需求和租房需求的客户流量；另一方面，搜房网利用这种需求汇聚的影响力，向各实体中介公司兜售发布房源信息的接入端口程序。搜房网不参与任何实际的房屋交易，所有发布的房源信息都指向中介公司的某个客户经理。今天，这些购买了搜房网房源信息发布端口程序的中介公司工作人员，只要不外出办理业务，就一定不停地在搜房网进行房源信息的更新，使自己发布的信息在网站上排名更加靠前。这些房源信息的快速更新又不断刺激了更多用户进入搜房网寻找信息。由此，形成了良性的正反馈循环。搜房网的收入主要靠包括广告、行业出版物、职业培训、网站资源共享的授权报酬以及面向中介公司出售营销工具、建立网络平台、提供解决方案的报酬。经过几年的发展，搜房网已成为国内访问量最高的房地产垂直门户网站。

搜房网的模式隐含了对于消费行为更细致的切割，消费者在对通过中介开展对于目标商品的交易之前，必然需要搜索与比较的过程。定位于与既有中介合作，共同完成对客户完整交易行为的响应，是切入中介市场的重要选择。与搜房网类似在线旅游市场与餐饮市场均存在与既有中介合作的创新模式。

与之类似的是，餐饮行业中的社区点评网站大众点评网、口碑网纷纷与其他相关中介型企业开展合作，将自身社区中的客户流量与影响力转化为商业利益。

以上案例的分析可以带来的启发是，电信运营商尽管规模庞大，实力雄厚，但在转型过程中必然以新业务姿态进入其他在位者的核心业务领域。在面向人物交互的交易中介市场进入过程中，通过与既有中介的合作，为既有中介引导流量或提供信息与工具支持，不失为一种有效的切入策略。

电信运营商的电子商务战略选择四：对目标行业的原有中介提供延伸服务，成为“中介的支撑者”。

电信运营商定位于中介的延伸，其本质是把中介视为客户，而提供相应的技术与服务解决方案。其商机来源于中介与其联盟商家的信息透明需求，这也是中介自身的发展所必需的。

例如，在后向收费的交易模式中，中介最大的担忧在于联盟商家对其信息屏蔽，而异常渴望交易全程信息透明。例如，在餐饮行业的中介服务过程中，中介盈利是通过向饭店定向指引客户，从而从饭店获得佣金。由于中介担心无法获得饭店关于其所指引客户的消费真实金额，必然产生与饭店信息实时透明共享的需求，这就要求中介与饭店实现信息系统对接，甚至要帮助饭店完善店面计算终端与管理系统的布放。例如，餐饮中介网站橄榄网自主研发出一套预订管理系统——橄榄餐厅预订终端系统。这个系统可以一揽子解决消费金额确认、佣金确认收取和热门餐厅桌态即时显示。橄榄网此举的另一个目的是，通过植入热门餐厅的橄榄预订终端系统，与自身的平台联网，最终实现全部自动的在线即时预订的标准化运转模式，实现对合作饭店的彻底绑定。目前，橄榄网在上海一些餐厅已经开始布放。

有趣的是，在中介交易过程中，还存在另一种恰恰完全相反的情况。在前向收费的交易模式中，特别是数字影音、电子图书杂志类的合作链条中，担任中介的互联网网站事实上不仅是上游内容提供商的渠道，还是所发布内容的收费方。在这种情况中，内容提供商往往非常担忧这些中介没有把真实的下载信息与自己分享，从而出现恶意欺诈。因此，这些内容提供商希望能够通过系统对接、信息分享，实现与对中介网站信息的透明分享。

在以上分析中，可以看到随着中介市场的快速发展，中介与其上游商家存在着很高的“信用成本”，解决彼此的信任问题是产业链得以健康发展的关键，由此带来了越来越普遍的信息协同、终端布放、软件部署需求。电信运营商有必要准确地捕捉住此类商业机会，通过持续为中介提供支持性服务而获得新型收入，包括帮助中介与上游商家提供透明的、实时的信息系统、接入管道与通信终端，通过降低中介与其上游商家的“信用成本”获利。

中介在激烈的竞争过程中，还往往要通过增值服务、客户关怀等手段保有客户、延伸价值。例如，汽车行业中提供汽车服务的企业，多是衔接汽车驾驶者、租车公司、汽车售后服务公司、汽车紧急救援机构、旅游服务机构的多功能中介。汽车服务公司 UAA 为了对越来越多的汽车用户提供及时支持，在河北廊坊建立了投资 2000 万元、占地 37 亩的呼叫中心，这个拥有 3800 个设计席位的呼叫中心如果全部投入运转，将满足 1000 万个会员的服务需求。同时，UAA 还需要为会员提供包括汽车通信在内的一揽子增价服务，并通过移动通信与互联网手段与会员保持及时联系。在整个过程中，都需要电信运营商围绕中介的发展提供有针对性的解决方案。

在中介延伸式进入策略中，对于电信运营商最重要的是，形成对于中介企业需求的深刻洞察与理解，及时满足中介降低信用成本、提升自身能力的需求，从中创造出新营收空间。

电信运营商的电子商务战略选择五：在尚不具备中介交易的行业创建电商中介模式。

总有一些行业，往往被认为是不适合中介特别是网络型中介存在的，例如一些需要客户亲身体验才能够明确购买决策的行业。但事实上，这种观点本身忽略了中介模式可能具有的创新性，美国的网络鞋店 Zappos 就是印证这个观点的最好案例。

1999 年，美国 Zappos 公司的创始人谢家华以颇不自信的心态创立了这家网络鞋店，他最初认为“鞋”这种带有明显面对面销售特征的商品，很难在网络上销售。唯一让他认为值得尝试的原因在于，每年美国鞋业的零售额高达 400 亿美元，其中 5%是通过目录邮寄完成的，他们认为至少可以以网络销售模式分走一部分目录邮寄的份额。

Zappos 的成长过程充分体现了创新型公司对交易需求的理解深度以及对交易行为的支持力度。为了改变客户到店铺才能购买鞋子的消费行为，而逐渐替换成愿意接受网络买鞋的行为，Zappos 在各个交易环节进行了诸多创新。为保障客户在网上能尽可能多地获得鞋子的信息，Zappos 为其库存的多达 9 万多款鞋子的每一款式样和颜色都从 8 个不同角度拍了照，并布放网站的商品信息之中。为方便顾客选择，Zappos 的网页设计抛弃了很多花哨的成分，简洁清晰，并设置了多个关键词的搜索，消费者可以按照性别、价格、品牌、物品种类等搜索自己想要的东西。在 Zappos 的网页中，品牌也分别按照字母的顺序排列，除了有 Nike、Adidas 这样的著名品牌，还有 POLO、Poetic Licence 等超过 1000 个品牌、9 万多款鞋子。为了促使客户下定购买的决心，当顾客不能确定哪一个尺码的鞋子更合脚时，Zappos 甚至会建议他们同时购买两个尺寸的鞋子，试穿后再把不合适的那个尺码免费退回来。Zappos 对顾客作出承诺，如果觉得鞋不合适，送货和退货的运费都是免费的。创始人谢家华把这个原则总结为："鞋合适就穿，不合适就换"。这种举措虽不是 Zappos 首创，但 Zappos 做得最彻底，其退货期限高达一年，是其迅速成长的杀手锏之一。针对许多人可能会担心付款后就不容易退货，Zappos 一开始就推出了售后延迟付款的方式。顾客购买 Zappos 的商品后 90 天之内可以不付款，这与免费退换货对应，再一次释放了顾客的决策压力。

经过 10 年的努力，Zappos 终于获得了成功，这家成立于 1999 年的网上售鞋公司，2 000 年的销售业绩为 160 万美元，2001 年为 860 万美元。此后开始成倍增长，不断突破 3 000 万美元、8 000 万美元、1 亿美元一个个台阶。2007 年，Zappos 的销售额高达 8.4 亿美元，被《时代》杂志评为"你生活中不可或缺的 25 个网站"之一。在 Inc.杂志评出的全美 500 家成长最快的私人公司中，Zappos 公司排名第 76 位。即使在金融危机冲击下的 2008 年，Zappos 依靠其独特的对于客户交易行为的深度支持，依然保持着业绩的强有力增长。

总结以上，在人与物的商务交互行为中的交易中介环节，隐藏着大量的、重要的新经济商业机会。电信运营商在面向不同行业切入时，需要综合运用替代中介、补缺中介、增强中介、延伸中介、创建中介五种战略定位，谋得转型发展的增长空间，实现全新崛起。

（资料来源：文/沈拓；编选：中国电子商务研究中心）

结合本案例请分析：

1. 电信运营商选择电子商务战略要考虑哪些外部环境？
2. 你认为电信运营商在制定电子商务战略时如何规避自己的劣势？

思考题

1. 企业制定战略的意义？
2. 企业实施电子商务战略需要考虑哪些因素？
3. 如何理解 SWOT 分析方法？
4. 尝试使用 SWOT 分析我国当前社交电子商务的局势。

第三章 网络营销概述

互联网已经渗透到人们生活和工作的各个层面，以互联网为主要手段的网络营销在企业经营活动中也已逐渐占据主导地位。网络营销的内容和形式非常丰富且仍在快速发展之中。目前对网络营销的理论研究仍不够系统和完善，主要原因在于网络营销是实践性很强的学科，通常是先有实践，在实践的基础上经过不断地归纳总结成为具有普遍指导意义的理论，因此网络营销理论研究总是有一定的滞后性，这与许多新兴的应用性学科是类似的。

第一节 网络营销的诞生及发展

一、网络营销的诞生及其演变

根据中国互联网络信息中心（CNNIC）发布第 34 次《中国互联网络发展状况统计报告》的统计，到 2014 年 6 月底，我国上网人口已达 6.32 亿人，互联网普及率达 46.9%，互联网站数量为 273 万个；2014 年上半年，中国网民的人均周上网时长达 25.9 小时，相比 2013 年下半年增加了 0.9 个小时。Wi-Fi 覆盖提升、3G 的成熟和 4G 的启用为网民提供了更为优质的上网环境，移动互联网应用丰富性提升多方向满足用户上网需求，推动我国网民平均周上网时间的继续增长。用户常用的互联网服务包括即时信息、搜索引擎、网络音乐、博客/个人空间、网络视频、网络游戏、微博、社交网站、电子邮件、网上购物等。

现在，各种网络广告、信息发布平台、在线销售、博客及微博等已经司空见惯，我们通过搜索引擎或者其他网站的链接可以方便地找到几乎所有产品的信息并方便地实现网上购买。可是，你想象过 1995 年前的互联网是什么状况吗？你知道那时的企业网络营销与目前有什么不同吗？

实际上，部分网络营销模式自 1994 年才开始陆续出现，并且直到 2000 年之前，网络营销的内容都很简单，只是进入 21 世纪之后，网络营销才进入爆发性发展阶段。让我们了解一下互联网营销早期的一些历史片段吧。

早在 1971 年就已经诞生了电子邮件，但在互联网普及应用之前，电子邮件并没有被应用于营销领域，直到 1993 年，才出现基于互联网的搜索引擎，1994 年 10 月网络广告诞生，1995 年 7 月，全球最大的网上商店亚马逊（http://www.amazon.com）成立。这些事件在互联网及网络营销发展历史上都具有里程碑式的意义。

现在公认的是，1994 年被认为是网络营销发展重要的一年，因为网络广告诞生的同时，基于互联网的知名搜索引擎 Yahoo!、Webcrawler、Infoseek、Lycos 等也相继在 1994 年诞生，另外，由于曾经发生了“第一起利用互联网赚钱”的“律师事件”，促使人们开始对 E-mail 营销进行深入思考，也直接促成了网络营销概念的形成。从这些历史事件来看，可以认为网络营销诞生于 1994 年。

在 E-mail 和 WWW 得到普遍应用之前，新闻组（Newsgroup）是人们获取信息和互相交流的主要方式之一。新闻组也是早期网络营销的主要场所，是 E-mail 营销得以诞生的摇篮。1994 年 4 月 12 日，美国亚利桑那州两位从事移民签证咨询服务的律师 Laurence Canter 和 Martha Siegel（两人为夫妻）把一封“绿卡抽奖”的广告信发到他们可以发现的每个新闻组，这在当时引起了轩然大波，他们的“邮件炸弹”让许多服务商的服务处于瘫痪状态。

有趣的是，两位律师在 1996 年还合作写了一本书——《How to Make a Fortune on the Internet Superhighway》，书中介绍了他们的这次辉煌经历：通过互联网发布广告信息，只花费了 20 美元的上网通信费用就吸引来 25 000 个客户，赚了 10 万美元。他们认为，通过互联网进行 E-mail 营销是前所未有几乎无需任何成本的营销方式。当然他们并没有考虑别人的感受，也没有计算别人因此而遭受的损失。此后很多年，一些垃圾邮件发送者还在声称通过定向收集的电子邮件地址开展 “E-mail 营销”可以让产品一夜之间家喻户晓，竟然还是和两个律师在多年前的腔调一模一样，由此也可见“律师事件”对于后来网络营销所产生的影响是多么深远。当然，现在的网络营销环境已经发生了很大变化，无论发送多少垃圾邮件，也无法产生任何神奇的效果了。

尽管这种未经许可的电子邮件与正规的网络营销思想相去甚远，但由于这次事件所产生的影响，人们才开始认真思考和研究网络营销的有关问题，网络营销的概念也逐渐开始形成。此后，随着企业网站数量和上网人数的日益增加，各种网络营销方法也开始陆续出现，许多企业开始尝试利用网络营销手段来开拓市场。

二、我国网络营销发展的阶段特征

相对于互联网发达国家，我国的网络营销起步较晚，从 1994 年到 2014 年，我国的网络营销大致可分为 5 个发展阶段：传奇阶段、萌芽阶段、发展应用阶段、市场形成和发展阶段、网络营销社会化转变阶段。预计网络营销社会化的阶段仍将持续较长时间，并且基于个人计算机上网的网络营销与移动互联网的融合将使得网络营销趋于多元化。

（一）网络营销的传奇阶段（1997 年之前）

1994 年 4 月 20 日，我国国际互联网正式开通，网络营销是随着互联网的应用而逐渐开始为企业所应用的。在 1997 年之前，也就是我国开通互联网的前三年，网络营销同样在我国有一定的发展，只不过由于互联网还是一种新生事物，很多人可能根本不知道上网是怎么回事，所以当时我国的网络营销处于一种神秘阶段，并没有清晰的网络营销概念和方法，也很少有企业将网络营销作为主要的营销手段。

在早期有关网络营销的文章中，经常会描写某个企业在网上发布商品供应信息，然后接到大量订单的故事，并将互联网的作用人为地加以夸大，给人造成只要上网就有滚滚财源的印象。其实，即使那些故事是真实可信的，也都是在互联网上信息很不丰富的时代发生的传奇罢了。如果现在随意到网上发布一条产品供应信息，再也不会出现当年那种神奇效果了。这些传奇故事是否存在我们姑且不论，即使的确如此，别人也无法从那些故事中找出可复制的、一般性的规律，所以当时所谓的网络营销更多的是一些偶然现象而已。

由于无从考证我国企业最早利用互联网开展营销活动的历史资料，只能从部分文章中看到一些无法证实的细枝末节。例如，作为网络营销经典案例的“山东农民网上卖大蒜”，据现在可查到的资料记载，山东金乡县西李村党支部书记李敬峰上网的时间是 1996 年 5 月，所采用的网络营销方法为“注册了自己的域名，把西李村的大蒜、菠菜、胡萝卜等产品信息一股脑儿地搬上互联网，发布到了世界各地”。对这些“网络营销”所取得成效的记载为：“1998 年 7 月，青岛外贸通过网址主动与李敬峰取得了联系，两次出口大蒜 870 吨，销售额 270 万元。初战告捷，李敬峰春风得意，信心十足。”

在很大程度上，早期的“网络营销”更多地具有神话色彩，与网络营销的实际应用还有很远一段距离。何况无论学术界还是企业界，大多数人对网络营销的概念还相当陌生，更不用说将网络营销应用于企业经营了。

在网络营销的传奇阶段，“网络营销”的基本特征为：概念和方法不明确、是否产生效果主要取决于偶然因素、多数企业对于上网几乎一无所知。因此，网络营销的价值主要在于其对新技术、新应用的新闻效应，以及对于了解和体验营销手段变革的超前意识。

（二）我国网络营销的萌芽阶段（1997—2000 年）

根据中国互联网络信息中心（CNNIC）发布的《第一次中国互联网络发展状况调查统计报告（1997 年 10 月）》的结果，1997 年 10 月底，我国上网人数为 62 万人，WWW 站点数约 1 500 个。无论上网人数还是网站数量均微不足道，但发生于 1997 年前后的部分事件标志着中国网络营销进入萌芽阶段，如网络广告和 E-mail 营销在中国的诞生、电子商务的促进、网络服务如域名注册和搜索引擎的涌现等。到 2000 年年底，多种形式的网络营销被应用，网络营销呈现出快速发展的势头并且逐步走向实用的趋势。

[知识链接]

在此期间，与我国网络营销密切相关的事件如下所述。

1．网络广告和 E-mail 营销的诞生

发生于 1997 年中的几项事件为网络营销从概念进入实用发挥了一定的启蒙作用，这也是国内早期网络营销的萌芽。这些事件包括以下几个。

（1）1997 年 2 月，专业 IT 资讯网站 Chinabyte 正式开通免费新闻邮件服务，到同年 12 月，新闻邮件订户数接近 3 万。

（2）1997 年 3 月，在 Chinabyte 网站（http://www.chinabyte.com）上出现第一个商业性网络广告（广告采用 468×60 像素的标准 Banner）。

（3）1997 年 11 月，国内首家专业的网络杂志发行商索易开始提供第一份免费网络杂志，到 1998 年 12 月，索易获得第一个邮件赞助商，这标志着我国专业 E-mail 营销服务的诞生。

还有一些外资 E-mail 营销专业服务商如“现在网”（http://www.xianzai.com）等，也在 1997 年相继诞生，为 E-mail 营销服务的规范操作发挥了积极的示范作用。不过，除了 Chinabyte 网站之外，其他网络营销先行者后来都相继消失，未能成为我国网络营销领域的中流砥柱。

2．电子商务网站对网络营销的推动

1995 年 4 月，第一家网上中文商业信息站点“中国黄页”（http://www.chinapages.com）开通，这是国内最早的企业信息发布平台，也让上网的企业了解了最基本的网络营销手段——发布供求信息，这种简易的网络营销方法直到现在仍然为许多企业所采用。在随后的几年中，不断出现各种专业的商贸信息网，既有各个行业的专业门户网站，也有综合性的商业信息供求平台。到 1999 年，以阿里巴巴为代表的一批 B2B 网站不仅让企业间电子商务概念热火朝天，也为中小企业开展网络营销提供了广阔的空间。电子商务的另一个重要分支——网上零售（B2C、C2C）的发展也为网络营销概念的推广发挥了积极的推动作用。进入 1999 年之后，中国电子商务开始迅速发展，以网上零售为例，其标志是诞生了以 8848、当当网等为代表的一批电子商务网站，风险投资大量投向 B2C 网站，媒体将电子商务吹捧上了天，虽然这并不表明网上零售业当时的真实情况，不过在客观上为网络营销概念的传播发挥了一定的作用。

3．企业网站建设从神话走向现实

在 1997 年前后，不仅网站建设是一项技术性非常强的工作，非一般企业计算机操作人员所能掌握，即使作为企业建立网站必不可少的域名注册也曾经是国内企业感到困难的事情。不仅费用昂贵而且注册非常麻烦，建立网站服务器的价格更是让一般企业难以承受，同时还存在着网络访问速度慢且接入通信费用高昂的问题。这些客观因素也严重制约着网络营销从神话走向现实的步伐，一些企业尝试利用网络服务商提供的免费个人主页空间和免费电子邮箱作为网络营销的工具，开展网络营销的方法也无非是到一些免费信息发布平台和网络社区张贴商品信息。这种游击战方式的网络营销很难为企业带来实际的效果，也使得一些企业对早期的网络营销失去了兴趣。随着中国频道、新网、万网等一批域名注册和虚拟主机服务商的诞生及其销售服务体系的建立，企业建站的域名注册和空间租用问题变得简单了，因此，基于企业网站的网络营销才逐渐成为网络营销的基本策略。

4．搜索引擎对网络营销的贡献

在 1998 年之前，一些网络营销从业人员和研究人员将网络营销主要理解为网址推广，其核心内容是将网站提交到搜索引擎上，当时的一些观点甚至认为，只要可以将网址登录到雅虎网站（http://www.yahoo.com）并保持排名比较靠前（根据雅虎网站所列目录的排名或者关键字搜索的结果），网络营销的任务就算基本完成，如果可以排名在第一屏幕甚至前五名，就意味着网络营销已经取得了成功。在当时网上信息还不很丰富的时候，雅虎作为第一门户网站，是大多数上网者查找信息的必用工具，能够在雅虎上占据一席之地，被用户发现的机会的确很大。这种主要依赖搜索引擎来进行网站推广的时代可称为传统网络营销阶段。

1997 年前后，除了中文雅虎之外，国内也出现了一批影响力比较大的中文搜索引擎，如搜狐、网易、常青藤、搜索客、北极星、若比邻等，并且为企业利用搜索引擎开展网络营销提供了最初的试验园地。后来随着门户网站的崛起和搜索技术的迅猛发展，尤其是 2000 年 Google 中文网站的开通以及百度搜索引擎的出现，使得一些早期的搜索引擎在 2000 年之后开始日渐衰退甚至销声匿迹，但这些搜索引擎对网络营销的启蒙发挥了举足轻重的作用。

5．互联网泡沫破裂刺激网络营销的应用

到 2000 年年底，中国的网络营销应用已经具备了基本的外部环境，一些新的网络营销方法如网络会员制营销等也开始在国内的网站出现，但总体来说网络营销仍处于概念阶段。网络营销应用的戏剧性变化开始于 2000 年 4 月，应该感谢互联网泡沫的破裂。在纳斯达克股票市场剧烈震荡之后，投资人逐渐对新兴的网络公司失去信心，在融资越来越艰难的情况下，“烧钱”的网络公司也不得不考虑盈利之道，从此走上了与传统企业相结合到服务传统企业的道路，各类网络营销服务商相继出现，这也在很大程度上促进了网络营销的应用。而且，包括网络公司在内的企业也开始注重网络营销了。而在此之前，多数网络公司，包括提供网络营销服务的网络公司并不重视网络营销，更多地采用广告、新闻、公关、免费服务等方式来吸引用户注意力。

经过 2000 年互联网泡沫的破裂，人们对网络公司和网络营销的概念也多了一些理性的认识，如企业建网站和网络公司网站有什么区别、企业建网站是不是电子商务等问题，一些企业对这些曾经模糊的概念有了相对清醒的认识，因此企业网站建设已经成为对网络营销的第一需求。从总体上来说，2000 年是网络营销开始走向实际应用的一个重要转折时期，为网络营销进入应用和发展打下了一定的基础。

（三）我国网络营销的应用和发展阶段（2001—2003 年）

进入 2001 年之后，网络营销已不再是空洞的概念，而是进入了实质性的应用和发展时期，主要特征表现在 6 个方面：网络营销服务市场初步形成、企业网站建设发展迅速、网络广告形式和应用不断发展、E-mail 营销市场环境亟待改善、搜索引擎营销向深层次发展、网上销售环境日趋完善。

1．网络营销服务市场初步形成

尽管网络营销服务市场至今仍不完善，但 2001 年之后，以“企业上网”为主要业务的一批专业服务商开始快速发展，一些公司已经形成了在该领域中的优势地位，这种状况也标志着国内的网络营销服务领域逐渐开始走向清晰化。域名注册、虚拟主机和企业网站建设已经比较成熟，成为网络营销服务（实际上是广义的网络营销服务）的基本业务内容。其他比较有代表性的网络营销服务包括大型门户网站的分类目录登录、专业搜索引擎的关键词广告和竞价排名、供求信息发布等，另外一些比较重要的领域如专业 E-mail 营销、电子商务平台等也取得了明显的发展，并出现了一批具有较高知名度的规范的服务商。另一方面，以出售收集邮件地址的软件、贩卖用户邮件地址、发送垃圾邮件等为主要业务的“网络营销公司”也在悄然发展，成为网络营销服务健康发展信息的噪音。

2．企业网站建设发展迅速

根据中国互联网信息中心的统计报告，2001 年、2002 年和 2003 年年底我国的 WWW 网站数量分别为 242 739 个、293 213 个和 473 900 个，其中绝大多数为企业网站，企业网站数量在快速增长，这也反映了网站建设已经成为企业网络营销的基础。

3．网络广告形式和应用不断发展

由于费用相对较高，网络广告当时主要还是为一些知名 IT 公司和大型企业所采用。美国网络广告市场经过一段超高速发展时期之后，随着互联网泡沫的破裂，自 2000 年后开始下滑，到 2003 年才开始缓慢回升，当时的一些知名咨询公司预计到 2006 年，广告市场才能恢

复到 2000 年 81 亿美元的水平（实际情况是，2004 年之后美国网络广告再次进入高速成长期，到 2004 年年底的市场规模已经达到 96 亿美元）。而与此同时，国内网络广告市场虽然也受到网络经济滑坡的影响，但仍然保持一定的增长，而且更重要的是，网络广告市场的集中趋势更为明显，进入 2002 年之后，中国最大的两家网络广告媒体新浪和搜狐均取得了令人瞩目的业绩。另外，从 2001 年开始，网络广告在表现形式、媒体技术等多方面开始发生变革，如广告规格尺寸不断加大、表现方式更加丰富多样、通过网络广告可以展示更多的信息等。

4．E-mail 营销市场环境亟待改善

E-mail 营销是国内较早诞生的一项网络营销专业服务，但从 1997 年至今，仍然没有在网络营销服务市场占据重要地位，不过，尽管受到市场不成熟、垃圾邮件的冲击、服务商的屏蔽等问题的困扰，但 E-mail 营销的重要性依然存在。无论从理论上还是操作方法上，国内的 E-mail 营销都还刚刚处于启蒙阶段，由于对 E-mail 营销自身的规律缺乏全面的认识，许多企业利用 E-mail 开展市场营销活动时存在大量的误区，其中包括不少著名的大型企业，在很大程度上影响了 E-mail 营销效果的发挥。但总体上来说，采用专业手段开展的 E-mail 营销效果仍然得到肯定。另一方面，由于规范的 E-mail 营销活动没有得以普遍应用，使得发送垃圾邮件者有可乘之机，垃圾邮件造成的混乱使得部分用户对 E-mail 营销产生误解，要么把所有的商业邮件误以为是 E-mail 营销，要么把所有的商业邮件都认为是垃圾邮件。大量的垃圾邮件破坏了正规的 E-mail 营销的声誉和网络环境，不仅为规范的 E-mail 营销带来了直接的威胁，甚至严重影响了整个网络通信环境，使得一些正常的电子商务和顾客服务工作等无法正常进行。

5．搜索引擎营销向深层次发展

搜索引擎注册一直是网站推广的基本手段，甚至曾经一度被认为是网络营销的核心内容。搜索引擎营销之所以得以广泛应用，其中一个重要原因就是登录网站是免费的。但从 2001 年后半年开始，国内的主要搜索引擎服务收费商陆续开始了收费登录服务，登录搜狐分类目录首先开始了收费的先河，引领国内搜索引擎营销进入付费阶段。收费服务自然会影响部分网站登录的积极性，不过也为网站提供了更多专业的服务，从功能上为网络营销提供了更为广阔的发展空间，从而提高了营销的效果。从目前的发展趋势来看，搜索引擎营销仍然是企业在网站建设之后最主要的推广手段之一，也成为网络营销专业服务的重要业务内容。

6．网上销售环境日趋完善

建设和维护一个完善电子商务功能的网站并非易事，不仅投资大，还要涉及网上支付、网络安全、商品配送等一系列复杂的问题。随着一些网上商店平台的成功运营，网上销售产品不再复杂了，电子商务不再是网络公司和大型企业的特权，而逐渐成为中小企业销售产品的常规渠道，尽管当时的在线销售额还不高，但是对于网上销售的信心和前景仍然具有十分重要的意义。

（四）网络营销服务市场的高速发展阶段（2004—2008 年）

2004 年之后，我国网络营销的最主要的特点之一是第三方网络营销服务市场蓬勃兴起，包括网站建设、网站推广、网络营销顾问等付费网络营销服务都获得了快速发展。这不仅体现在网络营销服务市场规模的扩大，同时也体现在企业网络营销的专业水平提高、企业对网络营销认识程度和需求层次提升，以及更多的网络营销资源和网络营销方法不断出现等方面。

[知识链接]

2004～2008 年我国网络营销发展的阶段特征简单归纳如下。

1．企业网站数量缓慢增长，网站建设专业水平有待提高

根据中国互联网络信息中心的统计，到 2005 年年底，中国 WWW 网站数量为 69.4 万个，其中企业网站所占比例为 60.4%（419 176 个），与 2004 年年底的 406 022 个企业网站相比，年增长率仅为 3.1%。与我国 2 000 万左右的企业相比，企业拥有独立网站的比例还比较低。从增长率方面来看，企业网站数量的增长不仅低于 WWW 网站总量增长率（3.8%），而且明显低于域名数量、上网人口等指标的增长率。企业网站增长相对比较缓慢反映了前几年企业网站建设发展速度较快，只重视数量而忽视质量，因为网站专业水平等因素的制约，使得企业网站未能为企业带来明显的效益，从而影响了更多企业建设网站的积极性。

造成企业网站建设专业水平不高的主要因素之一在于，大部分企业的网站建设工作都依赖于网络营销服务商的专业水平“而各个网络营销服务商的水平差别很大，并且由于没有权威性的专业性指导规范，不仅网站建设服务商为企业制作的网站没有可遵循的原则，而且各个服务商之间为争夺客户只能陷于低层次的价格竞争”其结果是，为了节省成本，使得企业建设的网站专业性得不到保证，或者因为服务商自身的水平不高，为企业建设的网站根本就没有实用价值。这种状况无论对于网络营销服务市场的进一步发展，还是对于企业的网络营销都是非常不利的。因此如何提高企业网站建设的专业水平，已经成为企业信息化进程中值得高度重视的问题。

2．网络营销服务市场快速增长，新型网络营销服务不断出现

网络营销服务市场规模不断扩大的同时，网络营销服务产品类别也在不断增加。其中 3721 中文网址（后曾更名为“网络实名”）、百度搜索引擎关键词广告等获得了企业的认可，成为付费网络推广的主要模式。同时，传统的门户网站网络广告等也在持续高速发展。值得关注的领域还包括网络营销管理工具（如网站访问统计分析系统、实时在线服务工具等）、专业的网络营销顾问咨询服务、网络营销培训等，它们也逐步为企业所接受。

3．企业网络营销的认识和需求层次提升

企业对网络营销的需求层次是一个难以量化的指标，不过通过一些事例分析可以发现，企业对网络营销的认识和需求产生了明显的转变。至少有两个信号表明企业的网络营销需求层次在不断提升：第一，企业更希望获得完整的网站推广整体方案而不仅仅是购买孤立的网站推广产品；第二，规范的网站优化思想获得越来越多的认可。

企业对网站推广综合解决方案的需求有明显增加的趋势。经过众多网络营销服务商几年的努力，国内网络营销服务市场逐渐走向成熟，尤其是搜索引擎推广相关的网络营销产品已经为越来越多企业所了解。但随着企业对网站推广效果提升的进一步期望，尽管购买分散的网站推广产品（如分类目录登录、搜索引擎竞价广告等）仍然是当时网站推广服务市场的主流，但已经无法满足企业网络营销的需要，向企业提供网站推广的整体方案成为网络营销服务市场的发展趋势之一。

值得一提的是，网站优化的思想也是在这期间逐渐为企业所认识，并且在后期对网站专业性及网络营销综合效果的整体提升发挥了巨大作用。系统的网站优化也是本书作者首先提出并积极倡导的网络营销思想之一，在出版于 2004 年的《网络营销基础与实践（第 2 版）》中对此进行了系统的描述。

4．搜索引擎营销呈现专业化、产业化趋势

搜索引擎营销是目前这一结算网络营销中最具活力的领域，经过几年的发展，传统的登录免费搜索引擎等简单初级的推广手段已经不适应网络营销环境，搜索引擎服务提供商适时地推出诸如关键词竞价广告、内容关联广告等产品（如百度的主题推广和搜狗的搜索联盟等），进一步增加了搜索引擎营销的渠道，并且扩展了搜索引擎广告的投放空间。对于企业营销人员来说，也就意味着开展搜索引擎营销需要掌握的专业知识更加复杂。例如，对于网站优化设计、关键词策划、竞争状况分析、推广预算控制、用户转化率、搜索引擎营销效果的跟踪管理等，搜索引擎营销已经逐渐发展成为一门专业的网络营销知识体系。

搜索引擎营销的专业性提高也为专业的搜索引擎营销服务商提供了发展机会，搜索引擎优化公司和搜索引擎广告代理公司在 2005 年前后持续涌现，并在各自领域发展出了一批有影响力的公司。搜索引擎营销的产业化趋势逐渐形成。不过，相比国外搜索引擎营销市场上各种深度产品及服务，我国的搜索引擎营销的整体水平还处在较低层次。

5．更多有价值的网络资源为企业网络营销提供了新的机会

随着互联网经济再度火热，出现了越来越多的网络营销资源，其中包括可用的免费推广资源以及网络营销管理服务，如免费网络分类广告、网上商店平台，免费网站流量统计系统等。

网络营销资源的增加不仅表现在免费资源的数量，同时也表现在网络营销资源可以产生的实际价值方面。例如，领先的 B2B 电子商务平台通过与搜索引擎营销策略相整合，为潜在用户获取 B2B 网站中的商业信息提供了更多的机会，从而提高了 B2B 电子商务平台对企业网络营销的商业价值，也使得 B2B 电子商务打破了原有的只有付费会员登录才能获取商业信息的局面。在这方面，阿里巴巴、慧聪等行业领先者已经取得了突破性进展。这些更有价值的网络推广资源扩展了网络营销信息传递渠道，增加了中小企业网络营销的成功机会。

6．网络营销服务市场直销与代理渠道模式并存

网络营销服务市场主要的产品和服务包括以域名注册、网站建设、企业邮局等为代表的基础网络营销服务，以及竞价广告、3721 网络实名/CNNIC 通用网址、B2B 电子商务平台等网络推广产品。国内网络营销服务市场直销与代理渠道并存，部分基础网络营销服务已经形成了完善的电子商务模式，但传统代理渠道在网络推广产品市场仍是主流。

基础网络营销服务全面实现电子商务化。在网络营销服务领域，值得特别肯定的是提供域名注册、虚拟主机、企业邮局等产品在内的基础网络营销服务商，这些服务商并不完全依赖传统的代理销售渠道，而是走代理商和网上直接销售相结合的道路，并且整个业务流程的电子商务化日益完善，从域名注册、域名解析，到虚拟主机和企业邮局等产品的在线购买、在线支付等环节，都可以非常方便地实现用户自由购买、自助管理。这些基础网络营销服务商已经率先成为国内最先进的电子商务企业，这不仅代表着我国网络营销服务已经达到一个崭新的高度，也预示着网络营销服务的电子商务化是完全可以实现的，代表了先进的网络营销产品销售模式。基础网络营销服务商成功地全面实现了电子商务化，也为网络营销其他领域的服务商作出了表率。这些服务商的成功经验表明，在线直接销售并未影响代理渠道的销售，因为用户的需求和购买方式毕竟是不同的，一些互联网应用水平较高的用户更希望在线购买的便捷。

不过，这个阶段以及接下来的几年，传统代理仍然不可缺少网络销售渠道。国内网络营销服务市场的快速发展，很大程度上归功于遍布全国各地的近万家不同规模的网络营销服务企业，这些企业为网络推广产品提供商如百度、雅虎、万网、35 互联等形成了一个巨大的产品代理渠道网络。搜索引擎竞价排名、关键词广告、网络实名/通用网址、网络广告、域名注册、虚拟主机、企业邮箱等服务商均采用传统的代理渠道开拓市场。Google 在 2005 年 8 月开始正式陆续授权国内代理商，表明在美欧等发达地区最成功的在线直销模式的搜索引擎 Google 正式进入中国之后也要采用渠道代理模式。现在这种渠道销售模式几乎为所有网络营销产品提供商所采纳，尽管这种模式存在一些弊端，并且不一定对任何产品都合适，但渠道代理至今仍然主导网络营销服务尤其是网络推广产品市场。

7．新型网络营销概念和方法受到关注

随着 Web2.0 思想逐渐被认识，随之出现了一些新的网络营销概念，如博客营销、RSS 营销、SNS 营销等，这些新型网络营销方法正逐步为企业所采用。自从 2002 年“博客”（BLOG）概念在国内出现以来，博客已经成为互联网上非常热门的词语之一。国内不仅出现了一批有影响力的中文博客网站，而且利用博客来开展网络营销的实践尝试早已开始，部分博客网站开始提供企业博客服务，一些企业也开始将博客引入到企业官方网站中，开设企业自己的博客，为企业网络营销增加了新的模式和新的机会，因而博客在网络营销中的应用也成为令人关注的研究领域。

事实上，到 2008 年之后，博客营销已经成为企业网络营销的主流方法之一，其他 Web2.0 营销如基于开放式在线百科平台的 WIKI 营销和问答式社区营销等也逐步为企业所了解，出现了网络营销社会化的萌芽。

（五）社会化网络营销阶段（2009—2014 年）

社会化网络营销是集广告、促销、公关、推广为一体的营销手段，是典型的整合营销行为，只不过是在精准定位的基础上展开的，偏重于口碑效应的传播。创意、执行力、公信度、传播面样样都要出彩。同时，要树立“精品意识”，减少“互动参与”的疲劳。

新兴的以网络人际关系为核心的社会化网络与传统的论坛相结合起来构建的更为强大的网络社区-SNS 社区，作为媒介进行传播的与传统营销完全不同的营销，像 Facebook 、Twiter 、开心网、校内网、51 网、新浪微博等就是社会化网络营销经典媒介。

网络营销社会化的表现是网络营销从专业知识领域向社会化普及知识发展演变，这是互联网应用环境发展演变的必然结果，这种趋势反映了网络营销主体必须与网络环境相适应的网络营销社会化实质。

社交媒体营销已经不是陌生的词，对于很多企业来说，官方微博、人人网主页等社交媒体平台已经是企业营销的必备项目。然而，调查显示，大多企业并没有明确的社交媒体营销策略，精准的营销更无从谈起。社会化网络营销的实施应考虑以下几方面。

1．精准定位

首先，企业应该明白自己的定位和目标群体，不同的社交平台有着不同的用户群特征，企业第一步就要根据自身定位和客户群特征来判断和选择适合企业的社交平台，客户群体在哪里，企业就应该在哪里。

2．全面的策略

社交媒体的营销并非想象中那么简单，建个账号、发发新闻，这些远远不够。从账号矩阵的建立、内容的规划、互动反馈机制的建立以及危机公关等，都需要企业进行详细的分析规划。建立全面的营销策略，并长期维护下去，一定会为企业带来价值。

3．数据监测和报告

另外，实时的监控和定期的数据分析是必不可少的。企业需要有一套监控机制来服务，找到关心的问题和相关人物。哪些客户在社交网络上提到了自己？他们对品牌的评价如何？哪些人是最关心自己的，他们是否有消费的需求？企业需要找到这些内容，并加以回馈。

同时，定期的报告和总结也是推动企业社会化营销的关键，互联网上的信息千变万化，企业的营销策略也应该与之相适应。

第二节　网络营销的基本概念

一、网络营销的定义

前面的介绍中已经多次出现了网络营销以及部分网络营销方法的概念，但是对于什么是网络营销还没有一个确切的描述。为了研究的规范性，这里将为网络营销下一个定义，并且澄清一些对网络营销概念的认识误区。

与许多新兴学科一样，“网络营销”目前不仅没有一个公认的、完善的定义，而且在不同时期、从不同的角度对网络营销的认识也有一定的差异。这种状况主要是因为网络营销环境在不断发展变化，各种网络营销模式不断出现，并且网络营销涉及多个学科的知识，不同研究人员具有不同的知识背景，因此在对网络营销的研究方法和研究内容方面有一定差异。

从网络营销的内容和表现形式来看，有些人将网络营销等同于网上销售产品，有些则把域名注册、网站建设这些基础网络服务内容认为是网络营销，也有一些人认为只有网络推广才是网络营销。应该说，这些观点都从某些方面反映出网络营销的部分内容，但并没有完整地表达出网络营销的全部内涵，也无法体现出网络营销的实质。为了对网络营销有一个全面的认识，有必要为网络营销下一个比较合理的定义。

笼统地说，凡是以互联网为主要手段开展的营销活动，都可称为网络营销（有时也称为网上营销、互联网营销等），但实际上并不是每一种手段都合乎网络营销的基本准则，也不是任何一种方法都能发挥网络营销的作用。本章以企业实际经营为背景，以网络营销实践应用经验为基础，系统地研究网络营销的理论和方法，其目的在于网络营销的实用化，让互联网在企业经营中真正发挥其应有的作用。因此，真正意义上的网络营销，应该具有其内在的规律性，可以为营销实践提供指导、可以产生实实在在的效果，并且具有可操作性。

这里将网络营销定义为：网络营销是企业整体营销战略的一个组成部分，是为实现企业总体经营目标所进行的、以互联网为基本手段营造网上经营环境的各种活动。

下面对于网络营销定义中涉及的一些问题给予必要的说明。

（1）网络营销不是孤立存在的。网络营销是企业整体营销战略的一个组成部分，网络营销活动不可能脱离一般营销环境而独立存在，在很多情况下网络营销理论是传统营销理论在互联网环境中的应用和发展。对于不同的企业，网络营销所处的地位有所不同，以经营网络服务产品为主的网络公司，更加注重于网络营销策略，而在传统的工商企业中，网络营销通常只是处于辅助地位。由此也可以看出，网络营销与传统市场营销策略之间并没有冲突，但由于网络营销依赖互联网应用环境而具有自身的特点，因而有相对独立的理论和方法体系，在企业营销实践中，往往是传统营销和网络营销并存的。

（2）网络营销不等于网上销售。网络营销是为最终实现产品销售、提升品牌形象的目的而进行的活动，网上销售是网络营销发展到一定阶段产生的结果，但并不是唯一结果，因此网络营销本身并不等于网上销售。这可以从以下 3 个方面来说明。

① 网络营销的目的并不仅仅是促进网上销售，很多情况下，网络营销活动不一定能实现网上直接销售的目的，但是可能促进网下销售的增加，并且提高顾客的忠诚度。

② 网络营销的效果表现在多个方面，如提升企业品牌价值、加强与客户之间的沟通、拓展对外信息发布的渠道、改善顾客服务等。

③ 从网络营销的内容来看，网上销售也只是其中的一个部分，并且不是必须具备的内容，许多企业网站根本不具备网上销售产品的条件，网站主要是作为企业发布产品信息的一个渠道，通过一定的网站推广手段，实现产品宣传的目的。

（3）网络营销不等于电子商务。网络营销和电子商务是一对紧密相关又具有明显区别的概念，两者很容易造成混淆。例如，企业建一个普通网站就认为是开展电子商务，或者将网上销售商品称为网络营销等，这些都是不确切的说法。电子商务的内涵很广，其核心是电子化交易，电子商务强调的是交易方式和交易过程的各个环节。网络营销的定义已经表明，网络营销是企业整体营销战略的一个组成部分。可见，无论传统企业还是基于互联网开展业务的企业，也无论是否具有电子化交易的发生，都需要网络营销，但网络营销本身并不是一个完整的商业交易过程，而是为促成交易提供支持，因此是电子商务中的一个重要环节，尤其在交易发生之前，网络营销发挥着主要的信息传递作用。网络营销和电子商务的这种关系也表明，发生在电子交易过程中的网上支付和交易之后的商品配送等问题并不是网络营销所能包含的内容，同样，电子商务体系中所涉及的安全、法律等问题也不适合全部包括在网络营销中。

（4）网络营销不应被称为“虚拟营销”。“在互联网上，没有人知道你是一条狗”，这是一句广泛流传的话，最早出现在 1993 年的美国著名杂志《纽约人》上的一幅漫画（作者：彼得·斯坦纳），以此来说明互联网的虚拟性。一些文章中喜欢用“虚拟营销”来描述网络营销，其实这是不合适的。因为所有的网络营销手段都是实实在在的，而且比传统营销方法更容易跟踪了解消费者的行为。例如，借助于网站访问统计软件，可以确切知道网站的访问者来自什么地方，在多长时间内浏览了哪些网页，用户来自什么 IP，也可以知道你发出的电子邮件有多少用户打开，有多少用户单击了其中的链接，还可以确切地知道下订单的用户的详细资料，利用专用的顾客服务工具，你甚至可以同访问者进行实时交流，所以每个用户都是实在的。另一方面，尽管传统的商场中顾客熙熙攘攘，但商店的经营者却对顾客一无所知，即使如此，他也并不会将用户当作“狗”，因为经营者了解用户的整体统计特征，顾客是实实在在的，并不会因为不知道每个顾客的详细信息而将顾客看做“狗”。因此，站在网络营销的角度来看，互联网上根本没有狗!

（5）网络营销是对网上经营环境的营造

开展网络营销需要一定的网络环境，如网络服务环境、上网用户数量、合作伙伴、供应商、销售商、相关行业的网络环境等，网络营销环境为企业开展网络营销活动提供了潜在用户和向用户传递营销信息、建立顾客关系、进行网上市场调研等各种营销活动的手段和渠道。企业的网络营销活动也是整个网络环境的组成部分，开展网络营销的过程，就是与这些环境因素建立关系的过程，这些关系发展好了，网络营销才能取得成效。例如，网站推广常用的搜索引擎营销和网站链接策略的实施，也就是和搜索引擎服务商以及合作伙伴之间建立良好关系的过程，网站访问量的增长以及网上销售得以实现都是对网上经营环境营造的结果。因此，网络营销是对企业网上经营环境的营造过程，也就是综合利用各种网络营销手段、方法和条件并协调其间的相互关系，从而更加有效地实现企业的营销目标。本章后面将对网络营销环境作进一步的阐述。

有必要说明的是，网络营销的内涵和手段都在不断发展演变中，关于网络营销的定义和理解也只能适用于一定的时期，随着时间的推移，这种定义可能显得不够全面，或者不能够反映新时期的实际状况。因此，不要把网络营销理解为僵化的概念，也不必将本书中所介绍的网络营销方法作为固定的模式去照搬，需要根据网络营销环境的发展，在具体实践中根据本企业当时的状况灵活运用。

二、社会化网络营销的特性

无论是最初的 Friendster 的创始人乔纳森·艾布拉姆斯（Jonathan Abrams），或者是 Facebook 的创始人马克·艾略特·扎克伯格（Mark Elliot Zuckerberg），或许都没有预料到社交网络带给人们生活的巨大的变革。我们通过社会化网络联系朋友、维持关系、分享资讯、召集活动、促成消费，几乎无一不能。那么在未来的几年中，我们可以预见的社会化网络将具有怎样的特点呢?

（一）稳定的关系网络

互联网是一个和现实社会一样的“网民”为基础的社会，因此社会化网络的形成和维持都是以网民的忠诚度为基础的。那么尽管诸如腾讯 QQ、Facebook、Twitter、开心网和人人网等都有数以亿计的用户不断地加入这个社会化网络。但是毫无疑问，随着互联网的普及完善，这种社会化网络基础用户的增速必将逐步的放缓，最终达到一个比较稳定的全球网民的比例。这是从用户数的角度来看社会化网络的未来状态。

而另一个稳定对于社会化网络才是具有重要意义的，那就是社会关系的稳定网络。无论是社交网站的社交圈还是微博、分享网站的兴趣圈、朋友圈，他们最终都会经过不断地自我调整最后达到一种相对稳定完善的状态。以微博为例，一个并非意见领袖的新人很难有足够的影响力来吸引众多的粉丝，那么此时他最容易做的就是主动关注别人，以获取别人的回馈。长此以往的结果就是自己的关注数很多，但是粉丝数则相对较少。另一方面，按照 150 度原则，一个人不会无限制的去关注太多的自己无法吸纳的信息（也因此目前的微博中已经限制了关注的上限，比如新浪微博的 2000 人），那么当他继续想要增加粉丝，并且发现更想关注的人的时候，他唯一的做法就是删掉一些人，然后替换关注。谁最容易被删掉？毫无疑问，就是那些他关注了，但是却没有关注他，并且与他的利益并没有太直接关联的非重要人物。

显然这是一个良性的循环。即便你是一个万人迷的明星，如果我在社会化网络中的目的是日常交际或者网络营销，那么你未必能为我带来任何利益。因此，我可能在短期内保持对你的关注，但是在利益的抉择面前，答案是非常明显的。所以，经过类似的层层筛选，最终的社会化网络所留存的社交圈以及兴趣圈都将是相当牢固以及忠实的，而且是积极互动的。

（二）LBS 的广泛应用

社会化网络如果想要真正体现现实社会的特性，就必然要与现实接轨，落地生根。而目前单纯依靠虚拟的游戏、娱乐而简单地把用户“沉溺”其中的做法是不健康也是不长久的。于是有不少业内人士认为，国内目前的社会化网络在模糊、淡薄的社会关系之外，就只剩下 Web 游戏的特性了。当每个人都沉迷于开心农场、好友买卖的时候，其实这种社会化网络与一个在线的游戏网站几乎没有丝毫的区别，这显然并非我们的初衷。

因此，基于位置的服务（Location Based Service，LBS）是社会化网络生根发芽的最佳途径。国外四方（Foursquare）的火热在一定程度上预示了这一方向的发展，而国内的切客网站也让我们看到了社会化网络现实化的曙光。其实在很多方面，社会化网络依然大有可为，比如类似 Everlater 的旅游分享、类似大众点评网的餐饮点评、类似携程旅游网之类的酒店、宾馆的体验评价，等等。细分行业的利基市场永远都有可以开发的余地，只要我们能寻找到最容易引起用户参与兴趣的切入点。

但是必须注意的是，单纯的 LBS 应用在网络上的技术实现是空洞无力的。尤其对于一些小的创新企业来说，很难有什么值得依赖的壁垒让自己稳做某一行业的霸主。国内诸如嘀咕、Follow5、饭否、贫嘴、做啥等众多的出现较早的微博网站，目前在新浪、腾讯的强大压力下基本已经都是消亡或者苟延残喘了，偶有一两个稍微有些创新技术的，也终究难与巨头们正面抗衡。而社交网站更是只剩下人人网、开心网两大网站，其余的要么过于垂直细分、要么只是地域性的、兴趣圈的小规模网站，前途暗淡。

所以，LBS 的发展要想与现实社会接轨并非一件容易的事情。以携程旅行网来说，他所做的酒店、宾馆的入住体验分享网站就具有先天的行业瓶颈，在他的整个线下的产业链中，不仅有全国各地的各种类别的宾馆、酒店资源，同时他还可以将线上分享与线下消费有机地结合起来。比如在分享中积分获取入住酒店的折扣券，这对于其他没有线下资源的企业来说简直堪比蜀道之难，但是对于携程则是水到渠成的。也因此，类似的大众点评网做这种美食的分享也是顺理成章的，而尽管百度在搜索领域如此强大，在这一方面，短期内并不能给大众点评造成多大的影响。

（三）游戏的社会化

尽管诸如开心农场之类的简单游戏已经为很多社会学专家广为诟病，但是无可置疑的是对于企业来说，用户的关注以及忠诚度才是他们最为关心的。但是作为一个有责任感的企业来说，他们的社交网络依然应该是具备促进社交、提升智力等一些健康的方向导向的。但是由于目前的大多数社会化网站的应用都是个人或者小团队开发的，他们逐利的本质限制了他们在其他社会性方面的考虑，而企业本身所处竞争的激烈性，也很难让他们对某些火热的游戏进行取舍。

但是无论是开心农场还是植物大战僵尸，我们都是在见识了他们的火爆之后也见识了这种热潮的衰退。因为毕竟，游戏不是我们生活的全部，而休闲娱乐、学习交流等因素综合起来才是我们生活的全部。那么如何将游戏做的越来越具有社交性，或者说社交活动本身变成一种轻松的游戏，这是一个挑战，但也是我们最需要去考虑的。或许在未来的某一天，开心农场依然可以火爆，但是我们也会真的在这种种菜、偷菜之外的其他方式里获取交际的快乐、学习的乐趣、充实的生活等更多的价值。

你一定听过类似的言论: 我相信某个巨大的品牌已经开始筹划着进入游戏营销领域，来为自己赢取令人难以想象的巨大市场。到那时，我们每天都会沉迷于完成挑战任务，赢取最后的胜利大奖杯的过程中，这个大奖也许是一扎啤酒或者其他类似的东西，但是我们依然会每天乐此不疲。这样的成功激励模式，毋庸置疑，当然也会渐渐蔓延遍整个互联网社会化新媒体平台上，因为在那里，人们不仅会沉迷这种赢奖杯的过程中，还会与自己的网友分享自己的胜利，在此过程中，品牌则能够收集到越来越多的用户资料，并且，假设一个用户参与游戏并胜利地完成游戏，把胜利结果分享给自己的社会化人际圈子中，影响给所有友邻，就是这样，品牌也在同时获得了这位用户整个社会化圈子里的所有网民的信息。

（四）用户创造内容

社会化网络的重要特点之一就是人人都可以变成广播台，比如国内外的视频分享网站youku、美拍，照片分享软件 Instagram 等。软件表现欲作为人类精神追求中重要的基本需求之一，从理论上为社会化网络繁荣的必然性提供了佐证，也因此正如我们今天所见，在社会化网络中能发出响亮声音、并影响重大的已经不仅仅是传统社会的意见领袖了。更多的平民、普通网民在互联网上发出了自己的声音，并得到了网民的认同，很多时候这是一种现实需求以及精神追求的双重满足。

在一般的社会化网络应用中这一点的反应还不太明显，比如新浪博客、微博、社交网站中关注最多、影响最大的依旧是一些明星、政府官员、著名企业、社会名人等，因此意见领袖的优势当然不会消失。但是至少普通网民已经开始能发出声音，并且影响力也相对于传统社会中有了大幅度的提升，尤其在一些互动分享平台上更为明显。比如在百度知道、互动百科、豆丁文档、雅虎知识堂、新浪爱问、优酷、土豆中，我们看到千万数量级的文档、词条、图片、视频被分享，同样引起海量用户的关注和追捧，但是这其中的分享以及发布者却很少有传统社会中的意见领袖。

（五）SNS 电子商务化

无论是社会化网络本身，还是依靠社会化网络进行营销活动的企业或者个人，都会促进社会化网络电子商务化的进程。在今天的社交网站中，类似 Facebook、人人网中的侧边栏广告已经是最常见的形式了，而类似于 Facebook 中的商店则是直接变成了 C2C 的电子商务模式。而 Twitter 的广告形式则类似于搜索引擎的付费结果排名，以 Groupon 为主的团购类网站其实与传统的联盟营销又是具有共同本质的，都类似于企业或者个人的分销渠道，而然按单提成。

其实，社会化网络的主体市场无所谓是个人还是企业为主的，也无所谓具体的电子商务模式以及盈利模式，但是毫无疑问的是社会化网络如果要具有更多的社会性，那么除了娱乐休闲之外终究不可缺少消费的概念。因此，在商家、商品、消费者、营销、流通、支付等多个环节之间，谁能更好地以一种简单便捷的应用服务将这一套环节进行完美的整合，那么这个社会化网络就必将是成功的。也唯有电子商务化，才是保证企业长期发展的源动力。

（六）SNS 的移动化

随着移动设备硬件基础的提升以及 4G 网络等移动高速上网技术的普及，社会化网络的移动化应用丝毫毋庸置疑。社会交往从来都是随时随地进行的，因此社会化网络必然也要满足这方面的需求。因此，移动网络的诸多特性弥补了传统互联网的多种不足，空间、时间的限制等。也正如我们看到的一样，移动网络中社会化网络的应用正如雨后春笋般高速发展。

（七）其他特性

除上述特性之外，社会化网络营销还表现在。

（1）网络营销开始向全员网络营销发展。博客营销形式灵活多样，Web 2.0 人人皆可参与，这些互联网服务为全员网络营销奠定了技术基础和思想基础。事实上，企业的每个员工乃至每个合作伙伴或者顾客都直接或者间接地对企业的网络营销产生着正面或者负面的影响，每个人都成为网络营销的组成部分。全员网络营销的影响将是持久而深远的。本书在社会化网络营销的内容中将对此有详细的介绍。

（2）Web 2.0 营销思想进一步深化，出现更多的新型网络营销平台。在传统网络营销如搜索引擎营销、网络广告、网络会员制营销广泛应用的同时，WIKI 平台营销、问答式社区（ASK）营销等多种形式的 Web 2.0 应用平台为企业开展网络营销提供了平台和工具，使得网络营销的形式更加丰富多彩。这意味着网络营销的内容和方法更加庞大，企业开展网络营销的竞争也更为激烈。

三、2014 年之后网络营销的发展趋势探讨

从前面的阶段分析可以看出，网络营销一直在持续、高速发展之中，新的网络营销平台和资源不断涌现，今天的主流网络营销模式，几年后也可能就失去自己的核心地位。通过对中国网络营销发展历程和阶段特征的归纳总结进行合理推测，预计 2014 年之后几年的网络营销将表现出下列几个方面的发展趋势。

（一）网络营销将从封闭式向开放式转变

网络营销在企业组织结构中的地位，经历了从技术部到市场部再到多个相关部门协调参

与的演变过程，网络营销也不再只是企业内部网络营销人员的事情，而是涉及企业全体员工乃至所有相关人员及其社会网络关系（包括合作伙伴、顾客、公众等），这是网络营销社会化所必然引起的结果之一。相应地，也要求网络营销的思维模式从技术思维、运营思维到社会化思维模式转变，也就是从相对封闭到逐渐开放的一个转变过程。

（二）从企业自有网站为核心到多平台的综合利用

传统的网络营销以企业网站的建设、优化、运营推广及效果管理为核心，将潜在用户吸引到自己的网站上实现产品推介、促销及网络品牌传播等网络营销职能。随着用户对淘宝等第三方电子商务平台的依赖增强，以及社会化网络营销平台地位的日益提高，网络营销的阵地需要向这些用户集中的巨型网站平台延伸以实现多平台的综合网络营销，才能获得尽可能多的用户。这也与网络营销社会化的基本思想是一致的。

（三）行业内企业网络营销竞争加剧

由于企业对网络营销的依赖，一个行业内众多的企业都将加入到网络营销竞争中，其结果必然是网络营销的资源投入越来越大，成本越来越高，网络营销早期的低成本优势将不复存在。企业竞争对网络营销专业性的要求也越来越高，竞争及越来越透明的市场价格也会不断降低企业的利润空间。因此，企业网络营销能力将是企业的核心竞争力，而网络营销能力在很大程度上取决于企业的网络营销资源拥有及利用水平，所以中小企业的网络营销竞争力将出现明显的劣势。

（四）传统网络营销方法不断调整适应互联网环境发展

尽管许多传统的网络营销方法在今后相当长时间内仍然有效，但在不断变化的互联网环境中也需要进行适当的调整和修正。例如，搜索引擎营销可谓网络营销中最经典的方法之一，除了基础的网址登录、网页搜索（搜索引擎优化）、关键词广告等形式之外，还要不断适应新的搜索如地图搜索、实时搜索、商品搜索等功能，才能充分发挥其网络营销价值。总之，网络营销环境及企业的经营环境都在不断地发展演变中，因此也就没有一成不变、永远有效的网络营销方法。

第三节　网络营销理论体系

一、网络软营销理论

网络软营销理论是针对工业经济时代的以大规模生产为主要特征的“强势营销”提出的新理论，它强调企业进行市场营销活动的同时必须尊重消费者的感受和体会，让消费者能舒服地主动接收企业的营销活动。传统营销活动中最能体现强势营销特征的是两种促销手段：传统广告和人员推销。在传统广告中，消费者常常是被迫、被动地接受广告信息的“轰炸”，它的目标是通过不断的信息灌输方式在消费者心中留下深刻的印象，至于消费者是否愿意接受需要不需要则不考虑；在人员推销中，推销人员根本不考虑被推销对象是否愿意和需要，只是根据推销人员自己的判断强行展开推销活动。

在互联网上，由于信息交流是自由、平等、开放和交互，强调的是相互尊重和沟通，网上使用者比较注重个人体验和隐私保护。因此，企业采用传统的强势营销手段在互联网上展开营销活动势必适得其反，如美国著名 AOL（American Online）公司曾经对其用户强行发送 E-mail 广告，结果招致用户的一致反对，许多用户约定同时给 AOL 公司服务器发送 E-mail 进行报复，结果使得 AOL 的 E-mail 邮件服务器处于瘫痪状态，最后不得不道歉平息众怒。网络软营销恰好是从消费者的体验和需求出发，采取拉式策略吸引消费者关注企业来达到营销效果。

但传统的强势营销和网络的软营销并不是完全对立的，二者的巧妙结合往往会收到意想不到的效果。这里有一个经典的案例：原以亚洲地区为主要业务重心的国泰航空公司，为了扩展美国飞往亚洲的市场，拟举办一个大型抽奖活动，并在各大报纸上刊登了一个“赠送百万里行”抽奖的广告。与众不同的是，这个广告除了几个斗大的字“奖 100 万里”及公司网址外没有任何关于抽奖办法的说明，要了解抽奖办法的消费者只有登录公司网站。结果是众多的消费者主动登录企业网站以获得相关的活动信息，这样就为企业下一步运作网络营销奠定了基础。因此，与传统的做法相比，这种整合的运作方式，在时效上、效果上都强化了许多，同时也会更经济。另外，从长远的角度来看，通过这种方式该公司一方面提高了公司网站的知名度和消费者登录公司网站的积极性，另一方面收集到为数众多的 E-mail 地址和顾客信息，这为公司开拓市场提供了绝佳的资源。

网络软营销的 2 个重要概念：网络社区和网络礼仪。

（1）网络社区也是一个互利互惠的组织。在互联网上，今天你为一个陌生人解答了一个问题，明天他也许能为你回答另外一个问题，即使你没有这种功利性的想法，仅怀一腔热情去帮助别人也会得到回报。由于你经常在网上帮助别人解决问题，会逐渐为其他成员所知而成为网上名人，有些企业也许会因此而雇用你。另外，网络社区成员之间的了解是靠他人发送信息的内容，而不像现实社会中的两人间的交往。在网络上，如果你想要隐藏你自己，就没人会知道你是谁、你在哪里，这就增加了你在网上交流的安全感，因此在网络社区这个公共论坛上，人们会就一些有关个人隐私或他人公司的一些平时难以直接询问的问题而展开讨论。基于网络社区的特点，不少敏锐的营销人员已在利用这种普遍存在的网络社区的紧密关系，使之成为企业利益来源的一部分。

（2）网络礼仪是互联网自诞生以来所逐步形成与不断完善的一套良好、不成文的网络行为规范，如不使用电子公告牌 BBS 张贴私人的电子邮件，不进行喧哗的销售活动，不在网上随意传递带有欺骗性质的邮件等。网络礼仪是网上一切行为都必须遵守的准则。

二、网络直复营销理论

（一）网络直复营销的概念

网络直复营销理论（Network DirectMarketing Theroy）是根据美国直复营销协会（ADMA）为直复营销下的定义，直复营销是一种为了在任何地方产生可度量的反应或达成交易而使用一种或多种广告媒体的相互作用的市场营销体系。直复营销的“直”来自英文的“direct”，即直接的意思，是指不通过中间分销渠道而直接通过媒体连接企业和消费者；直复营销中的“复”来自英文中的“response”，即“回复”的意思，是指企业与顾客之间的交互，顾客对这种营销能够有一个明确的回复，企业可以统计到这种明确回复的数据，由此可以对以往的营销效果进行评价。“回复”是直复营销与直接销售的最大区别。

直复营销中的“直”是指不通过中间分销渠道而直接通过媒体连接企业和消费者。例如，网店是一种典型的方式，用户通过搜索引擎或网络广告直达企业网站选择商品、下单、结算；“复”是指企业和用户之间有良好的即时和良好的交互及沟通，企业对用户的购买意愿信息可以进行统计。网络为直复营销提供了一个非常好的环境，只有在网络中，才能很好地形成这种快速、无需中间环节的信息交互环境。

从直复营销的定义来看，网络营销所包含的这一系列活动完全符合直复营销的理念，并成为典型的直复营销活动。互联网作为一种交互式的可以双向沟通的渠道和媒体，为企业与客户之间架起了方便的双向互动的桥梁，通过互联网，顾客可以直接参与从产品设计，定价到订货，付款的生产和交易全过程；企业可以直接获得市场需求情况，开发产品，接收订单，安排生产并直接将产品送给顾客。网络营销作为一种有效的直复营销策略，源于网络营销活动的效果是可测试、可度量和可评价的。互联网信息处理高效率、低成本的特点，使企业可以及时了解消费者需求变化的情况、细分目标市场、提高营销活动效率。有了及时的营销效果评价，企业还可以及时改进以往的营销努力，从而获得更满意的营销执行结果。

借助互联网，企业与顾客之间可以实现直接的一对一的信息交流和直接沟通。从网上销售的角度来讲，网络营销是一种典型的直复营销。

互联网的方便、快捷使得顾客可以方便地通过互联网直接向企业提出建议和购买需求，也可以直接通过互联网获得售后服务。

企业可以从顾客的建议、需求和要求的服务中，找出企业的不足，按照顾客的需求进行经营管理，减少营销费用。

直复营销的一个最重要的特性，就是营销活动的效果是可测量的。网络营销是可测试、可度量、可评价的。有了及时的营销效果评价，就可以及时改进以往的营销努力，从而获得更满意的结果。

（二）网络直复营销的方法

1．搜索引擎营销

搜索引擎营销分两种：SEO 与 PPC。

（1）搜索引擎优化（Search Engine Optimization，SEO）是通过对网站结构（内部链接结构、网站物理结构、网站逻辑结构）、高质量的网站主题内容、丰富而有价值的相关性外部链接进行优化而使网站为用户及搜索引擎更加友好，以获得在搜索引擎上的优势排名为网站引入流量。

（2）关键词竞价或点击付费（Pay Per Click，PPC）是指购买搜索结果页上的广告位来实现营销目的，各大搜索引擎都推出了自己的广告体系，相互之间只是形式不同而已。搜索引擎广告的优势是相关性，由于广告只出现在相关搜索结果或相关主题网页中，因此，搜索引擎广告比传统广告更加有效，客户转化率更高。

2．电子邮件营销

电子邮件营销是以订阅的方式将行业及产品信息通过电子邮件的方式提供给所需要的用

户，以此建立与用户之间的信任与信赖关系。大多数公司及网站都已经利用电子邮件营销方式。毕竟邮件已经是互联网基础应用服务之一。

3．即时通信营销

顾名思义，即利用互联网即时聊天工具进行推广宣传的营销方式。品牌建设，非正常方式营销也许获得了不小的流量，可用户不但没有认可你的品牌名称，甚至已经将你的品牌名称拉进了黑名单；所以，有效地开展营销策略要求我们考虑为用户提供对其个体有价值的信息。

4．病毒式营销

病毒式营销并非利用病毒或流氓插件来进行推广宣传，而是通过一套合理有效的积分制度引导并刺激用户主动进行宣传，是建立在有益于用户基础之上的营销模式。

5．BBS 营销

BBS 营销就是利用论坛这种网络交流的平台，通过文字、图片、视频等方式发布企业的产品和服务的信息，从而让目标客户更加深刻地了解企业的产品和服务。最终达到企业宣传企业的品牌、加深市场认知度的网络营销活动。

6．博客营销

博客营销是建立企业博客，用于企业与用户之间的互动交流以及企业文化的体现，一般以诸如行业评论、工作感想、心情随笔和专业技术等作为企业博客内容，使用户更加信赖企业深化品牌影响力。博客营销可以是企业自建博客或者通过第三方 BSP 来实现，企业通过博客来进行交流沟通，达到增进客户关系，改善商业活动的效果。

企业博客营销相对于广告是一种间接的营销，企业通过博客与消费者沟通、发布企业新闻、收集反馈和意见、实现企业公关等，这些虽然没有直接宣传产品，但是让用户接近、倾听、交流的过程本身就是最好的营销手段。企业博客与企业网站的作用类似，但是博客更大众随意一些。另一种，也是最有效而且可行的是利用博客（人）进行营销，这是博客界始终非常热门的话题，2006 年老徐（徐静蕾）与新浪博客的利益之年，2005 年 KESO 的博客广告及和讯的博客广告联盟，以及 2008 年瑞星的博客测评活动等，这是博客时代博客营销的主流和方向。博客营销有低成本、分众、贴近大众、新鲜等特点，博客营销往往会形成众人的谈论，达到很好的二次传播效果。

7．播客营销

播客营销是在广泛传播的个性视频中植入广告或在播客网站进行创意广告征集等方式来进行品牌宣传与推广。

8．RSS 营销

RSS 营销是一种相对不成熟的营销方式，即使在美国这样的发达国家仍然有大量用户对此一无所知。使用 RSS 的以互联网业内人士居多，以订阅日志及资讯为主，而能够让用户来订阅广告信息的可能性更微乎其微。

9．SN 营销

社会化网络（Social Network，SN）是互联网 Web 2.0 的一个特制之一。SN 营销是基于圈子、人脉、六度空间这样的概念而产生的，即主题明确的圈子、俱乐部等进行自我扩充的营销策略，一般以成员推荐机制为主要形式，为精准营销提供了可能，而且实际销售的转化率偏好，例如：Google Gmail 邮箱即采用推荐机制，只有别人发给你邀请，你才有机会体验 Gmail。同时，当你拥有了 Gmail 又可以给其他人发邀请，用户通过邀请机制扩展了其社交网络，同时，Google Gmail 通过人的不断传递与相互关联实现了品牌的传递。这也可以说是病毒式营销的升华，这对于用户认可产品的品牌起到很强的作用。

10．创意广告营销

在令人眼花缭乱的报纸广告中，要想迅速吸引人们的视线，在广告创意时就必须把创意融入广告方案中。

2004 年夏天，Google 在硅谷公布了一道数学难题，用以发现人才。当人们回答完这道数学难题，一道更难的问题又出来了，如果应聘的人解答完了这两道问题，页面会指向 Google 搜索网站。通过层层测试能最终达到目的页面的人，不仅是有数学猜想天赋，更关键的是这些人是纯粹对技术感兴趣的人才，也正是 Google 需要的。

11．知识型营销

知识型营销就像百度的"知道"，通过用户之间提问与解答的方式来提升用户黏性，你扩展了用户的知识层面，用户就会感谢你，试想企业不妨建立一个在线疑难解答这样的互动频道，让用户体验企业的专业技术水平和高质服务，或是不妨设置一块区域，专门向用户普及相关知识，每天定时更新等。

12．事件营销

事件营销可以说是炒作，是以有价值的新闻点或突发事件在平台内或平台外进行炒作的方式来提高影响力，例如："善用民意"王老吉网络力量助推情感营销。汶川地震后，王老吉在全国人民爱国热情高涨之时，树立了爱国品牌正确而良好的形象，赢得了消费者的好感。对于王老吉捐出一亿元，从来没有人怀疑捐助的诚意。王老吉不仅销售量直线上升，更赢得了广大网友由衷赞誉，可谓名利双收，不得不让人为之称道。

13．口碑营销

虽然口碑并非 2.0 时期才有的，但是在 2.0 时代表现得却更为明显、更为重要。

［案例］

奥巴马的直复营销打赢总统大战

2008 年全球最红的名人非美国第一位黑人总统"奥巴马"莫属，在美国总统大选中，奥巴马不仅打败了财大气粗的希拉里，同时也战胜了动用公共财政经费竞选的麦凯恩，他创造了历史，成为美国第一位黑人总统。从营销的角度来讲，奥巴马也创造了一个互联网营销的奇迹。

众所周知，美国大选完全是一个金钱和支持率的选举。奥巴马运用了个人网站的品牌建立到 Web2.0 视频、博客、到 DIGG，到搜索引擎的全面推广，从品牌影响到效果传播从头到尾彻底完成了一个漂亮的直复营销案例。可以说奥巴马的胜利=视频社区的推广+搜索引擎营销+网站联盟。据国外媒体报道，在此次总统竞选中奥巴马花费 1600 多万美元进行网络广告投放，加大宣传自身力度。奥巴马在竞选中投入在网络政治广告上的支出占了美国当年所有互联网政治广告的 50%，《纽约日报》如是说："2008 年，决定总统大选结果的关键因素不是谁更懂政治，而是谁更懂网络"。

网络营销已经在主宰这个互联网越来越普及的世界，网络营销不单单是品牌广告或者是效果联盟的简单推广，而是有计划、有组织、有策略、有方案的一种全套的营销策略。奥巴马正是在整合多种营销方式的前提下才发挥出最优效果，成功登上美国总统的宝座，为我们上了一堂精彩的直复营销课程。作为在金融危机下希望借助电子商务来度过危机获得发展的企业来说，从奥巴马的身上我们可以借鉴的东西很多，电子商务不是盲目追求热点，而是要切实为企业带来效果。

三、网络关系营销理论

所谓“网络关系”营销，是指企业借助联机网络、计算机通信和数字交互式媒体的威力来实现营销目标。它是一种以消费者为导向、强调个性化的营销方式，适应了定制化时代的要求；它具有极强的互动性，是实现企业全程营销的理想工具；它还能极大地简化顾客的购买程序，节约顾客的交易成本，提高顾客的购物效率。并且，网络化营销更多地强调企业应借助于电子信息网络，在全球范围内拓展客源，为企业走向世界提供基础。现代企业应充分发挥“互联网络”的互动优势，灵活开展网络营销，促进企业的持续发展。

在网络关系营销理论中互联网是作为一种有效的双向沟通渠道，企业与顾客之间可以实现低费用成本的沟通和交流，它为企业与顾客建立长期关系提供有效的保障。这是因为，首先，利用互联网企业可以直接接收顾客的订单，顾客可以直接提出自己的个性化需求。企业根据顾客的个性化需求利用柔性化的生产技术最大限度满足顾客的需求，为顾客在消费产品和服务时创造更多的价值。企业也可以从顾客的需求中了解市场、细分市场和锁定市场，最大限度降低营销费用，提高对市场的反应速度。其次，利用互联网企业可以更好地为顾客提供服务和与顾客保持联系。互联网的不受时间和空间限制的特性能最大限度方便顾客与企业进行沟通，顾客可以借助互联网在最短时间内以简便方式获得企业的服务。同时，通过互联网交易企业可以实现对整个从产品质量、服务质量到交易服务等过程的全程质量的控制。

另一方面，通过互联网企业还可以实现与企业相关的企业和组织建立关系，实现双赢发展。互联网作为最廉价的沟通渠道，它能以低廉成本帮助企业与企业的供应商、分销商等建立协作伙伴关系。如联想计算机公司，就是通过建立电子商务系统和管理信息系统实现与分销商的信息共享，从而降低库存成本和交易费用，同时密切双方的合作关系。

四、整合营销理论

（一）4P 营销理论

4P 营销理论（The Marketing Theory of 4Ps）产生于 20 世纪 60 年代的美国，随着营销组合理论的提出而出现的。1953 年，尼尔·博登（Neil Borden）在美国市场营销学会的就职演说中最早采用了“市场营销组合”（Marketing Mix）这一术语，其意是指市场需求在某种程度上受到所谓“营销变量”或“营销要素”的影响。

1967 年，菲利普·科特勒在其畅销书《营销管理：分析、规划与控制》第一版中进一步确认了以 4P's 为核心的营销组合方法，如图 3-1 所示。

产品（Product）：注重开发的功能，要求产品有独特的卖点，把产品的功能诉求放在第一位。

价格（Price）：根据不同的市场定位，制定不同的价格策略，产品的定价依据是企业的品牌战略，注重品牌的含金量。

渠道（Place）：企业并不直接面对消费者，而是注重经销商的培育和销售网络的建立，企业与消费者的联系是通过分销商来进行的。

图 3-1　4P's 策略

促销（Promotion）：企业注重销售行为的改变来刺激消费者，以短期的行为（如让利，买一送一，营销现场气氛等）促成消费的增长，吸引其他品牌的消费者或导致提前消费来促进销售的增长。

［**知识链接**］

从 4P 理论到 10P 理论

＊ 6P 理论

进入 20 世纪 80 年代，市场营销学在理论研究的深度上和学科体系的完善上得到了极大的发展，市场营销学的概念有了新的突破。1986 年，菲利普·科特勒在《哈佛商业评论》（3～4 月号）发表了《论大市场营销》。他提出了“大市场营销”概念，即在原来的 4P 组合的基础上，增加两个 P：“政治力量”（PoliticalPower）、“公共关系”（Public Relations）。他认为 21 世纪的公司还必须掌握另外两种技能，一是政治权力（PoliticalPower），就是说，公司必须懂得怎样与其他国家打交道，必须了解其他国家的政治状况，才能有效地向其他国家推销产品；二是公共关系（Public Relations），营销人员必须懂得公共关系，知道如何在公众中树立产品的良好形象。这一概念的提出，是 80 年代市场营销战略思想的新发展。用菲利普·科特勒自己的话说，这是“第四次浪潮”。1984 年夏，他在美国西北大学说：“我目前正在研究一种新观念，我称之为‘大市场营销’：第四次浪潮。我想我们学科的导向，已经从分配演变到销售，继而演变到市场营销，现在演变到‘大市场营销’”。

＊ 10P 理论

随即，菲利普·科特勒又提出为了精通“4P's”（他称之为战术上的），你必须先做好另一个“4P's”（他称之为战略上的）：

第一个“P”是“探查”（Probing）。这是一个医学用语。医生检查病人时就是在探查，即深入检查。因此，战略 4P's 的第一个“P”就是要探查市场，市场由哪些人组成，市场是如何细分的，都需要些什么，竞争对手是谁以及怎样才能使竞争更有成效。真正的市场营销人员所采取的第一个步骤，就是要调查研究，即市场营销调研（Marketing Research）。

第二“P”是“细分”（Partitioning），即把市场分成若干部分。每一个市场上都有各种不同的人（顾客群体），人们有许多不同的生活方式。比如：有些顾客要买汽车，有的要买机床，有的希望质量高，有的希望服务好，有的希望价格低。分割的含义就是要区分不同类型的买主，即进行市场细分，识别差异性顾客群。

但是，你不可能满足所有买主的需要，必须选择那些你能在最大程度上满足其需要的买主，这就需要第三个“P”是“优先”（Prioritizing）。哪些顾客对你最重要？哪些顾客应成为你推销产品的目标？假定你到美国去推销丝绸女装，你必须了解美国市场，必须分出各种不同类型的买主，即各类女顾客，必须优先考虑或选择你能够满足其需要的那类顾客。

第四个“P”是定位（Positioning）。定位就是，你必须在顾客心目中树立某种形象。大家都知道某些产品的声誉。如果你认为“奔驰”牌汽车声誉极好，那就是说，这个牌子的市场地位很高；而另一种汽车声誉不好，就是说它的市场地位较低。因此，公司都必须决定，你打算在顾客心目中为自己的产品树立什么样的形象。产品一旦经过定位后，便可以运用上面提到的战术4P's。如果某公司想生产出世界市场上最好的机床，那么该公司就应该知道，他的产品的质量要最高，价格也要高，他的渠道应该是最好的经销商，促销要在最适当的媒体上做广告，还要印制最精美的产品目录等。如果我不把这种机床定在最佳机床的位置上，而只是定为一种经济型机床，那么我就采用与此不同的营销组合。因此，关键是怎样决定你的产品在国内或国际上的地位。

在科特勒的理解中，应该还有第11个“P”，他称之为“人”（People）。这个P贯穿于市场营销活动的全过程，是实现前面10个P的成功保证。该P将企业内部营销理论纳入市场营销组合理论之中，主张经营管理者了解和掌握职工需求动向和规律，解决职工的实际困难，适当满足职工物质和精神需求，以此来激励职工的工作积极性。“大市场营销”理论将市场营销组合从战术营销转向战略营销，意义十分重大，被称为市场营销学的“第二次革命”。

资料来自百度百科

1．产品（Product）策略

企业的一切生产经营活动都是围绕着产品进行的，即通过及时、有效地提供消费者所需要的产品而实现企业的发展目标。企业生产什么产品？为谁生产产品？生产多少产品？这一似乎是经济学命题的问题，其实是企业产品策略必须回答的问题。企业如何开发满足消费者需求的产品，并将产品迅速、有效地传送到消费者手中，构成了企业营销活动的主体。产品是什么？这是一个不是问题的问题，因为企业时时刻刻都在开发、生产、销售产品，消费者时时刻刻都在使用、消费和享受产品。但随着科学技术的快速发展，社会的不断进步，消费者需求特征的日趋个性化，市场竞争程度的加深加广，导致了产品的内涵和外延也在不断扩大。

以现代观念对产品进行界定，产品是指为留意、获取、使用或消费以满足某种欲望和需要而提供给市场的一切东西（菲利普·科特勒）。电视机、化妆品、家具等有形物品已不能涵盖现代观念的产品，产品的内涵已从有形物品扩大到服务（美容、咨询）、人员（体育、影视明星等）、地点（三亚、拉斯维加斯）、组织（保护消费者协会）和观念（环保、公德意识）等；产品的外延也从其核心产品（基本功能）向一般产品（产品的基本形式）、期望产品（期望的产品属性和条件）、附加产品（附加利益和服务）和潜在产品（产品的未来发展）拓展。即从核心产品到潜在产品5个层次，如图3-2所示。

产品最基本的层次是核心利益，即向消费者提供的产品基本效用和利益，也是消费者真正要购买的利益和服务。消费者购买某种产品并非是为了拥有该产品实体，而是为了获得能满足自身某种需要的效用和利益。如洗衣机的核心利益体现在它能让消费者方便、省力、省时地清洗衣物。产品核心功能需依附一定的实体来实现，产品实体指一般产品，即产品的基

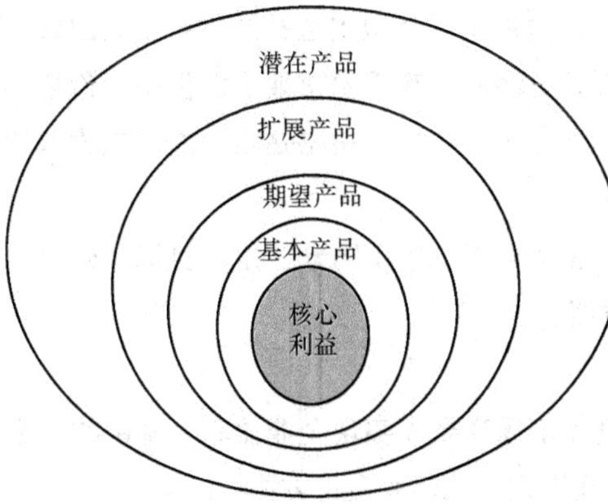

图 3-2 产品的需求层析模型

本形式，主要包括产品的构造外型等。期望产品是消费者购买产品时期望的一整套属性和条件，如对于购买洗衣机的人来说，期望该机器能省事省力地清洗衣物，同时不损坏衣物，洗衣时噪音小，方便进排水，外形美观，使用安全可靠等。扩展产品是产品的第四个层次，即产品包含的附加服务和利益，主要包括运送、安装、调试、维修、产品保证、零配件供应、技术人员培训等。扩展产品来源于对消费者需求的综合性和多层次性的深入研究，要求营销人员必须正视消费者的整体消费体系，但同时必须注意因附加产品的增加而增加的成本消费者是否愿意承担的问题。产品的第五个层次是潜在产品，潜在产品预示着该产品最终可能的所有增加和改变。

2．渠道（Place）策略

渠道策略是整个营销系统的重要组成部分，它对降低企业成本和提高企业竞争力具有重要意义，是规划中的重中之重。

麦卡锡 4P's 策略中渠道策略的内容包括：为使目标顾客能接近和得到其产品而进行各种活动的策略。提出必须有效地利用各种中间商和营销服务设施，以便更有效地将产品和服务提供给目标市场。指出厂家必须了解各种类型的零售商、批发商和从事实体分销的公司以及他们是如何进行决策的。

企业营销渠道的选择将直接影响到其他的营销决策，如产品的定价。它同产品策略、价格策略、促销策略一样，也是企业是否能够成功开拓市场、实现销售及经营目标的重要手段。

渠道主要有以下类型：

（1）直接渠道或间接渠道的营销策略；

（2）长渠道或短渠道的营销策略；

（3）宽渠道或窄渠道的营销策略；

（4）单一营销渠道和多营销渠道策略；

（5）传统营销渠道和垂直营销渠道策略。

3．价格（Price）策略

价格策略就是根据购买者各自不同的支付能力和效用情况，结合产品进行定价，从而实现最大利润的定价办法。价格策略是一个比较近代的观念，源于 19 世纪末大规模零售业的发展。在历史上，多数情况下，价格是买者做出选择的主要决定因素；不过在最近的十年里，在买者选择行为中非价格因素已经相对变得更重要了。但是，价格仍是决定公司市场份额和盈利率的最重要因素之一。在营销组合中，价格是唯一能产生收入的因素，其他因素表现为成本。

在第一次制定价格时，企业要考虑以下因素：定价目标、确定需求、估计成本、选择定价方法、选定最终价格等方面。

（1）定价目标

企业的定价目标是以满足市场需要和实现企业盈利为基础的，它是实现企业经营总目标的保证和手段。同时，又是企业定价策略和定价方法的依据。

（2）确定需求

价格会影响市场需求。在正常情况下，市场需求会按照与价格相反的方向变动。价格上升，需求减少；价格降低，需求增加，所以需求曲线是向下倾斜的。就威望高的商品而言，需求曲线有时呈正斜率，如图 3-3 所示。例如，香水提价后，其销售量却有可能增加。当然，如果提得太高，需求将会减少。企业定价时必须依据需求的价格弹性，即了解市场需求对价格变动的反应。价格变动对需求影响小，这种情况称为需求无弹性；价格变动对需求影响大，则叫作需求有弹性。

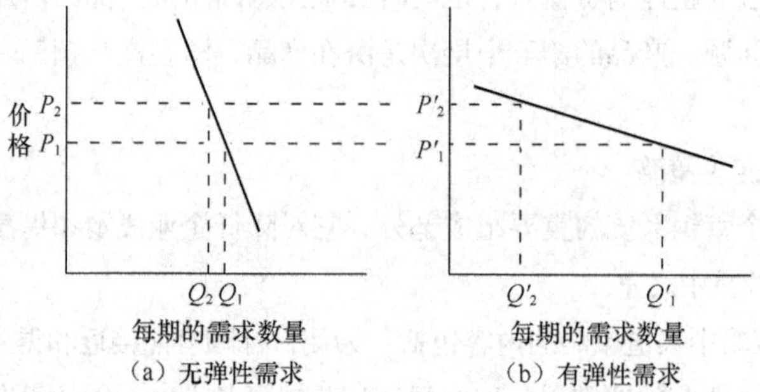

图 3-3　无弹性和有弹性需求

（3）估计成本

需求在很大程度上为企业确定了一个最高价格限度，而成本则决定着价格的底数。价格应包括所有生产、分销和推销该产品的成本，还包括对公司的努力和承担风险的一个公允的报酬。

（4）选择定价方法

定价方法，是企业在特定的定价目标指导下，依据对成本、需求及竞争等状况的研究，运用价格决策理论，对产品价格进行计算的具体方法。定价方法主要包括成本导向、竞争导向和顾客导向等三种类型。

（5）选定最终价格

企业最后拟定的价格必须考虑以下因素。

① 最后价格必须同企业定价政策相符合。企业的定价政策是指：明确企业需要的定价形象、对价格折扣的态度以及对竞争者的价格的指导思想。

② 最后价格还必须考虑是否符合政府有关部门的政策和法令的规定。

③ 最后价格还要考虑消费者的心理。利用消费者心理，采取声望定价，把实际上价值不大的商品的价格定得很高（如把实际上值 10 元的香水定为 100 元），或者采用奇数定价（如把一台电视机的价格定为 1299 元），以促进销售。

④ 选定最后价格时，还须考虑企业内部有关人员（如推销人员、广告人员等）对所定价格的意见，考虑经销商、供应商等对所定价格的意见，考虑竞争对手对所定价格的反应。

4．促销（Promotion）策略

促销策略是指企业如何通过人员推销、广告、公共关系和营销推广等各种促销手段，向消费者传递产品信息，引起他们的注意和兴趣，激发他们的购买欲望和购买行为，以达到扩大销售目的的活动。企业将合适的产品，在适当地点，以适当的价格出售的信息传递到目标市场。一般是通过两种方式：一是人员推销，即推销员和顾客面对面地进行推销；另一种是非人员推销，即通过大众传播媒介在同一时间向大量消费者传递信息，主要包括广告、公共关系和营销推广等多种方式。这两种推销方式各有利弊，起着相互补充的作用。此外，目录、通告、赠品、店标、陈列、示范、展销等也都属于促销策略范围。一个好的促销策略，往往能起到多方面作用，如提供信息情况，及时引导采购；激发购买欲望，扩大产品需求；突出产品特点，建立产品形象；维持市场份额，巩固市场地位等等。

（二）4C 营销理论

随着市场竞争日趋激烈，媒介传播速度越来越快，4P's 理论越来越受到挑战。1990 年，美国学者罗伯特·劳特朋（Robert Lauterborn）教授在其《4P 退休，4C 登场》（NewMarketing Litany: Four Ps Pass é : C-Words Take Over）专文中提出了与传统营销的 4P 相对应的 4Cs 营销理论。4C（Customer、Cost、Convenience、Communication）营销理论以消费者需求为导向，重新设定了市场营销组合的四个基本要素：瞄准消费者的需求和期望（Customer）。

1．Customer（顾客）

Customer（顾客）主要指顾客的需求。企业必须首先了解和研究顾客，根据顾客的需求来提供产品。同时，企业提供的不仅仅是产品和服务，更重要的是由此产生的客户价值（Customer Value）。

2．Cost（成本）

Cost（成本）不单是企业的生产成本，或者说 4P's 中的 Price（价格），它还包括顾客的购买成本，同时也意味着产品定价的理想情况，应该是既低于顾客的心理价格，亦能够让企业有所盈利。此外，这中间的顾客购买成本不仅包括其货币支出，还包括其为此耗费的时间、体力和精力消耗，以及购买风险。

3．Convenience（便利）

Convenience（便利），即所谓为顾客提供最大的购物和使用便利。4Cs 营销理论强调企业在制订分销策略时，要更多地考虑顾客的方便，而不是企业自己方便。要通过好的售前、售中和售后服务来让顾客在购物的同时，也享受到了便利。便利是客户价值不可或缺的一部分。

4．Communication（沟通）

Communication(沟通)则被用以取代 4Ps 中对应的 Promotion(促销)。4Cs 营销理论认为，企业应通过同顾客进行积极有效的双向沟通，建立基于共同利益的新型企业/顾客关系。这不再是企业单向的促销和劝导顾客，而是在双方的沟通中找到能同时实现各自目标的通途。

5．理论优势

（1）4Cs 营销有如下优点。

① 瞄准消费者需求。只有探究到消费者真正的需求，并据此进行规划设计，才能确保项目的最终成功。由于消费者的生活经历、受教育程度、工作性质、家庭结构、个人审美情趣各不相同，每个人对商品品质需求的侧重点也大不相同，因此要了解并满足消费者的需求并非易事。4Cs 理论认为了解并满足消费者的需求不能仅表现在一时一处的热情，而应始终贯穿于产品开发的全过程。

② 消费者所愿意支付的成本。消费者为满足其需求所愿意支付的成本包括：消费者因投资而必须承受的心理压力以及为化解或降低风险而耗费的时间、精力、金钱等诸多方面。

③ 消费者的便利性。咨询、销售人员是与消费者接触、沟通的一线主力。他们的服务心态、知识素养、信息掌握量、言语交流水平，对消费者的购买决策都有着重要影响，因此这批人要尽最大的可能为消费者提供方便。

④ 与消费者沟通。营销大战在很大程度上就是广告大战，广告与沟通的差别不只是说法不同，还有着创作思维基础上的本质区别。仔细审视各种广告就会发现，它们大多面貌相似，模式化、定式化趋势非常明显。不仅是广告文案、创意表现大同小异，就连报纸上的广告发布版面、日期选择都高度雷同。众所周知，广告的天职是创新，是树立个性，广告面貌雷同的结果必须是广告质量的低劣。造成这一现象的原因是厂商们都以“请消费者注意，而不是注意消费者”的 4P 模式为出发点的，广告创作的基础仍是对项目的简单认识和创作人员的瞬间灵感，而不是对目标消费者的了解和对消费者心理的深刻洞察。

（2）4Cs 营销理论也留有遗憾。总体来看，4Cs 营销理论注重以消费者需求为导向，与市场导向的 4Ps 相比，4Cs 营销理论有了很大的进步和发展。但从企业的营销实践和市场发展的趋势看，4Cs 营销理论依然存在以下不足：

① 4Cs 营销理论是顾客导向，而市场经济要求的是竞争导向，中国的企业营销也已经转向了市场竞争导向阶段。顾客导向与市场竞争导向的本质区别是：前者看到的是新的顾客需求；后者不仅看到了需求，还更多地注意到了竞争对手，冷静分析自身在竞争中的优、劣势并采取相应的策略，在竞争中求发展。

② 4Cs 营销理论虽然已融入营销策略和行为中，但企业营销又会在新的层次上同一化。不同企业至多是个程度的差距问题，并不能形成营销个性或营销特色，不能形成营销优势，保证企业顾客份额的稳定性、积累性和发展性。

③ 4Cs 营销理论以顾客需求为导向，但顾客需求有个合理性问题。顾客总是希望质量好，价格低，特别是在价格上要求是无下限的。只看到满足顾客需求的一面，企业必然付出更大的成本，久而久之，会影响企业的发展。所以从长远看，企业经营要遵循双赢的原则，这是 4Cs 需要进一步解决的问题。

④ 4Cs 营销理论仍然没有体现既赢得客户，又长期地拥有客户的关系营销思想。没有解决满足顾客需求的操作性问题，如提供集成解决方案、快速反应等。

⑤ 4Cs 营销理论总体上虽是 4Ps 的转化和发展，但被动适应顾客需求的色彩较浓。根据市场的发展，需要从更高层次以更有效的方式在企业与顾客之间建立起有别于传统的新型的主动性关系，如互动关系、双赢关系、关联关系等。

4Cs 营销理论从其出现的那一天起就普遍受到企业的关注，此后的整个 20 世纪 50 ~ 70 年代，许多企业运用 4Cs 营销理论创造了一个又一个奇迹。但是 4Cs 营销理论过于强调顾客的地位，而顾客需求的多变性与个性化发展，导致企业不断调整产品结构、工艺流程，不断采购和增加设备，其中的许多设备专属性强，从而使专属成本不断上升，利润空间大幅缩小。另外，企业的宗旨是“生产能卖的东西”，在市场制度尚不健全的国家或地区，就极易产生假、冒、伪、劣的恶性竞争以及“造势大于造实”的推销型企业，从而严重损害消费者的利益。当然这并不是由 4Cs 营销理论本身所引发的。

五、利基营销理论

“利基”一词是英文“Niche”的音译，意译为“壁龛”，有拾遗补缺或见缝插针的意思。菲利普·科特勒在《营销管理》中给利基下的定义为：利基是更窄地确定某些群体，这是一个小市场并且它的需要没有被服务好，或者说“有获取利益的基础”。营销者通常确定利基市场的方法是把市场细分再细分，或确定一组有区别的为特定的利益组合在一起的少数人。

利基（市场）营销是个与大众（市场）营销相对的概念，在普通大众眼里，它多是名不见经传，默默无闻的，不像后者，由于有巨大需求的支撑，时常表现得轰轰烈烈，蔚为大观但尽管表面上毫无英雄式的做派，利基营销却无可争辩为地成为真正适宜于中小企业，特别是尚欠发达的我国的中小企业的市场营销策略。

第二次世界大战以来，全球大规模批量化生产能力的发展异常迅猛，时至今日，世界上大多数人口的普通需求得到了充分满足，甚至过度的满足。而另一方面，消费者的个性化需求在雄厚物质和技术力量基础的支撑下席卷全球。规模化生产与个性化需求这一对矛盾相互作用运动的结果是，市场由厂家生产主导转至顾客需求主导，市场从普遍的卖方市场转至普遍的买方市场。一句话，消费者力量重塑了新的市场格局在此局面下，消费者的个性化需求成为企业关注争夺的焦点。基于个性化需求的日益细分的市场在令许多大企业变为明日黄花的同时，给无数的中小企业带来无限的驰骋空间，尽管空间被区隔成众多微小的局部。以上形势演变之大势，是利基营销盛行的一大客观原因。

利基营销盛行的另一大客观原因是资源的稀缺性。我国企业面对市场全球化时，人力、物力、财力、技术力、生产力、销售力、品牌力、管理力等营销资源与跨国企业相比都要稀缺的多。因此，如何充分利用既有的资源，确定合理的资源组合，以达到资源增值的效果，便成为重大的营销战略问题。在强大竞争对手存在的前提下，我们在竞争对手忽视或不屑一顾而消费者却没有被很好满足的狭窄市场上集中配置资源，正是解决这一战略问题所必须遵守的原则。

还有一大促使利基营销盛行的客观原因来自企业生存发展的空前压力。入世对我国企业意味着更多机会的同时也意味着来自全球更大的竞争压力。在本国市场上，我国企业占据天时、地利、人和，而在国际市场上，残酷的竞争环境迫使企业为了生存而集中使用资源，因为只有在更加细分的利基市场集中资源才能应对竞争对手的进攻，只有集中力量才能战胜竞争对手。如果企业有了所谓的战略，但不能体现集中使用有限资源的作战原则，而是分散配置企业的资源，那么，企业就难以在决定性方向、关键性领域里形成比竞争对手更为强大的优势，就会丧失目标市场，动摇甚至瓦解企业生存的根基。

企业特别是中小企业经营思想的转变是利基营销盛行的来自主观方面的原因。企业在冷峻现实下变得理智实际起来，它们不再对小产品、小市场不屑一顾，相反，只要与自身能力相称，它们就愿意兢兢业业，全力以赴。

（一）利基市场营销的优点

1．运用利基市场营销的企业目标市场较小且单一，便于企业进行市场研究

市场研究的目的在于为企业的决策提供有关市场变动的确切可靠的依据。这些依据的取得，有赖于市场信息的收集和科学的分析法。由于狭缝市场营销关注的是细小的市场情况，就大大降低了有关目标市场调研的复杂性；市场研究可以在较短的时间展开，企业为此支付的成本也较小，诸如在产品线狭窄、目标市场地域分布单一、市场购买行为一致性较强等多方面容易取得优势实现，调研目标实现把握较大。对于这些营销的决定因素的有效分析，有利于企业透彻了解市场，从而采取“短、平、快”的行动，迅速进入市场，降低促销成本。

2．运用狭缝市场营销，便于企业加强客户服务管理

在对目标市场研究的基础上，企业可以掌握目标市场行为和消费者的切身需要，深刻意识到客户的需要正是企业必须满足的。这样，企业可以有针对性地就客户的要求进行产品开发和业务调整。又因为狭缝市场营销活动集中在小块市场上，即使企业对客户的要求不遗余力地提供服务，对企业的整体营运成本也不会造成很大的提高。因此狭缝市场营销成为大多数企业尤其是中小企业竞争优势的有力武器。

3．运用狭缝市场营销的企业，易于掌握营销目标

企业的营销目标不是越大越好。在一定时期内，它必须与企业的内部资源相匹配，而有利于企业对营销目标和发展方向的控制。企业对自身营销目标的控制取决于其在市场上的力量和位置。包括：企业产品的市场占有率、顾客的品牌忠诚度、企业信息系统的状况等涉及企业产品立足市场的核心要素。由于利基市场营销有利于企业的市场研究和对市场信息资源的掌握，以及对目标市场的有效服务所建立的品牌忠诚感，企业有理由对其产品在市场较早的占有率抱有信心。企业对营销目标的把握和对内部资源的比较、权衡之后形成的取舍策略，使得企业与市场密不可分，实现了营销上的渐入佳境。

（二）理想的利基市场

理想利基市场的标准是什么呢？一个理想的利基市场必须满足 5 个条件。

（1）足够大。该市场要大到能够满足一个中小企业生存所需的规模和购买力。

（2）足够小。该市场要小到足以令强大的竞争者对之视而不见，不屑一顾。

（3）足够深。该市场要深到足以使得企业在较长时期内的发展无空间之忧。

（4）足够相称。企业的能力和资源与为该市场提供优质服务所需之条件相称。

（5）足够信誉。在该利基市场上，企业的既有信誉要足以对抗竞争者。

对于传统的商业模式而言，利基市场实施起来过于困难，最大的瓶颈在于分散的客户需求和有限的企业资源的统一。

［知识链接］

美国《连线》杂志主编 Chris Anderson 在 2004 年十月发表了一本论著《长尾理论》（The Long Tail）用来描述诸如亚马逊和 Netflix 之类网站的商业和经济模式。系统阐述了互联网企业利用互联网独特的优势来开发利基市场。如图 3-4 所示。

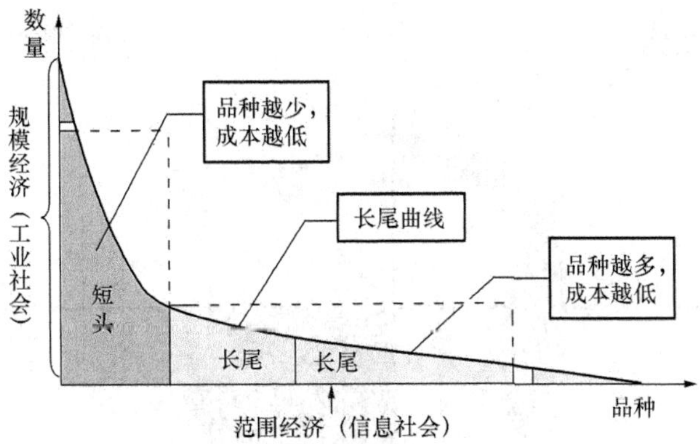

图 3-4　长尾理论

“长尾”实际上是统计学中幂律（Power Laws）和帕累托分布（Pareto distributions）特征的一个口语化表达。

过去人们只能关注重要的人或重要的事，如果用正态分布曲线来描绘这些人或事，人们只能关注曲线的“头部”，而将处于曲线“尾部”、需要更多的精力和成本才能关注到的大多数人或事忽略。例如，在销售产品时，厂商关注的是少数几个所谓“VIP”客户，“无暇”顾及在人数上居于大多数的普通消费者。而在网络时代，由于关注的成本大大降低，人们有可能以很低的成本关注正态分布曲线的“尾部”，关注“尾部”产生的总体效益甚至会超过“头部”。例如，某著名网站是世界上最大的网络广告商，它没有一个大客户，收入完全来自被其他广告商忽略的中小企业。Anderson 认为，网络时代是关注“长尾”、发挥“长尾”效益的时代。

简单地说，所谓长尾理论是指，只要产品的存储和流通的渠道足够大，需求不旺或销量不佳的产品所共同占据的市场份额可以和那些少数热销产品所占据的市场份额相匹敌甚至更大，即众多小市场汇聚成可产生与主流相匹敌的市场能量。也就是说，企业的销售量不在于传统需求曲线上那个代表“畅销商品”的头部，而是那条代表“冷门商品”经常为人遗忘的长尾。举例来说，一家大型书店通常可摆放 10 万本书，但亚马逊网络书店的图书销售额中，有 1/4 来自排名 10 万以后的书籍。这些“冷门”书籍的销售比例正以高速成长，预估未来可占整个书市的一半。这意味着消费者在面对无限的选择时，真正想要的东西、和想要取得的渠道都出现了重大的变化，一套崭新的商业模式也跟着崛起。简而言之，长尾所涉及的冷门产品涵盖了几乎更多人的需求，当有了需求后，会有更多的人意识到这种需求，从而使冷门不再冷门。

[知识链接]

不定位，毋宁死（Positioning or Death）

在制定定位战略的时候，根据差异化程度和价格的不同会衍生出不同的策略组合。具体可以参考克利夫·鲍曼（Cliff Bowman）的时钟模型（战略钟），从八种策略中选取合适自己的道路（见图 3-5）。从左往右其定价策略逐渐提高，而靠上的策略则比靠下的提供更多的附加价值。

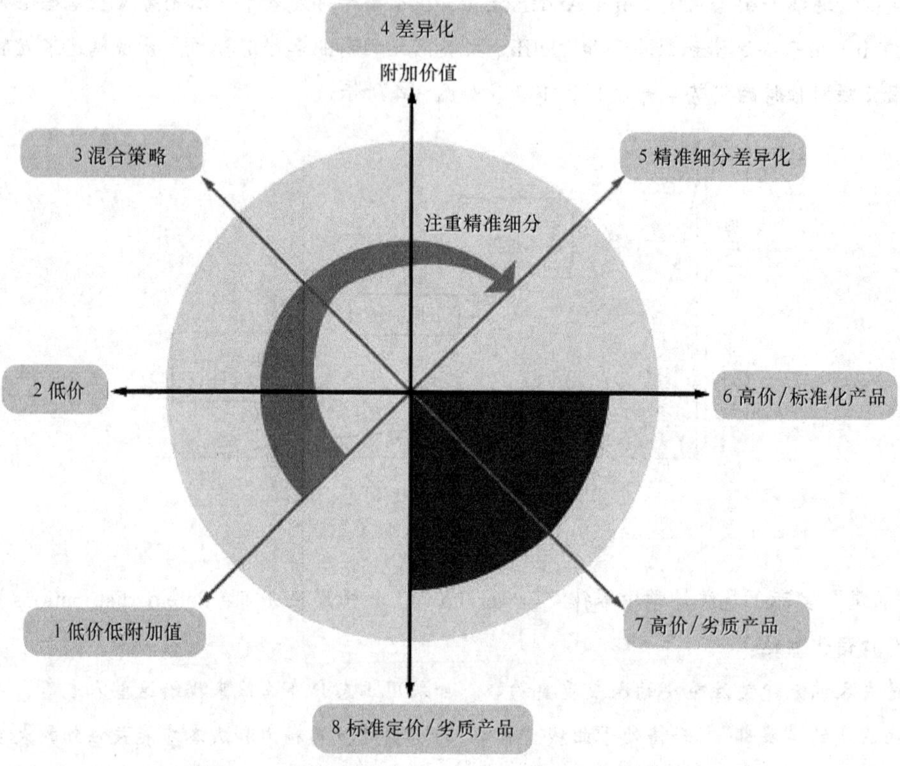

图 3-5　克利夫·鲍曼（Cliff Bowman）“战略钟”

其中，路径 6～8 都属于用相对高的定价策略销售相对劣质的产品，在自由市场环境下（目前并不完全符合我国国情）都无一例外是死路一条。而路径 1～5 则是可行的策略。路径 2 和 3 都是依靠价格上的优势来构建自身竞争力的策略，但却很容易陷入低价的恶性竞争（如前期的彩电市场）；路径 1 则是侧重在低端市场（如数量众多的山寨机市场），通过向特定人群提供廉价品获得竞争优势；而路径 4 和 5，则很有可能藉由向更高支付能力的消费者提供有针对性差异化的产品而形成核心竞争力（如定位商业人群的黑莓和联想之前的 Thinkpad）。无论是路径 1，4 还是 5，关注利基市场（NicheMarket），高度细分的市场，已经成了现在的一个趋势。

第四节　网络营销的职能体系

在传统的市场营销中，产品、价格、销售渠道和促销（4P）被称为营销组合，也是整个市场营销学的基本框架。作为市场营销的一个分支领域，网络营销的研究也希望能够借鉴这种研究思路来勾画基本的内容框架。

在互联网环境中，一些学者认为 4C 是网络营销的理论基础，4C 即顾客的欲望和需求（Consumer’s Wants and Needs）、满足欲望和需求的成本（Cost to Satisfy Want and Needs）、方便购买（Convenience to Buy）以及与消费者的沟通（Communication）。表面看来，4C 的确反映了网络营销的一些特征，并且对一些网络营销策略具有一定的指导作用，但是深入分析可以发现，虽然 4C 对于网络营销思想具有一定的意义，但是这些并非属于网络营销的专有特征，对传统的市场营销同样是适用的，并且 4C 体系本身并不完整，其严密性、系统性和可操作性等方面显然无法与 4P 相提并论。网络营销是从实践应用中经过归纳总结逐步形成的一门学科，实践性强是其基本特征，如果脱离了可操作性来研究网络营销，将无法体现网络营销的实际价值。因此，4C 很难作为完整的网络营销理论体系。

事实上，到目前为止，没有任何一个现有的理论可以作为完整的网络营销理论基础，也不可能凭空想象出一个可以解释网络营销一般规律的理论体系。要深入研究网络营销的内在规律，就需要从网络营销发生、发展的实践出发来逐步认识其本质，将网络营销实践经过归纳总结上升到理论的高度。

由于互联网应用发展速度非常快，不断有新的网络营销模式出现，如何能够比较全面地反映网络营销实践的发展，并对企业网络营销实践活动具有指导作用，就成为构建网络营销体系的基本出发点。从实践应用的角度来看，网络营销比较注重操作方法和技巧，这样容易给人造成一种感觉，即很难把握网络营销的精髓，似乎网络营销就是一些操作方法的罗列，而不是一个完整的网上经营体系，由此产生的直接结果是网络营销缺乏系统性，并且难以用全面的观点去评价网络营销的效果，甚至难以确立网络营销在企业营销战略中的地位，互联网在企业经营中的价值也不能充分发挥出来。

一、网络营销职能

为理解网络营销的基本框架，我们用网络营销的职能来说明网络营销的组成，同时也说明了网络营销所包含的基本内容。通过对网络营销实践应用的归纳总结，网络营销的基本职能表现在 8 个方面：网络品牌、网站推广、信息发布、销售促进、网上销售、顾客服务、顾客关系、网上调研。

1．网络品牌

网络营销的重要任务之一就是在互联网上建立并推广企业的品牌，以及让企业的网下品牌在网上得以延伸和拓展。网络营销为企业利用互联网建立品牌形象提供了有利的条件，无论是大型企业还是中小企业都可以用适合自己企业的方式展现品牌形象。网络品牌建设以企业网站建设为基础，通过一系列的推广措施，达到顾客和公众对企业的认知和认可。网络品牌价值是网络营销效果的表现形式之一，通过网络品牌的价值转化实现持久的顾客忠诚和更多的直接收益。

2．网站推广

获得必要的访问量是网络营销取得成效的基础，尤其对于中小企业，由于经营资源的限制，发布新闻、投放广告、开展大规模促销活动等宣传机会比较少，因此通过互联网手段进行网站推广的意义显得更为重要，这也是中小企业对于网络营销更为热衷的主要原因。即使对于大型企业，网站推广也是非常必要的，事实上许多大型企业虽然有较高的知名度，但网站访问量并不高。因此，网站推广是网络营销最基本的职能之一，是网络营销的基础工作。

3．信息发布

网络营销的基本思想就是通过各种互联网手段，将企业营销信息以高效的手段向目标用户、合作伙伴、公众等群体传递，因此信息发布就成为网络营销的基本职能之一。互联网为企业发布信息创造了优越的条件，不仅可以将信息发布在企业网站上，还可以利用各种网络营销工具和网络服务商的信息发布渠道向更大的范围传播信息。

4．销售促进

市场营销的基本目的是为最终增加销售提供支持，网络营销也不例外，各种网络营销方法大都直接或间接具有促进销售的作用，同时还有许多针对性的网上促销手段，这些促销方法并不限于对网上销售的支持。事实上，网络营销对于促进网下销售同样很有价值，这也就是为什么一些没有开展网上销售业务的企业一样有必要开展网络营销的原因。

5．网上销售

网上销售是企业销售渠道在网上的延伸，一个具备网上交易功能的企业网站本身就是一个网上交易场所。网上销售渠道建设并不限于企业网站本身，还包括建立在专业电子商务平台上的网上商店，以及与其他电子商务网站不同形式的合作等，因此网上销售并不仅仅是大型企业才能开展，不同规模的企业都有可能拥有适合自己需要的在线销售渠道。

6．顾客服务

互联网提供了更加方便的在线顾客服务手段，从形式最简单的 FAQ（常见问题解答），到电子邮件、邮件列表，以及在线论坛和各种即时信息服务等，在线顾客服务具有成本低、效率高的优点，在提高顾客服务水平、降低顾客服务费用方面具有显著作用，同时也直接影响到网络营销的效果，因此在线顾客服务成为网络营销的基本组成内容。

7．顾客关系

顾客关系对于开发顾客的长期价值具有至关重要的作用，以顾客关系为核心的营销方式成为企业创造和保持竞争优势的重要策略，网络营销为建立顾客关系、提高顾客满意度和顾客忠诚提供了更为有效的手段，通过网络营销的交互性和良好的顾客服务手段，增进顾客关系成为网络营销取得长期效果的必要条件。

8．网上调研

网上市场调研具有调查周期短、成本低的特点，网上调研不仅为制定网络营销策略提供支持，也是整个市场研究活动的辅助手段之一，合理利用网上市场调研手段对于市场营销策略具有重要价值。网上市场调研与网络营销的其他职能具有同等地位，既可以依靠其他职能的支持而开展，同时也可以相对独立进行，网上调研的结果反过来又可以为其他职能更好的发挥提供支持。

网络营销的各个职能之间并非相互独立的，而是相互联系、相互促进的，网络营销的最终效果是各项职能共同作用的结果。为了直观描述网络营销八项职能之间的关系，我们可以从其作用和效果方面来作出大致的区分：网站推广、信息发布、顾客关系、顾客服务和网上调研这五项职能属于基础，主要表现为网络营销资源的投入和建立；而网络品牌、销售促进、网上销售这三项职能则表现为网络营销的效果（包括直接效果和间接效果）。图 3-6 描述了网络营销八项职能之间的关系。

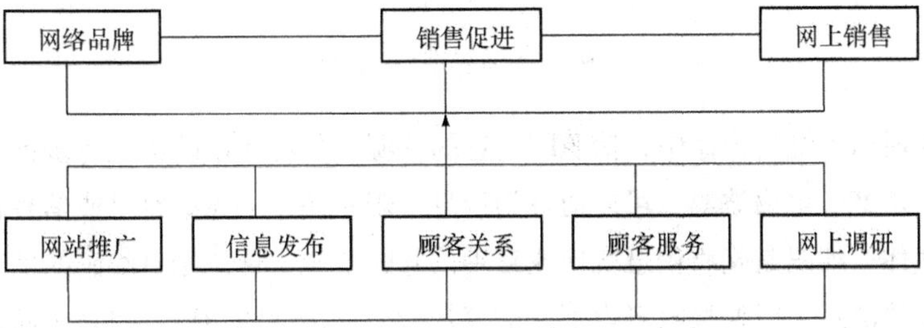

图 3-6 网络营销职能关系图

网络营销的职能是通过各种网络营销方法来实现的，同一个职能可能需要多种网络营销方法的共同作用，而同一种网络营销方法也可能适用于多个网络营销职能，因此完全将网络营销职能与方法之间建立一一对应的关系是不合适的。为此，本书将从两个层面来体现网络营销的职能与各种网络营销方法之间的关系：一方面，以网络营销方法为主线，通过主要网络营销方法及其应用的介绍，来体现出各种网络营销的职能；另一方面，在本书的第三章，关于网络营销实践与管理的内容中，集中介绍了网络营销八项职能的实现手段，除了已经在前面章节介绍过的基本网络营销方法之外，还对一些网络营销方法的深度应用给予必要的补充，并且介绍了部分针对性的网络营销方法。这种多层次结构使得一些网络营销的重要方法和职能得以充分描述，便于理论和实践的多方位结合，从而加深对于网络营销的理解。网络营销的八项职能也说明，开展网络营销需要用全面的观点，充分协调和发挥各种职能的作用，让网络营销的整体效益最大化。

二、网络营销的信息传递的基本原理

在企业的网络营销活动中，企业通过网站或者专业服务商发布信息，通过电子邮件直接向用户传递信息，用户通过搜索引擎检索信息并到网站获取更详细的信息，用户通过网站下载各种有价值的信息（如电子书、驱动程序、产品使用说明书等），通过实时聊天工具获取对某个产品的了解等，这些都包含着信息的传递和交互。在网络营销的八项职能中，信息传递是其核心，各种常见的网络营销方法都是为了实现营销信息传递的目的，而常用的网络营销手段如企业网站、搜索引擎、电子邮件等也就是传递信息的工具。可见，网络营销信息传递系统构成了网络营销的核心内容，了解网络营销中信息传递的原理和特点以及信息交互的本质，是认识网络营销的核心思想和充分发挥网络营销功能的基础。

（一）网络营销的信息传递原理

根据信息论创始人香农（C. E. Shannon）的观点，通信即信息发送者和接收者之间的信息传递，一个通信过程是指由信源（发信者）发出信息，通过信息通道传送信息，再由信宿（接收者）获取信息，这就构成了通信过程。香农根据通信过程建立了通信系统的结构模型，如图 3-7 所示。

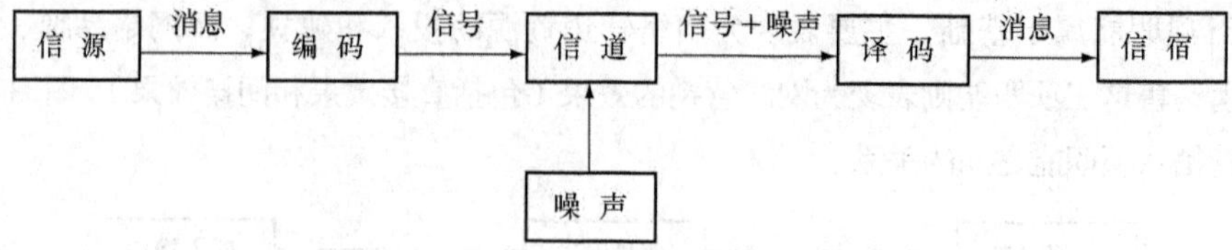

图 3-7　通信系统的模型

在香农的通信系统的模型中，信源即信息的来源，信源发出的信息有多种表现形式，如文字、图像、声音、电磁波等，可以通称为信息，表示信息的这些符号或信号就是消息，消息是信息的载体。编码是指将信息变换成某种信号的措施，译码则是编码的反变换，即将信号还原为信源的消息，以便接收者识别。信道是指信息传递的通道，也是传递信息的媒介，信道的功能就是传递信息以便接收者接收和识别。信宿是信息的接收者，即信息传递的目标。在这个通信系统中，还伴随一个噪声，噪声是指在信号传递过程中通信系统内部或者外部产生的各种干扰因素，在现实系统中，噪声是很难完全避免的，为了保证信息传递的准确性，噪声越小越好。当噪声过大，甚至超过传递的信息时，信宿接收到的消息将失去意义。

在网络营销信息传递系统中，同样存在信息源、信息传递渠道、信息接收者等基本要素，不过，由于网络营销的信息传递有其自身的特点，因此网络营销信息传递系统并不能完全照用香农的通信系统模型来描述，但是可以借鉴这种基本思想，针对网络营销信息及其传递的特点，经过对模型进行必要修正，即可获得网络营销信息的传递模型，这一模型将作为本书的基础理论之一，与网络营销的职能一起构成网络营销内容体系的基础。

（二）网络营销信息传递的基本特征

网络营销中的营销信息及其传递特点表现为下列 5 个方面。

（1）网络营销信息传递效率高。网络营销信源主要表现为企业网站上的各种文字、图片、多媒体信息、网络广告信息、搜索引擎信息等。由于这些信息本身已经是数字化，通过 TCP/IP、E-mail、IM 等方式可以直接作为信号来传输，因此不需要编码和译码的过程，减少了信息传递的中间环节，使得信息传递更为直接，信息接收者与发送者之间甚至可以进行直接的交流，这也使得网络营销的信息传递效率大为提高。这种特性是网络营销效果之所以更为显著的基础。

（2）网络营销信息传递方式多样化。在网络营销中，信息传递有多种方式，从信息发送和接收的主动与被动关系来看，有通过电子邮件等方式向用户发送信息的主动传递方式，或者将信息发布在企业网站上等待用户来获取信息的被动传递方式；从信息发送者和接收者之间的对应关系看，可以是一对一的信息传递（如一对一电子邮件、即时信息等），也可以是一对多的信息传递（如邮件列表、网络广告等）。

（3）网络营销信息传递渠道多样化。网络营销信息传递方式多样化同时也决定了网络营销信息传递渠道的多样化。网络营销信息的传递具有多种渠道，如企业网站、搜索引擎、供求信息平台、电子邮件、即时信息等。不同渠道传递信息的方式有所区别，因此只有在充分了解各种网络营销信息传递渠道特性的基础上，才能有效地应用各种网络营销策略。在本书详细介绍各种网络营销方法和策略之前，对常用的网络营销工具进行系统的介绍，正是考虑到对网络营销信息传递特性的深入理解是学习网络营销的基础。

（4）网络营销中的信息传递是双向的。与一般的信息只能从信息发送者向接收者传递不同，网络营销信息可以是双向传递的，或者说具有交互性，这种交互性对于企业和用户双方都是有利的，企业将正确的信息传递给了正确的用户，用户则得到了自己需要的有助于购买决策或者正确的产品使用的信息。企业可以通过各种网络渠道将信息传递给用户，用户也可以直接获取企业信息并将信息传递给企业。用户向企业传递信息的方式在很大程度上取决于企业所提供的机会，因此尽管网络营销信息传递具有双向性，但信息的发送者（企业）和接收者（用户）之间的地位并不是均等的，企业在信息传递过程中处于优势地位，在影响甚至决定着用户向企业方向传递信息。例如，企业可以通过在线调查表单表达自己的意见，但这种表单是由企业设计和提供的，用户并不能随意表达自己的需要；用户可以通过电子邮件等方式向企业发送信息，但能否传递到目标接收者同样不是用户可以了解的；用户可以通过加入邮件列表等方式选择自己需要的信息，但企业通过邮件列表发送什么信息，什么时间发送则完全取决于企业而不是用户的需要。从这种意义上说，网络营销并不能做到真正由用户主导营销规则，至多是企业为用户提供尽可能多的机会来促进信息的双向传递。

（5）网络营销信息传递中噪声的特点。在网络营销信息传递过程中，同样存在噪声的影响，不过这种噪声通常并不是附加到营销信息中被传送到信息接收者，网络营销信息噪声主要表现为对信息传递的各种障碍，尤其在信息直接传递时这种现象更为明显。其中可能是由于企业的信息发布准备工作不力，也可能是传播渠道的技术问题，或者信息接收者为避免打扰人为设置的障碍等。例如，假如一个企业网站没有登录搜索引擎，用户通过搜索引擎等常规手段将无法获得该企业的信息，这样就会造成信息接收方无法获取自己需要的信息，造成被动信息传递无效；在利用电子邮件传递信息时可能遭到邮件服务商的屏蔽，或者被邮件接收者自己设置的邮件规则所拒绝，从而造成主动性信息传递失败。当通过第三方的服务传递营销信息时，可能会出现在企业营销信息中附加服务商自身广告信息的情形，例如通过免费邮箱传递信息时，接收方的邮件中除了邮件发送者的内容之外，在邮件末尾通常会出现服务商的信息。因此，在专业的网络营销中强调尽量避免使用这种免费服务，正是出于减少信息传递噪声的目的。

在考虑了网络营销信息传递的基本特征之后，对香农的通信系统的模型经过修正可以得到网络营销信息传递模型，如图 3-8 所示。图中用不同方向的箭头表示信息的双向传递，而箭头的数量则表示信息发送者和接收者之间的地位不均等现象。

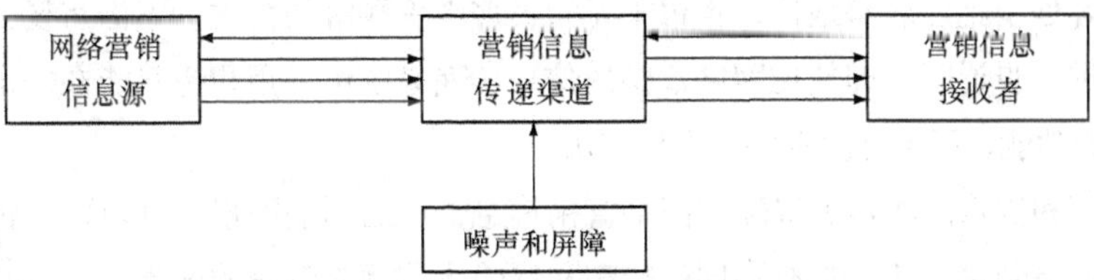

图 3-8 网络营销信息传递模型

（三）网络营销信息传递的基本要素

与一般通信系统类似，一个完整的网络营销信息传递系统包括信息源、信息载体和传递渠道、信息接收渠道、信息接收者、噪声和屏障等基本要素，并且每一种要素在网络营销信息传递系统中都有着具体的含义。

下面对网络营销信息传递的要素作简要分析。

（1）网络营销信息源。企业希望通过互联网手段向用户传递的各种信息组成了网络营销信息源。企业网站上的内容如企业简介、产品介绍、促销信息，以及通过外部网络营销资源发布的网络广告、供求信息等都属于信息源的内容。网络营销信息源是网络营销的基础，只有在明确了向用户传递哪些信息的基础上，才能采用合适的网络营销方法来传递这些信息。

（2）网络营销信息的载体和传递渠道。网络营销信息可以通过企业网站、电子邮件、搜索引擎以及其他网络营销服务商的资源等作为信息的载体并通过这些方式向用户传递信息，用户则可以通过电子邮件、网站上的反馈表单、网络社区、实时信息等方式向企业传递信息。在所有的营销信息载体中，企业网站所包含的信息容量最大，也最容易被信息发送者所控制。企业网站也是最重要的信息传播渠道，因此在本书的网络营销体系中，特别强调企业网站的网络营销价值，并将网络营销导向的企业网站建设作为网络营销的基础。

（3）网络营销信息接收渠道。信息接收渠道和传递渠道是同一事物的两个方面，站在信息接收者（用户）的角度上，对网络营销信息是接收和获取，并在必要时向企业发送一定的信息。虽然信息接收/获取渠道和信息传递渠道所依赖的是同样的工具，但由于在网络营销信息传递系统中所处方向不同，对信息渠道的期望目标和应用方式也不同。例如，对于搜索引擎，从企业的角度出发，是希望让企业网站在主要搜索引擎都有好的排名，这样当用户检索时被发现的几率就比较大，因而通过各种搜索引擎营销方法来完善搜索引擎传递渠道。而站在用户的角度来看，希望通过搜索引擎获得尽可能丰富的、有价值的信息，如果是为了购买某种商品进行购买调研，期望从搜索结果中发现最新的、价格适中的产品，并了解其详细信息，这其中包含着用户使用搜索引擎的行为特征，因此应站在用户的角度上来研究网络营销信息的接收渠道，而不仅仅是为了企业发布信息的方便，这种思想在企业网站优化设计中将得到体现。

（4）网络营销信息接收者。信息接收者即用户/潜在用户。在网络营销信息传递系统中，由于具有双向传递的特点，信息接收者同时也是信息发送者。因此，网络营销的信息传递具有交互性，更加体现出用户在整个网络营销中所处的重要位置。在网络营销八大职能中，顾客关系和顾客服务职能就是这种关系的体现。从根本上来说，这种以用户为核心的原则是市场经济发展、产品供大于求所产生的必然结果，作为企业，更加渴望那种供不应求的卖方市场，这样顾客处于绝对弱势地位，也根本无须过多考虑顾客的需求。下面将要分析的交互营销的实质也进一步说明，即使在网络营销的信息传递系统中，用户也只能在一定程度上利用这种交互性的功能，而不能发挥完全主导作用。

（5）噪声和屏障。噪声和屏障即网络营销信息传递的影响因素。针对每一种具体的信息传递渠道和网络营销方法，都有不同的噪声和屏障影响网络营销的效果，对这些因素进行分析研究并采取针对性的措施是保证网络营销信息有效传递的必要手段。例如，在许多 E-mail 营销中，邮件送达率是评价其效果的主要指标之一，由于各种因素造成的退信率不断上升，成为影响 E-mail 营销效果的主要因素之一，因此需要分析邮件退信的原因，并采取必要的措施提高送达率。

三、网络营销信息传递交互性的实质

在网络营销信息传递模型中，信息的传递是双向的，也就是说，网络营销信息传递具有交互性，那么，网络营销中的交互性到底是什么含义，交互性对网络营销又有什么价值呢？

在网络营销中，经常为会遇到“交互性”的概念，如网站的交互性、网络广告的交互性等。成立于 1996 年的美国互联网广告署（Internet Advertising Bureau，IAB）于 2001 年年初改名为交互广告署（Interactive Advertising Bureau），尽管缩写仍然是 IAB，并且所关注的领域并没有实质性的改变，但两个概念的内涵显然有一定的差别。由此也可以看出，网络广告与交互性之间有着密不可分的关系。看来，有些书籍和文章中将网络营销称为 “交互营销”也有一定的道理。

当我们收看电视广告时，选定了某个频道之后就无法决定播出什么，只有看或者不看的选择，也无法向电视台去询问有关广告中产品的情况（或者获取这种信息的成本比较高），由于用户和电视节目无法直接进行信息交换，因此电视广告就不能称为交互广告（当交互电视普及之后，这种情况可能会得到改进）。当顾客收到某个商场寄来的产品目录后，如果对某个产品感兴趣，可以打电话询问，这种直复营销方式就有了一定的交互性，但仍然不能称为交互营销，因为顾客与商家之间的交流不是实时的，用户需要通过商家的客户服务人员（或者自动语音电话）才能得到回复的信息。当我们通过计算机浏览一个交互式网络广告或者一个多媒体形式的产品演示时，用户可以根据自己的兴趣单击某个部分进行详细的研究，甚至可以改变各种图像的显示方式，选择不同的背景音乐，或者根据自己的指令组合为新的产品模型。也就是说，这种网络广告方式具有一定的交互性，可以被称为交互式营销方法。

可见，交互营销的特征是用户可以主动、实时参与到营销活动之中，这种参与可以是有意识的询问、在一定程度上对原有程序和信息的改变，也可以是随机的、无意识的点击等行为。交互的程度除了设定的程序之外，也与参与者的兴趣和方式有关，一项营销活动即使在功能上具备了交互性，但是如果不能引起用户的兴趣，这种交互性的效果同样无法表现出来。在互联网上，交互式广告、网络游戏、智能查询、在线实时服务等都有不同程度的交互性。因此，交互性是互联网的重要特征之一，将这种特征应用于网络营销，网络营销也就可以称为交互营销了。当了解了交互营销的基本表现之后，我们将进一步探讨交互性的实质。

信息经济学原理告诉我们，当交易双方存在信息不对称时，掌握对方信息多的一方在谈判和交易中处于有利地位。在企业网络营销活动中，信息源来自企业，并且对信息传递渠道产生重要影响，企业显然属于掌握信息多的一方。但是互联网为用户提供了许多了解企业信息更方便有效的途径，这就使得用户可以利用这种资源为自己争取获得更多有利于自己购买产品的信息。如果用户对一个企业的产品信息一无所知，而拥有较多的另一个生产同类产品的企业信息，那么结果将可能是购买他所了解的产品。由于企业与用户之间存在这种相互依赖的关系，企业为了获得用户，愿意付出对信息的一部分控制权，事实上，由于市场竞争的存在，每个企业都希望用户对自己的产品了解更多的信息。于是，网络营销便成为企业向用户传递营销信息的策略之一。但是，由于许多企业的营销信息无法有效地传递给目标用户、所传递的信息对用户没有价值或者不能满足用户的需要，用户为了制定购买决策还需要主动去获取部分信息。

交互性营销的作用是与单向营销信息传递和传统营销方法的强制性相对而言的。与强制性相比，由于用户可以在一定程度上参与到营销活动中去，使得用户与商家的距离感大大缩短，同时也大大减少了用户获取信息的成本和时间（有时甚至是实时的），商家与用户之间沟通手段也更加多样化，用户可以方便地了解到更多自己希望的信息。对用户来说，交互性的营销方式更能引起兴趣和关注。

综上所述，网络营销交互性的实质就在于："企业更容易向用户传递网络营销信息，同时用户也可以更方便地获取有效的产品信息。"

理解了交互性营销的实质，以及网络营销信息传递的基本原理，为我们正确理解网络营销信息传递的一般原则和网络营销的核心思想奠定了基础。

四、网络营销信息传递的一般原则

网络营销信息传递原理表明，网络营销有效的基础是：提供详尽的信息源，建立有效的信息传播渠道，让用户尽可能方便地获取有价值的信息，并且为促成信息的双向传递创造条件。因此在建立网络营销信息传递系统时，应遵循下列网络营销信息传递的一般原则，这些原则也是有效开展网络营销的核心思想。

（一）提供尽可能详尽而有效的网络营销信息源

无论是企业通过各种手段直接向用户所传递的信息，还是用户主动获取的信息，归根结底来源于企业所提供的信息源。首先，应该保证信息量尽可能大，信息量大不只是信息的字节数多，字节数多少只是信息量多少的一种表现形式。含有用户希望了解而尚未了解的信息越多，信息量就越大。有些企业网站在首页设计一个很大的视频动画，使得网站首页加载需要很长时间，但这样的内容对用户而言并没有多大信息量（除非客户端和服务器有足够的网络带宽支持），因为用户到一个企业网站一般不是去欣赏美术作品，而是去查询产品信息、售后服务联系信息，或者在线订购产品，只有和用户需求有关的信息尽可能丰富才有价值。其次，网络营销信息应该是有效的，当用户通过各种渠道了解到企业的网址并访问网站时，如果看到的是过时的信息，用户对企业的信任程度将大为降低。因此，我们在后面有关网络营销方法的内容中一直强调，企业网站上的内容应该全面和及时、产品介绍信息应详细、在主要搜索引擎上利用企业品牌或核心产品等关键词可以被用户检索到、电子邮件信息的基本要素完整、回复用户咨询要及时，这样才能为网络营销信息有效传递奠定基础。

（二）建立尽可能多的网络营销信息传递渠道

从传递信息量的完备性来看，在各种不同的信息传递渠道中，企业网站是完全信息渠道，所有必要的信息都可以发布在企业网站上，搜索引擎、网络广告等传播信息则具有不完全的特点，是希望首先获得用户的注意，然后来到网站获取全面信息。利用电子邮件传递信息则介于两者之间，可以是针对某次营销活动的完全信息，也可以是不完全信息，通过邮件内容中给出的网址链接，用户可以到相关网站获取详尽信息。在信息传递渠道建设上，应采取完整信息与部分信息传递相结合、主动性和被动性信息传递相结合的策略，通过多渠道发布和传递信息，才能创造尽可能多的被用户发现这些信息的机会。由此也可以说明信息发布作为网络营销基本职能之一的意义。

（三）尽可能缩短信息传递渠道

创建多个信息传递渠道是网络营销取得成效的基础，在此基础上还应创建尽可能短的信息传递渠道，因为信息渠道越短，信息传递越快，受到噪声的干扰也就越小，信息也就更容易被用户接收。这也从根本上解释了为什么搜索引擎检索结果中靠前排列的信息更容易得到用户点击，而用户自愿订阅的邮件列表营销效果更胜一筹等看起来理所当然的问题。信息传递渠道最短在网络营销策略中主要表现在许多细节问题上，如让重要的信息出现在网页上最显著的位置、为每个网页设计一个概括网页核心内容并有吸引力的标题、在传递电子邮件信息时注重邮件标题和发信人显示信息的设计等。因此，我们在网络营销中非常强调细节的重要性，在其他条件接近的情况下，往往是细节问题决定了网络营销的成败。

（四）保持信息传递的交互性

交互性的实质是营造企业与用户之间互相传递信息变得更加方便的环境，除了上述建立尽可能多而且短的信息传递渠道之外，还应建立多种信息反馈渠道，如论坛、电子邮件、在线表单、即时信息等以保证信息传递交互性的发挥，这些渠道也是在线顾客服务的基本手段。可见网络营销中的交互性与顾客服务是密不可分的，也就是说，通过在线顾客服务职能的发挥体现出网络营销交互性的特征。用户向企业传递信息，实际上需要企业首先建设好这种信息传递渠道。网络营销信息传递的这一原则明确了实现交互性的基本方法：交互功能是以在线顾客服务为基础，通过良好的在线服务发挥出网络营销交互性的优势。

（五）充分提高网络营销信息传递的有效性

由于信息传递中的障碍因素，一些用户无法获取到自己需要的全部信息，因此，需要提高信息传递的有效性，也就是减少信息传递中噪声和屏障的影响，让信息可以及时、完整地传递给目标用户。例如，网络营销导向的企业网站要求网站首页含有丰富的信息并且尽可能减少信息的层次，尤其是重要的产品信息可以通过首页直接获得，在网站中的任何一个网页最多 3 次点击可达到另一个网页，这些都是从缩短信息渠道的角度考虑的，因为延长信息传递渠道，也就意味着增加了失去潜在顾客的机会。

网络营销信息传递的一般原则是更为基本的原则，对于各种具体网络营销方法都具有指导和解释意义。为了清楚地表达网络营销信息传递一般原则与相应的具体网络营销策略之间的关系，简要归纳如下（见表 3-1）。

表 3-1 网络营销信息传递原则与网络营销策略

网络营销信息传递原则	网络营销策略选择示例
详尽而有效的信息源	· 企业网站上的基本信息全面、及时 · 网站优化设计 · 搜索引擎登录和优化设计 · 电子邮件信息的基本要素完整

续表

网络营销信息传递原则	网络营销策略选择示例
多个信息传递渠道	· 建立企业网站并进行必要的推广 · 登录主要搜索引擎 · 黄页、博客等多种形式的信息发布 · 必要的网络广告策略
缩短信息传递渠道	· 搜索引擎优化、关键词广告 · 内部列表 E-mail 营销 · 各种网络营销方法中细节问题的专业化 · 利用网络实名/通用网址为用户访问网站提供方便
信息传递的交互性	· 详尽的 FAQ 和及时的顾客在线咨询服务 · 利用内部列表 E-mail 营销方法增强顾客关系 · 建立以顾客关系和顾客服务为核心的网络社区 · 充分利用在线市场调研功能
信息传递的有效性	· 提高网页下载速度 · 降低电子邮件退信率 · 搜索引擎检索的信息与网页信息保持一致 · 利用电子书营销方法传递重要信息

表 3-1 中并没有完全列出每一项网络营销信息传递原则所对应的网络营销策略，只是通过这种对比说明每一种网络营销的信息传递原则都可以通过若干具体的手段来体现，同时每一种相关的网络营销策略都可以用相应的原则加以解释。

五、网络营销的顾客价值

网络营销的职能和信息传递模型，为研究网络营销中的顾客价值提供了基本路径。创造和实现顾客价值是网络营销取得效果的体现，在网络营销职能关系中表现为对网络品牌、销售促进、网上销售这 3 个方面所产生的直接影响。在网络营销的 3 个层次中，顾客价值属于最高层次，是网络营销的一般指导思想。

不少学者从不同的角度对顾客价值进行了定义，包括从顾客视角的定义和从企业视角的定义等。顾客视角的研究者认为，顾客价值就是顾客在消费过程中期望或感知到的产品和服务给他带来的价值。企业视角的研究者（Huge Davison 等）认为，顾客价值是企业能够从满足顾客需求中获得的利益。

考虑到网络营销属于市场营销的一个专业分支，因此本文把菲利普 · 科特勒从顾客视角分析顾客价值的基本观点作为网络营销顾客价值分析的基础。

菲利普 · 科特勒认为：顾客将从那些他们认为提供最高认知价值的公司购买供应品。科特勒对顾客认知价值的定义是："顾客认知价值（Customer Perceived Value，CPV）是指预期顾客评估一个供应品和认知值的所有价值与所有成本之差。"总顾客价值（Total Customer Value，TCV）就是顾客从某一特定供应品中期望的一组经济、功能和心理利益组成的货币价值。总顾客成本（Total Customer Cost，TCC）是在评估、获得、使用和抛弃该市场供应品时引起的一组顾客预计费用（菲利普 · 科特勒，2003）。根据科特勒对顾客价值的定义，可推论出网络营销中的顾客价值。

通过互联网获取信息的顾客认知价值（CPV）等于用户通过互联网获取信息的总价值（TCV）与获取信息的总顾客成本（TCC）之差。

$$CPV = TCV - TCC$$

用户通过互联网获取信息的总价值包括方便地获取信息的价值、获得顾客服务的价值等。总顾客成本则包括获取有关信息所需要的时间成本、上网费用以及因为获取虚假信息所造成的损失等。

尽管现实中网络营销的顾客价值难以用货币单位准确计算，但可以肯定的是通过互联网工具如搜索引擎等获取信息过程中的顾客期望价值是客观存在的，而且通过不同的方式、在不同的环境下顾客获得的价值是有很大差异的，但现实中的顾客价值更多是定性的，存在于主观感觉方面而不是可以用实际货币衡量的。

本书的观点是，网络信息传递的主要意义在于为顾客获取购买决策阶段的信息提供价值，这就是网络营销的顾客价值。只有当顾客通过各种互联网工具获得他所认为有价值的信息，并且这种价值不低于通过其他渠道获得同样信息的成本时，顾客价值才能得以体现。从企业的角度来看，通过互联网为顾客创造最大的价值是网络营销获得成效的基础。由于互联网对于用户获取产品/服务信息的影响力越来越大，在某些领域搜索引擎等互联网工具甚至是用户获取信息的主要渠道，如果通过这些互联网工具获取信息成本过高，或者因为虚假信息而造成损失，其顾客价值就低，企业网络营销也会因此而失败。

由于网络营销环境的复杂性，用户通过互联网获取信息的潜在成本有时可能会很高，这取决于用户个人的知识水平、互联网平台（如搜索引擎）的公正性和竞争者的不正当竞争等多种因素的作用。如果许多用户通过互联网获得虚假信息而遭受重大损失，这就不仅是企业网络营销面临的问题，而且成为不可忽视的社会和经济问题。

综合案例

途牛网四大法则：巨头阴影下的生存术

钛媒体注：途牛旅行网今年 5 月赴美上市后，股价在两个月内从发行价的 9 美元涨到了 18 美元，市值翻番。纵观途牛的发展过程，你会发现它始终活在在线旅游三座大山的压力下，但却一直围绕休闲旅游这个核心，并把巨头不善于做的跟团游做到极致。这种极致，某种程度上帮助途牛在激烈竞争中存活壮大，也同样制约了其业务的横向创新使它成为一家相对较小的公司。《商业价值》记者刘泓君通过多方采访，梳理出途牛网在巨头阴影下的生存路径，总结为四个法则：

如今看来，滑动鼠标就可以在网上轻松预订旅游线路是一件理所当然的事情。但在 8 年以前，这是没有人做过的一片蓝海。仅仅依靠休闲旅游发展而来的途牛旅行网已于今年 5 月赴美上市，成为继携程、艺龙、去哪儿之后，第四家在纳斯达克上市的中国在线旅游公司。

中国的在线旅游市场颇像如今的互联网格局，携程、艺龙和去哪儿把持大势三分天下，几乎垄断了在线旅游市场。携程是中国最早一批的互联网公司，从酒店预订起家，已经发展成为拥有机票、酒店、用车、门票、旅游及攻略的综合性旅游平台；艺龙被携程步步逼退主攻酒店；后起之秀去哪儿从比价搜索起势，在百度投资之后成为能够与携程正面对抗的等量级平台。

途牛与去哪儿同一时间创建，是在三巨头的夹缝中成长起来的公司。相比于其他三家的体量，它依旧只是一家小公司，按上市的发行价计算，途牛上市时的市值是携程的 1/20，是去哪儿的 1/7。除了在线旅游的三大巨头，驴妈妈、同程网、穷游等在线旅游公司层出不穷，途牛也是这批定位于细分旅游市场的创新公司中，最先脱颖而出的。

在中概股公司接二连三的上市中，途牛网的 CFO 杨嘉宏始终战战兢兢。一方面，在美国的资本市场上，并没有与途牛类似的模式，难以套用美国的商业模式打动投资者；另一方面，途牛暂未盈利。其招股说明书显示，2012 年到 2013 年途牛一共净亏损 1.868 亿元，2013 年净亏损 7963 万元，毛利率仅为 5%。

然而，上市后不到两个月，途牛如同从天而降的一匹黑马，其股价从发行价的 9 美元涨到了 18 美元，市值翻番。如今的中国互联网格局越来越成为巨头垄断的天下，如何在巨头的阴影下创业，并在激烈的竞争格局中胜出？

法则一：找准定位做减法

如果要给途牛的成功总结一条经验，最重要的是找准定位，精确到极其细分的市场。

途牛旅行网创始人兼 CEO 于敦德并没有华丽的大公司背景，而是一直呆在先声网、博客中国、育儿网等创业公司。早在他打算创建途牛时，携程、艺龙等在机票和酒店业务已经可以很方便地在网上预订，但休闲旅游的线上预订几乎一片空白。

随着互联网的兴起，越来越多的人会通过互联网查询旅游攻略和旅游线路，查询线路进入网站是最早期的流量来源。于敦德开始做起了休闲旅游的旅游攻略社区和景点介绍，类似于今天的蚂蜂窝。

但此模式并不能产生收益，于是途牛转型做旅行社的预订平台。这相当于线上给旅行社一个展示平台，从帮旅行社销售出的产品中抽取佣金。随着更多的旅行社把旅游业务搬到网上，途牛订单量快速增长。

在大公司的阴影下，于敦德选择了携程并没有切入的业务——休闲度假旅游。如果说携程是把供应商提供的机票、酒店放到网络平台销售，途牛则帮助线下旅行社和供货商产品进行打包、整合后再通过网络分销，赚取差价。此外，携程会利用预订机票、酒店业务的优势发展自由行，而途牛则把主要精力放在跟团游上，这样就形成了双方的差异化竞争。

直到今天，跟团游依然是途牛的主营业务。途牛网最新财报显示，2013 年，跟团游、自助游的营收分别是 19 亿元、11 亿元，分别占总营收的 63%和 37%。

幸运的是，与酒店、机票相比，跟团游要复杂很多，这需要提供给消费者海量的选择：在不同线路、往返时间和酒店的自由组合中都会有很多细分机会。如今，途牛的旅游产品已经有 20 万种，即使这样，途牛依然认为需要丰富产品来满足消费者多样化需求，多样化的选择已经在与巨头的竞争中筑起壁垒。

例如，途牛上销量最好的产品是马尔代夫的海岛游，上线 1629 种产品；途牛还在马尔代夫首都马累设立了专属柜台，途牛游客可直接在机场的途牛柜台办理手续和享受当地接机服务；并可以在出游的前 30 天无条件无损退款。相比之下，携程的马尔代夫海岛游仅 374 个产品，选岛攻略也没有途牛细致；去哪儿利用开放平台的优势，接入了 50 个代理商和 1195 条马尔代夫的旅游线路，但仅接入产品，并没有详细的选岛说明。

马尔代夫有 1190 岛屿，其中有 87 个是“一岛一饭店”的模式开发成度假酒店，游客预订旅游线路的首要问题是选岛。

途牛制定了可供旅游的 62 个海岛攻略，并制定了专门的浮潜海岛推荐和婚礼策划海岛推荐。游客可以在制定路线时按照入住房型、上岛交通工具、整体预算以及出游目的（蜜月、亲子、浮潜）来选择海岛，并对海岛进行了分级，收集了每一个海岛的风景照片、娱乐设施、房型（具体到是否有饮用水、网络、浮潜是否收费）、岛上餐饮、酒店电话邮箱以及用户点评、满意度比例和游记。如果游客需要预订马尔代夫海岛游，比较几个在线旅游网站，很容易从途牛看到每个岛的详细说明并按条件选择，这样就形成了闭环预订。

事实上，途牛在发展中并不乏其他机会。早在 2010 年，途牛旅游网 COO 严海锋发现门票业务是一个互联网化的机会，于是开始尝试去做，快速增长的门票业务与他最初的设想一致。但最终，途牛网还是缩小了门票规模——继续投入意味着要投入大量的人。同样，严海锋曾发现预付酒店也会大有商机，但最终没有选择进入，他说：“我们一直都坚持一个观点，要做减法，尽可能做少，就像我们在创业之初专注于做旅游度假，没有做酒店机票。如果做得多反而没有办法做起来。”

2013 年在线旅游度假市场中，通过携程旅行网产生的旅游度假业务全年交易额约占在线旅游度假市场总交易额的 23.3%，位居第一；途牛旅游网占比约为 9.8%，排名第二；其次是驴妈妈和同程网。与携程不同的是，途牛旅游更加专注于跟团游和境外游，其中境外游占途牛业务收入的 70%以上；而携程早期并没有进入境外市场。

对于这几年的经历，于敦德称：“大部分企业家太想把公司做好了，所有事情都做，才会出现问题。我们一直克制想要做多的欲望，只做线上旅游，不能做机票、不能做商旅。”

法则二：寻找规模效应

与巨头竞争的另一大法则是把细分市场做深做大。在线旅游电商与零售业的本质高度相似，这最终是一个需要规模效应胜出的行业：途牛能帮供应商卖出的量越多，议价能力就越强。如果途牛规模扩大，可以承诺卖出 1/3 的座位，供应商也就有实力去包机，因此规模越大，资源和库存的控制能力就越强。

无论是规模扩张的要求还是消费者对服务的需求，于敦德的另一个重大决策是线下服务中心的成立。

要建立线下服务中心并不是一个简单的决定。对于旅游需求旺盛的北上广深来说，在地面租个房子建立服务中心需要花费 100 万元的成本。但是，线下服务中心也可以形成快速扩张，增加销售、市场等人员以增加本地的供货商的供给。在休闲旅游的产品组合中，用户往往需要选择出发地，如果能多添加一些当地的供应商，可以大大扩展消费人群。

另一方面，这也是途牛建立线下服务体系的好机会。出境游的客单价较高，两人的马尔代夫游可能会耗费 5 万元人民币，很多人倾向于去实体店做咨询来确认途牛并不是皮包公司。而很多国家还面临办理签证的复杂问题，线下服务中心使得签证和咨询都更加便捷。

从 2009 年到 2010 年，线下服务中心已经扩张到北京、上海、南京、杭州、苏州、无锡。截止到上市，途牛已经拥有了 15 家线下分公司。严海锋透露："今年不出意外应该能到 40 个分公司。"

"早期的话比较简单粗暴，就是看人口看 GDP，哪儿有钱哪儿人多就去哪。"于敦德这样阐述线下服务中心的方法。

快速扩张的另一个方法就是品牌广告。途牛是第一个在地铁站打广告的互联网公司，而占领二三线城市的方式是央视和地方卫视的广告。

上市前夕，途牛重金签下 Kimi 和林志颖作为代言人，于敦德认为："这对接下来在二三线城市的扩展起到非常大的帮助，以前我们在一线城市里面的知名度还是比较高的，但是二三线城市数量太多了，全国性媒体投放对品牌本地化提升有很大帮助。"

途牛上市之后的重心是向二三线城市扩张。除了最基础的人口和 GDP 的考量，于敦德还会根据后台数据决定将要扩张的城市。2011～2012 年，于敦德的主要工作是梳理内部流程和提升内部效率。如今，在途牛的后台中，每天都可以看见现阶段的订单量、订阅 IP、转化率等一系列指标。同时于敦德也会分析在同一个城市的产品与同行之间的差异来选择扩张方式，如销售预期、产品丰富程度、及时确认率、价格竞争力。

传统供应商在采购了机票以后通常不愿意做自由行，因为旅行团到境外买东西、吃饭，旅行社往往可以赚取更高的返点费用。但严海锋发现，自由行越来越成为消费者的旅行趋势，于是他们开始自主研发产品，直接跟航空公司与酒店合作。杨嘉宏称，在一线城市中，自由行成为风潮，这个群体正在逐步扩大。

除了顺应趋势研发一些自由行产品，途牛也在充分发挥自己擅长的方面——今年重点把市场下沉到二三线城市继续深入跟团游业务，并预计随着二三线城市人群的加入，未来跟团游的数量还会有提升。

法则三：好服务是根基

服务也是形成与巨头差异化的重要环节，因为服务的好坏与企业规模关系并不大，但是好的服务却可以极大程度上留住客户，并为企业品牌积累口碑。

旅游是非常不标准的产品，途牛并不具有旅游产品的生产能力，如何控制服务质量成为一个大问题。

伴随着快速扩张，更多的问题也渐渐暴露出来。尤其是消费者的投诉开始变多，比如途牛并不直接提供产品和导游，难以控制供应商的服务，酒店不满意，航班晚点等带来行程改变。

旅游类产品分为淡季和旺季，当供应商们淡季难以卖出产品时，就希望途牛可以帮忙分担销售压力。一个供应商与航空公司签订一年期协议，一年包下 300 架飞机和一万家航空公司的座位，如果卖不掉会压力很大，因此希望可以让途牛帮忙做分销。但如果遇到旺季，旅行社对途牛来的客户并没有自己的客户上心，因此也频频出现消费者投诉。

意识到好服务的重要性正是在一次次游客投诉中发现的。2008 年是途牛网最困难的一年。当时途牛网的订单量渐渐有了起色，并且建立了一个小型的呼叫中心。由于资金缺乏，于敦德用开源系统，买了一些硬件，花了不到 10 万元攒了一个山寨的呼叫中心。10 个电话放在一个桌子上，客服们互相递来递去，但由于系统不稳定，经常会出现接通电话以后听不到声音或者回音，导致消费者常常怀疑这个网站的真实性而不敢下单。他们想各种方法解决这个问题，但在不大力增加成本的情况下始终无法解决回音问题。

那时，途牛唯一的发展资金是天使投资的几百万人民币，直到于敦德找到戈壁的 A 轮投资以后，花费一两百万元才彻底解决呼叫中心的问题，用户体验由此大幅提升，订单量提升了 20%以上。

从 2011 年开始，于敦德把主要精力放在流程梳理和指标体系建立中，通过流程梳理提高内部效率，比如把 1000 元以下低客单价的产品全部自动化，实现手机和 PC 的无线预订，以提高人均产能效率；指标体系的建立则是为了给用户提供更好的服务。

建立指标体系中一个重要的环节是抽象产品的标准。比如马尔代夫的酒店经常会有老鼠和蟑螂，这就需要途牛内部给不同的产品定级，低于二级则不可以售卖。

为了解决游客与供货商之间的分歧，途牛还建立了一套实物电商搭建点评体系，如果好评率低于 75%的产品，将被迫下架。出于产品销量考虑，旅行社都非常看重用户的点评，逼迫旅行社不得不提高质量。再者，途牛网也设立了质量控制师进入到供应商的公司中，根据用户的投诉来改变他们的产品和服务。

为了形成与其他巨头相互区别的竞争壁垒，途牛组建了一支 400 人规模的产品咨询团队，用户可以随时随地打电话咨询旅游线路并解决旅游中的麻烦，这大大提高了用户体验。一支通晓各国旅游线路的产品顾问还可以根据消费者的需求设计旅游产品，并随时接受来电咨询，这对只把跟团游当成副业的三大巨头来说略显奢侈。形成旅游服务的标准，这就给想要境外游的消费者打上了一个标签，途牛的休闲旅游是最专注的。

法则四：与巨头共舞，资本绑定利益

途牛上市的一个重大利好消息是携程的入股。

在途牛网发展的历史中，从未接入过携程的任何产品。两家的合作态度可以看出，在激烈的竞争中，双方始终互存戒心。

上市前夕，杨嘉宏发现几乎所有投资人都会问到关于与携程的竞争问题。投资人始终担心已经拥有流量入口的携程如果发力在线旅游，途牛该如何应对。也就是说，途牛的上市需要携程的入股增加投资者信心。

对于携程来说，如果途牛上市融资迅速壮大，也成为携程在细分市场的隐患；投资一家上市公司对携程来说也有利无害。再者，在线旅游公司为了争夺市场不得不通过价格战拉低毛利率，各家已经对这种恶性竞争渐渐疲惫。

途牛与携程双方也正在相互抛橄榄枝。就在纽约路演前夕，严海锋接到一条短信称，携程有兴趣与途牛合作。于敦德与杨嘉宏在香港的一家酒店与梁建章见面，做了两个约定：一是双方不再打价格战；二是双方考虑在资源方面争取更多合作。

入股之后，携程会把独家的酒店接入途牛，同时途牛也会帮携程卖产品以缓解他们的库存压力。这意味着，携程变成了途牛的供应商之一。

上市前两周，携程宣布认购 1500 万美元途牛股票，并获得途牛董事会的一个席位。不难发现，1500 万美元的金额并不算大，象征意义大于整合意义。

背靠大树站定阵营以后，双方都可以结束不必要的价格战，专心发展自己的业务。上市是途牛扩张和发展新业务的一个重要起点，但是它依然需要面对巨额亏损和低毛利率。财报显示，途牛毛利率一度低至 4%，停止价格战以及规模扩张或许能让毛利率有所好转。于敦德称，接下来的主要工作是进入二三线城市以及如何围绕休闲旅游产品创新，比如途牛推出类似于唯品会的“尾品打折”；于敦德发现在国外上网自费很高，推出了 20 天不限流量的上网硬件产品。

反观途牛的发展过程，你会发现它始终活在在线旅游三座大山的压力下；但却一直围绕休闲旅游这个核心，并把巨头不善于做的跟团游做到极致。这种极致某种程度上帮助途牛在激烈竞争中存活壮大，也同样制约了其业务的横向创新使它成为一家相对较小的公司。如果要问途牛上市以后有什么遗憾，严海锋说：“多拿钱，把规模做大。”

资料来源：《商业价值》

结合本案例请分析：

1. 与其他的旅游电商平台相比，途牛网最大的优势资源是什么？
2. 本案例中途牛网的营销涉及哪些营销理论？

思考题

1. 根据网络营销信息传递原理，试设计一个企业的网络营销流程框架图。
2. 你对网络营销学习有什么期望目标？你认为网络营销内容体系中哪些是学习的难点，请为自己制定一个网络营销学习方案。
3. 网络营销和传统营销相比，优势体现在哪些方面？

第四章 电子商务基础技术

电子商务技术是电子商务正常运转的无形基础，可以说，没有电子商务技术就没有电子商务这种革命性的商务模式。广义的电子商务技术，不仅包括信息技术，还包括商务技术、管理技术等。这里的商务技术是指电子商务业务专有的各种新知识及业务流程运作技术；管理技术则是指面向电子商务的管理决策方法及一些基于信息技术的管理支持工具；而信息技术是整个电子商务技术系统的基础与核心，也即本章要阐述的电子商务基础技术。

信息技术（Information Technology，IT）是主要用于管理和处理信息所采用的各种技术的总称。它也常被称为信息和通信技术（Information and Communications Technology，ICT）。目前人们所指的信息技术主要是基于网络的计算机通信技术，尤其随着 Internet 技术的快速发展和成熟，真正的电子商务技术发展必然是建立在 Internet 技术上的。它的内容繁杂，有智能卡/认证技术、电子支付、EDI 技术、扩展语言标记技术（XML）、增值网技术、CGI 技术等。依照电子商务应用框架的视角，本章将其分类地归之于构成电子商务应用框架中基础设施的普通商务服务基础设施、信息发布基础设施、多媒体和网络出版基础设施、网络基础设施、接口基础设施的实现技术，它们位于电子商务应用框架的最低层。另外，最上层是电子商务应用，包括多种多样的商务活动，中间支柱部分主要包括人（买卖双方、中间商、服务商、信息系统人员、管理员），公共政策（税收、法律等）、市场营销和广告（市场调查、促销）、支持服务（物流、支付等）、业务伙伴（合资企业、交易所、电子商场等）。普通商务服务基础设施下的实现技术一般包括安全、智能卡/认证技术、电子支付技术，该部分内容将在第五章作详细介绍，就不在本章赘述了。

第一节 信息发布基础设施的实现技术

信息发布基础设施，在此是指为电子商务的信息处理、传递和运用等事务服务的基础技术，主要包括 EDI 技术、电子邮件技术、WWW 技术、BBS 和聊天室技术等。

一、EDI 技术

电子数据交换（Electronic Data Interchange，EDI）融现代计算机技术和远程通信技术于一体，最早出现于 20 世纪 60 年代，当时仅限于工业界企业的贸易数据交换。作为电子数据交换和电子邮件的主体技术，20 世纪 70 年代末、80 年代初开始，EDI 随着标准化的过程而得以不断完善和发展，国际工商业界应用其来实现用计算机来处理和传递经济领域中经常性的资料信息，例如报价单、发票、合同等。1994 年国际标准化组织（ISO）确认了电子数据交换（EDI）的定义：“根据商定的交易或电文数据的结构标准实施商业或行政交易从计算机到计算机的电子传输"，即按照同一规定的一套通用标准格式，将标准的经济信息，通过通信网络传输，在贸易伙伴的电子计算机系统之间进行数据交换和自动处理。

互联网更为 EDI 创造了有利条件，将 EDI 从专用网扩大到公共数据网，以互联网作为互联手段，可以为 EDI 提供一个较为廉价的服务环境，以满足大量中小企业使用 EDI 的需求。XML（可扩展标识语言）的逐渐成熟将改变 Web 页面的数据质量，也为 Web 数据与 EDI 数据接口提供较好的解决办法。互联网上进行商业数据交换的安全性要求实现技术已经成熟，随着互联网的发展，电子商务相应的商业化进程正在加快，这为互联网 EDI 早日投入商业运作奠定了基础。"EDI 中心"在原有软硬件网络通信平台的基础上，增加 WWW 三层结构（浏览器、WWW 服务器、Web 数据库），可组成综合电子商务平台。借助于 WWW，EDI 将得到更广泛的应用，远远超出了"无纸贸易"的应用范围。EDI 应用获益最大的当数零售业、制造业和配送业。在这些行业中的供应链上应用 EDI 技术使传输发票、订单过程达到很高的效率，而这些业务代表了这些行业的核心业务活动——采购和销售，恰恰又是物流系统的重要环节。

EDI 的实质是交换，它的主要目标是以最少的人工介入，实现贸易循环，尤其是重复交换文件的自动处理，从而消减公司内部处理缓慢、繁杂的业务流程和昂贵的管理费用。可见 EDI 是一种技术，或者说是一种方法、手段。它的侧重点就是自动化，以节约成本和提高工作效率为主要目的。

（一）EDI 的标准化

EDI 是将标准化、规范化的数据信息通过计算机网络通信系统，在贸易伙伴的计算机应用系统之间直接进行业务信息的交换和处理。由此可见，计算机应用、通信网络、标准化是 EDI 的技术三要素，其中标准化是实现 EDI 的关键。由于 EDI 是国际范围的计算机与计算机之间的通信，因此，所"携带"业务数据的表现格式必须统一，这就需要进行 EDI 的标准化工作。目前国际上存在两大 EDI 标准体系：一个是流行于欧亚的，由联合国欧洲经济委员会制定的 UN/EDIFACT 标准；另一个是流行于北美的，由美国国家标准化委员会制定的 ANSI X.12 标准。此外，还有一些应用于某一部门的现行的行业标准，例如 CDIX(化工)、VICX（百货）、TDCC（运输业）等。

EDI 标准应该遵循以下两条基本原则。

（1）提供一种发送数据及接收数据的各方都可以使用的语言，这种语言所用的语言无二义性。

（2）这种标准不受计算机型号的影响，既适用于计算机间的数据交流，又独立于计算机之外。

目前国际上最权威、最流行的 EDI 标准是《行政、商业和运输用电子数据交换联合国规则》（UnitedNations Rules For Electronic Data Interchange For Administration，Commerce and Transport，UN/EDIFACT。这个标准适用于行政管理、商业贸易及交通运输行业。我国依据它制定了 EDI 国家标准，即中国 EDIFACT 电子文本系统 V1.0。

（二）EDI 的软件结构（功能结构）

EDI 的软件结构一般由用户接口模块、内部接口模块、报文生成及处理模块、格式转换模块、通信模块五个功能模块构成，它们之间相互协调地共同完成 EDI 的系统功能。

1．用户接口模块

用户接口模块包括用户界面和查询统计两个子模块。用户界面是 EDI 系统的外包装，它的设计是否美观、使用是否方便，直接关系到 EDI 系统产品的外在形象。查询统计子模块可帮助管理人员了解本单位的情况，打印或显示各种统计报表；了解市场变化情况，及时调整经营方针策略。

2．内部接口模块

内部接口模块是 EDI 系统和本单位内部其他信息系统及数据库，例如企业内部信息管理系统（企业内部 MIS）的接口。一个单位信息系统应用程度越高，内部接口模块就越复杂。一份来自外部的 EDI 报文，经过 EDI 系统处理后，大部分相关内容都需要经内部接口模块送往其他信息系统，或者查询其他信息系统才能给对方 EDI 报文以确定的答复。比如，一份到货通知到达后，EDI 系统可以通过内部接口模块同步修改财务、库存等 MIS 系统的记录，使新数据立刻在这些系统中得到反映。

3．报文生成及处理模块

该模块有两人功能，第一个功能是接受来自用户接口模块和内部接口模块的命令和信息，按照 EDI 标准生成订单、发票、合同以及其他各种 EDI 报文和单证，经格式转换模块处理后，由通信模块经 EDI 网络转发给其他 EDI 用户。第二个功能是自动处理其他 EDI 系统发来的 EDI 报文。按照不同的 EDI 报文类型，启动不同的过程进行处理，例如订单处理、发票处理等。在处理过程中要与本单位其他信息系统相互作用。一方面从信息系统中取出必要信息回复给发来单证的 EDI 系统，另一方面将单证中的有关信息送给本单位其他信息系统，例如将顾客加工特殊图形样式的要求传送给 CAD/CAM 等。

4．格式转换结构

因为 EDI 要在不同的国家和地区、不同行业内开展，EDI 通信双方应用的信息系统、通信手段、操作系统、文件格式等都有可能不同，所以按照统一的国际标准和行业标准是必然的。因此，所有的 EDI 单证都必须转换成标准的交换格式，转换过程包括语法上的压缩、嵌套、代码的替换，再加上必要的 EDI 语法控制字符。同时，经过通信模块接收到的来自其他 EDI 系统的 EDI 报文也要经过相反过程的处理才能交给其他模块处理。在格式转换过程中要进行语法检查，对于语法出错的 EDI 应该拒收，通知对方重发，否则可能造成商业文件原意的曲解，引起本可避免的经济纠纷。

5．通信模块

该模块是 EDI 系统与 EDI 通信网络的接口。根据 EDI 通信网络的结构不同，该模块的功能也有所不同。但有些基本的通信功能是必备的，比如执行呼叫、自动重发、自动应答、合法性和完整性检查、出错报警、通信记录等。在某种程度上，通信模块与 EDI 通信网络是一体的，它们的作用就是使 EDI 系统能够在一个安全、可靠、方便的通信平台上顺利运行起来。如今越来越多的 EDI 系统使用互联网作为通信网络，因此，如何实现 EDI 系统与互联网的通信接口并且保证安全性成为一个重要课题。

综上所述，这五个模块构成一个自用户至通信网络的层次结构，其中用户接口模块最接近用户，通信模块离通信网络系统最近，从通信网络上收到的标准报文通过层层解析最终到达用户，变成用户熟悉的可理解的样式。

（三）从 VAN 到 Internet

在 Internet 普遍投入使用之前，EDI 通信采用的是专用增值网（Value Added Network，VAN）。EDI 增值网络（VAN）是利用现有的通信网络，增加 EDI 服务功能而实现的计算机网络。可见，VAN 并非是一种新型的通信网，而是在现有通信网络基础上，增加 EDI 服务功能的计算机网络。可供选择的通信网络有分组交换数据网（PSDN）、电话交换网（PSTN）、数字数据网（DDN）、综合业务数字网（ISDN）、卫星数据网（VAST）和移动数据通信网等。增值网有多种，各增值网的 EDI 服务功能不尽相同，对全球 EDI 通信而言，EDI 报文格式目前也有多种，系统必须支持不同标准的 EDI 报文交换。同时，由于各种网络的协议和报文格式有差异，多个 EDI 用户组织之间的信息交换必须采用相当的网关和网桥，这增加了网际交换的复杂性和技术难度。而且，VAN 的中心业务只是把信息从一个地方传递到另一个地方，仅能进行数据变换，这种单纯的 EDI 功能是远远不够的，必须制作带有多媒体信息的电子样本，如此，批发商才能随时获得最新的商品信息，有效地向零售商进行推销。对原来的 VAN 来说，进行多媒体信息的传输和处理，无论从技术上，还是成本上都几乎是不可能的。EDI 通信依赖 VAN 的工作示意如图 4-1 所示。

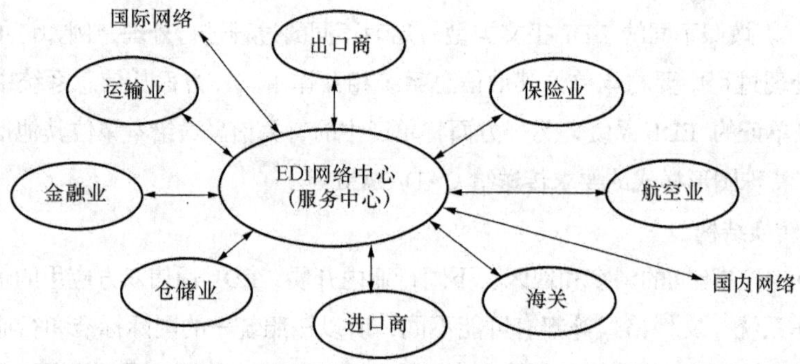

图 4-1　经过 VAN 的电子数据交换

Internet 的应用模式正满足了 EDI 的这种发展趋势，并大有取代 VAN 之势，这主要在于两点：基于 Internet 的 EDI 通信费用低廉；基于 Internet 的 EDI 系统容易实现，技术上不复杂。一般地讲，通过 VAN 建立全球的 EDI 系统是列入财富 1000 的大型企业才具有的形成规模经济的条件，但通过 Internet，中小企业也能轻松建立自己的全球 EDI 系统。因此，在 Internet 上实施 EDI 是一种必然趋势。

二、电子邮件技术

电子邮件（Electronic Mail，E-Mail）是利用计算机网络来交换电子信件的通信方式，是 Internet 上的最普通的应用之一。人们通过电子邮件可以方便快捷、价格低廉地进行信息交流，信件中还可包含声音、图像和视频等各种多媒体信息，比传统邮件的内容和表现形式都丰富和生动得多，也成为电子商务活动中的一种重要手段。

（一）电子邮件系统的工作机制

电子邮件系统基于客户机/服务器方式，提供“存储转发方式”的服务，而非“终端到终端”的服务。一个完整的电子邮件系统，需要邮件服务器（Mail Server）、电子邮件客户端程序或者提供付费或免费的电子邮箱服务的网站。邮件服务器通常是执行多任务操作系统 UNIX 的计算机，它提供 24 小时的电子邮件服务，负责邮件的传输，也叫传输代理（Message Transfer Agent）。现在互联网上有不少共享或免费的邮件服务器软件，如 MDaemon、Sendmail、CMailServer 等软件，在选择邮件服务器软件时，要根据本邮件服务的业务范围和应用环境来确定。电子邮件客户端程序，负责收发电子邮件，也叫用户代理，例如 MS Outlook Express、Netscape Mail、Fox Mail 等软件。或者是提供电子邮箱服务的网站，具有与电子邮件客户端程序相类似的收发电子邮件功能，例如搜狐、网易等网站。用户通过电子邮件客户端程序或这类网站，向邮件服务器申请建立起自己的电子邮箱，即可享用电子邮件服务。

邮件服务器为每个申请邮箱的用户建立一个电子邮箱，它实际上是服务器上的一块磁盘存储区域，专门存放用户的邮件，由邮件系统进行操作和管理。电子邮箱私有，每个电子邮箱都有一个地址，称为电子邮件地址。电子邮件地址全球唯一，地址格式为：用户名@主机名。用户名是邮件系统核准的用户邮箱账户名，主机名则往往就是电子邮件系统中的邮件服务器名。邮件服务器又可分为 SMTP 服务器和 POP3 服务器。SMTP 服务器分担从用户端接收邮件到邮件服务器及不同域的邮件服务器之间的邮件传输，POP3 服务器分担从邮件服务器的邮件存储位置接收邮件及下载邮件到用户端。例如有两个用户，他们的电子邮件地址分别为 hu-bin@live.cn 和 hubinlove2002@gmail.com，他们之间通信的工作机制如图 4-2 所示。

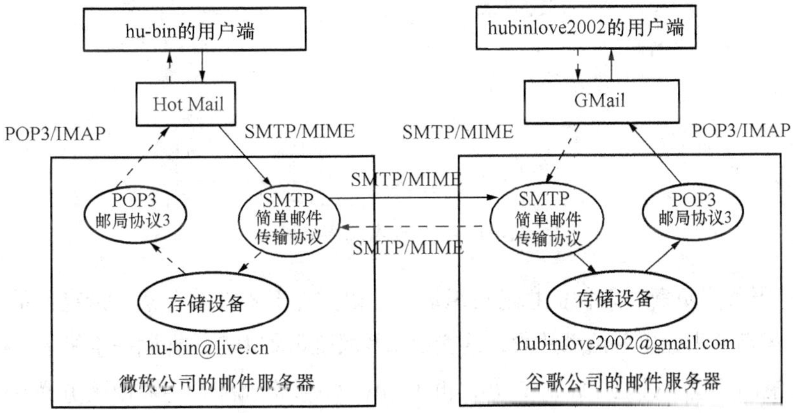

图 4-2 电子邮件系统工作机制示意图

（二）电子邮件的构成

一个完整的电子邮件主要由邮件头和邮件正文两部分组成。在用户写邮件时，必须输入收件人地址，但主题可以不输。邮件头在 E-mail 传送过程中由邮件系统自动生成，反映了邮件的重要统计信息，主要包括发送时间（Date）、收件人的地址（To）、寄件人的地址（From）、主题（Subject）、能得到邮件副本的人的地址（Cc）等。邮件正文是邮件本身的具体内容，一般为 ASCII 码表达，也有许多电子邮件系统还可以包含各种多媒体信息。邮件正文通常用编辑器预先写成文件，或在发 E-mail 时用电子邮件编辑器联机输入。

三、WWW 技术

环球信息网（The World Wide Web，WWW）即万维网，也称 Web，是在 Internet 上运行的覆盖全球的多媒体信息系统。它于 1989 年由欧洲高能物理研究所（CERN）研究成功，目的是支持全球范围内的科学家在 Internet 上彼此交流信息和共享科研成果。1993 年第一个 WWW 站点出现，由于它使用简单的超文本信息格式以及对多媒体的支持而得到迅速普及，电子商务这种网上交易的新商务形式也凭借着 WWW 的普及得到更大推广。它提供的 WWW 服务特点在于其高度集成性，它能把各种信息和服务（如电子邮件、文件传输、远程登录和网络新闻）完善地结合，形成生动统一的图形用户界面，为用户提供世界范围内的多媒体信息服务。它也被称为 Web 服务，其技术核心就是 WWW 技术。WWW 技术还正处在迅速发展中，JavaScript、VBscript、DHTML、XML、ActiveX 等都是增强 WWW 信息检索和浏览方面的重要技术成果。

（一）WWW 工作机制

WWW 是基于客户机（浏览器）/服务器模式的应用系统，其工作机制如图 4-3 所示。

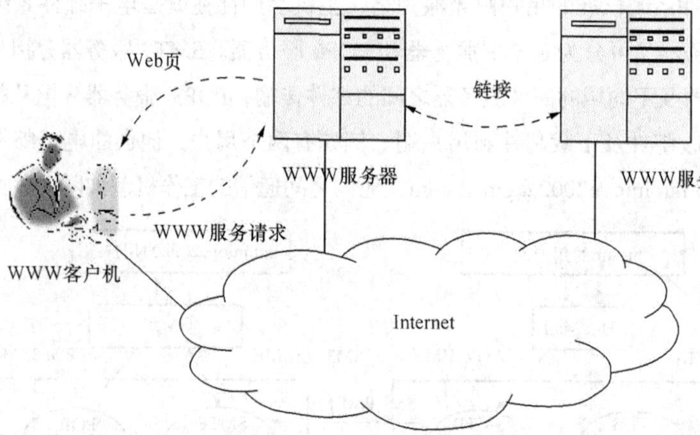

图 4-3　WWW 工作机制

WWW 服务器负责对各种信息进行组织，并以文件形式存储在某一指定目录中。WWW 服务器利用超链接来链接各信息片段，这些信息片段既可集中存储在同一主机上，也可分布在不同地理位置的不同主机上。WWW 客户机（浏览器）负责显示信息和向服务器发送请求。当服务器收到 WWW 服务请求时，响应请求并按用户的要求发送文件；客户端收到文件后，浏览器负责解释该文件并显示于屏幕。客户端与服务器之间的传输协议采用的是超文本传输协议（HTTP），服务器软件称为 WWW 服务器，客户机软件称为 WWW 客户机（浏览器）。

（二）WWW 的一些重要概念

1. WWW 客户机

客户端软件实质上就是 HTML 语言的解释器，即 Web 浏览器。在客户机（浏览器）/服务器工作环境中，Web 浏览器起着访问请求服务器和显示结果于客户端的作用。具体来说，Web 浏览器的任务是使用一个起始 URL 来获取一个 Web 服务器上的 Web 文档，解释该用 HTML

语言编写的文档并将文档内容以用户端环境所许可的效果最大限度地显示出来。当用户选择其中的一个超文本链接时，便重新开始该过程。众多 Web 浏览器中，最流行的有 Netscape 公司的 Navigator/Communicator、微软公司的 Internet Explorer 等。

2．WWW 服务器

WWW 服务器从硬件角度看，是指在 Internet 上保存超文本和超媒体信息的计算机；从软件角度看，指的是提供上述 WWW 功能的服务程序，即 WWW 服务器软件。WWW 服务器软件等待客户端浏览器发出的服务请求。连接建立后，客户端可以发出一定的命令，服务器做出响应。常用的 WWW 服务器软件有微软的 IIS、Netscape 公司的 Fasttrack Enterprise Server 和 Apache Web Server 等。

3．统一资源定位器（URL）与超文本传输协议（HTTP）

（1）统一资源定位器（Uniform Resources Locator，URL）是一个网页在全网中的地址，即我们所说的"网址"。它具有全球唯一性，由前往后主要由三部分组成：网页的访问方法、网页存放的主机地址、网页在宿主机中的全路径名（含文件本身名称，如果是主页可省略，系统会自动访问默认的主页名）。例：http://www.microsoft.com/ work/tom/job1.html 表示以超文本传输协议访问 HTTP 语言格式的文件，文件位于微软公司 WWW 服务器的 work/tom 路径下，文件名为 job1.html。

http://www.sun.com/index.htm 表示以超文本传输协议访问 HTTP 语言格式的文件，文件位于 SUN 公司 WWW 服务器的根目录下，文件名为 index.htm，即主页文件。

（2）超文本传输协议（Hyper Text Transfer Protocol，HTTP）是 WWW 的基本协议，可以传输普通文本、超文本、声音、图像以及其他任何可以在 Internet 上可以访问的信息。它是一种面向事务的运行于 TCP 之上的客户机/服务器协议，它使用 TCP 来保证传输的可靠性。同其他协议相比，HTTP 的通信速度也快得多。例如，用户要访问网页的 URL 为 http://www.mydream.net/TheProject3.html，浏览器和 WWW 服务器之间的交互过程如下（编号对应执行的顺序）。

① 浏览器收到用户给出的 URL（http://www.mydream.net/TheProject3.html）。

② 浏览器向 DNS 服务器请求 www.mydream.net 的 IP 地址。

③ DNS 服务器回应 20.56.1.36。

④ 浏览器与服务器 20.56.1.36 在端口 80 上建立 TCP 连接。

⑤ 浏览器发出命令：GET /TheProject3.html。

⑥ 服务器 www.mydream.net 向浏览器发送 TheProject3.html。

⑦ 释放 TCP 连接。

⑧ 浏览器显示网页 TheProject3.html。

⑨ 浏器再次从服务器 www.mydream.net 上获取并显示网页 TheProject3.html 中嵌入的其他文件（如图像文件）给用户。

4．超文本、超媒体、超文本标记语言（HTML）

（1）超文本和超媒体。从用户角度看，访问的大量网页似乎就在网络上某一个固定的位置。实际上，这些网页可能分布在 Internet 不同的 WWW 服务器上，并不限定于一台 WWW 服务器。而用户只需鼠标点击网页上的“热点”就可以透明地访问这些文档，实现在整个 Internet 上的信息漫游。这种网页的组织方式称为超文本（Hypertext）和超媒体（Hypermedia）。

超文本将“热点”集成在文本信息中，用户在浏览超文本时，可以随时选中“热点”，跳转到其他文本信息。可见，超文本的特点就是一种“跳转”连接。超媒体进一步扩展了超文本所链接的信息类型，用户不仅可以从一个文本跳转到另一个文本，还可以激活一段声音、显示一个图像或连续播放一段视频动画。例如，许多多媒体电子出版物采用的就是这种信息链接方式。

（2）超文本标记语言（Hyper Text Markup Language，HTML）是书写超文本文件的标准语言，它描述超文本（超媒体）各个部分的构造，告诉浏览器如何显示文本，怎样生成与别的文本或图像链接的链等，HTML 文件的后缀一般为.htm 或.html。HTML 由于使用简单、支持多媒体、支持信息的分布式存储等特性而得到迅速普及和广泛应用，被看作是 WWW 的核心技术之一。从电子商务的需求发展程度来看，Web 技术中 HTML 的信息传递已经不能满足现代商业化企业的需求。HTML 的语言规范也在不断更新，DHTML 即动态 HTML 提供了一个有利的方案。它是由微软推出的 HTML 的加强改进版本，在 HTML 的基础之上，优化了网络浏览器（Internet Explorer）的对象，同时又结合了 Java Script 技术的应用。它的改进优势特点主要体现在，优化每一标签对象的结构属性，并用 Java Script 在执行控制阶段加以有效改进。因此，它的显示方式更加灵活、多样，比 HTML 更多了一层动态、灵活能力，可根据设计的想法需求，来改变文件的显示形式。

第二节　多媒体和网络出版基础设施的实现技术

多媒体和网络出版基础设施主要指各种信息资料电子化、多媒体化显示的基础技术，有 HTML 技术、XML 技术，还有 JSP、ASP 等动态网页编程技术，并辅以 Photoshop、Flash、Fireworks 技术用来制作图片和动画特效，使网页作为网络出版的主要窗口更为丰富多彩的同时，又能满足专业网站功能的需要。前面已对 HTML 做过介绍，HTML 语言是在 WWW 上建立超文本文件的语言，它功能强大，支持不同数据格式的文件嵌入；但也有不足之处：交互性差、语义性差、单向的超链接、缺乏对双字节或多国文字的支持，使其在电子商务交换、数据库和搜索引擎等领域存在障碍。电子商务需要高容量、高信息量、高效率的网络信息传递，同时对同样的数据根据不同的需求而以不同的效果、不同的形式再现出来的要求越来越强烈，这些都是 HTML 不能满足的。可扩展标记语言（eXtensible Markup Language，XML）的出现，在一定程度上就是为了解决这些问题。本节主要阐述 XML 和 Photoshop 技术。

一、XML 技术

XML 实际上是 Web 上表示结构化信息的一种标准文本格式，同 HTML 一样，也来自 SGML（标准通用标记语言）。

（一）XML 的特征

（1）XML 是元标记语言。不同于固定标签特定含义不变的 HTML，XML 允许用户自己定义所需的标签。

（2）XML 描述的是结构和语义。XML 标签描述的是文档的结构和意义，而不是页面元素的格式。

（3）XML 文档的显示使用特有技术的支持，例如通过样式单为文档增加格式化信息。

（二）XML 基本语法

一个正规的 XML 文档由三个部分组成：一个是可选的序言，一个是文档的主体，另一个是可选的尾声。XML 文档序言部分从文档的第一行开始，它可以包括 XML 声明、文档类型声明、处理指令等。文档的主体则是由文档根元素所包含的那一部分。XML 尾声部分在文档的末尾，可以包含注释、处理指令或空白等。

（三）XMl 文档的显示

由于 XML 中的标签多由开发者自己定义，用于说明文档所表述的数据的内存结构关系，因此其显示格式需要特殊的机制来定义。层叠样式单（Cascading Style Sheets，CSS）和扩展样式单语言（eXtensible StylesheetLanuage，XSL）是 W3C 标准组织推荐的表达 XML 文档数据显示格式的两种标准。

1．层叠样式单（CSS）

CSS 最初主要用于 HTML，可以保证文档显示的一致性和较好的格式化。通过 CSS 可以产生诸如字体、颜色和位置等不同样式的显示格式信息。CSS 可以存在于相应文档的页面中，也可以独立的文件形式存在，但推荐使用后者，以便于维护。与扩展样式单语言相比较，CSS 虽然在功能上差些，但开发相对容易。

2．扩展样式单语言（XSL）

XSL 遵守 XML 的语法规则，是 XML 的一种具体应用。XSL 语言可以分为三个部分：转换工具（XSLT）、格式对象（FO）和 XML 分级命令处理工具(XPath)。一个 XML 文档的显示过程是：首先根据 XML 文档构造源树，然后根据给定的 XSL 将构造的源树转换为可以显示的结果树，最后按照 FO 解释结果树，产生一个可以在屏幕或其他媒体中显示的结果。

描述树转换的部分协议，已经从 XSL 中分离出来，取名为 XSLT，它的主要功能就是将源树转换为结果树。在 XSLT 中定义了与 XML 文档主体中各个逻辑成分相匹配的模板以及匹配转换方式。具体的转换过程，既可以在服务器端进行，也可以在客户端进行。

（四）XML 的主要优点

（1）异质系统间的通信；

（2）更有趣和更准确的搜索；

（3）开发灵活的 Web 应用软件；

（4）集成不同来源的数据；

（5）进行数据的本地计算和处理；

（6）数据的多样显示。

二、Photoshop 技术

Photoshop 软件广泛应用于平面设计、图像编辑、广告、出版动画、网页设计、多媒体制作和建筑等领域，也是电子商务中信息资料电子化和多媒体化的一种基础技术。

（一）Photoshop 的处理对象

Photoshop 是处理点阵图的图像处理软件。数码相片就是一种典型的点阵图类型图片，由众多的像素点组成，因此点阵图又称为像素图。它的特点是色彩鲜艳丰富，但放大后会失真，表现出马赛克的效果。与点阵图对应的是矢量图，也称绘图图像，它由一些用数学方式描述的曲线组成，基本组成是锚点和路径。它的特点与点阵图相反，颜色单调，但放大不失真，且占用磁盘空间小。Photoshop 处理图像后以 PSD 格式存储的文件是点阵图图像文件，在 Photoshop 软件下打开，可发现它是由多个图层垂直堆叠而成。

（二）Photoshop 的工作过程

Photoshop 与其他图像处理软件一样，都是通过操作工具，在菜单、调板和对话框中做各种选择来进行的。概括地说，Photoshop 的工作流程（文件处理过程）包括：获得原始图像、转化为可处理的文件格式、通过 Photoshop 处理图像（核心工作）、保存工作结果、打印输出或进行印刷前的准备工作。如果需要将图片用于其他软件，就要将该 Photoshop 文件转换为其他软件可识别的格式或降低分辨率等。

1．获得原始图像

获得原始图像的方式主要有：在 Photoshop 软件操作窗口中打开现有的图像文件，或导入数码影像（含数码相片）文件，或临时导入扫描仪上的图片，将其转化为图像文件。

2．转化为 Photoshop 可处理的文件格式

如果导入的图像文件是 Photoshop 可处理的格式，则可直接进入 Photoshop 进行图像处理，否则就需要转化这一步。Photoshop 能兼容的图像文件格式有 20 余种，但并不是任何格式的图像 Photoshop 都能处理，所以在用其他程序处理完图像后，需将图像存储为 Photoshop 能处理的格式，如 TIFF、JPEG、GIF、EPS、BMP、PNG 等。

3．通过 Photoshop 处理图像

处理图像是 Photoshop 软件工作的核心，要用到 Photoshop 软件中的各种图像处理小工具，甚至还用到一些特殊技巧，目标是修改图像以达到目标效果。

4．保存处理过的图像

处理工作完成后，可以先将其保存为 PSD 格式，之后可方便修改。如果确认定稿，则可以存储为其他格式，以便于能在其他需要用到该图片的软件下打开，即转化图像格式，以适应其他软件。

5．为其他工作准备图像

多数情况下，处理图像是为了配合其他工作，如网站建设（网页设计）、多媒体制作（图像设计、动画）、印刷（印前处理）等。这就需要重新设置处理后的各项图像属性，例如色彩模式、尺寸、分辨率等，而不是简单地连上彩色打印机打印出图片（照相馆、影楼一般是这样处理的）。

第三节　网络基础设施的实现技术

网络基础设施是电子商务的硬件基础技术，主要是指计算机技术和计算机网络技术。

一、计算机技术

从 1946 年第一台计算机问世以来，计算机的硬件结构和软件系统都已发生了巨大变化，但其基本组成还是遵循冯·诺依曼型计算机体系结构的设计思想。即一台完整的计算机硬件系统是由运算器、控制器、存储器、输入设备和输出设备五大部分组成，如图 4-4 所示。

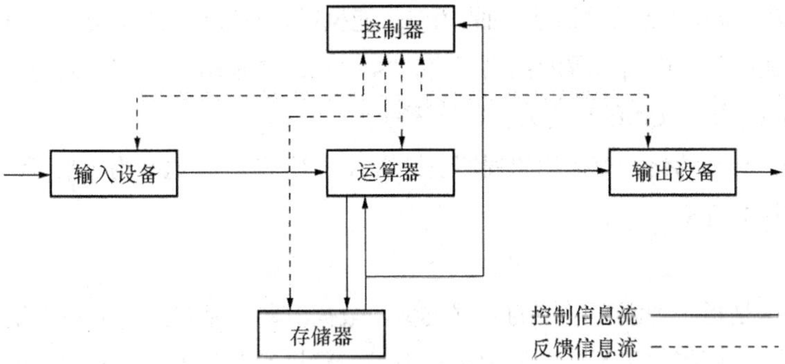

图 4-4　计算机硬件系统组成

其中运算器与控制器合称中央处理器（CPU），内存储器与中央处理器合称为主机。在计算机硬件系统中不属于主机的设备都属于外部设备，简称外设，包括输入、输出设备与外存储器。

完整的计算机系统除了这些基本硬件组成，还要有软件。硬件是软件运行的物质基础，软件能充分发挥硬件潜能和扩充硬件功能，完成各种系统及应用任务，两者互相依存、相互促进，共同构成完整的计算机系统，真正发挥计算机系统功能。软件主要分为系统软和应用软件两大类。系统软件包括操作系统、编译程序和数据库系统等，操作系统最为重要，它是对计算机硬件的首次功能扩充和改造，直接影响其他各种软件的运行。计算机软硬件系统的结构关系如图 4-5 所示。

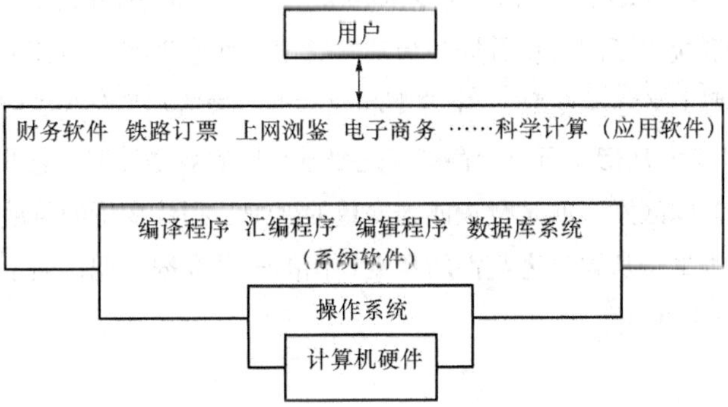

图 4-5　计算机系统软硬件层次结构

计算机技术分布在计算机系统的方方面面，种类繁多。本节仅就上层系统软件中的程序设计和数据库技术进行阐述。

（一）程序设计技术

程序设计借助于程序设计语言。程序设计语言是为了书写计算机程序而人为设计的符号语言，用于对计算过程进行描述、组织和推导。程序设计语言的广泛使用始于 1957 年，目前世界上流行的程序设计语言非常多，但主要还是低级语言和高级语言两大类。低级语言面向机器，包括机器语言和汇编语言，用这种语言编制的程序只能适合某种特定类型的计算机，但运行速度快，并能较好地发挥机器的特性。高级语言有面向过程和面向问题两类，用高级语言开发的程序不受机型的限制，相对低级语言也较易开发，但运行速度相对较慢，因为要经过“翻译程序”翻译成计算机能识别的语句才能执行。不过在 CPU 处理速度越来越快的今天，这个已不成问题。面向过程的高级语言，如 Basic、Pascal、C 等；面向问题的高级语言则有 Lisp、Prolog 等，又都统称为人工智能语言。

C 语言是一种结构化、模块化的程序设计语言。下面以 C 语言为例来了解程序设计语言编制的程序的基本组成。

1．数据

程序的数据是指一种程序语言的数据类型。数据对象总是对应着应用系统中某些有意义的东西，数据表示则指定了程序中值的组织形式。数据类型用于代表数据对象，还可用于检查表达式对运算的应用是否正确。

数据是程序操作的对象，具有存储类别、类型、名称、作用域和生存期等属性，使用时要为它分配内存空间。数据名称是用户通过标识符命名，标识符由字母、数字和下划线符号组合而成；类型说明数据占用内存的大小和存放形式；存储类别说明数据在内存中的位置和生存期；作用域则说明可以使用数据的代码范围；生存期说明数据占用内存的时间范围。

按照程序运行过程中数据的值能否改变，数据可分为常量和变量。常量又包括整数型常量、实数型常量、字符常量、符号常量。变量包括两个主要要素，一个是变量名，即变量的名字，取名规则参照标识符命名规则进行；一个是变量值，在程序运行过程中，变量值存储在内存中，并被程序以变量名来引用。

按照数据作用的代码范围，数据可分为全局量和局部量。系统分配给全局量的存储空间在程序运行过程中一般不会改变，而局部量的存储单元是会动态变化的。

按照数据组织形式的不同可将数据分为基本类型、构造类型、指针类型和空类型。基本类型分为整型、实型（又称浮点型）、字符型和枚举型。构造类型分为数组类型、结构类型和共用型 3 种。指针类型是指专门用于存储其他变量地址的数据类型，它的值就是某变量的地址，指针与指针变量的区别，就是变量值与变量的区别，指针变量的值就是指针，指针就是某变量的地址。空类型是从语法完整性的角度给出的一种数据类型，表示该处不需要具体的数据值，因而没有数据类型。

2．运算

程序中的运算指明允许作用的运算符号及规则。大多数程序设计语言的基本运算可分为算术运算、关系运算和逻辑运算，C（C++）还提供位运算。运算符号的使用与数据类型紧密相关。为了确保运算结果的唯一性，运算符号要规定优先级和结合性。

3．控制

控制指明语言允许表达的控制结构，程序员使用控制结构来构造程序中的逻辑控制。程序设计语言一般都有顺序、选择和循环 3 种控制结构。

（1）顺序结构。在顺序结构中，各语句（命令）按照位置的先后次序顺序执行，且每个语句都会被执行到，如图 4-6 所示。

（2）选择结构。选择结构提供了在两个或两个以上分支中选择其一的逻辑控制。基本的选择结构是通过指定一个条件表达式 P，并设定一个条件变量，然后根据该条件变量的值是否满足条件 P 来选择程序流程的分支走向，从两个甚至更多分支中择一而行。如图 4-7 所示，如果满足（逻辑值为“真”，用 T 表示），程序流程则走向 S1 语句所在的分支；如果不满足（逻辑值为“假”，用 F 表示），程序流程则走向 S2 语句所在的分支，从而实现了选择。

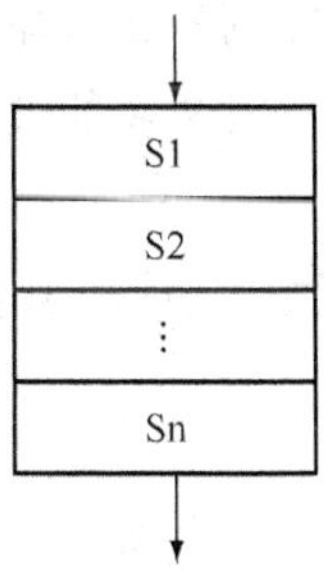

图 4-6　顺序结构

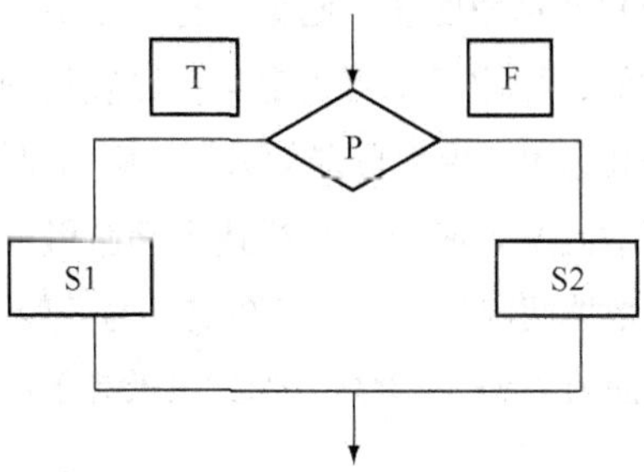

图 4-7　选择结构

（3）循环结构。循环结构是重复执行某段程序，直到某个条件满足为止的一种程序控制结构。如图 4-8 所示，通常由三个部分组成：初始化、需要重复执行的部分（循环体）和重复的条件（循环条件）。初始化部分有时在控制的逻辑结构中无显式表示。C 语言程序中循环结构有三种形式：while 型循环（当型循环）、do-while 型循环（直到型循环）和 for 型循环（次数型循环）。While 型循环的控制逻辑是先判断条件变量的初始值是否满足条件表达式 P 的要求，若满足则执行循环体 A（注意，循环体中务必有能令该条件变量发生变化的语句），该条件变量也发生了变化，然后再做同样的判断，以决定是否继续循环。do-while 型循环结构的控制逻辑是先执行循环体 A，条件变量的值也发生了变化，然后判断该条件变量的值是否满足条件表达式 P 的要求，若满足则继续执行循环体 A，然后再做同样的判断，以决定是否继续循环。For 型循环与 while 型循环类似，但它的条件表达式 P 往往直接针对条件变量做出循环次数的约定，要在一个确定的值域范围内，而 while 型循环中条件表达式 P 的内容则不是约定条件变量的取值区间。如果条件变量满足这个取值范围，则执行循环体 A，不满足，程序流程则走向另一分支而不执行循环体。执行循环体 A 后，道理同上，该条件变量的值发生了变化，并且是有规律的、能准确控制的阶段性变化，再回去执行同样的判断，以此类推程序的执行。实际上，这几种循环之间有互通性，能产生同样的作用，对某个具体问题的解决，可能都可以采用，如图 4-8 所示。

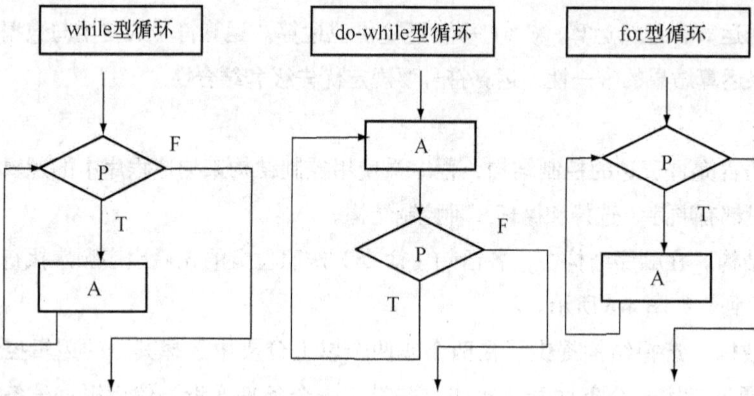

图 4-8 循环结构

4．函数

C 语言程序由一个或多个函数组成。每个函数都有名字标示，其中 main 函数（主函数）是程序运行的起点。函数是程序模块的主要成分，它是一段具有独立功能的程序，相当于子程序。从用户使用角度看，函数有标准函数和用户自定义函数两类。标准函数即库函数，是由系统提供的，用户不用再去定义，可直接使用。它们一般对应些常用的功能模块，放在函数库中供公共选用。用户自定义函数，则用以解决用户的专门需要。

（1）函数定义。函数定义描述了函数做什么和怎么做。任何函数（包括主函数）都由函数说明和函数体两部分组成。函数定义的一般格式如下：

函数返回值类型 函数名（形式参数表）//函数说明部分

{

语句行//函数体部分

}

函数说明部分位于函数体之前，是对函数的简单描述，函数体部分详细定义函数实现的功能。根据函数是否需要参数，可将函数分为无参函数和有参函数两种。如果是有参函数，形式参数表中就应列举出要用到的各个参数，若是无参函数，则以 Void 说明。

（2）函数调用。当需要在一个函数（称为主调函数）中使用另一个函数（称为被调函数）实现功能时，便以函数名进行调用，称为函数调用。在调用一个函数时，可以不必知道被调函数的内部实现，但需要知道被调函数的名称、返回值和需要向被调函数传递的参数等信息。

函数调用的一般格式为：函数名（实参表）。

C 函数的参数传递全部采用传值。传值的好处是传值调用不会改变调用函数实参变量的内容，可避免不必要的副作用。

在 C 程序的执行过程中，通过函数调用可以实现函数定义时描述的功能。函数体中若调用自身，则称为递归调用。

（二）数据库技术

电子商务应用的前提是企业管理信息系统的广泛应用，而数据库技术是企业管理信息系统的核心技术之一，所以，要深入了解电子商务就应先了解数据库的一些基本理论。

1．数据库、数据库管理系统和数据库系统

数据库是持久存放在计算机外存（通常是磁盘）中的大容量、低冗余、可共享、可靠、安全并具有一定独立性的结构化数据集。数据库由计算机操作系统之上的数据库管理系统（Data Base Management System，DBMS）所管理，并与数据库应用系统、应用开发工具、数据库用户、数据库管理员（DataBase Administrator，DBA）一起构成广义的数据库系统。

数据库管理系统（DBMS）是运行在操作系统之上的一种系统软件，它管理一个或多个数据库，提供数据定义、数据更新与查询、并发控制、故障恢复、安全保密等功能。目前市场主流的 DBMS 有 Oracle Sybase、IBM 公司的 DB2、微软公司的 SQL Server，以及开放源代码的自由软件 MySQL、PostgreSQL 等。

C 语言就是可用于数据库应用系统开发的一种高级语言，另外还有 C++、Java 等。数据库应用开发者也可选择数据库应用开发工具，例如 Delphi、PowerBuilder 进行开发。这些开发者包括数据库用户，比如银行储蓄员。

2．数据模型

数据模型是数据库系统中用来提供信息表示和操作手段的形式构架。数据模型通常由 3 部分组成。

（1）数据结构：包括数据对象及其相互联系。通常用数据结构的类型来命名数据模型，例如关系模型、层次模型、网状模型、面向对象模型等。

（2）数据操作：主要是对数据的检索和更新。它是对数据动态特性的描述，在数据库中主要有查询和更新（插入、修改和删除）两大类操作。

（3）数据的约束条件：一组数据完整性规则的集合。数据完整性是指数据能正确描述客观现实世界所应具备的特性和要求，例如，人的年龄应该是非负数。数据模型应该提供定义数据完整性约束的机制，来保证数据的有效、正确和一致性。

在数据库中，数据模型主要分为两类，一类是概念模型，它按用户观点来对数据进行建模，主要用于数据库设计，目前最流行的是实体—联系模型（Entity-Relationship Model，E-R 模型）。另一类是按计算机系统观点对数据进行建模，主要用于 DBMS 的实现，有关系模型、面向对象模型、层次模型和网状模型。层次模型和网状模型在 20 世纪 70 年代较流行，但其后就被关系模型所取代，现在已少用；面向对象模型是随着面向对象程序设计的流行而发展起来的，但目前仍以关系模型为主导。

3．关系模型和关系数据库

（1）关系模型。关系模型的数据结构可理解为一张二维表，表格中的每一行代表一个实体，称为记录；每一列代表实体的一个属性，称为数据项。记录的集合称为关系。关系模型如表 4-1 所示。

表 4-1 关系模型

订单号	下单人	收货人	收货地址	项目类别	有否打款	……
8776711128(0A+1B)	张三	李四	江西九江	图书	有	……
8278298136(2A+5B)	张三	张三	江西南昌	家用电器	否	……
……						

① 关系模型的组成部分。

关系模型是应用最广的一种数据模型，因此它也遵守数据模型的组成规范，只是由特殊数据结构、关系操作集合、关系完整性 3 部分组成。

- 数据结构：在关系模型中，无论是实体还是实体间的联系。均由单一的结构类型即关系来表示。
- 关系操作集合：关系代数（或等价的关系演算）包括并、交、差、选择、投影、连接等。关系模型给出了关系操作的能力和特点，关系语言的特点是高度的非过程化，其操作方式是集合操作，即操作的对象和结果是集合，称为一次一集合方式，而不是一次一记录方式。
- 关系完整性：包括实体完整性、参照完整性和用户自定义完整性。实体完整性是保证数据库中记录的唯一性，即每个记录的主键不能为空值也不能与其他记录的主键值相同。参照完整性是保证表与表之间语意上的完整性，即当一个表引用另一个表中定义的实体是，要保证这个实体的有效性。这两种完整性是关系模型必须满足的约束条件，应该由关系系统自动支持。用户自定义完整性反映了用户的要求，是用户自己定义的。

按照上述的规范性，关系模型中的关系应具有如下性质。

② 关系模型中关系应具有的性质。

- 数据项不可再分（即不可表中嵌表）。
- 同一关系中的属性之间不能重名。
- 同一关系中不能出相同的记录，记录的顺序不重要。
- 每个关系都有一个主键，它能唯一地标识关系中的一个记录。
- 同一关系中列的顺序不重要。

数据模型中，关系模型概念简单、清晰，用户易懂易用，也简化了程序员的工作和数据库开发，成了应用最广的一种数据模型。

（2）关系数据库。关系数据库是以关系模型为基础的数据库，它利用事物之间的关系来描述现实世界。目前比较流行的关系型数据库系统有 Oracle、Sybase、SQL Server、FoxPro 等。

这些关系型数据库系统一般都支持用结构化查询语言（Structured Query Language，SQL）进行数据库操作。SQL 具有功能丰富、使用方式灵活、语言简洁易学等优点，一经问世就在计算机工业界和用户中备受青睐，终于成为了国际标准，SQL 也就成为关系数据库的标准语言。它的功能多样，不仅是查询，还能进行数据定义、数据操作、数据库控制、事务控制 4 个方面的处理，是一个综合、通用、功能强大的关系数据库语言。

4．数据库系统的建立

数据库系统是企业整个管理信息系统的核心和基础，它的任务就是把系统中大量的数据按一定的模型组织起来，以便及时、准确地提供给用户。数据库又是数据库系统的基础，只有对数据库进行合理的逻辑设计和有效的物理设计才能开发出完善而高效的管理信息系统。

建设数据库系统一般分为两大阶段，一是设计和建立高效的数据库（DB）阶段，二是设计和建立数据库管理系统（DBMS）阶段。每一大阶段又分为几个小的阶段。其基本过程如图 4-9 所示。但要注意的是，实际运作时往往呈“螺旋式”上升状态，而非直线行进，中途可能有反复。

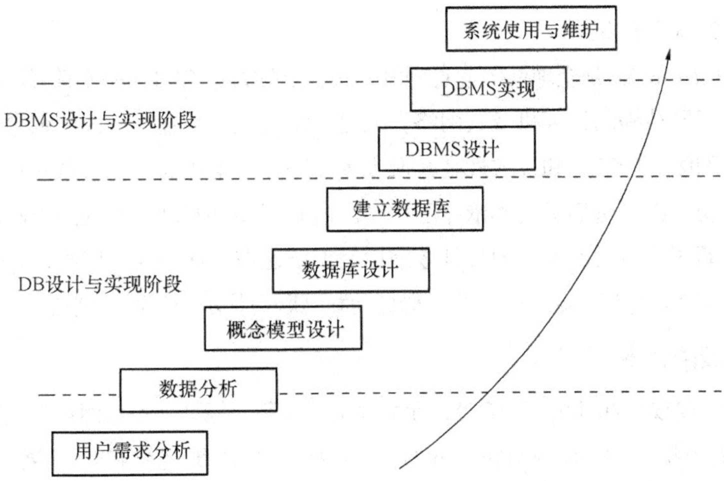

图 4-9 数据库管理信息系统的建设过程

不同的数据库产品有各自的特色，如 Oracle 大而全，Sybase 则较灵活高效。在选择数据库产品时，一定要以用户需求为依据，才能真正发挥各个数据库产品的优势，提高企业管理的效率，带来效益。另外，选择合适的数据库管理系统开发工具也很重要。流行的数据库产品一般都提供自己的数据库管理系统开发工具及数据库接口，例如 Oracle 就提供 Developer 2000 工具包等。同样，这也要从用户需求出发做出选择。

从事电子商务的企业也有建立数据库管理信息系统的要求，这需要考虑合作伙伴的需求，努力做到开发出的数据库系统具有一致性。数据库管理已经发展到非常熟悉的应用阶段，应用起来高质、高效。数据库技术主要包括模型、数据库系统（SQL Server、FoxPro、Sybase 等）、数据库搭建以及联机分析处理等技术。对于应用在电子商务中的数据库技术要完成数据收集、存储和应用，决策支持，Web 数据库支持等任务。

二、计算机网络技术

计算机网络是实现电子商务的物理的基础性设施，商务活动中的信息传递通过计算机网络来完成，因此，计算机网络技术成为电子商务的重要网络基础设施。从资源共享的观点来定义，计算机网络就是将地理位置不同且具有独立功能的多个计算机系统，通过通信设备和线路相互连接起来，并配以功能完善的网络软件，实现网络上资源共享的系统。简而言之，计算机网络是互连的自主计算机系统的集合。

按照网络与企业之间的关系，计算机网络可分为内联网、外联网和互联网。内联网（Intranet）也称企业内部网，它是在企业传统办公自动化和管理信息系统的基础上，采用互联网 TCP/IP 和 WWW 技术，促进内部信息的流动和管理，内设防入侵屏障，外接互联网的企业内部联网系统。内联网一般由 WWW 服务器、电子邮件服务器、数据库服务器以及电子商务服务器、网络交换设备等组成。

外联网（Extranet）又称企业外部网，是供应链上下游企业之间信息交换的行业网络系统，是企业内部网向外部的延伸。它是企业供应链系统的技术平台，是整合供应链系统的信息通道。通过外联网与企业内联网的无缝衔接，可以加强供应链的管理，提高快速的市场反应能力，增强整体竞争力。

互联网（Internet），是全球性的信息网络系统，它通过 TCP/IP 将全世界不同国家、不同地区和部门的不同结构的计算机及其网络，通过网络互联设备连接而成的世界最大、覆盖面最广的计算机网络。全球性和开放性是其两大主要特点。电子商务与其联系日益紧密，要扩大电子商务活动，必须密切关注和依靠互联网。内联网和外联网，特别是内联网，实际上是一种局域网，即较小地理区域内的各种数据通信设备连在一起的通信网络，是信息化时代下电子商务活动的重要物理基础。故本节以局域网和互联网技术为阐述的重点。

（一）局域网技术

局域网的主要技术标准由 IEEE802 标准规定，按照该标准，局域网体系结构由物理层、媒体访问控制子层（Media Access Control，MAC）和逻辑链路控制子层（Logical Link Control，LLC）组成。其中，物理层主要负责信号的编码和解码、前导码的生成/去除以及比特的发送/接收等，MAC 层和 LLC 层具在流量控制和差错检测的功能。

1．局域网拓扑结构

网络拓扑结构是指用传输媒体互连各种设备的物理布局。它对网络性能的影响很大。局域网的拓扑结构可以划分为 3 种，分别是总线型、星型和环型拓扑结构。

（1）总线型拓扑结构。总线型拓扑结构是使用同一媒体或电缆连接所有端用户的一种方式，连接端用户的物理媒体由所有设备共享。这种结构一般用同轴电缆布线，优点是组网费用低、入网灵活；缺点是网络接头较多，易发生故障，若主干网络某处发生故障，整个网络将瘫痪；而且，网上用户端多时，会因数据冲突而使通信效率下降。

（2）星型拓扑结构。星型拓扑结构存在着中心结点，每个结点通过点对点的方式与中心结点相连，任何两个结点之间的通信都要通过中心结点，充当该结点的一般是集线器这种网络设备。这种拓扑结构优点在于各结点设计简单；缺点是对作为中心结点的集线器要求较高，能承担所有通信的负荷且又要有高效率，如果该中心结点出现超负载或发生故障，会导致整个网络停止工作。

（3）环型拓扑结构。环型拓扑结构中各结点通过一条首尾相连的通信链路连接起来，形成一个闭合环。环中各结点地位相同，信息沿固定方向单向流动。其优点是，如果某结点出现故障则会自动旁路，不影响全网，信道利用率高。但由于环是封闭的，因此不便于扩充，响应延时长，信息传输效率相对较低。

2．无线局域网

无线局域网（Wireless LAN，WLAN）是不使用任何导线或传输电缆连接的局域网，而使用无线电波作为数据传送的介质，传送距离一般只有几十米。无线局域网的主干网路通常使用有线电缆，无线局域网用户通过一个或多个无线路由器接入无线局域网，并对 Internet 进行无线访问。无线局域网现在已经广泛应用在商务区、大学、机场及其他公共区域。WLAN 被描述为满足“最后 100 米”的通信要求。

目前，无线局域网领域主要是 IEEE802.11X 标准系列，其中应用最广的是 IEEE802.11b。

（1）无线局域网的拓扑结构。无线局域网分为对等网络和结构化网络两种拓扑结构。

对等网络(Peer to Peer)：主要用于一台计算机（无线工作站）和另一台或多台计算机（其他无线工作站）的直接通信。该网络无法接入有线网络，只能独立使用。对等网络只适用于少数用户的组网环境，并且距离足够近。

结构化网络(Infrastructure)：由无线接入点（Access Point，AP）、无线工作站（Station，STA）以及分布式系统（DSS）构成，覆盖的区域分为基本服务区（Basic Service Set，BSS）和扩展服务区（Extended Service Set，ESS）。

（2）无线局域网的主要工作过程。无线局域网的主要工作过程包括：扫频、关联、重关联和漫游等。

扫频（Swept）：STA 在加入服务区之前先查找数据信号时，一般可以采用主动扫频和被动扫频两种方式。

关联（Associate）：用于建立无线接入点和无线工作站之间的映射关系，即将无线变成有线网的连接。

重关联（Reassociate）：是当无线工作站从一个基本服务区移动到另一个基本服务区时，与新 AP 关联的整个过程。

漫游（Roaming）：是指无线工作站在一组无线接入点之间移动，并提供对于用户透明的无缝连接，包括基本漫游和扩展漫游。

（3）无线局域网的扩频技术。无线局域网采用电磁波作为载体传送数据信息，使用的模式主要是窄带和扩频。目前无线局域网的数据传输通常采用无线扩频传输（Spread Spectrum Transmit，SST），常见的扩频技术有两种：跳频扩频（Frequency-Hopping Spread Spectrum，FHSS）和直接序列扩频（Direct Sequence Spread Spectrum，DSSS）。两者相比较，截至目前，若以现有的产品参数详加比较，可以看出 DSSS 技术在需要最佳可靠性的应用中具有较佳的优势，而 FHSS 技术在需要低成本的应用中较占优势。一般而言，DSSS 由于采用全频带传送资料，速度较快，未来可开发出更高传输频率的潜力也较大。DSSS 技术适用于固定环境中或对传输品质要求较高的应用环境，如无线厂房、无线医院、网络社区、分校连网等环境中大多采用 DSSS 无线技术产品。FHSS 则大多用于需快速移动的端点，如行动电话在无线传输技术部分就是采用 FHSS 技术；且因 FHSS 传输范围较小，所以往往在相同的传输环境下，所需要的 FHSS 技术设备要比 DSSS 技术设备多，在整体价格上，可能也会比较高。以目前企业需求来说，高速移动端点应用较少，而大多较注重传输速率、传输的稳定性，所以未来无线网络产品发展应会以 DSSS 技术为主流。

（二）互联网技术

互联网是电子商务应用的最重要的通信网络基础。互联网依靠 TCP/IP 实现网络互连；没有 TCP/IP，就没有现在的互联网。网络协议是网络中各台计算机之间进行通信的一种语言基础和规范标准，它定义了计算机进行信息交换所必须遵循的规则。TCP/IP 一共出现了 6 个版本，目前使用的是版本 4，一般称为 IPv4，下一代 IP 是 IPv6。关于互联网，有理论上的 OSI 参考模型，它并非是具体实现的描述，只是一个为制定标准机制而提供的概念性模型。OSI 参考模型分为七层，每层各自完成一定功能。各层次由低到高分别为：物理层、数据链路层、网络层、传输层、会话层、表示层和应用层。实际应用的网络模型是 TCP/IP 参考模型，将网络体系结构分成四个层次，分别是：网络接口层、网络层、传输层和应用层，如表 4-2 所示。

表 4-2 TCP/IP 参考模型

类型	功能	主要协议
应用层	应用程序通过该层使用 Internet，报文形式	HTTP、DNS、SMTP 等
传输层	负责端到端通信，按相同的协议分组形式	TCP、UDP 等
网络层	负责相邻结点之间数据分组传送形式	IP、ICMP、ARP 等
网络接口层	负责接收和发送物理帧	

TCP/IP 成为互联网上所有不同类型计算机互联的标准协议，也是事实上的标准，它其实由 100 多个协议组合而成，故又统称为 TCP/IP 协议簇。

1．TCP/IP 协议簇中的主要协议

（1）网间协议（IP）。IP 是 TCP/IP 的核心，详细定义了计算机通信应该遵循的具体细节。它位于网络层，定义了数据分组如何构成，以及路由器如何将一个分组递交到目的地。

（2）传输控制协议（TCP）。IP 提供了将分组从源地址传送到目的地址的办法，但 IP 没能解决诸如数据报丢失或误投递的问题。TCP 位于传输层，它能提供一种可靠的传输服务，解决了 IP 没有解决的问题。二者的结合，提供了一种在 Internet 上可靠传输数据的方法。

2．IP 地址和域名

（1）IP 地址、IP 地址是标识 Internet 上所有计算机的唯一标志。IP 地址是从左往右由 4 段被“.”号隔开的 32 位二进制数，每段 8 位二进制数。为表示方便，每段的 8 位二进制数用一个十进制数表示，因此常用 4 段十进制数表示 IP 地址。每段十进制数的取值范围都是 0～255（即二进制数的 00000000～11111111）。例如 202.112.112.001 就是一个 IP 地址的表示。

在实际应用中，IP 地址码分配是分级进行的，互联网数字分配机构（Internet Assigned Numbera Authority，IANA）是负责全球 Internet 上 IP 地址分配的机构。中国互联网信息中心（CNNIC）则负责我国 IP 地址的分配。

IP 地址主要分为 A 类、B 类、C 类三大类；另外还有 D 类、E 类。B 类地址一般为大型商业或组织的网络系统设计。我国大部分企业采用 C 类地址。它们用有规律的位置来表示网络号及主机号，一个网络号下有多个主机号。A、B、C 类 IP 地址中的网络号与主机号对应段及十进制数取值范围，段号从左往右由 1 至 4，如表 4-3 所示。

表 4-3 主要 IP 地址类型的网络号与主机号分布

IP 地址类型	网络号对应的段及取值范围	主机号对应的段及取值范围
A 类	1 段（1 ~ 126）	2、3、4 段（1.1.1 ~ 255.255.254）
B 类	1、2 段（128.1 ~ 191.254）	3、4 段（1.1 ~ 255.254）
C 类	1、2、3 段（192.1.1 ~ 223.254.254）	4 段（1 ~ 254）

关于 IP 地址，需要补充说明的是，已经不够分配，为此，现在出现了新版的 IP 地址方案，由下一代 IP，即 IPv6 来规范，因此称为 IPv6 地址，原版 IP 为 IPv4。为与原 IP 地址兼容，仍采用分段格式，只是增加到 8 段，段间用分号隔开，每段用 4 位的十六进制数表示，这样，每段有 16 位二进制位，共 128 位，是原 IPv4 地址 32 位二进制位的 4 倍，理论上能提供 2 的 128 次方的地址，远多于原 IPv4 地址提供 2 的 32 次方地址数。但，同样地，也有些地址因有特殊用途或按规则不能使用而闲置，真正可利用的地址达不到理论数，可还是能在一定程度上解决地址匮乏问题，而且还能解决 IPv4 地址解决不好的一些其他问题，并能突破原来人机对话的限制，扩展到实现物物之间的“对话”，为物联网成为现实创造了某方面的基础条件。

（2）域名。IP 地址由数字构成，不便记忆，也难以理解。因此，实际中通常采用域名来标识一台主机，一个 IP 地址对应一个域名。TCP/IP 的域名管理机制称为域名系统（Domain Name System，DNS），这是一个层次型的结构。

为了保证域名系统的通用性，Internet 规定了一组正式的通用标准符号，也分成几段，之间用“.”隔开。从左至右，一般第一段表示应用；第二段表示单位或组织名称的缩写；第三段表示单位或组织的类型，为通用顶级域名；第四段表示所在国家或地区，为国家顶级域名，也可以没有这第四段。国际有关规定，对于 WWW 应用，以 WWW 表示，文件传输服务用 ftp 表示，商业组织用 com，教育机构用 edu，网络组织用 net，英文缩写 cn 指中国，uk 指英国，us 指美国，jp 指日本，等等。例如，www.ncu.edu.cn 指南昌大学 WWW 应用服务器在互联网上的域名，人们以此域名就可以访问到它，获得南昌大学提供的 WWW 服务。现在又已有中文域名，更符合华人的使用习惯。域名也是前面所提到的统一资源定位器（URL）的重要组成部分。

（3）域名解析。域名解析即域名和 IP 地址之间的映射，包括正向解析（从域名到 IP 地址）以及反向解析（从 IP 地址到域名）。这种映射常由一组名字服务器共同协作完成。名字服务器实际上是一个服务器软件，运行在指定的计算机上，完成名字——地址的映射。这也是用户只需知道域名就可以访问到对应域名所提供的服务的原因。通常将名字服务器称为域名服务器（Domain Name Server），也即 DNS 服务器。相应地，请求域名解析服务的软件叫名字解析器（Name Resolver）。

与域名系统相同，域名服务器也是有层级性的。一个域名服务器一般只包括本网络内的域名记录和其他域名服务器的 IP 地址，而其他网络的域名则交由相关的另一域名服务器处理。按照所在域名的层级位置和权限，域名服务器又分为根域名服务器、顶级域名服务器、授权域名服务器和本地域名服务器等。域名的查询方式主要有迭代式查询和递归式查询两种。迭代式查询的工作机制如图 4-10 所示。

由迭代式查询机制可知，这种域名查询下，本地域名服务器要多次地替某工作站代为发出地址查询请求，又多次接到转向新地址所对应的服务器进行查的通知和要求，直到最后得到所要域名的 IP 地址，容易造成本地域名服务器的负荷过重。

递归式查询的工作机制如图 4-11 所示。

递归式查询，不需要多次的查询和转向构成的反复。该查询方式下的查询和反馈路线构成一个循环，问题即得到解决，不会像前面的迭代式查询，有一个负荷过重的“结点”存在。

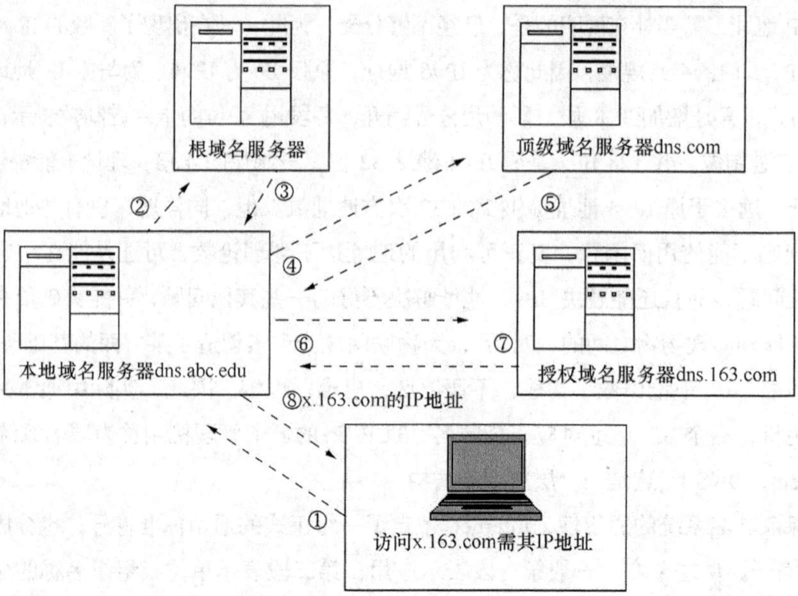

图 4-10　DNS 迭代式查询

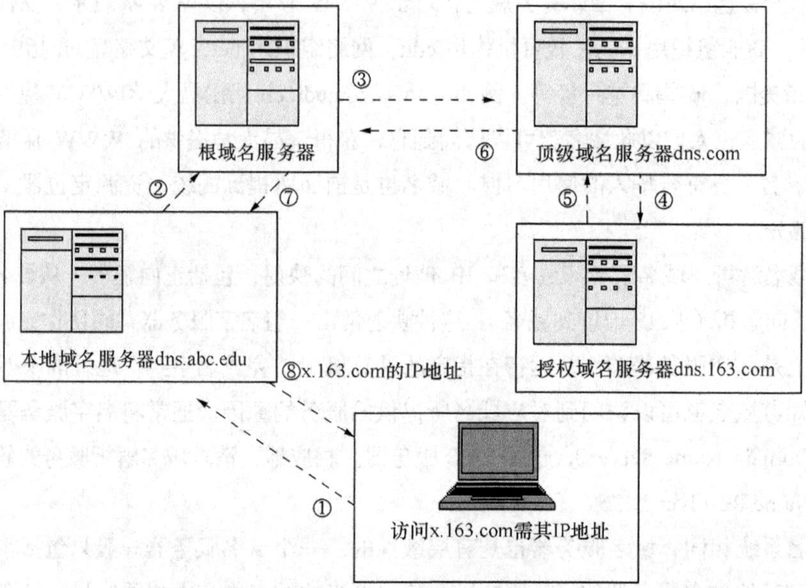

图 4-11　DNS 递归式查询

第四节　接口基础设施的实现技术

WWW 技术与数据库技术结合，不仅集中了它们的优点，还充分利用了已有的数据库信息资源，使用户在 Web 浏览器上方便地检索和浏览数据库内容。这种数据库就是 Web 数据库，能提供很强的动态性信息服务。WWW 技术与数据库技术的互补性决定了相互融合是其发展的必然趋势。实现 Web 数据库，最重要的是应用能使客户端（Web 浏览器）、WWW 服务器与 Web 数据库之间顺畅、安全连接的中间件技术，即本节要介绍的接口基础设施。目前，这种连接主要有 3 种技术方案。

第一种，客户端方案。该方案一般采用把应用程序下载到客户端运行，在客户端直接访问 Web 数据库服务器，例如：Java Applet、DHTML 等。

第二种，服务器端方案。该方案是在 WWW 服务器端提供中间件来连接 WWW 服务器与 Web 数据库服务器。它能直接调用外部程序或脚本代码来访问数据库，因此可提供与数据库相关的动态 HTML 页面，或执行用户查询，并将查询结果转化成 HTML 页面，通过 WWW 服务器返回给 Web 浏览器。常用的中间件技术有 CGI、API、Java/JDBC、ASP/ASP.NET、PHP、JSP 等等。3 种方案中，服务器端方案应用较为广泛。

第三种，上述两种方案的组合。该方案是在 WWW 服务器端提供中间件，同时将应用程序的一部分下载到客户端并在客户端通过 WWW 服务器及中间件访问 Web 数据库。

一、CGI 技术

通用网关接口（Common Gateway Interface，CGI）是一种应用最早、技术成熟的 Web 数据库连接技术。它作为 WWW 服务器与 Web 数据库服务器的中间件，负责管理两者的通信并提供应用程序服务。应用 CGI 技术的 Web 数据库访问机制如图 4-12 所示。

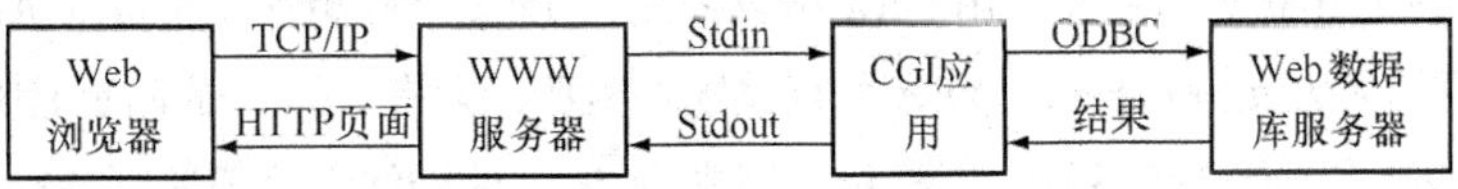

图 4-12　CGI 应用示意图

上述流程为：用户通过浏览器用 HTTP 以 Form 表单的形式向 WWW 服务器发出对 Web 数据库进行操作的请求；WWW 服务器接收后对 CGI 执行相应的操作；CGI 向 Web 数据库服务器转发该操作请求，数据库执行相应的操作；Web 数据库服务器将服务请求返回给 CGI；CGI 将操作结果转化为 Web 网页形式返回给 WWW 服务器；WWW 服务器再通过 HTTP 将网页传给用户的浏览器显示出来。

CGI 常用的开发语言有 Delphi、Perl、VB、C/C++等。CGI 技术的优点是具有通用的标准，几乎所有的 WWW 服务器都支持此标准，移植性好，且使用时间长，技术成熟，应用广泛，有较好的安全性。但也有缺点：程序运行效率不高，不易开发，功能有限，不易调试和检错；用户与数据库交互必须通过 WWW 服务器，CGI 程序的每次请求都会在服务器上产生一个进程，当用户增多时容易产生瓶颈。

二、ASP 技术

动态服务器网页（Active Server Pages，ASP）是微软公司推出的用以取代 CGI 的技术，它结合了传统 CGI 程序与 API 技术的优点，是一个 WWW 服务器端的脚本环境，用它可编制动态的、交互的、高性能的 WWW 服务器应用程序。这些程序全部在 WWW 服务器端运行，与用户的浏览器无关。工作原理是：在 HTML 基础上，增加 ASP 语言和脚本语言，然后由 WWW 服务器解释成静态的 HTML 标准文件，返回给浏览器；当遇到访问数据库的脚本命令时，ASP 通过 ActiveX 组件 ADO(ActiveX Data Objects)与数据库对话，并将执行结果动态生成一个 HTML 页面返回服务器，以响应客户端浏览器的请求。其工作机制如图 4-13 所示。

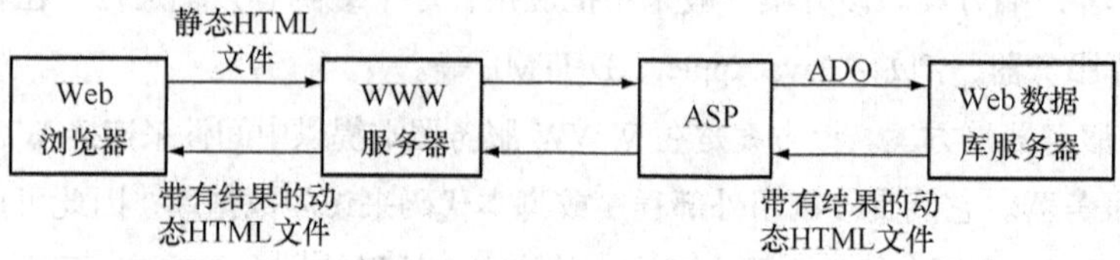

图 4-13　ASP 接口技术应用示意图

ASP 程序易于修改和测试，无需手工编译和连接，直接建立在 WWW 服务器中，并作为 WWW 服务器的一个服务运行，支持多用户、多线程。由于它在 WWW 服务器端运行，和浏览器无关，所以它支持任何一种浏览器。其主要缺点是只能在微软的 WWW 服务器上运行。

三、Java/JDBC 技术

Java 是一种可以用来编写跨平台应用软件的面向对象的程序设计语言。Java 语言伴随着 Internet 的迅猛发展而流行，逐渐成为重要的 Internet 编程语言。Java 编程语言的风格十分接近 C++，继承了 C++语言面向对象技术的核心，在其他方面又有所改进。运用 Java 语言可以在任何系统平台上建立应用程序，用 Java 语言编写的 Java 小应用程序（Java Applet）纷纷得到 WWW 厂商的大力支持。Java Applet 可直接嵌入网页，含有 Applet 的网页其 HTML 文件代码中带有<applet>和</applet>这样一对标记，当支持 Java 的网络浏览器遇到这对标记时，就将下载相应的小应用程序代码并在本地计算机上执行该 Applet，便可以实现图形绘制，字体和颜色控制，动画和声音的插入，人机交互及网络交流等功能。

JDBC（Java DataBase Connectivity）是由一组用 Java 编写的类与接口构成，它扩充了 Java 语言访问数据库的能力，使得程序员可以用纯 Java 来编写数据库应用系统。Sun 公司在 1996 年推出的在 Java 语言中访问数据库的标准——应用程序编程接口（AccessProcess Interface，API），即 JDBC API。它是一种基于 SQL 的 Java 接口，定义了一系列 Java 类，用来表示数据库连接、SQL 语句、结果集、数据库元数据等，能够使 Java 编程人员发送 SQL 语句和处理返回结果。现在 API 已经被大多数主流数据库所采用。Java/JDBC 技术的工作机制如图 4-14 所示。

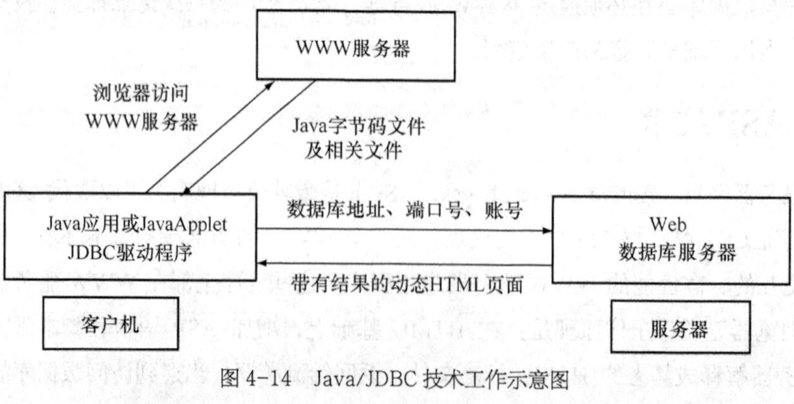

图 4-14　Java/JDBC 技术工作示意图

图 4-14 用文字描述为：客户机浏览器首先访问 WWW 务器，下载 Java 字节码文件，并将 Applet 相关类的字节码文件和 JDBC 接口字节码下载到客户端，然后与 WWW 服务器脱离；接着，Applet 根据数据库地址、端口号和账号与 Web 数据库服务器连接进行交互，Web 数据库服务器将结果以 HTML 页面返回给客户机浏览器。

由此可见，其特点是，在客户机上运行 Java Applet 通过 JDBC 技术可以绕过 WWW 服务器直接与 Web 数据库服务器连接，用户与数据库服务器的交互由浏览器直接完成，能提高数据库访问效率。但 JDBC 存在的主要问题是 Java 程序需要 Java 虚拟机（Java VirtualMachine，JVM）解释执行，又会影响到执行效率。

四、其他技术

PHP 技术是一种服务器端 HTML 嵌入式的脚本语言，是真正跨平台、跨服务器的面向 Internet 的动态网页开发语言，可以在多种操作系统平台及 WWW 服务器中使用。它的工作原理与 ASP 类似，它的代码自身就封装在 WWW 页面中，可轻松地与 WWW 服务器通信，能快捷、方便地制作出功能强大的动态页面。但 PHP 没有组件的支持，所有开发都基于脚本技术，源代码无法编译，因此无法适应大型企业应用的开发。而且，PHP 提供的数据接口支持不统一，更换数据库时必须更换编码才能运行。

JSP 技术与 ASP 动态页面技术较为相似，在 WWW 服务器端 HTML 页面中加入 Java 代码和 JSP 标记，成为 JSP 页面。WWW 服务器在响应 JSP 页面请求时，首先执行其中的 Java 代码，然后将执行结果以动态 HTML 格式返回给客户。Java 代码可以访问数据库、重定向页面、发送电子邮件等，且都在 WWW 服务器上运行，客户仅仅得到结果，所以，JSP 对客户浏览器的要求也较低。

综合案例

数据挖掘在大型超市中的应用

随着经济的发展，我国的许多大型零售企业纷纷崛起。各大型超市每天都积累了海量的数据，导致“数据丰富，知识贫乏”。利用数据挖掘技术（即按照既定的业务目标对大量的数据进行探索，揭示隐藏在其中的规律性并进一步将之模型化的先进、有效的方法）可以帮助超市的高级管理人员及时、准确地了解顾客的需求模式，并预测未来，从而获得巨大的利润，并提高自己的竞争力。

假定一家大型超市的高级管理人员想知道每天超市的销售情况，以及顾客的购买模式，可以通过顾客的特征，采取相应的优惠政策，增加顾客满意度和顾客保有率。如果只靠以前的传统人工技术，从巨大的购买信息中找出相应的答案，就像大海里捞针，非常困难。数据挖掘技术可以帮助解决这一难题。数据挖掘的主要工作流程如下：

一、数据挖掘前的准备

（一）数据挖掘前所要解决的问题是什么

在超市中，数据挖掘所能解决的问题包括商品的出售情况、顾客的购买行为和习惯、商品摆放、货架安排、购买特定商品的顾客的特征、类型等。北京某超市高级管理人员通过商品的销售情况来增加顾客满意度和顾客保有率。为了促进商品的销售，该超市实行会员卡服务，分成 4 个等级：金卡、银卡、铜卡和普通卡。对顾客实行了优惠政策，以便更好地为顾客提供服务，满足顾客的期望。问题归结为分析当前销售事务，找出顾客人口统计信息与所申请的卡之间的关系。

（二）相关数据的收集

根据上述问题收集有关的数据，需要收集的数据包括顾客信息，如识别号码、姓名、性别、生日、婚姻状况、收入、教育程度、会员卡类型、经济状况、联系电话和住址等；产品信息，如识别号码、名称、品牌名称、规格、单位数量、重量、单价、库存量和销售量等。这些数据通过整合、集成、存入数据仓库，形成分析型数据。

（三）数据的预处理（提取、清洗、转换、加载）

在确定数据仓库的信息需求后，首先进行数据建模，然后确定数据源从数据库到数据仓库的数据提取、清洗、转换、汇总和加载。

（四）数据仓库的逻辑模型

超市数据仓库的建立类似于证券市场数据仓库的建立。数据仓库的数据是面向主题的，数据仓库的设计应围绕主题展开，最常用的“星状模型”，也可采用“雪花模型”。……从顾客这个主题出发，设计一个如图 4-15 所示的雪花结构的模型。

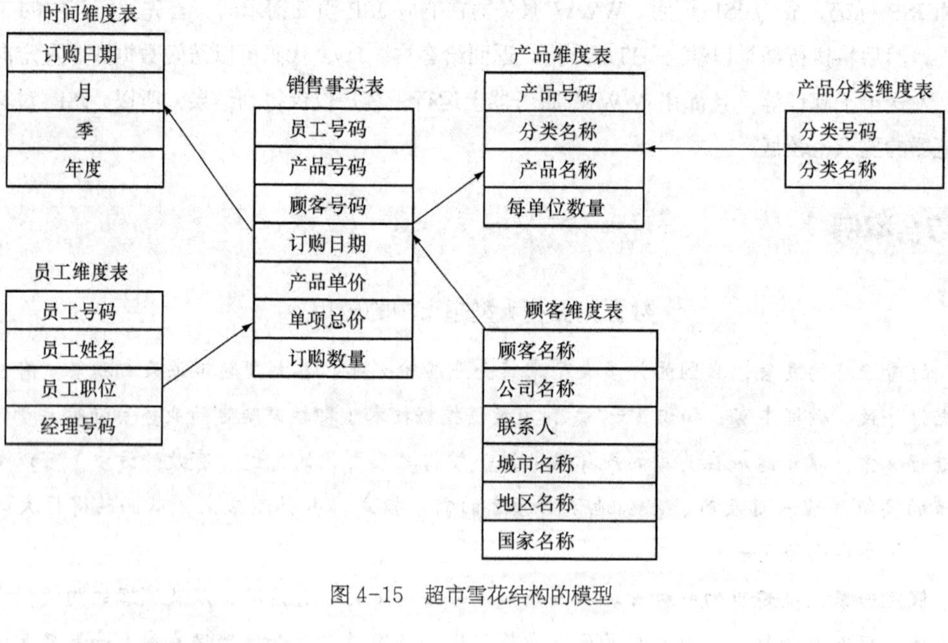

图 4-15　超市雪花结构的模型

二、数据挖掘算法的选择

这里用到决策树方法。决策树代表着决策集的树状结构，是利用信息论中的互信息（信息增益）寻找数据库中具有最大信息量的属性字段，建立决策树的一个结点，再根据该属性字段的不同取值建立树的分枝；在每个分支子集中重复建立树的下层结点和分支。其目的是确定理想的决策树，而获得理想决策树的算法就是应选择的。最后，根据选定的数据挖掘算法对经过处理的数据仓库中的数据进行模式提取，即数据挖掘。

三、结果输出

输出结果的方式有多种，根据用户的不同需要，可以用统计报表的形式给出；也可以进行文字描述，图线图表；还可以作为某一事件的触发器，或用来构成一个应用的部分。从上述给的数据仓库中抽取 10000 个顾客，由于涉及个人隐私问题，有事务记录的有 7635 个顾客，从顾客维度表入手，由决策树算法，依次得到三张统计报表形式表示的结果。如表 4-4、表 4-5、表 4-6 所示。

表 4-4　所有顾客会员卡类型分布

会员卡类型	事例	可能性（%）	会员卡类型	事例	可能性（%）
全部	7635	100	铜卡	4260	55.8
金卡	878	11.5	普通卡	1779	23.3
银卡	713	9.34	缺失	5	0.06

表 4-5　月薪收入≥10000 元未婚顾客的会员卡类型分布

会员卡类型	事例	可能性（%）	会员卡类型	事例	可能性（%）
全部	122	100	铜卡	5	4.72
金卡	60	48.03	普通卡	0	0.79
银卡	57	45.67	缺失	0	0.79

表 4-6　月薪收入≥10000 元已婚顾客的会员卡类型分布

会员卡类型	事例	可能性（%）	会员卡类型	事例	可能性（%）
全部	67	100	铜卡	2	4.17
金卡	59	83.33	普通卡	0	1.39
银卡	6	9.72	缺失	0	1.39

综合这几张统计报表，在“月薪收入在 1000～1500 元”间的顾客中，有 91.76%的顾客可能会选择普通卡。这意味着在树的这个分支中，月薪收入是决定顾客选择普通卡的可能性的最重要因素。另外也可以查看的树的其他分支并调查顾客选择一种卡而不选择另一种卡的可能性。超市的高级管理人员，可以利用此信息来确定最可能选择某种类型卡的顾客的特征。根据这些地特征，可以提供相应的会员卡服务，以便更好地适应其顾客。

随着经济的发展，数据挖掘在大型超市中的应用会越来越广。但与此同时也存在一些有利和不利的因素，由于数据本身的局限性，无法对每一个顾客每次消费情况进行跟踪调查，因此数据广度有限；另外有些数据很难得到（如涉及顾客隐私的情况），数据的深度有限。但从实际操作的角度考虑，虽然持卡消费的顾客仅是全部顾客的一部分，但确实是有代表性的顾客群，而且往往是较稳定的顾客群。通过对这些情况的分析，使得目标市场更清晰，为企业决策提供很好的帮助。

资料来源：高洪深编纂的《决策支持系统（DSS）案例集》

结合本案例请分析：

1. 数据挖掘的基础是什么？
2. 本案例中数据挖掘成功的关键因素有哪些？

思考题

1. 什么是 EDI 技术？它的发展趋势怎样？
2. 请设计本班同学或其他你较熟悉的一类事物的关系模型并建立它的一个 SQL 数据库。
3. 请思考自己收发电子邮件的工作机制并表述出来。
4. 请描述电子邮件技术中 SMTP/MIME、POP3/IMAP 的含义及之间的联系。
5. 程序设计中有哪几种基本的逻辑控制结构？

问题扩展

1. 请思考和描述你所知道的无线局域网。
2. 查找能成功运行的一个 XML 源程序，并分析它的功能及内部算法。
3. 去发现一个与电子商务有关的新的 IT 技术，对它做介绍并描述其实际运用。

第五章 电子交易与支付

随着电子商务的发展和网络规模的扩大以及应用复杂性的迅速提高，电子交易与支付是电子商务活动中必不可少的一环，具有较强的生命力。本章将系统介绍电子交易的各个领域，深入浅出，使读者能够综合运用各种电子交易技术，宏观规划和构建电子交易体系，实施和运营电子交易系统，完成电子交易系统上的服务与管理。

第一节 电子交易概述

一、电子交易的概念

在电子商务中没有哪一部分比电子交易更引人注目了。所谓电子交易就是指在网上进行买卖交易。电子交易将不再是简单地开辟一条新的网上销售渠道。它将采用技术手段改善您的企业模式、增加企业收入和效率；它将降低经营成本并能帮助企业与客户、供货商以及合作伙伴建立更为密切的合作关系。这样一来，您可以在网上将经销商和生产厂家联系起来，从而优化交易过程，减少文书工作。您也可以通过建立与供货商直接联系的网络而获利，从而削减库存和运输消耗，快速响应用户要求。您还可以通过网上账单和支付系统改善与客户和供应商的关系。

这样，企业不但赢得客户的信任，更能提高订货效率、降低库存损耗、保持资金全部周转和降低实际销售支出，进而降低成本、增加利润。

电子交易将不再是简单地开辟一条新的网上销售渠道。它将降低经营成本并能帮助企业与客户、供货商以及合作伙伴建立更为密切的合作关系。电子交易使您能够在增加收入的同时建立起客户忠诚度，通过提高订单处理效率得以降低成本。降低库存和库房开支的同时还能保持满货率并降低销售交易的实际成本。

二、电子交易的特点

与传统商务形式相比，电子交易有以下几个特点。

（1）市场全球化。凡是能够上网的人，无论是在南非上网还是在北美上网，都将被包容在一个市场中，有可能成为上网企业的客户。

（2）交易的快捷化。电子商务能在世界各地瞬间完成传递与计算机自动处理，而且无须人员干预，加快了交易速度。

（3）交易虚拟化。通过以互联网为代表的计算机互联网络进行的贸易，双方从开始洽谈、签约到订货、支付等，无须当面进行，均通过计算机互联网络完成，整个交易完全虚拟化。

（4）成本低廉化。由于通过网络进行商务活动，信息成本低，足不出户，可节省交通费，且减少了中介费用，因此整个活动成本大大降低。

（5）交易透明化。电子商务中的双方的洽谈、签约，以及货款的支付、交货的通知等整个交易过程都在电子屏幕上显示，因此显得比较透明。

（6）交易标准化。电子商务的操作要求按统一的标准进行。

（7）交易连续化。国际互联网的网页，可以实现 24 小时的服务。任何人都可以在任何时候向网上企业查询信息，寻找问题的答案。企业的网址成为永久性的地址，为全球用户提供不间断的信息。

三、电子交易与传统交易的区别

电子交易和传统交易本质上都是商品、服务、信息等的买卖过程，两者业务流程也相似，但由于电子交易采用了信息技术，使得电子交易与传统交易在以下几方面有所不同。

（1）信息获取与传输方式不同。传统交易过程中，买卖双方通过传统媒介如报纸、纸质目录、往来信函等方式传输信息，使得双方难以充分地沟通、协调，增加了交易时间、费用和交易风险；而在电子交易中，信息的传输都是电子化的、即时的、交互式的，极大地提高了信息传递的速度，方便了双方的沟通和协调，节约了交易时间、费用，降低了交易风险。

（2）签约方式不同。传统交易需要双方进行多轮的面对面沟通、谈判，出差成为销售代表的代名词；而电子交易可开展网上谈判，签订电子合同。

（3）下单与订单履行方式不同。在电子交易中，客户可通过供应商的门户网站直接下单，方便快捷；而企业可通过 ERP 系统将订单系统与库存系统、生产系统集成在一起，在在线接收到客户订单后，可以通过企业内联网在线检查库存中是否有存货，也可指令生产系统组织生产，然后确定如何交付产品，客户还可选择电子支付。

（4）交易机制不同。一些在传统交易中难以实现的交易机制却被电子交易广泛使用，如拍卖、逆拍卖、由你定价、定制等。

（5）售后服务不同。传统交易中，许多服务需要上门完成，但电子交易可通过网络指导、培训，使客户自己完成某些原本需要供应商完成的服务。购物体验的交流方式也与传统方式存在着明显差异。

四、电子交易的过程

（一）企业电子交易过程

企业的电子交易与传统交易方式一样也需要经过四个阶段，即交易前的准备阶段、磋商阶段、签约及办理交易手续阶段、合同履行及索赔阶段。企业电子交易过程，如图 5-1 所示。

1．交易前的准备阶段

电子交易的第一阶段主要是指买卖双方和参加交易各方在签约前的准备活动。

（1）买方根据自己要买的商品，准备购货款，制定购货计划，进行货源市场调查和市场

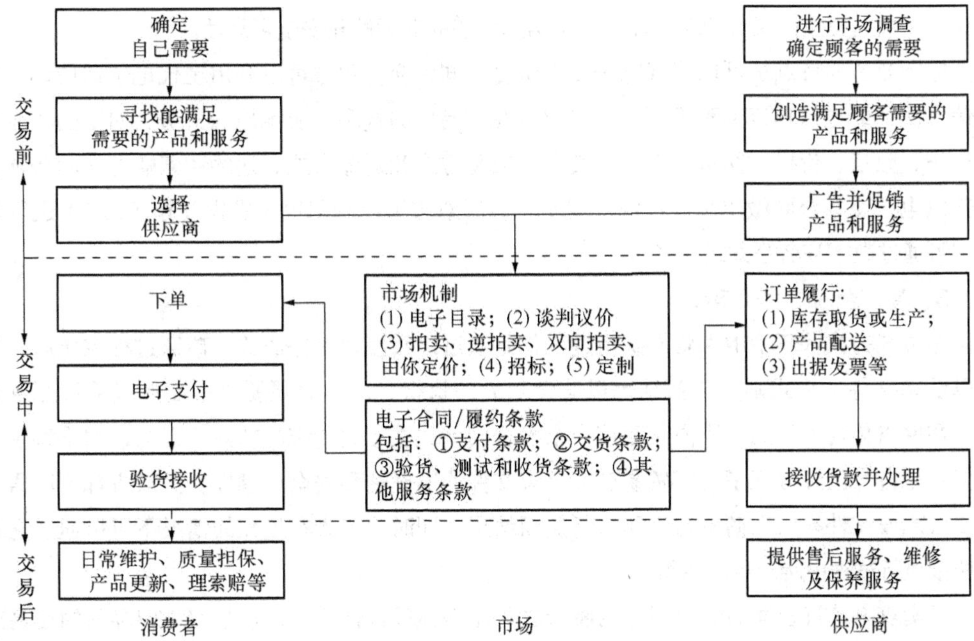

图 5-1 电子交易的过程

分析，反复进行市场查询，了解各个卖方国家的贸易政策，反复修改购货计划和进货计划，确定和审批购货计划。在按计划确定购买商品的各类、数量、规格、价格、购货地点和交易方式等，尤其要利用 Internet 和各种电子网络寻找自己的商品和商家。

（2）卖方根据自己所销售的商品，召开商品新闻发布会，制作广告进行宣传，全面地进行市场调查和市场分析，制定各种销售策略和销售方式，了解各个买方国家的贸易政策，利用 Internet 在各种电子商务网络上发布商品广告，寻求贸易伙伴和贸易机会，扩大贸易范围和商品所占市场的份额。其他参加交易各主体有中介方、银行金融机构、信用卡公司、海关系统、商检系统、保险公司、税务系统、运输公司，也都为进行电子商务交易做好准备。在电子商务系统中，信息的交流通常都是通过双方的网址和主页来完成的。这种信息的沟通方式无论从效率上，还是从时间上都是传统方法无法比拟的。

2．交易磋商

在商品的供需双方都了解到了有关商品的供需信息后，具体商品交易磋商过程就开始了。在传统的工业化社会中，贸易磋商过程往往都是贸易单证的传递过程。这些单证均反映了商品交易双方的价格意向、营销策略、管理要求及详细的商品供需信息。通过邮寄的单证传递是贸易磋商中很费时费力的过程，特别是在贸易磋商回合较多的情况下更是如此。用电话虽然能够达到磋商的目的，但是磋商的结果仍然需要用传递纸面单证的方式来完成。用传真虽然能够达到直接传递纸面单证的目的，但是传真的安全保密性和可靠性不足，一旦发生贸易纠纷，传真件不足以作为法庭仲裁的依据。

在传统的技术条件下，邮寄就成了重要贸易文件传递的唯一途径。而在网络化环境下就不同了。整个商贸磋商的过程可以在网络和系统的支持下完成。原来商贸磋商中的单证交换过程，在电子商务中演变为记录、文件或报文在网络中的传递过程。各种各样的电子商务系统和专用数据交换协议自动地保证了网络信息传递的准确性和安全可靠性。

电子商务的特点是可以签订电子商务贸易合同，交易双方可以利用现代电子通信设备和通信方法，经过认真谈判和磋商后，将双方在交易中的权利、所承担的义务、对所购买商品的种类、数量、价格、交货地点、交货期、交易方式和运输方式、违约和索赔等合同条款，全部以电子交易合同做出全面详细的规定，合同双方可以利用电子数据交换（EDI）进行签约，可通过数字签名等方式签名。

3．签订合同与办理手续

在传统的技术环境中，贸易磋商过程都是通过口头协议来完成的。磋商过程完成后，为了以法律文件的形式确定磋商结果以监督双方的执行，双方必须要以书面形式签订商贸合同。在网络化环境下的电子商贸系统中书面合同就失去了它传统的功效。因为，网络协议和应用系统自身已经保证了所有贸易磋商日志文件的准确性和安全可靠性。故双方都可以通过磋商日志或文件来约束商贸行为和执行磋商结果。同时第三方在授权的情况下可以通过它们来仲裁执行过程中所产生的纠纷。

买卖双方签订合同后到合同开始履行之前还需办理各种手续，也是双方贸易前的交易准备过程。交易主要涉及的有关各方，以及可能要涉及的中介方、银行金融机构、信用卡公司、海关系统、商检系统、保险公司、税务系统、运输公司等，买卖双方要利用 EDI 与有关各方进行各种电子票据和电子单证的交换，直到办理完可以将所购商品从卖方按合同规定开始向买方发货的一切手续为止。

4．合同的履行和支付过程

这一阶段是从买卖双方办完所有各种手续之后开始，卖方要备货、组织货源，同时进行报关、保险、取证等；买方将所购商品交付给运输公司包装、起运、发货，买卖双方可以通过电子商务服务器跟踪发出的货物；银行和金融机构也按照合同，处理双方收付款、进行结算，出具相应的银行单据等，直到买方收到自己所购商品，完成整个交易过程。

传统商贸业务中的支付过程有两种形式：一种是用支票方式，这种方式多用于企业与企业间的商贸过程；另一种是现金方式，这种方式比较简单，常用于企业（主要是商业零售业）对个体消费者的商品零售过程。在实际操作过程中，现金支付方式非常简单，而支票方式则较为复杂，它涉及双方单位和它们的开户银行等多家单位。

（二）消费者的电子交易过程

消费者在网上购物，他的一次完整的电子交易，可以用以下步骤来描述。

（1）费者浏览网站，寻找商品；

（2）将选购好的商品放入购物车；

（3）检查购物车，下订单；

（4）按要求填写用户表单信息，如送货地址，联系方式等，确认后提交订单；

（5）消费者完成付款；

（6）商家确认订单，配货、送货；

（7）消费者验货、收货，完成交易。

第二节 电子支付

随着全球电子商务的蓬勃发展，作为电子商务基础的电子支付在最近几年已被人们普遍接受。目前，网络银行、数字现金、电子钱包、银行卡等已经突破传统支付方式的局限性，具有更加快捷的支付方式、低廉的支付成本、更高的支付效率。这些优势使得传统支付方式正日益被电子支付所代替。

一、电子支付的定义

电子支付是指电子交易的当事人，包括消费者、厂商和金融机构，使用安全电子支付手段，通过网络进行的货币支付或资金流转。

电子支付方式的出现要早于互联网，银行进行电子支付的 5 种形式分别代表着电子支付发展的不同阶段。

第一阶段是银行间采用安全的专用网络进行电子资金转账（EFT），即利用通信网络进行账户交易信息的电子传输，办理结算。

第二阶段是银行计算机与其他机构计算机之间资金的结算，如代发工资，代交水费、电费、煤气费、电话费等业务。

第三阶段是利用网络终端向用户提供各项银行服务，如用户在自动柜员机（ATM）上进行取、存款操作等。

第四阶段是利用银行销售点终端（POS）向用户提供自动扣款服务，这是现阶段电子支付的主要方式。

第五阶段是最新发展阶段，电子支付可随时随地通过互联网络进行直接转账结算，这一阶段的电子支付称为网上支付。

二、电子支付的特点

传统的支付方式，如邮局汇款、银行电汇、货到付款等，一般都采用现金和票据等工具进行支付。这种传统的支付结算运作成本高，凭证传递时间长，在途资金积压大，资金周转慢，处理效率低。与传统的支付方式相比较，电子支付具有以下特点。

（1）电子支付是采用先进的信息技术来完成信息传输的，其各种支付方式都是采用数字化的方式进行款项支付的，而传统的支付方式则是通过现金的流转、票据的转让及银行的汇兑等物理实体的流转来完成款项支付的。

（2）电子支付的工作环境是基于一个开放的系统平台（如互联网）之上，而传统支付则是在较为封闭的系统中运作。

（3）电子支付使用的是最先进的通信手段，如互联网、外联网；传统支付使用的则是传统的通信媒介。电子支付对软、硬件设施的要求很高，而传统支付则没有这么高的要求。

（4）电子支付具有方便、快捷、高效的优势。用户只要拥有一台联网的计算机，足不出户便可在很短的时间内完成整个支付过程。电子支付可以完全突破时间和空间的限制，可以满足每周 7 天，每天 24 小时的工作模式。

三、电子支付的类型

电子支付的业务类型按电子支付指令发起方式分为网上支付、电话支付、移动支付、销售点终端交易、自动柜员机交易和其他电子支付。

（一）网上支付

网上支付是电子支付的一种形式。广义地讲，网上支付是以互联网为基础，利用银行所支持的某种数字金融工具，发生在购买者和销售者之间的金融交换，而实现从购买者到金融机构、商家之间的在线货币支付、现金流转、资金清算、查询统计等过程，由此电子商务服务和其它服务提供金融支持。

（二）电话支付

电话支付是电子支付的一种线下实现形式，是指消费者使用电话（固定电话、手机、小灵通）或其他类似电话的终端设备，通过银行系统就能从个人银行账户里直接完成付款的方式。

（三）移动支付

移动支付是使用移动设备通过无线方式完成支付行为的一种新型的支付方式。移动支付所使用的移动终端可以是手机、PDA、移动 PC 等。

第三节　电子支付工具

随着计算机技术的发展，电子支付的工具越来越多。电子商务环境下常用的电子支付工具主要有电子现金、电子钱包、电子银行卡、电子支票等。

一、电子现金

（一）电子现金的概念

电子现金（Electronic Cash，E-cash），又称为电子货币（E-money）或数字货币（Digital Cash），是一种非常重要的电子支付系统。它可以被看做是现实货币的电子或数字模拟。电子现金以数字信息形式存在，通过互联网流通，但比现实货币更加方便、经济。它最简单的形式包括三个主体：商家、用户、银行。

第一个电子现金方案是由 David Chaum 在 1982 年提出，他利用盲签名技术来实现，可以完全保护用户的隐私权。但这种完全匿名的电子现金也为许多不法分子提供了方便，他们利用电子现金的完全匿名性进行一些违法犯罪活动，例如贪污、非法购买（如购买毒品、军火等）、敲诈勒索等。警方即便拿到赃款，也不能抓出犯罪分子。基于这个原因，合理的电子现金系统应该是不完全或条件匿名的。1995 年，Stadler 等人提出了公平盲签名（Fair Blind

Signature）的概念，可以用于条件匿名的支付系统。1996 年，Camenisch 等人和 Frankel 等人分别独立地首次提出了公平的离线电子现金（Fair Off-line Electronic Cash）的概念，同时给出了两个方案。公平电子现金中的用户的匿名性是不完全的，它可以被一个可信赖的第三方（TTP）撤销，从而可以防止利用电子现金的完全匿名性进行的犯罪活动。

（二）电子现金的性质

电子现金在经济领域起着与普通现金同样的作用，对正常的经济运行至关重要。电子现金应具备以下性质。

（1）安全性。电子现金的安全性不是只靠物理上的安全来保证的，作为高科技产物它融合了现代密码技术，提供了加密、认证、授权等机制，只限合法人使用，防伪能力强，安全性高。

（2）便利性。电子现金在使用过程中不受时间、地点的约束，可以完全脱离实物载体，使用起来非常方便。

（3）不可重复花费。电子现金只能使用一次，重复花费能被容易地检查出来。

（4）匿名性。银行和商家相互勾结也不能跟踪电子现金的使用，就是无法将电子现金的用户购买行为联系到一起，从而隐蔽电子现金用户的购买历史。

（5）不可伪造性。用户不能造假币，包括两种情况：一是用户不能凭空制造有效的电子现金；二是用户从银行提取 N 个有效的电子现金后，也不能根据提取和支付这 N 个电子现金的信息制造出有效的电子现金。

（6）可传递性。用户能将电子现金像普通现金一样，在用户之间任意转让，且不能被跟踪。

（7）可分性。电子现金不仅能作为整体使用，还能被分为更小的部分多次使用，只要各部分的面额之和与原电子现金面额相等，就可以进行任意金额的支付。

（三）电子现金的支付流程

用 E-cash 作为典型的电子现金来进行网上支付，其流程大致是。

（1）客户需要先在其电子钱包软件中储存 E-cash 货币，即一定数量的电子现金；

（2）客户浏览商户的站点，确定欲购物品的品类、数量及价格等；

（3）客户通过商户的站点递交一份购物表格；

（4）商家收到订单后，即向客户电子钱包发送支付请求，请求内容包括有订单金额、可用币种、当前时间、商户银行、商户的银行账户 ID 及订单描述等；

（5）客户钱包将上述信息呈现给客户，请求是否付款；

（6）客户同意付款，则将从电子钱包中采集与请求金额值相等的货币；

（7）在将所要支付给商户的货币值送给商户之前，须用银行的公用密钥加密；

（8）商户将接收的货币值送给银行存入自己的账户。在先送往商户、后送给银行的支付信息中包含有关支付和加密的货币值的信息；

（9）在商户存款期间，支付信息与加密货币一起被送往银行；

（10）在收到支付信息后，作为存入请求的一部分，商户将其送往银行。客户可以用类似的存入信息格式向银行返回专用货币；

（11）在收到有效支付后，商户给用户发送所购商品或收据。

电子现金支付模式如图 5-2 所示。

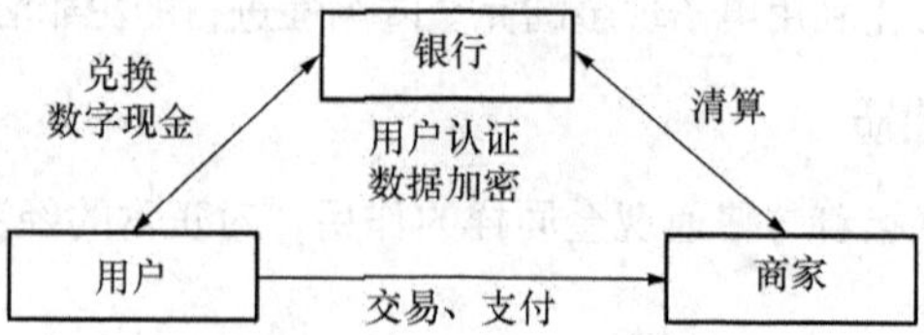

图 5-2　电子现金支付模式

二、电子钱包

（一）电子钱包的概念

电子钱包是电子商务购物活动中常用的一种支付工具，它适于小额购物。电子钱包有两种概念：一是纯粹的软件，主要用于网上消费、账户管理，这类软件通常与银行账户或银行卡账户是连接在一起的；二是小额支付的智能储值卡，持卡人预先在卡中存入一定的金额，交易时直接从储值账户中扣除交易金额。

电子钱包使用者通常在银行里是有账户的。在使用电子钱包时，用户先安装相应的应用软件，在该软件系统中设有电子货币和电子钱包的功能管理模块，称为电子钱包管理器，用户可以用它来改变口令或保密方式等，以及用它来查看自己银行账号上电子货币收付往来的账目、清单和其他数据。该系统中还提供了一个电子交易记录器，顾客通过查询记录器，可以了解自己的购物记录。网上购物使用电子钱包，需要在电子钱包服务系统中进行。电子商务活动中的电子钱包软件通常都是免费提供的。用户可以直接使用与自己银行账号相连接的电子商务系统服务器上的电子钱包软件，也可以通过各种保密方式利用因特网上的电子钱包软件。世界上有 Visa Cash 和 Mondex 两大电子钱包服务系统，其他电子钱包服务系统还有 Master Card Cash、Euro pay 的 Clip 和比利时的 Proton 等。

（二）电子钱包的功能

（1）个人资料管理。消费者成功申请钱包后，系统将在电子钱包服务器上为其开立一个属于个人的电子钱包档案，消费者可在此档案中增加、修改、删除个人资料。

（2）网上付款。消费者在网上选择商品后，登录到电子钱包，选择入网银行卡，向“金融联”支付网关发出付款指令来进行支付。

（3）交易记录查询。消费者可对通过“金融联”电子钱包完成支付的所有历史交易记录进行查询。

（4）银行卡余额查询。消费者可通过“金融联”电子钱包查询个人银行卡余额。

（5）商户站点链接。“金融联”电子钱包内设众多商户站点链接，用户可通过链接直接登录商户站点进行购物。

（三）电子钱包的使用流程

（1）顾客将下载的电子钱包客户端软件装入计算机系统，输入对应电子货币（数字现金、信用卡等），配置电子钱包成功。顾客使用计算机通过 Internet 网络查寻自己想购买的物品。

（2）顾客网上填写订单，并提交订单。

（3）商家电子商务网站回送订单信息。

（4）顾客确认后，用电子钱包进行支付。单击电子钱包的相应项或电子钱包图标，电子钱包立即打开，输入自己的保密口令，顾客确认是自己的电子钱包并从电子钱包中取出电子货币如选择某种信用卡来付款。

（5）信用卡支付过程采用信用卡 SET 网络支付模式进行支付结算。涉及各方的认证、信息加密传送交换。

（6）如果这张卡遭到商业银行拒绝后，顾客可以再单击电子钱包的相应项打开电子钱包，取出另一张电子信用卡，重复上述操作，完成网上支付。

电子钱包的支付流程，如图 5-3 所示。

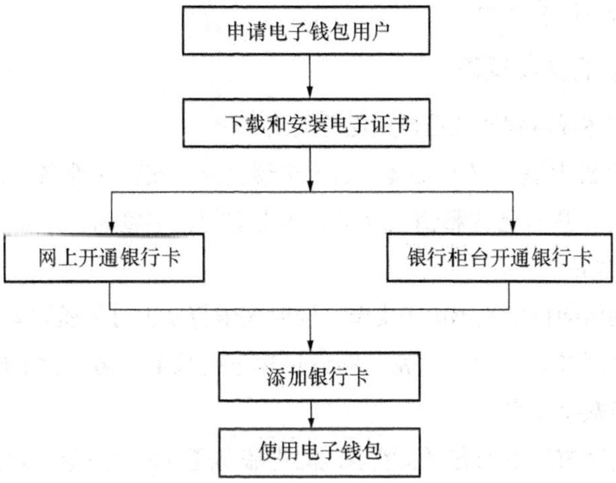

图 5-3　电子钱包的支付流程

三、电子支票

（一）电子支票的概念

电子支票又称数字支票，是纸质支票的电子替代物，它与纸质支票一样是用于支付的一种合法方式，它使用数字签名和自动验证技术来确定其合法性。监视器的屏幕上显示出来的电子支票样子十分像纸支票，填写方式也相同。支票上除了必须的收款人姓名、账号、金额和日期外，还隐含了加密信息。电子支票通过电子函件直接发送给收款方，收款人从电子邮箱中取出电子支票，并用电子签名签署收到的证实信息，再通过电子函件将电子支票送到银行，把款项存入自己的账户。

电子支票是网络银行常用的一种电子支付工具，电子支票与纸质支票一样是用于支付的一种合法方式。它使用数字签名和自动验证技术来确定其合法性。

使用电子支票进行支付，消费者可以通过计算机网络将电子支票发向商家的电子信箱，同时把电子付款通知单发到银行，银行随即把款项转入商家的银行账户。这一支付过程在数秒内即可实现。然而，这里面也存在一个问题，那就是：如何鉴定电子支票及电子支票使用者的真伪？因此，就需要有一个专门的验证机构来对此认证，同时，该验证机构还应像 CA 那样能够对商家的身份和资信提供认证。

（二）电子支票的特点

（1）电子支票与传统支票工作方式相同，简化了顾客的学习过程。电子支票保留了纸制支票的基本特征和灵活性，又加强了纸制支票的功能，因而易于理解，能得到迅速采用。

（2）加密的电子支票使它们比数字现金更易于流通，买卖双方的银行只要用公开密钥认证确认支票即可，数字签名也可以被自动验证。

（3）电子支票适于各种市场，可以很容易地与 EDI 应用结合，推动 EDI 基础上的电子订货和支付。企业运用电子支票在网上进行结算，可比其他方法降低成本；由于支票内容可附在贸易伙伴的汇款信息上，电子支票还可以方便地与 EDI 应用集成起来。

（4）电子支票技术将公共网络连入金融支付和银行清算网络。这就充分发挥了现有的金融结算基础设施和公共网络作用。

（三）电子支票的交易过程

（1）用户和商家达成购销协议选择用电子支票支付。

（2）用户在计算机上填写电子支票，电子支票上包含支付人姓名、支付人账户名、接收人姓名、支票金额等。用自己的私钥在电子支票上进行数字签名，用卖方的公钥加密电子支票，形成电子支票文档。

（3）用户通过网络向商家发出电子支票，同时向银行发出付款通知单。

（4）商家收到电子支票后进行解密，验证付款方的数字签名，背书电子支票，填写进账单，并对进账单进行数字签名。

（5）商家将经过背书的电子支票及签名过的进账单通过网络发给收款方开户银行。

（6）收款方开户银行验证付款方和收款方的数字签名后，通过金融网络发给付款方开户银行。

（7）付款方开户银行验证收款方开户银行和付款方的数字签名后，从付款方账户划出款项，收款方开户银行在收款方账户存入款项。

电子支票的支付流程，如图 5-4 所示。

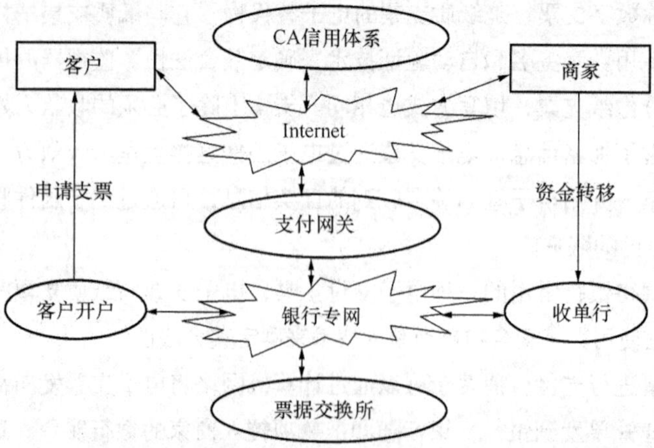

图 5-4　电子支票的支付流程

四、信用卡

信用卡是一种主要的、使用最广泛的银行卡。信用卡与其他银行卡的一个主要差别在于，信用卡不仅是一种支付工具，同时也是一种信用工具。使用信用卡可以透支消费，给用户带来了方便，但也给银行带来了恶意透支的问题。

目前，信用卡的支付主要有 4 种类型：无安全措施的信用卡支付、通过第三方代理人的支付、简单信用卡加密、SET 信用卡方式。

（一）无安全措施的信用卡支付

买方通过网络从卖方订货，而信用卡信息通过电话、传真等非网上传送，或者信用卡信息在互联网上传送，但无任何安全措施，卖方与银行之间使用各自现有的银行商家专用网络授权来检查信用卡的真伪。这种支付方式由于卖方没有得到买方的签字，如果买方拒付或否认购买行为，卖方将承担一定的风险；此外，信用卡信息可以在线传送，但无安全措施，买方（即持卡人）将承担信用卡信息在传输过程中被盗取及卖方获得信息等风险。无安全措施的信用卡支付流程，如图 5-5 所示。

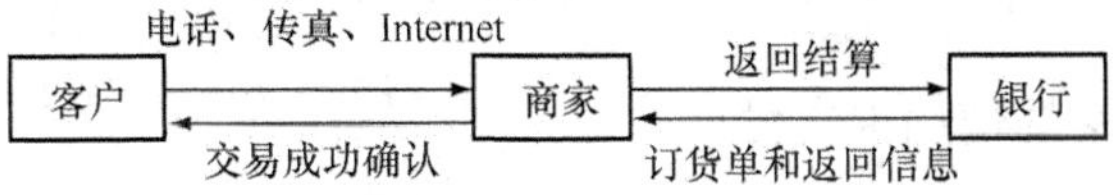

图 5-5　无安全措施的信用卡的支付流程

（二）通过第三方代理人的支付

改善信用卡事务处理安全性的一个途径就是在买方和卖方之间启用第三方代理，目的是使卖方看不到买方信用卡信息，避免信用卡信息在网上多次公开传输而导致信用卡信息被窃取。

这种方式的支付过程为：买方在线或离线在第三方代理人处开账号，第三方代理人持有买方信用卡号和账号；买方用账号从卖方在线订货，即将账号传送给卖方；卖方将买方账号提供给第三方代理人，第三方代理人验证账号信息，将验证信息返回给卖方；卖方确定接收订货。第三方代理人的支付流程，如图 5-6 所示。

Cybercash 公司提供了第三方代理人的解决方案。买方必须首先下载 Cybercash 软件，即"钱夹"（注：很多钱夹软件提供多种支付工具，里面包括信用卡、电子现金、电子支票以供选择）。

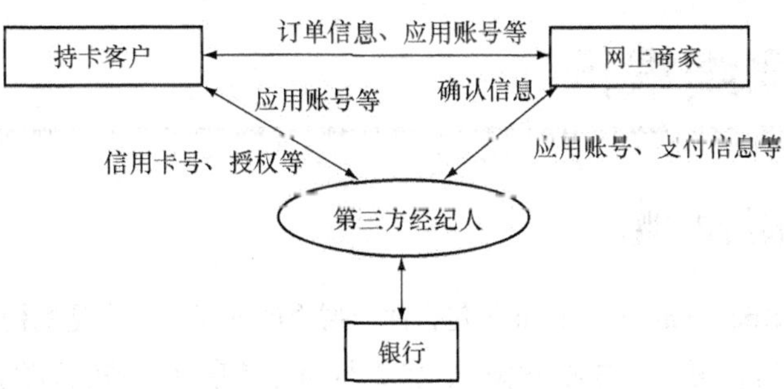

图 5-6　第三方代理人的支付流程

（三）简单加密信用卡支付

使用这种方式时，用户只需在银行开立一个普通信用卡账号。支付时，用户提供信用卡号码，当信用卡信息被买方输入浏览器窗口或其他电子商务设备时，信用卡信息就被简单加密，安全地作为加密信息通过网络从买方向卖方传递。这种付费方式给用户带来很多方便，但一系列的加密、授权、认证等信息的传送使交易成本提高，所以这种方式不适用于小额交易。简单加密信用卡支付流程，如图 5-7 所示。

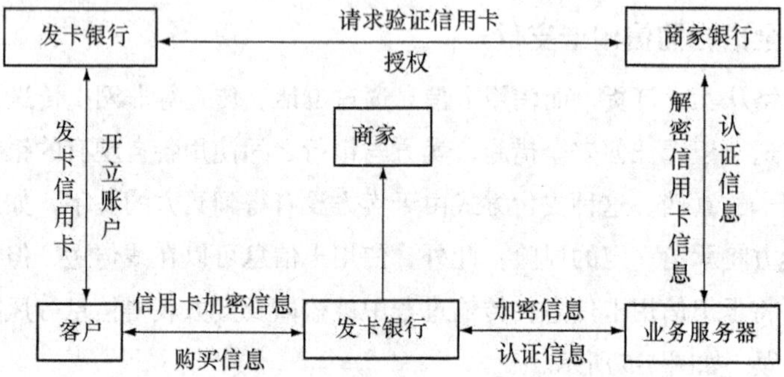

图 5-7　简单加密信用卡支付流程

（四）安全电子交易信用卡支付

安全电子交易协议的出现就是为了保障 Internet 上信用卡交易的安全性。利用 SET 给出的整套安全电子交易的过程规范，可以实现电子商务交易中的机密性、认证性、数据完整性等安全功能。由于 SET 提供商家和收单银行的认证，确保了交易数据的安全、完整可靠和交易的不可抵赖性，特别是具有保护消费者信用卡号不暴露给商家等优点，因此它成为目前公认的信用卡、借记卡的网上交易的国际标准。安全电子交易信用卡支付流程，如图 5-8 所示。

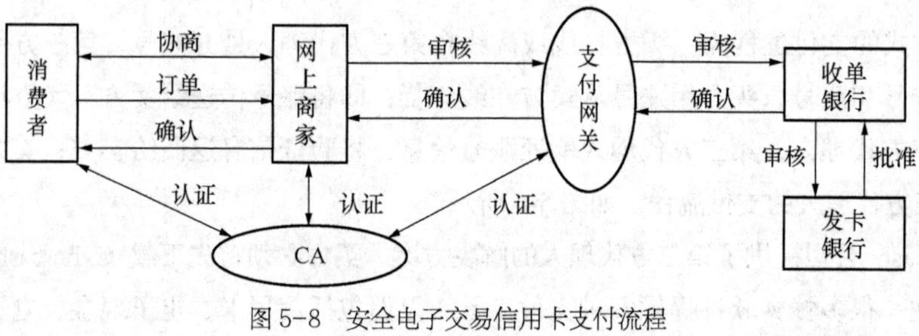

图 5-8　安全电子交易信用卡支付流程

第四节　网络银行

一、网络银行的概念

网络银行（Internet bank or E-bank）包含两个层次的含义，一个是机构概念，指通过信息网络开办业务的银行；另一个是业务概念，指银行通过信息网络提供的金融服务，包括传统银行业务和因信息技术应用带来的新兴业务。在日常生活和工作中，我们提及网络银行，更多是第二层次的概念，即网上银行服务的概念，是指银行利用 Internet 技术，通过 Internet 向客户提供开户、销户、查询、对账、行内转账、跨行转账、信贷、网上证券、投资理财等传统服务项目，使客户可以足不出户就能够安全便捷地管理活期和定期存款、支票、信用卡及个人投资等。可以说，网上银行是在 Internet 上的虚拟银行柜台。网络银行业务不仅仅是传统银行产品简单从网上的转移，其他服务方式和内涵发生了一定的变化，而且由于信息技术的应用，又产生了全新的业务品种。

二、网络银行的特点

利用计算机和通信技术实现资金划拨开始的电子银行业务已经有几十年的历史了，传统的电子银行业务主要包括资金清算业务和用 POS 网络及 ATM 网络提供服务的银行卡业务。网上银行是随着 Internet 的普及和电子商务的发展在近几年逐步成熟起来的新一代电子银行，它依托于传统银行业务，并为其带来了根本性的变革，同时也拓展了传统的电子银行业务功能。与传统银行和传统电子银行相比，网上银行在运行机制和服务功能方面都具有不同的特点。

（一）全球化、无分支机构

传统银行是通过开设分支机构来发展金融业务和开拓国际市场的，客户往往只限于固定的地域；而网上银行是利用 Internet 来开展银行业务，因此，可以将金融业务和市场延伸到全球每个角落。打破了传统业务地域范围局限的网上银行，不仅可吸纳本地区和本国的客户，也可直接吸纳国外客户，为其提供服务。正如 SFNB（Security First Net Work Bank）总裁 James Mahan 所言："任何人，只要有一台计算机，都是我的潜在客户"。

（二）开放性与虚拟化

传统电子银行所提供的业务服务都是在银行的封闭系统中运作的，而网上银行的 Web 服务器代替了传统银行的建筑物、网址取代了地址，其分行是终端机和 Internet 这个虚拟化的电子空间。因此有人称网上银行为"虚拟银行"，但它又是实实在在的银行，利用网络技术把自己与客户连接起来，在有关安全设施的保护下，随时通过不同的计算机终端为客户办理所需的一切金融业务。

（三）服务方便、快捷、高效、可靠

通过网上银行，用户可以享受到方便、快捷、高效和可靠的全方位服务。上网客户可以在家里开立账户，进行交易。网上银行实行全天 24 小时、一年 365 天不间断营业。客户可以在任何地方、任何需要的时候使用网上银行的服务，不受时间、地域的限制，即实现 3A 服务（Anywhere，Anyplace，Anytime）。银行业务的电子化大大缩短了资金在途时间，提高了资金的利用率和整个社会的经济效益。

（四）创新化

网上银行是创新化银行。在个性化消费需求日趋凸显及技术日新月异的信息时代，网上银行提供的金融产品和拥有技术的生命周期越来越短，淘汰率越来越高。在这种情况下，只

有不断采用新技术、推出新产品、实现持续创新才不至于被淘汰。以 SFNB 为例，它对基本支票账户不收取手续费，没有最低余额限制，这在美国银行界是首开先河，而且客户每个月可免费使用 20 次电子付款服务，免费使用自动柜员机或借记卡。与此同时，SFNB 还不断开拓新业务，1998 年，它与 AOL（"美国在线"）达成协议，允许客户通过 AOL 访问 SFNB，此举使 SFNB 的客户数迅速增长，其存款额很快突破 1 亿美元。

（五）运营成本低

据美国网上银行运作的报告表明，网上银行经营成本只相当于经营收入的 15%～20%，而普通银行的经营成本占收入的 60%，开办一个网络银行所需的成本只有 100 万美元。在网上进行金融清算每笔成本不超过 13 美分，而在银行自有的个人计算机软件上处理一笔交易的成本则达到 26 美分，电话银行服务的每笔交易成本为 54 美分，而传统银行分理机构的处理成本更高达 1.08 美元。所以，网络银行业务成本优势显而易见。而且，网络银行通过利用电子邮件、讨论组等技术，还可提供一种全新的、真正的双向交流方式。由于采用了虚拟现实信息处理技术，网上银行可以在保证原有的业务量不降低的前提下，减少营业点的数量。

（六）亲和性增强

增加与客户的沟通与交流是企业获取必要信息，改进企业形象，贴近客户，寻找潜在客户的主要途径。在这方面，网上银行具有传统银行无法比拟的优势。网上银行可通过统计客户对不同网上金融产品的浏览次数和点击率，以及各种在线调查方式了解客户的喜好与不同需求，设计出有针对性的金融产品以满足其需求，这不仅方便了客户，银行也因此增强了与客户的亲和力。

三、网上银行的功能

无论是国外已经发展成熟的还是国内刚刚起步的网上银行，其功能一般包括：银行业务项目、网上银行服务、信息发布和商务服务几个部分。

（一）银行业务项目

银行业务项目主要包括：家庭银行（储蓄业务）、企业银行（对公业务）、信用卡业务、国际业务、各种支付、信贷及特色服务等传统的银行业务功能。

（1）家庭银行（Home Banking）：为用户提供方便的个人理财渠道。包括网上开户、清户、账户余额、利息的查询、交易历史查询、个人账户挂失、电子转账、票据汇兑等。

美国的美洲银行（www.bankamerica.com）网上业务主要集中在家庭银行方面。通过其 Home Banking 网页，用户可以在一天中的任何时间里进行银行业务：储蓄、外汇及货币交易，当前账户余额查询，资金划拨，下载所需的理财软件等。还可以使用"pay bill"来支付如每月 5.95 美元的小额开支。Home Banking 的理财软件可帮助用户规划各种金融事务，甚至跟踪和分析花费情况。

（2）企业银行（Firm Banking）：为企业或团体提供综合账户业务，例如，查阅本企业或下属企业账户余额和历史业务情况；划转企业内部各单位之间的资金；核对调节账户，进行账户管理等服务；电子支付职工工资；了解支票利益情况，支票挂失；将账户信息输出到空白表格软件或打印诸如每日资产负债表报告、详细业务记录表、银行明细表之类的各种金融报告或报表；通过互联网实现支付和转账等。目前中国银行推出“企业在线理财”就属于这类业务。

（3）信用卡业务：包括网上信用卡的申办、信用卡账户查询、收付清算等功能。与传统的信用卡系统相比，网上信用卡更便捷。例如，用户可通过 Internet 在线办理信用卡申请手续；持卡人可通过网络查询用卡明细；银行可定期通过电子邮件向用户发送账单，进行信用卡业务授权、清算、传送黑名单、紧急止付名单等。

（4）各种支付：提供数字现金、电子支票、智能卡、代付或代收费等网上支付方式，以及各种企业间转账或个人转账，如同一客户不同账号间，包括活期转定期、活期转信用卡、信用卡转定期、银行账户与证券资金账户之间的资金互转等。

（5）国际业务：包括国际收支的网上申报服务、资金汇入、汇出等。目前国内的企业可向中国银行总行（www.boc.com）申请办理此项业务国际收支申报。

（6）信贷：包括信贷利率的查询、企业贷款或个人小额抵押贷款的申请等，银行可根据用户的信用记录决定是否借贷。

（7）特色服务：主要是指通过 Internet 向客户提供各种金融服务，如网上证券、期货、外汇交易、电子现金、电子钱包以及各种金融管理软件的下载等。目前国外银行从存贷差中获取的利润已不足 50%，其余的都来自于各种在线服务回报。从整个银行业的发展趋势来看，提供在线服务将成为未来银行利润的主要来源。

（二）商务服务

商务服务主要提供资本市场、投资理财和网上购物等子功能。对资本市场来说，除人员直接参与的现金交易之外的任何交易均可通过网上银行进行。投资理财服务可通过客户主动进入银行的网站进行金融、账户等的信息查询以及处理自己的财务账目；也可由网上银行系统对用户实施全程跟踪服务，即根据用户的储蓄、信贷情况进行理财分析，适时地向用户提供符合其经济状况的理财建议或计划。在网上购物方面，网上银行可以网上商店的形式向供求双方提供交易平台，商户在此可建立自己的订购系统，向网上客户展示商品并接受订单，商户在收到来自银行的客户已付费的通知后即可向客户发货；客户可进入银行的网上商店，选购自己所需的商品，并通过银行直接进行网上支付。这种供求双方均通过网上银行这一中介机构建立联系和实现收支，降低了交易的风险度。

（三）信息发布

目前网上银行所发布的信息主要有：国际市场外汇行情、对公利率、储蓄利率、汇率、证券行情等金融信息，以及行史、业务范围、服务项目、经营理念等银行信息，使客户能随时通过 Web 网站了解这些信息。

四、我国网络银行存在的问题

（一）安全性和易用性的博弈

网上银行越来越普及，人们在享受网上银行便利性的同时，对网上银行的安全性也感到担忧。网上银行在如今存在锁与钥匙的博弈：锁就是银行设置的各类安全措施，钥匙则是通过便捷方式让用户享受网络的“易用性”。

《2009 中国网上银行调查报告》结果显示，受访者拒绝开通网银最重要的原因仍是对于网银安全性的担忧。数据显示，在拒绝开通网银的受访者中间，近 70%的受访者都对网银的安全性表示担忧，另有 43.2%的网银用户则认为使用网银可能导致个人信息的泄露。虽然网银功能越来越丰富，价格呈现下降趋势，但网银安全性仍然还是用户最关心的话题。

但是另一方面，网银措施越安全必然容易导致易用性下降。金融产品的专业性较强，加上网络这一高科技载体，对于一般客户群体来讲有较大的理解和接受难度，从而一定程度上影响了网上银行的推广，也是目前使用网银服务的人群大多为 23-35 岁、高学历的白领人群这一现象的原因之一。目前常用网上银行个人认证介质（安全工具）有：密码、文件数字证书、动态口令卡、动态手机口令、移动口令牌、移动数字证书。

（二）我国网上银行的市场发展不均衡

从网银的经营主体来看，国有银行和股份制商业银行网上业务占比较高，而小型银行及金融机构的网上业务占比普遍低于 10%。招商银行、工商银行、建设银行等为首的佼佼者已经走在了网络银行业务发展的第一梯队，在客户群、业务发展上形成了一定的业务规模。原因主要是：一方面，大中型银行资金实力强，投入多，更注重信息化国际化发展，因而网上业务发展起步早，逐渐替代传统业务渠道；另一方面，大中型银行的客户相对更为高端，对网上银行等较为现代化的服务接受程度高，普及推广相对容易。

从地区分布来看，经济发达的沿海地区及大型城市网银普及率更高，而欠发达地区网银发展也较为落后。目前，我国网上银行的发展主要集中在沿海地区、长江沿岸的大城市，比如上海、北京、广州、武汉、南京等城市，主要依靠当地的科学技术和发达的经济实力。

（三）我国有关网上银行的法律法规不完善

虽然我国在网上银行的监管方面有所创新，但与网上银行的发展相比，还是相对滞后。

（1）网络银行电子支付采用的规则都是协议，与客户在明确权利义务的基础上签订合同，出现问题可通过仲裁解决，但是由于缺乏相关的法律法规，造成问题出现后涉及的责任确定、承担，仲裁结果的执行等复杂的法律关系难以解决。

（2）网络银行模糊了国与国之间的自然疆界，其业务和客户随着互联网的延伸可达世界的任何角落。因此，出现了新的法律问题，如跨境网上金融服务的交易管辖权、法律适用性、服务和交易合约的合法性、品牌与知识产权问题、境外信息的有效性与法律认定、网络银行的客户为非本国居民时所存在的语言选择的合法性等问题。这些问题无形中加大了银行和客户在网上进行电子支付活动的风险。

（3）新《中华人民共和国合同法》虽承认了电子合同的法律效用，却没有解决数字签名的问题。

（4）对网络犯罪分子罪事实的认定以及事后如何判定损失程度等法律问题还没有界定，这无形中增加了银行与客户在网上进行金融交易的风险。

五、我国网络银行发展的应对措施

网络银行是一个综合性系统，面对当前银行业网络化的挑战，急需进一步完善我国的网络银行发展平台，在制度的制定上就应有所倾斜。那么，我们如何解决现有的问题，充分发挥网络银行的优势，我们可以从以下几方面入手：

（一）不断加大新科技的应用确保安全性

网络银行是技术密集型产业，技术是它进一步发展的决定因素。就目前我国的实际应用情况看，网络银行的科技水平不高，难以对付高科技作案。主要是一些不法分子利用高科技摄影机，在很远的地方偷拍客户在 ATM 机前取款的密码，然后复制客户的银行卡资料进而盗窃客户的资金；或者在网上利用木马盗号程序盗用客户账户资料，然后进行非法网上交易，使客户遭受财产损失。这不但增加了公众对网络银行的怀疑态度，而且使得银行实体面临行业信誉问题。面对不法分子的技术，我们的网络银行必须加大新科技的应用来保护投资者和银行的利益。比如利用已经很成熟的指纹技术把它应用到 ATM 机上，客户在银行开设账户时可以选择指纹取款，这样即使客户的卡号和密码被盗，资金损失的概率也会降到最低。

另外可以对网络银行进行交易跟踪技术，对客户突然在非开户地的超过设定金额的网络交易及时通过电话联系客户以确认交易。还可以通过确认短信方式完成交易，即网络银行为客户提供短信交易业务，客户开通后，只要发生交易银行即发短信给客户，客户确认后交易才成功。银行只有加大银行卡技术防范力度；加强对异常交易情况的自动报警；加快磁条卡向 IC 卡迁移，才能实现对安全的控制。只有建立起一套完整的网上交易安全体系，包括系统维护体系、数据备份体系、病毒防范体系，及时发现和排除安全隐患，才能保障网络银行安全正常运行。

（二）加强国内银行间的合作，建立统一、权威的 CA 认证体系

2000 年 6 月中国金融认证中心运行以来，在很大程度上避免了网上支付过程中的各种欺诈行为发生，但是仍然不能确保网络银行交易的绝对安全性。我们可以利用银行业协会的力量寻求一个权威的、可信赖的、公正的第三方信任机构，采用民间组织和政府部门相结合的双线管理体制的网络银行认证系统，这样既为网络银行业务的发展提供更大的自由度，也把仲裁和监督职能提升到更高层次，从而促进认证技术水平的提高。

（三）完善和健全相关网络银行的法律制度

法律法规的建立应与国际接轨，以国际间网络银行业务发展标准作为制定法规的借鉴。充分了解外国的电子交易法，兼顾各国法律法规的长处，充实我国现有的《中华人民共和国合同法》、《中华人民共和国商业银行法》、《中华人民共和国票据法》等有关法律，准确把握网络银行国际化的发展趋势。伴随着《中华人民共和国电子签名法》的出台，我们要根据相关要求，建立起与之配套的完善的网络银行法律法规体系，以法律的形式明确规定交易双方的权责。《中华人民共和国电子签名法》扮演着交易双方身份的核实者、安全交易的保卫者、非法交易的打击者的三重身份。它的出台不仅为网络银行的健康发展提供了法律保障，同时也对网络银行提出了规范化的要求。诸如明确网络银行金融风险的技术控制法律要求，

明确开办网络银行选择认证标准、资格要求和检查、监督等法律依据。我们可以充分利用《中华人民共和国电子签名法》信息化时代的特点，在目前我国电子签名还未在个人领域普遍应用的情况下，在现行法律制度条件下，加强与国际组织的合作，制定共同打击网络诈骗、网络洗钱等网络犯罪行为的法规，为网络银行的发展提供一个广阔的、充分展现其功能的空间。

（四）加快银行基础设施建设，提高社会信息化水平

我国银行基础设施与国外先进技术相比存在较大差距是不争的事实。基础设施的改造包括两个方面：一方面是硬件设备的更新换代；另一方面是软件的升级改造，统一操作平台，把各自独立分散的数据处理中心集中合并处理，实现数据集中、信息集中，目的是达到数据资源共享以供银行管理者科学决策，提高服务和管理水平。

实现银行业和公安局、海关、税务等业务部门计算机联网，以网络为载体，经济活动为基础，建立社会信息共享体系，使银行能了解持卡人的资信情况，以达到降低和分散风险，促进网络银行的发展。

（五）建立和完善社会信用机制，推广信用卡交易促进网络银行发展

提升整个社会信用水平为网络银行发展提供一个良好的信用空间，这是个综合的系统的工程，可以借鉴国外建立和完善信用机制的先进经验的同时运用法律、经济、道德等多种手段来快速提升整个社会的信用水平和完善信用机制。以居民身份证为基础，加快个人信息系统建设，大力推广使用信用卡交易，运用国家公务员特殊的身份，在国家公务员中推广使用信用卡。另一方面，银行业主动降低银行卡刷卡消费收费比率，使得商家主动营销信用卡交易，改变人们固有的现金交易情结，培养信用卡使用环境，促进网络银行发展。

（六）加强网络金融问题的研究，充分考虑网络银行业务的风险

网络银行是一个综合性的课题，涉及的内容多且知识面广，所以网络银行是一项系统工程，对它的研究绝对不是单纯地依靠某一个方法、制度、技术就能完成。必须致力于立体的研究体系，以保护网络银行交易人的合法权益和网络银行有效运行。此外，还要加强网络银行风险管理体制的建设，在这方面可以根据《巴赛尔协议》的最新框架，设计我国网络银行适应的风险权重，构筑相应的操作平台并纳入到商业银行风险评价体系内考核。

（七）创建一套科学、高效的行业监管机制

网络银行业务的性质决定了对其监管应区别于传统的银行监督，这是因为网络银行所采取的技术和其对安全要求的手段都有别于传统银行，如何保障网络银行能够健康发展，是网络银行监管体系的重要任务。一方面应当调整、修改和充实现行网络银行监管法规；另一方面要研究构建一套公开透明、运作高效、保障有力的网络银行监管体系。要根据我国网络银行动态化综合监管的模式思路，加强网络银行主管机关行政监管，创建使网络银行参与各方公平竞争的法律环境，为网络银行投资提供行政法律保障。强化监管措施，提高监管水平，加强对网络银行从业机构和从业人员的监管，完善从业机构、从业人员以及各类网络银行产品的市场标准，规范网络银行行为，切实保护客户利益，促进网络银行行业的良性发展。加

强网络银行内部制衡的基础机制，提高行业协会的自律素质和水平，为网络银行市场秩序的规范和发展不断积累经验，真正为网络银行创造一个良好的环境，促进网络银行业的持续发展。

（八）加强银行与保险公司合作对网络银行交易上保险

我国的保险业发展呈现多样化，但是面向银行业的保险尚不多见。面对国内的消费者拿着没有密码的信用卡消费的忐忑心里，网络银行业能提供何种保护呢？那就是给网络银行交易上保险。这种方法在发达国家已经很普遍，而我国在这一领域还是一片空白。网络银行应该尽快与保险公司合作，对在网络环境下的交易推出我国特色的网络银行保险交易品种，提出网络交易环境下消费者应遵循的必要措施。消费者按照要求去做了，剩下的危险或意外，由保险负责，以保护消费者的利益，加速网络银行的推广。

我们应抓住当前网络银行的发展机遇，以积极的态度研究准备。随着国际经济一体化进程的加快，随着我国金融业务的全面对外开放，由于网络银行不拘泥于时间、地点的限制，为客户提供更多的人性化服务，所以传统意义上的银行业必将受到新兴的网络银行模式的巨大挑战。网络银行必将打破现有的不同行业之间的壁垒，必将成为行业间联系的纽带，必将成为银行利润的主要来源。尽管我国网络银行仍然存在着一些问题，但是我们不可否认，网络银行终将走入普通大众的生活深处。我们应冷静面对当前面临的挑战，不断以创新的思想来完善网络银行业务。网络银行的业务发展一日千里，所以与之相配套的监管措施不可能一下子就面面俱到，管理手段只能随网络银行业务产品的不断变化而变化，管理是为业务的发展建立的，而不能成为业务发展的绊脚石。

六、我国网络银行的发展前景

（一）网络银行业务将向多样化、创新化发展

网络银行利用现代金融技术，大力开展网上交易，网上支付和清单业务，拓宽业务范围、增加业务收入，利用网上银行为企业和居民进行资金余额查询、账户转移、第三方支持，银行业务通知等基本业务服务，还利用互联网作为营销渠道，交叉出售产品和服务，如存款产品、消费信贷、保险、股票交易、资金托管等高级业务，并且不断进行升级换代，拓宽技术创新空间和领域。

（二）网络银行业务的创新将会推动金融市场网络化发展

随着网络银行业务的深入开展，迫切需求外汇市场、黄金市场、资本市场、货币市场、保险市场及金融衍生产品市场网络化长足发展；反过来，这些市场网络化的发展也能提升和促进网络银行的进一步发展。

（三）网络银行全球化、国际化发展趋势明显

随着经济全球化和金融国际化发展步子的加快，世界各国银行业运用并购重组方式积极向海外扩张，采取“打出去，请进来”等多种途径、多种方式扩展业务，占领世界市场。目前，我国海外银行的分支机构多达 600 多家，引进外资金融机构 200 多家。

在金融危机之后，对于盈利能力受损的银行业而言，在复苏的经济中抢得先机，节约成本无疑是今后财务管理的关键。而以“降低柜面压力、减少运营成本”著称的网上银行，作为商业银行业务发展的新型分销方式，已成为银行业务经营的重要组成部分。加快网络银行和电子商务的进程则是银行的战略性选择。金融界网站举办的“2009 年电子银行业务及风险管理论坛暨颁奖盛典”上，业内专家一致认为，对于银行而言，只有用好网上银行来吸引客户，帮助消费者解决实际问题，才能在新的版图大战中抢占先机才会开创多赢的局面。

第五节　第三方支付平台

第三方支付就是一些和产品所在国家以及国外各大银行签约、并具备一定实力和信誉保障的第三方独立机构提供的交易支持平台。在通过第三方支付平台的交易中，买方选购商品后，使用第三方平台提供的账户进行货款支付，由第三方通知卖家货款到达、进行发货；买方检验物品后，就可以通知付款给卖家，第三方再将款项转至卖家账户。

自第三方支付平台诞生以来，第三方支付业务得到了迅猛的发展。为了规范第三方企业的发展，央行从 2011 年开始对第三方支付企业实行认证管理，只有获得央行颁布的第三方支付牌照才能合法经营第三方支付业务。最早是 2011 年 5 月 18 日 27 家单位获批，2011 年 8 月 29 日 13 家单位获批；2011 年 12 月 22 日 61 家单位获批；2012 年 6 月 27 日 95 家单位获批；2014 年 7 月 15 日 19 家单位获批。加上个别获批的单位，第三方支付持牌单位增加到 269 家。此外，除了发放牌照，还有 27 家已经获得牌照的企业获得了业务类型拓展。比如，腾讯旗下的财付通业务类型在之前互联网支付、移动电话支付、固定电话支付业务基础上，增加了银行卡收单业务；拉卡拉支付有限公司在银行卡收单、互联网支付、数字电视支付的基础上增加了移动电话支付和预付卡受理业务。

一、第三方支付的特点

第三方支付平台应具备下述特点。

（1）第三方支付平台提供一系列的应用接口程序，将多种银行卡支付方式整合到一个界面上，负责交易结算中与银行的对接，使网上购物更加快捷、便利。消费者和商家不需要在不同的银行开设不同的账户，可以帮助消费者降低网上购物的成本，帮助商家降低运营成本；同时，还可以帮助银行节省网关开发费用，并为银行带来一定的潜在利润。

（2）较之 SSL、SET 等支付协议，利用第三方支付平台进行支付操作更加简单而易于接受。SSL 是现在应用比较广泛的安全协议，在 SSL 中只需要验证商家的身份。SET 协议是目前发展的基于信用卡支付系统的比较成熟的技术。但在 SET 中，各方的身份都需要通过 CA 进行认证，程序复杂，手续繁多，速度慢且实现成本高。有了第三方支付平台，商家和客户之间的交涉由第三方来完成，使网上交易变得更加简单。

（3）第三方支付平台本身依附于大型的门户网站，且以与其合作的银行的信用作为信用依托，因此第三方支付平台能够较好地突破网上交易中的信用问题，有利于推动电子商务的快速发展。

第三方网上支付平台是一个度的交易支付平台，它与很多的大银行签订协议，可以提供网上支付的业务，消费者利用第三方网上支付平台购买商品既方便又快捷，目前使用比较广泛的第三方支付平台有支付宝、财付通、银商、快钱、汇付天下、易宝支付、环迅支付等。

二、第三方支付工具

（一）易宝

易宝是专业从事多元化电子支付一站式服务的领跑者。YeePay 易宝致力于成为世界一流的电子支付应用和服务提供商，专注于金融增值服务领域，创新并推广多元化、低成本、安全有效的支付服务。在立足于网上支付的同时，YeePay 易宝不断创新，将互联网、手机、固定电话整合在一个平台上，继短信支付、手机充值之后，首家推出 YeePay 易宝电话支付业务，真正实现离线支付，为更多传统行业搭建了电子支付的高速公路。YeePay 易宝具有三大特点：易扩展的支付、易保障的支付、易接入的支付。由于用户的重要数据只存储在用户开户银行的后台系统中，任何第三方无法窃取，因此为用户提供了充分保障。从接入 YeePay 易宝到使用商家管理系统，无需商家任何开发，零门槛自助式接入，流程简单易学、即接即用。凡是成为 YeePay 易宝的客户，都可以自动成为 YeePay 财富俱乐部的会员，享受 YeePay 易宝提供的各种增值服务、互动营销推广以及各种丰富多彩的线下活动，拓展商务合作关系，发展商业合作伙伴，达到多赢的目的。

（二）支付宝

支付宝（中国）网络技术有限公司是国内领先的独立第三方支付平台，由阿里巴巴集团创办。支付宝致力于为中国电子商务提供“简单、安全、快速”的在线支付解决方案。支付宝公司从 2004 年建立开始，始终以“信任”作为产品和服务的核心。不仅从产品上确保用户在线支付的安全，同时让用户通过支付宝在网络间建立起相互的信任，为建立纯净的互联网环境迈出了非常有意义的一步。支付宝提出的建立信任，化繁为简，以技术的创新带动信用体系完善的理念，深得人心。短短三年时间，用户覆盖了整个 C2C、B2C 以及 B2B 领域。截至 2013 年年底支付宝实名用户已近 3 亿，其中超过 1 亿的手机支付用户在过去一年完成了 27.8 亿笔、金额超过 9000 亿元的支付，支付宝成为全球最大的移动支付公司。目前除淘宝和阿里巴巴外，支持使用支付宝交易服务的商家已经超过 50 万家；涵盖了虚拟游戏、数码通信、商业服务、机票等行业。这些商家在享受支付宝服务的同时，更是拥有了一个极具潜力的消费市场。支付宝网站如图 5-9 所示。

银行、招商银行和银联电子支付服务有限公司提供的一种促进网上安全交易的支付手段。网上买家通过安付通付钱给网络卖家，易趣在交易过程中自始至终充当第三方并且控制付款流程。买家收到物品后决定是否将货款支付给卖家，而易趣会严格遵照买家意愿和安付通的流程规定实施放款。

图 5-9　支付宝

（三）首信易

1998 年 11 月 18 日，由北京市政府与中国人民银行、原信息产业部等中央部委共同发起的首都电子商务工程正式启动，确定首都电子商城（首信易支付的前身）为网上交易与支付中介的示范平台。首信易支付自 1999 年 3 月开始运行，是中国首家实现跨银行跨地域提供多种银行卡在线交易的网上支付服务平台，现支持全国范围 23 家银行及全球范围 4 种国际信用卡在线支付，拥有千余家大中型企事业单位、政府机关、社会团体组成的庞大客户群。首信易支付作为具有国家资质认证、政府投资背景的中立第三方网上支付平台拥有雄厚的实力和卓越的信誉。同时，它也是国内唯一通过 ISO 9001：2000 质量管理体系认证的支付平台。规范的流程及优异的服务品质为首信易支付于 2005 年、2006 年和 2007 年连续三年赢得“电子支付用户最佳信任奖”；2006 年度“B2B 支付创新奖”；2007 年度“挪威船级社（DNV）的 ISO/IEC 27001：2005（信息安全管理体系 ISMS）国际认证”和 2007 年度“高新技术企业认定证书”殊荣奠定了坚实的基础。

第六节　微信支付

一、微信支付的概述

微信支付是由腾讯公司知名移动社交通信软件微信及第三方支付平台财付通联合推出的

移动支付创新产品，旨在为广大微信用户及商户提供更优质的支付服务，微信的支付和安全系统由腾讯财付通提供支持。

用户只需在微信中关联一张银行卡，并完成身份认证，即可将装有微信的智能手机变成一个全能钱包，之后即可购买合作商户的商品及服务，用户在支付时只需在自己的智能手机上输入密码，无需任何刷卡步骤即可完成支付，整个过程简便流畅。

微信支付支持以下银行发卡的贷记卡：深圳发展银行、宁波银行。此外，微信支付还支持以下银行的借记卡及信用卡：招商银行、建设银行、光大银行、中信银行、农业银行、广发银行、平安银行、兴业银行、民生银行。

微信支付是 5.0 版本新增功能。我们了解到微信支付支持 Web 扫码支付、App 跳转支付和公众账号支付。

用户发生第一宗交易的时候，会触发微信支付功能，需要填写个人信息、银行卡信息、通过短信认证手机号码、设置支付密码。一旦绑定银行卡，以后支付不需要输入以上繁复信息，仅需输入微信支付密码就可以完成交易。至于支付安全问题，目前微信给出的解决方案是“微信安全支付”标识。

一旦发生过交易，在微信个人主页就可以看到“我的银行卡”选项，可以通过它查看已绑定银行卡号，也可以继续绑定银行卡。

微信支付更大的想象空间，即它对商业社会规则的变革，则是将来才会推出的直接扫码支付功能，不分线上和线下。目前所提供的 Web 扫码支付和 App 跳转支付依赖腾讯的推广力度，这方面阿里巴巴的支付宝已经走在前面。我们注意到微信支付是使用财付通的支付牌照，这就天然地把阿里巴巴排斥在微信这张“船票”之外；在可以预见的未来，腾讯与阿里巴巴的绳结将因移动支付或互联网金融而加深，而现在这个绳结正在慢慢拉紧。

将来，如果微信支付推出线下“扫码支付”，它将有可能构造一个比较短的闭环：扫描二维码—购买商品—微信支付。这种模式下，商家可以快速抵达钱，客户可以快速抵达商品，商业交易的环节大大缩减。通过 Web 扫码支付，我们可以在一定程度上享受这种快感；将来通过线下扫码支付，移动商业社会将建立起来。这不只是微信支付的生意，也是支付宝的梦想。

二、微信支付的特点

微信公众平台的出现，让企业多了一个展现的机会。而为了展示方式的多样化，满足更丰富的企业需求，微信开发应运而生。为了满足企业和用户的个性化需求，微信呈现出以下特点。

（1）自定义菜单——打造最便宜的微信内置 APP。在你的微信聊天窗口自定义导航菜单，用户无需再通过输入关键词触发回复，直接点击菜单就可以看相关的内容。结合微网站或 WAP 手机网站，拥有超强定制个性化功能、使用 HTML5 新技术进行无限拓展，帮助企业打造最便捷、易推广的微信内置 APP，可以使您的微信粉丝带来更好的体验。

（2）交互式菜单——直观、快捷的导航方式。以直观、快捷的导航方式展现可提供的服务，通过文字、语音、图文消息等内容引导用户进行交互。

（3）关键词应答——更快、更准的响应。灵活的关键词逻辑设置，更快、更准的响应用户疑问，实现 24 小时客服在线。结合关键词统计功能，分析用户行为，进一步挖掘用户价值。

（4）微网站——打造个性化超炫 3G 网站。例如，广州臻蓝网络度身打造个性化微信网站，尽现公司品牌形象魅力。强大的业务定制功能、精美的界面设计，完美打造轻量级企业 APP，进一步提高用户体验。

（5）会员卡——移动时代的会员管理平台。例如，广州臻蓝网络通过在微信内植入会员卡功能，基于全国 5 亿微信用户，帮助企业建立集品牌推广、会员管理、营销活动、统计报表于一体的微信会员管理平台。清晰记录企业用户的消费行为并进行数据分析；还可根据用户特征进行精细分类，从而实现各种模式的精准营销。

（6）会员再营销——优惠券、刮刮卡、大转盘等丰富模式。例如，广州臻蓝网络利用微信的强交互性，通过对互动流程、环节和方式的设计，实现与用户的互动交流。结合分享、赠送等功能带动用户周边朋友一起参与，达到推广的目的。

（7）微商城——打造微信在线购物平台。例如，广州臻蓝网络以微信为媒介，配合微信支付功能，用户可以在微商城中浏览和购买产品。结合自动推送和优惠券等功能，引起用户的购物欲望。同时商城拥有统计功能，为企业制定营销策略提供数据支持。

（8）定位导航（LBS）——随时随地获取地理信息。例如，广州臻蓝网络通过微信中的定位功能，让客户方便的找到最近的分店，同时获得最佳的路线指南。

（9）微统计——实时数据统计，监控运营效果。例如，广州臻蓝网络实时统计微信公众号的粉丝关注情况、关键字查询情况、用户浏览情况、用户活跃度等信息，从而对相关推广营销活动效果及某些敏感因素的影响作出判断，并对相关市场行为作出相应调整，从一定程度上实现了对市场的监控与及时应对。

综合案例

财付通

一、简介

财付通是由腾讯公司推出的中国领先在线支付应用和服务平台，致力于为互联网个人和企业用户提供安全、便捷、专业的在线支付服务。财付通着力构建以个人应用、企业接入和增值服务为核心业务的综合支付平台，业务覆盖 B2B、B2C 和 C2C 等领域。财付通为个人用户提供收付款、交易查询管理、信用中介等完善的账户服务，并推出了一系列个性化账户应用；还为企业用户提供专业的支付清算平台服务和强大的增值服务。

二、业务领域

财付通是一个专业在线支付平台，其核心业务是帮助在互联网上进行交易的双方完成支付和收款。财付通服务有用户财付通账户的充值、提现、支付和交易管理等；并且对企业用户，财付通还提供支付清算服务和辅助营销服务、财富券服务、生活缴费业务、拍拍购物、影视博览、机票订购、游戏充值、话费充值、彩票购买、腾讯服务购买等。

除上面列举的服务之外，财付通还提供了商家工具，主要的商品工具为："财付通交易按钮"、"网站集成财付通"、"成为财付通商户"、虚拟物品中介保护交易等功能。

三、发展历程

作为背靠腾讯在线的应用平台，财付通一开始走的也是模仿的道路。最初，财付通模仿支付宝依托 C2C 交易平台的支付模式，之后，把重心调整到以航旅客票等 B2C 为主的支付；财付通推出了类似于苹果公司的 App Store 的新型经营模式——财付通开放平台，把互联网中的"开放平台"引入第三方支付领域。开放平台是互联网的大势所趋。财付通开放平台也通过苹果 App Store 模式吸引众多的第三方开发商的进入，有第三方开发商根据客户需求开发各种应用（如网上订餐、医院挂号、租车等）。而第三方开发商将自己研发的应用通过 QQ 客户端上的"小钱包"接入这一平台，与财付通联合运营。买家通过财付通付费享受平台上的应用服务，财付通则通过收取开发商一定的交易费率而盈利。这一运营模式既为腾讯扩大了开发商市场，减少了应用开发费用，同时也赚取了很大的收益。

四、商业模式

（1）财付通提供多种手机支付方式，量身打造支付方案。随着 3G 网络的逐渐普及，手机支付市场发展迅速，银行以及运营商纷纷加快拓展手机业务步伐。目前，国内领先的在线支付平台财付通已经完成在手机客户端、WAP 网站、SMS 短信和语音支付等方面的全面布局，提供丰富手机业务产品的同时，支持余额支付、一点通支付、手机银行支付和信用卡支付等多元手机支付方式。财付通拥有庞大的用户群和商户资源，为其进入手机支付市场提供了坚实的后盾。随着商户陆续开通手机支付渠道，创新的应用将刺激用户关注更有价格优势、更加便捷的网络购物环境。

（2）财付通携腾讯独特营销资源优势，全力开拓无线互联网应用支付。无线互联网是一个蓬勃发展的行业，腾讯公司从 2000 年运营短信业务开始，在无线领域已经覆盖短信、彩信、IVR 语音、WAP、手机 IM、手机游戏等整个无线业务。财付通凭借腾讯在互联网终端应用方面的先驱优势，依托其领先的市场地位和庞大的用户群体，通过多层次安全措施和多样化支付方式建立了安全的移动支付体系，有效地推动了手机支付应用的普及，为用户提供了丰富、便捷的应用场景。

（3）财付通开创了全新的商业模式，满足了第三方厂商的无线支付需求。随着移动互联网应用的普及，传统互联网的业务正在迅速向手机平台上转移，搜索、资讯、邮箱、聊天、购物、支付等应用都已经在手机上实现。财付通与移动、电信、联通三大运营商协商合作运营模式，与苹果等第三方厂商合作，满足了无线互联网应用、电子商务应用的支付需求，有助于解决手机内容缺少收费渠道等问题。

结合本案例请分析：

1. 财付通为什么取得如此成功？
2. 财付通的商业模式与其他第三方支付有什么不同？

思考题

1. 电子支付与传统支付的区别是什么？
2. 电子支付的方式有哪些？
3. 电子现金与现实中的现金有什么区别？
4. 电子钱包的功能有哪些？
5. 画图阐述电子支票的支付流程。
6. 信用卡支付模式有哪些？
7. 信用卡的使用有什么特点？

第六章　电子商务物流

随着计算机的普及和发展，产生了运用互联网络为商业服务的电子商务物流活动。电子商务物流的发展体现了社会的进步，促进了经济的腾飞。电子商务物流的重要性越来越受到大家的关注。目前已经有越来越多的企业开始使用电子商务物流，电子商务物流在为企业开拓市场，提高效率，减少区域差异方面起到了不可磨灭的作用。

第一节　物流概述

一、物流的定义

“物流——logistics”是从二次大战期间军事后勤工程的概念演变而来，美国在对军火进行的战时供应中，首先采用了后勤管理（Logistics-Management）这一名词，对军火、战略物资、药品的运输、补给、屯驻等进行全面管理。

战后，后勤学逐渐形成了单独的学科，并不断发展为：“后勤工程”（Logistics Engineering）、“后勤管理”（Logistics Management）、“后勤分配”（Logistics of Distribution）等学科。后勤管理的方法后被引入到工业部门和商业部门，被人们称之为“工业后勤”和“商业后勤”。其定义中包括下列一些业务活动：原材料的流通、产品分配、运输、购买与库存控制、贮存用户服务等。

美国物流管理协会（CLM）于 1998 年对物流作的最新定义是：“物流是供应链流程的一部分，是为了满足客户需求而对商品、服务及相关信息从原产地到消费地的高效率、高效益的正向和反向流动及储存进行的计划、实施与控制过程”。它不仅把物流纳入了企业间互动协作关系的管理范畴，而且要求企业在更广阔的背景上来考虑自身的物流运作。即不仅要考虑自己的客户，而且要考虑自己的供应商；不仅要考虑到客户的客户，而且要考虑到供应商的供应商；不仅要致力于降低某项具体物流作业的成本，而且要考虑使供应链运作的总成本最低。

2001 年的中华人民共和国国家标准《物流术语》（GB/T 18354-2001）将物流（Logistics）定义为：“物品从供应地向接收地的实体流动过程。根据实际需要，将运输、储存、装卸、搬运、包装、流通加工、配送、信息处理等基本功能实现有机结合。

二、物流的基本职能

物流的基本职能是指物流活动应该具有的基本能力以及通过对物流活动最佳的有效组合，形成物流的总体功能，以达到物流的最终经济目的。一般认为，物流职能应该由包装、装卸搬运、运输、储存保管、流通加工、配送、废旧物的回收与处理，以及与上述职能相关的情报信息等所构成。也就是说，物流目的是通过实现上述职能来完成的。

（一）包装

包装具有保护物品、便利储存运输的基本功能。包装存在物流过程各环节，包括产品的出厂包装，生产过程中在制品、半成品的换装，物流过程中的包装、分装、再包装等。一般来讲，包装分为工业包装和商业包装。

（二）装卸搬运

装卸搬运是指在一定的区城内，以改变物品存放状态和位置为主要内容的活动。对装卸搬运的研究，主要是对装卸搬运方式的选择，装卸搬运机械的选择，以及通过对装卸搬运物品灵活性和可运性的研究，提高装卸搬运效率。

（三）运输

运输职能主要是实现物质资料的空间移动。运输是一个极为重要的环节，在物流活动中处于中心地位，是物流的一个支柱。对运输问题进行研究的内容主要有：运输方式及其运输工具的选择，运输线路的确定，以及为了实现运输安全、迅速、准时、价廉的目的所施行的各种技术措施和合理化问题的研究等。

（四）储存保管

一般来讲，储存保管是通过仓库的功能来实现的。物质资料的储存，是社会再生产过程中客观存在的现象，也是保证社会再生产连续不断运行的基本条件之一。有物质资料的储存，就必然产生如何保持储存物质资料的使用价值和价值不至于发生损害的问题，为此就需要对储存物品进行以保养、维护为主要内容的一系列技术活动和保管作业活动，以及为了进行有效的保管，需要对保管设施的配置、构造、用途及合理使用、保管方法和保养技术的选择等作适当处理。

（五）流通加工

在流通过程或生产过程中，为了向用户提供更有效的商品，或者为了弥补加工不足，或者为了合理利用资源，更有效地衔接产需，往往需要在物流过程中进行一些辅助的加工活动，这些加工活动，称之为流通加工。对流通加工的研究，包括的内容非常丰富，诸如流通过程中的装袋、单元小包装、配货、挑选、混装等，生产外延流通加工中的剪断、打孔、拉拔、组装、改装、配套等，以及因经济管理的需要所行的规模、品种、方式的选择和提高加工效率的研究等，所有这些都是物流的职能。

（六）配送

配送是物流的一种特殊的、综合的活动形式，它几乎包括了物流的所有职能，是物流的一个缩影或在某一范围内物流全部活动的体现。一般来讲，配送是集包装、装卸搬运、保管、运输于一体，并通过这些活动完成将物品送达的目的。配送问题的研究包括配送方式的合理选择，不同物品配送模式的研究，以及围绕配送中心建设相关的配送中心地址的确定、设施的构造、内部布置和配送作业及管理等问题的研究。

（七）废旧物的回收与处理

废旧物的回收与处理是物流研究不可回避的问题。之所以把它视为物流的一种职能，其主要原因是由于生产消费和生活消费所产生的大量排泄物需要经过收集、分类、加工、处理等一系列活动，或使废旧物转化为新的生产要素，重新返回到生产过程或消费过程；或不能成为新的生产要素的，则需要经过销毁、填埋等方式予以处理。

（八）情报信息

物流整体职能的发挥，是通过物流各种职能之间的相互联系、相互依赖和相互作用来实现的。也就是说，各种职能的作用不是孤立存在的，这就需要及时交换情报信息。情报信息的基本职能在于如何对情报信息的收集、加工、传递、存储、检索、使用，包括其方式的研究，以及管理信息系统的开发与应用研究等，目的在于保证情报信息的可靠性和及时性，以达到促进物流整体功能的发挥。

三、物流的分类

按照不同的标准，物流可作不同的分类，通常，物流可以按以下几种方式分类。

（一）按物流的范畴分类

按物流的范畴分为社会物流和企业物流。社会物流属于宏观范畴，包括设备制造、运输、仓储、装饰包装、配送、信息服务等，公共物流和第三方物流贯穿其中；企业物流属于微观物流的范畴，包括生产物流、供应物流、销售物流、回收物流和废弃物流等。

（二）按照作用领域的不同分类

根据作用领域的不同，物流分为生产领域的物流和流通领域的物流。

生产领域的物流贯穿生产的整个过程。生产的全过程从原材料的采购开始，便要求有相应的供应物流活动，即采购生产所需的材料；在生产的各工艺流程之间，需要原材料、半成品的物流过程，即所谓的生产物流；部分余料、可重复利用的物资的回收，就是所谓的回收物流；废弃物的处理则需要废弃物物流。

流通领域的物流主要是指销售物流。在当今买方市场条件下，销售物流活动带有极强的服务性，以满足买方的需求，最终实现销售。在这种市场前提下，销售往往以送达用户并经过售后服务才算终止，因此企业销售物流的特点便是通过包装、送货、配送等一系列物流实现销售。

（三）按照发展的历史进程分类

根据发展的历史进程，将物流分为传统物流、综合物流和现代物流。传统物流的主要精力集中在仓储和库存的管理和派送上，而有时又把主要精力放在仓储和运输方面，以弥补在时间和空间上的差异。

综合物流不仅提供运输服务，还包括许多协调工作，是对整个供应链的管理，如对陆运、仓储部门等一些分销商的管理，还包括订单处理、采购等内容。由于很多精力放在供应链管理上，责任更大，管理也更复杂，这是与传统物流的区别。

现代物流是为了满足消费者需要而进行的从起点到终点的原材料、中间过程库存、最终产品和相关信息有效流动及储存计划、实现和控制管理的过程。它强调了从起点到终点的过程，提高了物流的标准和要求，是各国物流的发展方向。国际上大型物流公司认为现代物流有两个重要功能：能够管理不同货物的流通质量；开发信息和通信系统，通过网络建立商务联系，直接从客户处获得订单。

（四）按照提供服务的主体不同分类

根据提供服务的主体不同，将物流分为代理物流和生产企业内部物流。代理物流也叫第三物流（Third Party Logistics，3PL），是指由物流劳务的供方、需方之外的第三方去完成物流服务的运作模式。第三方就是提供物流交易双方的部分或全部物流功能的外部服务提供者。

企业内部物流是指一个生产企业从原材料进厂后，经过多道工序加工成零件，然后零件组装成部件，最后组装成成品出厂，这种企业内部物资的流动称为企业内部物流。

（五）按照物流的流向不同分类

按物流的流向不同，还可以分为内向物流和外向物流。内向物流是企业从生产资料供应商进货所引发的产品流动，即企业从市场采购的过程；外向型物流是从企业到消费者之间的产品流动，即企业将产品送达市场并完成与消费者交换的过程。

四、物流与电子商务之间的关系

物流能力的滞后对其发展的制约越来越明显，物流的重要性对电子商务活动的影响被越来越多的人注意。物流与电子商务的关系是极为密切的。物流对电子商务的实现很重要，电子商务对物流的影响也极为巨大。物流在未来的发展与电子商务的影响是密不可分的。物流本身的矛盾促使其发展，而电子商务恰恰提供了解决这种矛盾的手段；反过来，电子商务本身矛盾的解决，也需要物流来提供手段、新模式。物流与电子商务之间主要有以下几个方面的关系。

（一）物流与电子商务虚实相应

网络经济将商流、资金流信息化，将信息流电子化，把商务、广告、订货、购买、支付、认证等实物和事务处理虚拟化、信息化，可以说是虚拟经济。而物流是实体的位置转移，说“实”是“虚”的组成部分，怎么看也是不恰当的，而把这种关系说成是“虚实相应”可能更为合适。

（二）物流是电子商务不可或缺的部分

电子商务可以用下面的等式来表示：电子商务 = 网上信息传递 + 网上交易 + 网上支付 + 物流配送。一个完整的商务活动，必然要涉及信息流、商流、资金流和物流等四个流动过程。在一定意义上说，物流是电子商务的重要组成部分，是信息流和资金流的基础和载体。

（三）物流是电子商务优势正常发挥的基础

在电子商务下，商品生产和交换的全过程，都需要物流活动的支持，没有现代化的物流运作模式支持，没有一个高效的、合理的、畅通的物流系统，电子商务所具有的优势就难以发挥。

（四）物流有效地保障了生产

无论在传统的贸易方式下，还是在电子商务下，生产都是商品流通之本，而生产的顺利进行需要各类物流活动支持。生产的全过程从原材料的采购开始，便要求有相应的供应物流活动，将所采购的材料到位，否则，生产就难以进行；在生产的各工艺流程之间，也需要原材料、半成品的物流过程，即所谓的生产物流，以实现生产的流动性；部分余料、可重复利用的物资的回收，就需要所谓的回收物流；废弃物的处理则需要废弃物物流。可见，整个生产过程实际上就是系列化的物流活动。合理化、现代化的物流，通过降低费用从而降低成本、优化库存结构、减少资金占压、缩短生产周期，保障了现代化生产的高效进行。相反，缺少了现代化的物流，生产将难以顺利进行，那无论电子商务是多么便捷的贸易形式，仍将是无米之炊。

（五）物流是电子商务概念的重要内容

自从 1998 年开始，电子商务就成为一个热门的话题，特别是与电子商务沾得上一点边的企业上市筹资，都获得成功。而为什么 2000 年后，电子商务就慢慢开始降温了呢？最主要的还是一个物流和配送的瓶颈问题。

从国内电子商务的运行分析，我国电子商务行业并不乐观，所谓的电子商务其实也只能说是一块区域的电子商务，比如我现在在宁波，我如果利用电子商务形式购买商品的话，如果购买本地的东西，电子商务可能的确能实现，效果、优势，马上可以体现出来；但试想一下，我如果购买的是新疆商品，而且不是很多，就一个小玩具，能实现吗？能实现的话，是真正的实惠吗？优势还有吗？这就是一个物流瓶颈问题。

从电子商务降温以来，之后就开始了物流热，物流作为一个年轻的行业，发展潜力很大。国家领导人也一再强调发展物流行业是中国经济新增长点，降低物流成本也是企业的“第三利润泉”，还有就是把物流行业的发展作为十五规划的一个方面。在这样一个政府支持的软环境下，物流的发展空间会更大。不管从我国流通成本在 GDP 的比重，还是流通成本占用流动资金的多少来看，物流的发展对我国经济都是一种好的现象。

（六）物流是实现电子商务“以顾客为中心”理念的根本保证

从原始买卖到如今的电子商务，其中最大改变就是电子商务不受时间、地点的限制。电子商务可以把所有的商品买卖虚拟成一个大的商场，在任何时间、地点都可以买到世界上任何一种商品。电子商务的出现，在最大程度上方便了最终消费者。他们不必再跑到拥挤的商业街，一家又一家地挑选自己所需的商品，而只要坐在家里，在 Internet 上搜索、查看、挑选，就可以完成他们的购物过程。但试想，他们所购的商品迟迟不能送到，或商家所送并非自己所购，那消费者还会选择网上购物吗？网上购物的不安全性，一直是电子商务难以推广的重要原因。这当中就需要解决物流及配送等问题。一句话：电子商务的发展需要物流做基础，物流是实现电子商务“以顾客为中心”理念的根本保证。

第二节　电子商务物流模式

一、自营物流

企业自身经营物流，称为自营物流。自营物流是在电子商务刚刚萌芽的时期，那时的电子商务企业规模不大，从事电子商务的企业多选用自营物流的方式。企业自营物流模式意味着电子商务企业自行组建物流配送系统，经营管理企业的整个物流运作过程。在这种方式下，企业也会向仓储企业购买仓储服务，向运输企业购买运输服务，但是这些服务都只限于一次或一系列分散的物流功能，而且是临时性的纯市场交易的服务，物流公司并不按照企业独特的业务流程提供独特的服务，即物流服务与企业价值链的松散的联系。如果企业有很高的顾客服务需求标准，物流成本占总成本的比重较大，而企业自身的物流管理能力较强时，企业一般不应采用外购物流，而应采用自营方式。

由于我国物流公司大多是由传统的储运公司转变而来的，还不能满足电子商务的物流需求，因此，很多企业借助于他们开展电子商务的经验也开展物流业务，即电子商务企业自身经营物流。目前，在我国，采取自营模式的电子商务企业主要有两类：一类是资金实力雄厚且业务规模较大电子商务公司，第二类是传统的大型制造企业或批发企业经营的电子商务网站，由于其自身在长期的传统商务中已经建立起初具规模的营销网络和物流配送体系，在开展电子商务时只需将其加以改进、完善，可满足电子商务条件下对物流配送的要求。

（一）企业自营物流的优势

1. 协调

企业内部的供应链是企业内部各个职能部门组成的网络，每个职能部门不是独立的利益个体，有共同的目标，相对于企业与企业之间的供应链更容易协调。

2. 简洁

自营物流在设计供应链的组织结构时，可以根据公司内部财务资料，严格分析每一环节是否存在真正的价值增值活动，优化供应链。

3. 稳定

自营物流可以使企业保证自已的信息安全，避免内部物流与外部物流交叉过多造成企业机密的流失。同时企业物流部门锻炼了一支队伍，人员素质在供应链管理、信息管理、物流管理、团队协作等方面都会有较大的提升。

（二）企业自营物流的劣势

1. 规模与投入

企业自营物流所需的投入非常大，建成后对规模的要求很高，大规模才能降低成本，否则将会长期处于不盈利的境地。

2. 物流管理能力

对于一个庞大的物流系统，建成之后需要工作人员具有专业化的物流管理能力，目前我国企业内部从事物流管理的人员综合素质不高，面对复杂多样的物流问题，经常是凭借经验或者说是主观的考虑来解决问题，使企业自营物流成了一大亟待解决的问题。

二、物流联盟

物流联盟是制造业、销售企业、物流企业基于正式的相互协议而建立的一种物流合作关系，参加联盟的企业汇集、交换或统一物流资源以谋取共同利益；同时，合作企业仍保持各自的独立性。物流联盟为了达到比单独从事物流活动取得更好的效果，在企业间形成了相互信任、共担风险、共享收益的物流伙伴关系。企业间不完全采取导致自身利益最大化的行为，也不完全采取导致共同利益最大化的行为，只是在物流方面通过契约形成优势互补、要素双向或多向流动的中间组织。

一般来说，组成物流联盟的企业之间具有很强的依赖性，物流联盟的各个组成企业明确自身在整个物流联盟中的优势及担当的角色，内部的对抗和冲突减少，分工明晰，使供应商把注意力集中在提供客户指定的服务上，最终提高了企业的竞争能力和竞争效率，满足企业跨地区、全方位物流服务的要求。

（一）物流联盟的类型

联盟是动态的，只要合同结束，双方又变成追求自身利益最大化的单独个体。选择物流联盟伙伴时，要注意物流服务提供商的种类及其经营策略。一般可以根据物流企业服务范围大小和物流功能的整合程度这两个标准，确定物流企业的类型。企业间物流联盟主要有以下几种组建方式：

1．纵向一体化物流联盟

该方式是指上游企业和下游企业发挥各自的核心能力，发展良好的合作关系，从原材料采购到产品销售的全过程实施一体化合作，形成物流战略联盟。

2．横向一体化物流联盟

该方式是由处于平行位置的几个物流企业结成联盟。目前，国内真正能提供物流全方位服务的大型物流企业尚不存在，因此，横向一体化物流联盟能够弥补现有物流市场条块分割的现状。

3．混合模式

该方式是以一家物流企业为核心，联合一家或几家处于平行位置的物流企业和处于上下游位置的中小物流企业加盟组成。这些物流企业通过签订联盟契约，共同采购，共同配送，构筑物流市场，形成相互信任、共担风险、共享收益的集约化物流伙伴关系。物流联盟在国外的发展不过六七年而已，在国内出现时间更短，目前尽管国内外的物流联盟在组织构成上存在着明显的不同，但却都显示出了强大的生命力。从国内外物流联盟形成特点及其运作方式来看，它是物流企业间为实现运作效率的提高而在职能分工的基础上进行优势互补的一种融合，是一种基于各自不同的核心竞争力的物流资源整合。

（二）物流联盟的优势

1．费用少

从建立物流联盟安排的角度看，物流联盟的建立最明显的效果就是在物流合作伙伴之间减少了相关交易费用。由于物流合作伙伴之间经常沟通与合作，可使得搜寻交易对象信息方面的费用大为降低；提供个性化的物流服务建立起来的相互信任与承诺，可减少各种履约的风险；物流契约一般签约时间较长，可通过协商来减少在服务过程中产生的冲突。

2．稳定性好

从构建物流联盟的过程看，联盟企业可以寻找合适的合作伙伴，能够有效地维持物流联盟的稳定性。双方出于自身的利益选择有效的长期合作是最优策略，进而双方可以充分依靠建立联盟机制协调形成的内部环境，减少交易的不确定性和交易频率，降低交易费用，实现共同利益最大化。

3．利润稳定

从建立物流联盟的绩效看，一个稳定、长期的合作会激励双方把共同的利润做大，获得稳定的利润率。从物流发展的角度看，物流联盟是企业与专业物流服务商建立的一种现代物流合作形式。在物流联盟中，随着物流组织的发展，供应链中的联系会进一步加深，同时，也会通过协作加深用户的物流需求，双方开展持续、诚信的合作，可以相互学到对方的优点如技术优势、丰富的经验等。

三、第三方物流

第三方物流（Third- Party Logistics，3PL 或 TPL）是指独立于买卖之外的专业化物流公司。它是由相对“第一方”发货人和“第二方”收货人而言的第三方专业企业来承担企业物流活动的一种物流形态。第三方物流公司通过与第一方或第二方的合作来提供其专业化的物流服务，它不拥有商品，不参与商品买卖，而是为顾客提供以合同约束、以结盟为基础的系列化、个性化、信息化的物流代理服务。

第三方物流企业一般都是具有一定规模的物流设施设备（库房、站台、车辆等）及专业经验、技能的批发、储运或其他物流业务经营企业。第三方物流是物流专业化的重要形式，它的发展程序体现了一个国家物流产业发展的整体水平。目前，第三方物流的发展十分迅速，有几方面是值得我们关注的：第一，物流业务的范围不断扩大。商业机构和各大公司面对日趋激烈的竞争，不得不将主要精力放在核心业务，将运输、仓储等相关业务环节交由更专业的物流企业进行操作，以求节约和高效；另一方面，物流企业为提高服务质量，也在不断拓宽业务范围，提供配套服务。第二，很多成功的物流企业根据第一方、第二方的谈判条款，分析比较自理的操作成本和代理费用，灵活运用自理和代理两种方式，提供客户定制的物流服务。第三，物流产业的发展潜力巨大，具有广阔的发展前景。

（一）第三方物流的基本特征

1．关系合同化

首先，第三方物流是通过契约形式来规范物流经营者与物流消费者之间关系的。物流经营者根据契约规定的要求，提供多功能直至全方位一体化物流服务，并以契约来管理所有提供的物流服务活动及其过程。其次，第三方物流发展物流联盟也是通过契约的形式来明确各物流联盟参加者之间相互关系。

2．服务个性化

首先，不同的物流消费者存在不同的物流服务要求，第三方物流需要根据不同物流消费者在企业形象、业务流程、产品特征、顾客需求特征、竞争需要等方面的不同要求，提供针对性强的个性化物流服务和增值服务。其次，从事第三方物流的物流经营者也因为市场竞争、物流资源、物流能力的影响需要形成核心业务，不断强化所提供物流服务的个性化和特色化，以增强物流市场竞争能力。

3．功能专业化

第三方物流所提供的是专业的物流服务。从物流设计、物流操作过程、物流技术工具、物流设施到物流管理必须体现专门化和专业水平，这既是物流消费者的需要，也是第三方物流自身发展的基本要求。

4．管理系统化

第三方物流应具有系统的物流功能，是第三方物流产生和发展的基本要求，第三方物流需要建立现代管理系统才能满足运行和发展的基本要求。

5．信息网络化

信息技术是第三方物流发展的基础。物流服务过程中，信息技术发展实现了信息实时共享，促进了物流管理的科学化，极大地提高了物流效率和物流效益。

（二）第三方物流的优势

当今竞争日趋激化和社会分工日益细化的大背景下，第三方物流具有明显的优越性，具体表现在：

1．企业集中精力于核心业务

由于任何企业的资源都是有限的，很难成为业务上面面俱到的专家。为此，企业应把自己的主要资源集中于自己擅长的主业，而把物流等辅助功能留给物流公司。

2．运用新技术，以信息换库存，降低成本

当科学技术日益进步时，专业的第三方物流供应商能不断地更新信息技术和设备，而普通的单个制造公司一时间通常很难更新自己的资源或技能。第三方物流公司能以一种快速更具成本优势的方式满足不同零售商的各种需求，而这些服务通常都是制造商一家难以做到的。

3．减少固定资产投资，加速资本周转

企业自建物流需要投入大量的资金购买物流设备，建设仓库和信息网络等专业物流设备。这些资源对于缺乏资金的企业特别是中小企业是个沉重的负担。而如果使用第三方物流公司不仅减少设施的投资，还解放了仓库和车队方面的资金占用，加速了资金周转。

（三）第三方物流发展的制约因素

中小工业企业长期采用“大而全”“小而全”的生产模式和经营观念，物流活动及其组织管理呈现分割和封闭状况，必定对第三方物流发展产生内在的重要的影响。在我国制约第三方物流发展的主要因素有以下几个方面。

1．观念的影响

中小工业企业一般实行单一的生产管理，企业经营范围封闭，缺乏进入市场和社会的一体化模式，习惯于传统的企业储运方式，重生产、轻储运，难以形成现代物流管理思想，对第三方物流存在认识上观念上的障碍，是影响第三方物流发展的根本因素。

2．结构的影响

中小企业量大面广，总规模不小，但组织和产业结构不合理，低水平重复建设，重复投入，在相当多行业形成产品供大于求、结构性过剩，普遍存在产业关联度较低，缺乏社会化、专业化分工协作，是影响第三方物流发展的重要因素。

3．技术的因素

虽然信息产业给中小企业注入了大量高新技术，但资源与技术构成不合理，普遍存在设施设备老化，物流技术水平低，难以适应现代化专业物流发展的需要，是影响第三方物流发展的主要因素。

4．管理的因素

大多数中小工业企业在较大程度上缺乏较为科学的内部管理制度，缺乏管理组织能力，在生产管理上处于混乱状态，在组织经营上处于无序状态。产前没有市场调研，没有严格的成本核算；产中没有生产控制，没有营销策略；产后没有售后服务，是制约第三方物流发展的基础因素。

5．人才的因素

中小企业普遍存在员工素质低，知识构成不合理，人才匮乏，缺乏创新能力的情况，是制约第三方物流发展的核心因素。

（四）第三方物流的价值来源

第三方物流发展的推动力就是要为客户及自己创造利润。第三方物流公司必须以有吸引力的服务来满足客户需要，服务水平必须符合客户的期望，要使客户在物流方面得到利润，同时自己也要获得收益，因此，第三方物流公司必须通过自己物流作业的高效化、物流管理的信息化、物流设施的现代化、物流运作的专业化、物流量的规模化来创造利润。

1．作业利益

第三方物流服务首先能为客户提供“物流作业”改进利益。一方面，第三方物流公司可以通过第三方物流服务，提供给客户自己不能自我提供的物流服务或物流服务所需要的生产要素，这是产生物流外包并获得发展的重要原因。在企业自行组织物流活动的情况下，或者局限于组织物流活动所需要的专业知识，或者局限于自身的技术条件，使企业内部物流系统难以满足自身物流活动的需要，而企业自行改进或解决这一问题又往往是不经济的。另一方面，物流作业可以改善企业内部管理的运作表现，增加作业的灵活性，提高质量和服务、速度和服务的一致性，使物流作业更具效率。

2．经济利益

第三方物流服务为客户提供经济或与财务相关的利益是第三方物流服务存在的基础。一般低成本是由于低成本要素和规模经济的经济性创造的，其中包括劳动力要素成本。通过物流外协，可以将不变成本转变成可变成本，又可以避免盲目投资而将资金用于其他用途从而降低成本。

稳定和可见的成本也是影响物流外协的积极因素，稳定成本时的规划和预算手续更为简便。一个环节的成本一般来讲难以清晰地与其他环节区分开来，但通过物流外协，使用第三方物流服务，则供应商要申明成本和费用，成本的明晰性就增加了。

3．管理利益

第三方物流服务给客户带来的不仅仅是作业的改进及成本的降低，还应该给客户带来与管理相关的利益。正如前面所述，物流外包可以使用企业不具备的管理专业技能，也可以将企业内部管理资源用于别的更有利可图的用途中去，并与企业核心战略相一致。物流外包可以使公司的人力资源更集中于公司的核心活动，而同时获得的是别的公司（第三方物流公司）的核心经营能力。

此外，如单一资源和减少供应商数目所带来的利益也是物流外包的潜在原因，单一资源减少了公关等费用，并减轻了公司在几个运输、搬运、仓储等服务商间协调的压力。第三方物流服务可以给客户带来的管理利益还有很多，如：订单的信息化管理、避免作业中断、运作协调一致等。

4．战略利益

物流外包还能产生战略意义以及灵活性。包括地理范围跨度的灵活性（设点或撤销）及根据环境变化进行调整的灵活性。集中主业在管理层次与战略层次高度一样具有重要性。共担风险的利益也可以通过第三方物流服务来获得。

（五）第三方物流成本价值

在竞争激烈的市场上，降低成本、提高利润率往往是企业追求的首选目标。这也是物流在 20 世纪 70 年代石油危机之后其成本价值被挖掘出来作为“第三利润源”受到普遍重视的原因。物流成本通常被认为是企业经营中较高的成本之一，控制物流成本，就等于控制了总成本。完整的企业物流成本，应该包括物流设施设备等固定资产的投资、仓储、运输、配送等费用（即狭义的物流费用），以及为管理、实施物流活动所需的管理费、人工费和伴随而来的信息传递、处理等所发生的信息费等广义的物流费用。在衡量物流成本的增减变动时，应全面考虑所有这些有关的费用构成的物流总成本，而不能仅以运输费用和仓储费用的简单之和作为考察物流成本变动的指标，否则企业在进行物流成本控制或采用第三方物流后，最终核算时有可能会得出企业物流成本不降反升的错误结论。

第三方物流是一个新兴的领域，企业采用第三方物流模式对于提高企业经营效率具有重要作用。首先，企业将自己的非核心业务外包给从事该业务的专业公司去做；其次，第三方物流企业作为专门从事物流工作的企业，有丰富的专门从事物流运作的专家，有利于确保企业的专业化生产，降低费用，提高企业的物流水平。

四、第四方物流

第四方物流（the Fourth Party Logistics，4PL）主要是指由咨询公司提供的物流咨询服务，但咨询公司并不就等于第四方物流公司。目前，第四方物流在中国还停留在仅是“概念化”的第四方物流公司，南方的一些物流公司、咨询公司甚至软件公司纷纷宣称自己的公司就是从事“第四方物流”服务的公司。这些公司将没有车队、没有仓库当成一种时髦；号称拥有信息技术，其实却缺乏供应链设计能力；只是将第四方物流当做一种商业炒作模式。

第四方物流公司应物流公司的要求为其提供物流系统的分析和诊断，或提供物流系统优化和设计方案等。所以第四方物流公司以其知识、智力、信息和经验为资本，为物流客户提供一整套的物流系统咨询服务。它从事物流咨询服务就必须具备良好的物流行业背景和相关经验，但并不需要从事具体的物流活动，更不用建设物流基础设施，只是对于整个供应链提供整合方案。第四方物流的关键在于为顾客提供最佳的增值服务，即迅速、高效、低成本和个性化服务等。

（一）第四方物流的特点

与第三方物流注重实际操作相比，第四方物流更多地关注整个供应链的物流活动，这种差别主要体现在以下几个方面，并形成第四方物流独有的特点。

1．供应链方案提供者的角色定位

由于第三方物流公司缺乏对整个供应链进行运作的战略性专长和真正整合供应链流程的相关技术，使得第四方物流得以帮助企业实现持续的成本降低和有别于传统外包业务的真正的增值。第四方物流的运作是依靠业内优秀的第三方物流供应商、技术供应商、管理咨询顾问和其他增值服务商，为客户提供独特的和广泛的解决方案，这是任何一家公司所不能单独提供的供应链设计能力。

2．客户增值的能力定位

全球市场的成长和全球供销渠道大量增加都会使全球物流活动更加复杂，从而要求企业对全球供应链的物流活动进行管理、协调和控制。尤其是跨国企业、跨国公司的全球生产与服务网络提升了物流服务的附加值，使物流服务形成一个国际化的良性循环系统。第四方物流的运作正是顺应了这种国际化的趋势。

3．整合供应链的任务定位

90 年代以后随着企业对供应链认识的进一步提高和管理技术的进一步发展，企业开始重视上下游企业之间的分工与合作，即供应链的管理。通过提升整个供应链的效率，增强供应链的竞争能力，降低产品成本。第四方物流公司在供应链管理的过程中进行管理、协调各方之间关系的运作，降低了管理的费用，这是社会分工进一步细化的结果，同时也是物流成本降低的内在要求所致。

（二）第四方物流的优势

第四方物流与其他物流模式相比，也具有自己的优势。

1．第四方物流对整个供应链及物流系统进行整合规划

第三方物流的优势在于运输、储存、包装、装卸、配送、流通加工等实际的物流业务操作能力，在综合技能、集成技术、战略规划、区域及全球拓展能力等方面存在明显的局限性，特别是缺乏对整个供应链及物流系统进行整合规划的能力。而第四方物流的核心竞争力就在于对整个供应链及物流系统进行整合规划的能力，也是降低客户企业物流成本的根本所在。

2．第四方物流具有对供应链服务商进行资源整合的优势

第四方物流作为有领导力量的物流服务提供商，可以通过其影响整个供应链的能力，整合最优秀的第三方物流服务商、管理咨询服务商、信息技术服务商和电子商务服务商等，为客户企业提供个性化、多样化的供应链解决方案，为其创造超额价值。

3．第四方物流具有信息及服务网络优势

第四方物流公司的运作主要依靠信息与网络，其强大的信息技术支持能力和广泛的服务网络覆盖支持能力是客户企业开拓国内外市场、降低物流成本所极为看重的，也是取得客户的信赖，获得大额长期订单的优势所在。

4．第四方物流具有人才优势

第四方物流公司拥有大量高素质国际化的物流和供应链管理专业人才和团队，可以为客户企业提供全面的卓越的供应链管理与运作，提供个性化、多样化的供应链解决方案，在解决物流实际业务的同时实施与公司战略相适应的物流发展战略。

发展第四方物流可以减少物流资本投入、降低资金占用。通过第四方物流，企业可以大大减少在物流设施（如仓库、配送中心、车队、物流服务网点等等）方面的资本投入，降低资金占用，提高资金周转速度，减少投资风险，降低库存管理及仓储成本。第四方物流公司通过其卓越的供应链管理和运作能力可以实现供应链“零库存”的目标，为供应链上的所有企业降低仓储成本。同时，第四方物流大大提高了企业客户的库存管理水平，从而降低库存管理成本。发展第四方物流还可以改善物流服务质量，提升企业形象。

（三）第四方物流的运作模式

国内目前有关 4PL 的研究，主要是围绕着早年 Accenture（埃森哲）公司报告中所描述的 4PL 的三种运作模式来展开的，即协同运作模式、方案集成商模式和行业创新者模式。

1．协同运作模式

该运作模式下，第四方物流只与第三方物流有内部合作关系，即第四方物流服务供应商不直接与企业客户接触，而是通过第三方物流服务供应商将其提出的供应链解决方案、再造的物流运作流程等加以实施。这就意味着，第四方物流与第三方物流共同开发市场，在开发的过程中第四方物流向第三方物流提供技术支持、供应链管理决策、市场准入能力以及项目管理能力等，它们之间的合作关系可以采用合同方式绑定或采用战略联盟方式形成。

2．方案集成商模型

该运作模式下，第四方物流作为企业客户与第三方物流的纽带，将企业客户与第三方物流连接起来，这样企业客户就不需要与众多第三方物流服务供应商进行接触，而是直接通过第四方物流服务供应商来实现复杂的物流运作的管理。在这种模式下，第四方物流作为方案集成商除了提出供应链管理的可行性解决方案外，还要对第三方物流资源进行整合，统一规划为企业客户服务。

3．行业创新者模型

在行业创新者模型中，第四方物流为多个行业的客户开发、提供供应链解决方案，以整合整个供应链的职能为重点，第四方物流将第三方物流加以集成，向上下游的客户提供解决方案。在这里，第四方物流的责任非常重要，因为它是上游第三方物流的集群和下游客户集群的纽带。行业解决方案会给整个行业带来最大的利益。第四方物流会通过卓越的运作策略、技术和供应链运作实施来提高整个行业的效率。

（四）第四方物流的价值分析

第四方物流是一个供应链的整合者及协调者，管理组织本身与其他互补性服务所有的资源、能力和技术来提供综合的供应链解决方案。第四方物流主要是对企业的供应链进行监控，以实现快速度、高质量、低成本的物流服务，在解决企业物流的基础上，整合社会资源，解决物流信息充分共享、社会物流资源充分利用的问题。第四方物流是将相关最优资源和策略应用到企业的运作中来，从而提高企业的业绩，促进经济发展。第四方物流的作用主要体现在以下几个方面：

1．持续降低企业物流整体成本

第四方物流能够充分利用其物流网络及现有的信息技术对物流活动中的所有环节进行整合、协调并管理物流各环节各参与方的活动与利益冲突，从而能够帮助企业持续降低物流的整体运作成本。

2．显著提高物流营运效率

第四方物流提高库存周转率，改善了客户的库存管理水平，并通过提高物流设备利用率或资产重组，将利用率低的资产进行处理，加快固定资产的周转率。此外，第四方物流通过采用先进的物流管理系统，提高物流工作单执行的质量，增加客户满意度，加速客户付款过程，从而加快应收账款的周转率，提高资金的利用效率。

3．树立高品质的物流服务

第四方物流可以提供专业化的供应链物流管理运作能力和专业高素质的物流人才，制订出以顾客为导向的快捷、高质、低廉的物流服务方案，改善物流服务质量。这种服务有利于参与市场竞争，有利于树立企业和品牌的形象，有利于和服务对象结成长期的、稳定的、战略性合作伙伴，这对企业长远的、战略性的发展有非常重要的意义。

4．培植企业的核心竞争力

核心竞争力是企业在市场竞争中保持持续优势的源泉。采用第四方物流，能使企业更好地配置自身的资源，专注于核心业务，集中优势资源拓展主业，大大提升企业的核心竞争力，并为企业的后续发展提供永久的动力。

事实表明，第四方物流的发展可以满足整个物流系统的要求，很大程度地整合了社会资源，减少了货物物流时间，节约了资源，提高了物流效率，同时也减少了环境污染。

（五）我国第四方物流发展中存在的问题

1．管理体制与法制不完善

我国现代物流的发展仍处于起步阶段，相关制度和法规有待完善。与企业发展息息相关的融资制度、产权转让制度、用人制度、社会保障制度、市场准入与退出制度等方面的改革还远不能适应企业发展的需要。企业在改善自身物流效率时，必然要在企业内外重新配置物流资源，而制度和法规的缺陷阻碍了企业对物流资源的再分配。物流企业跨区域开展物流业务时常常受地方保护主义困扰，企业在选择外部更为高效的物流服务，处置原有储运设施和人员时，所遇阻力巨大，这些必然影响企业物流效率的提高。

在我国，铁道部、交通部、民航局、商务部、农业部以及国家发改委等都有自己的物流部门。由于体制没有理顺，各部门之间分工又有交叉，分散或多元的管理方式造成了物流行业管理中存在条块分割、部门分割、重复建设等种种问题。

2．第三方物流在市场上的份额很低

发展提高第三方物流的服务功能和地位是发展第四方物流的关键。在我国，第三方物流企业有的是传统物流企业转变而来，有的来源于国外独资或合资企业，还处在转型发展时期。第三方物流在整个物流市场上的占有率很低，短期内不具备整合物流资源的能力。

3．第四方物流的需求及供给方尚未成熟

从第四方物流的需求角度看，一般来说，大宗的国际贸易合同是产生第四方物流需求的前提，因为所有的生产商、销售商，甚至运输商都无法完全控制国际供应链中的所有因素，这正是第四方物流的用武之地。然而，中国现实的情况是，在我国国内物流市场化程度不高，物流产业还不成熟的环境下，大部分企业还保留着“大而全，小而全”经营模式，对物流效率缺乏重视，物流需求大多是通过企业自身完成的，第三方物流尚处于发展初期。据统计，在我国第三方物流企业中由传统的仓储运输企业转化而来的物流企业达 48%，这些企业大多还是提供一些仓储、运输这类物流基础性服务。所以，目前对第四方物流的市场需求度明显不足。

4．物流基础设施建设的落后

我国物流基础设施和装备条件与第四方物流的发展要求存在一定差距。我国初步形成了由铁路、公路、水路、民用航空及管道等五种运输方式组成的运输体系，基础设施、技术装备、管理水平、运输市场等方面都取得了巨大的发展，但是还不能满足第四方物流发展的需要。我国物流基础设施和装备条件与现代化的物流产业，尤其是第四方物流的发展要求存在较大差距。我国交通运输基础设施总体规模小，运送量偏低，各种物流设施及装备的技术水平和设施结构不尽合理，设施和装备的标准化程度较低，不能充分发挥现有物流设施的效率。

5．物流专业人才匮乏

物流业之间的竞争，不仅需要有先进的技术和雄厚的资金，还要有一批高素质的物流人才。第四方物流发展要求物流人才不仅具备物流的基础知识和丰富的实战经验，还要具备 IT、人力资源管理、技术集成等全方位的知识和能力，我国目前严重缺少这类高素质的物流人才。

6．物流信息化程度低

信息化是物流的灵魂，而强大的物流信息网络是第四方物流开展的前提条件。利用信息网络技术可以掌控物流供应链的各环节，最有效地整合全国的物流资源，提高物流的运作效率，降低物流成本。目前由于信息技术的不成熟、投资费用偏高等问题使得信息化程度低，缺少能够实现供应链上所有企业和第三方物流企业信息共享的公共信息平台。

（六）第四方物流发展中的相应对策

1．加强物流基础设施的规划和建设

政府应该统筹规划，整合物流资源，加强协调，加大物流基础设施的投资力度，并积极引导社会各方力量涉足物流业的投资建设，为物流和配送打好基础。同时在政策上应该制定规范的物流产业发展政策，在全国范围内合理地建立具有一定规模和区位优势的物流园区、物流基地和物流中心。加快物流产业标准化、规范化进程。

2．大力发展第三方物流

大力发展第三方物流是当前提高中国物流产业发展水平最重要的措施。在整个物流供应链中，第四方物流是第三方物流的管理和集成者，第四方物流又通过第三方物流整合社会资源。只有大力发展第三方物流企业，第四方物流才有发展的基础。为满足现代物流业的发展需要，必须大力发展第三方物流，培育大型企业集团，提高物流业的效益。

3．加速物流产业信息化，建立全国物流公共信息平台

发展第四方物流是解决整个社会物流资源配置问题的最有力的手段。中国目前正在推进信息化进程，利用先进的 RFID、EDI、GPS 等信息技术把当前蓬勃发展的现代物流产业进行信息化改造，利用网络技术建立物流行业的公共信息平台，通过信息技术和网络技术整合物流资源，这样可以使中国物流产业产生质的提高，从容应对跨国物流企业的竞争。

4．加快物流人才培养

人才是企业的灵魂，第四方物流企业需要大量的物流人才。当前的物流人才远远不能满足第四方物流发展的需要，因此我们要通过高等院校和专业物流咨询机构，在实践中培养、锻炼人才，培养一支适应现代物流产业发展的企业家队伍和物流经营骨干队伍。要大量吸收在信息技术、人力资源管理、网络技术等方面的人才，激励这些人才把自己具备的知识和物流知识融合在一起，促进第四方物流的发展。大力引进和培育掌握现代知识的物流复合型人才，形成一支适应现代物流产业发展高素质人才队伍，以促进和保障未来第四方物流在中国的发展，提升中国物流产业整体水平。

五、电子物流

电子物流（E-Logistics）也可称为物流电子化或物流信息化，它是指利用电子化的手段，尤其是利用互联网技术来完成物流全过程的协调、控制和管理，实现从网络前端到最终客户端的所有中间过程服务，其最显著的特点是各种软件与物流服务的融合应用。电子物流的目的就是通过物流组织、交易、服务、管理方式的电子化，使物流商务活动能够方便、快捷地进行。以实现物流的快速、安全、可靠、低费用。电子物流具有以下特点。

（一）信息化

物流信息化表现为物流信息的商品化，物流信息收集的自动化，物流信息处理的电子化和计算机化，物流信息传递的标准化和实时化，物流信息存储的数字化等。信息化是一切的基础，没有物流的信息化，任何先进的技术设备都不可能应用于物流领域。

（二）自动化

物流自动化的基础是信息化，核心是机电一体化，外在表现是物流活动的程序化批处理。物流自动化的效果是省人、省力，另外还可以扩大物流作业能力，提高劳动生产率，减少物流作业的差错等。物流自动化的设施非常多，如条码、射频自动识别系统，货物自动分拣与自动存取系统，自动导向车及货物自动跟踪系统等。

（三）网络化

物流网络化是物流配送系统的计算机信息网络，包括物流配送中心与供应商或制造商的联系要通过计算机网络，另外与下游顾客之间的联系也要通过计算机网络通信，比如物流配送中心向供应商提出订单这个过程，就可以使用计算机通信方式，借助于增值网上的电子订货系统和电子数据交换技术来自动实现，物流配送中心通过计算机网络收集下游客户订单的过程也可以自动完成。

（四）智能化

物流智能化是物流自动化、信息化的一种高层次应用，物流作业过程大量的运筹和决策，如库存水平的确定、运输（搬运）路径的选择、自动导向车的运行轨迹和作业控制、自动分拣机的运行、物流配送中心经营管理的决策支持等问题都需要借助于大量的支持才能解决。在物流自动化的进程中，物流智能化是不可回避的技术难题。

六、绿色物流

绿色物流（Environmental logistics）是指在物流过程中抑制物流对环境造成危害的同时，实现对物流环境的净化，使物流资源得到最充分利用。它包括物流作业环节和物流管理全过程的绿色化。从物流作业环节来看，包括绿色运输、绿色包装、绿色流通加工等；从物流管理过程来看，主要是从环境保护和节约资源的目标出发，改进物流体系，既要考虑正向物流环节的绿色化，又要考虑供应链上的逆向物流体系的绿色化。绿色物流的最终目标是可持续性发展，实现该目标的准则是经济利益、社会利益和环境利益的统一。

（一）绿色物流发展的必要性

1．绿色物流适应了世界社会发展的潮流，是全球经济一体化的需要

随着全球经济一体化的发展，一些传统的关税和非关税壁垒逐渐淡化，环境壁垒逐渐兴起，为此，ISO14000 成为众多企业进入国际市场的通行证。ISO14000 的两个基本思想就是预防污染和持续改进，它要求企业建立环境管理体系，使其经营活动、产品和服务的每一个环节对环境的不良影响最小。而国外物流企业起步早，物流经营管理水平相当完善，势必给国内物流企业带来巨大冲击。进入 WTO 后，我国物流企业要想在国际市场上占一席之地，发展绿色物流将是其理性选择。

2．绿色物流是可持续发展的一个重要环节

绿色物流与绿色制造、绿色消费共同构成了一个节约资源、保护环境的绿色经济循环系统。绿色制造是制造领域的研究热点，指以节约资源和减少污染的方式制造绿色产品，是一种生产行为。绿色消费是以消费者为主体的消费行为。三者之间是相互渗透、相互作用的关系。

3．绿色物流是最大限度降低经营成本的必由之路

专家分析认为，产品从投产到销出，制造加工时间仅占 10%，而几乎 90%的时间为储运、装卸、分装、二次加工、信息处理等物流过程。因此，物流专业化无疑为降低成本奠定了基础。绿色物流强调的是：低投入大物流的方式。绿色物流不仅是一般物流所追求的成本的降低，更重视的是绿色化和由此带来的节能、高效、少污染。

4．绿色物流还有利于企业取得新的竞争优势

日益严峻的环境问题和日趋严格的环保法规，使企业为了持续发展，必须积极解决经济活动中的环境问题，改变危及企业生存和发展的生产方式，建立并完善绿色物流体系，通过绿色物流来追求高于竞争对手的相对竞争优势。

（二）我国绿色物流的发展现状

我国物流业的起步较晚，绿色物流还刚刚兴起，人们对它的认识还非常有限，在绿色物流的服务水平和研究方面还处于起步阶段，与国际上先进技术国家在绿色物流的观念上、政策上以及技术上均存在较大的差距，主要表现在以下几方面。

1．观念上的差距

一方面，领导和政府的观念仍未转变，绿色物流的思想还没确立。部分政府领导对物流的推进尚且放任自流，更何况面向的是更进一步的绿色物流？仅有物流的思想而没有绿色化的概念，还缺乏发展的前瞻性，与时代的步伐存在差距。另一方面，经营者和消费者对域外物流绿色经营消费理念仍非常淡薄，绿色物流的思想几乎为零。经营者展现给我们的是绿色产品、绿色标志、绿色营销和绿色服务，消费者追求的是绿色消费、绿色享用和绿色保障，而其中的绿色通道——物流环节，谁也未有足够的重视和关心。因此在发展物流的同时，要尽快提高认识、更新思想，把绿色物流作为世界全方位绿色革命的重要组成部分，确认和面向绿色物流的未来。

2．政策性的差距

绿色物流是当今经济可持续发展的一个重要组成部分，它对社会经济的不断发展和人类生活质量的不断提高具有重要的意义。正因为如此，绿色物流的实施不仅是企业的事情，而且还必须从政府约束的角度，对现有的物流体制强化管理，构筑绿色物流建立与发展的框架，做好绿色物流的政策性建设。一些发达国家的政府在绿色物流的政策性引导上，制订了诸如控制污染发生源，限制交通量和控制交通流的相关政策和法规，而且还从物流业发展的合理布局上为物流的绿色化铺平道路。如日本在 1966 年就制订了《流通业务城市街道整备法》，以提高大城市的流通机能，增强城市物流的绿色化功能。尽管我国自 20 世纪 90 年代以来，也一直在致力于环境污染方面的政策和法规的制定和颁布，但针对物流行业的还不是很多。另外，由于物流涉及的有关行业、部门、系统过多，而这些部门又都自成体系，独立运作，各做各的规划，各搞各的设计，各建各的物流基地或中心，导致物流行业的无序发展，造成资源配置的巨大浪费，也为以后物流运作上的环保问题增加了过多的负担。因此，打破地区、部门和行业的局限，按照大流通、绿色化的思路来进行全国的物流规划整体设计，是我国发展物流在政策性问题上必须正视的大事情。

3．技术上的差距

绿色物流的关键所在，不仅依赖物流绿色思想的建立、物流政策的制订和遵循，更离不开绿色技术的掌握和应用。而我们的物流技术和绿色要求有较大的差距。如我国的物流业还没有什么规模，基本上是各自为政，没有很好的规划，存在物流行业内部的无序发展和无序竞争状态，对环保造成很大的压力；在机械化方面，物流机械化的程度和先进性与绿色物流要求还有距离；物流材料的使用上，与绿色物流倡导的可重用性、可降解性也存在巨大的差距；另外，在物流的自动化、信息化和网络化环节上，绿色物流更是无从谈起。

由此可见，我国的绿色物流与发达国家尚有较大差距，物流绿色化对我们来说，还有相当漫长的一段路途。如今世界上的一些大的物流公司进入中国，跨国物流企业纷纷抢滩中国市场。由于中国经济已经成为全球经济的一部分，故必须要加快物流的绿色化建设，物流企业必须加快调整和整合，如若不然，就会失去竞争力，一旦国外在物流业的绿色化上设置准入壁垒，我国稚嫩的物流业就将遭受巨大打击。可以说，发展绿色物流是参与全球物流业竞争的重要基础。

因此，大力加强对物流绿色化的政策和理论体系的建立和完善，对物流系统目标、物流设施设备和物流活动组织等进行改进与调整，实现物流系统的整体最优化和对环境的最低损害，将有利于我国物流管理水平的提高，保护环境和可持续发展政策，对于我国经济的发展意义重大。

第三节　物流信息技术

一、条形码技术

条形码或条码（Barcode）是将宽度不等的多个黑条和空白，按照一定的编码规则排列，用以表达一组信息的图形标识符。常见的条形码是由反射率相差很大的黑条（简称条）和白条（简称空）排成的平行线图案。条形码可以标出物品的生产国、制造厂家、商品名称、生产日期、图书分类号、邮件起止地点、类别、日期等许多信息，因而在商品流通、图书管理、邮政管理、物流管理等许多领域都得到了广泛的应用。

条形码是一种信息记录形式，根据不同规定的编码规则所提出的条形码编号方案多达四十余种，目前应用最为广泛的有：交叉二五码、三九码、UPC 码、EAN 码、128 码等（图 6-2 所示）。近年来又出现了按矩阵方式或堆栈方式排列信息的二维条形码，如图 6-1 所示。若从印制条形码的材料、颜色分类，可分黑白条形码、彩色条形码、发光条形码（荧光条形码、磷光条形码）和磁性条形码等。

条形码技术是在计算机的应用实践中产生和发展起来的一种自动识别技术。为我们提供了一种对物流中的货物进行标识和描述的方法。它是实现 POS 系统、EDI、电子商务、供应链管理的技术基础，是物流管理现代化、提高企业管理水平和竞争能力的重要技术手段。

图 6-1 常见二维码

图 6-2 EAN 码

（一）条形码技术的特点

条码技术是电子与信息科学领域的高新技术，所涉及的技术领域较广，是多项技术相结合的产物，经过多年的长期研究和应用实践，现已发展成为较成熟的实用技术。在信息输入技术中，采用的自动识别技术种类很多。条码作为一种图形识别技术与其他识别技术相比有如下特点。

1．简单

条码符号制作容易，扫描操作简单易行。

2．信息采集速度快

普通计算机的键盘录入速度是 200 字符/分钟，而利用条码扫描录入信息的速度是键盘录入的 20 倍。

3．采集信息量大

利用条码扫描，一次可以采集几十位字符的信息，而且可以通过选择不同码制的条码增加字符密度，使录入的信息量成倍增加。

4．可靠性高

键盘录入数据，误码率为三百分之一；利用光学字符识别技术，误码率约为万分之一；而采用条码扫描录入方式，误码率仅有百万分之一，首读率可达 98%以上。

5．灵活、实用

条码符号作为一种识别手段可以单独使用，也可以和有关设备组成识别系统实现自动化识别，还可和其他控制设备联系起来实现整个系统的自动化管理。同时，在没有自动识别设备时，也可实现手工键盘输入。

6．自由度大

识别装置与条码标签相对位置的自由度要比 OCR 大得多。条码通常只在一维方向上表示信息，而同一条码符号上所表示的信息是连续的，这样即使是标签上的条码符号在条的方向上有部分残缺，仍可以从正常部分识读正确的信息。

7．设备结构简单、成本低

条码符号识别设备的结构简单，操作容易，无需专门训练。与其他自动化识别技术相比较，推广应用条码技术，所需费用较低。

（二）条形码技术的应用

1．物料管理

现代化生产物料配套的是否协调极大地影响了产品生产效率，杂乱无序的物料仓库、复杂的生产备料及采购计划的执行几乎是每个企业所遇到的难题。

条码技术的解决思想如下。

（1）通过将物料编码、并且打印条码标签。不仅便于物料跟踪管理，而且也有助于做到合理的物料库存准备，提高生产效率，便于企业资金的合理运用。对采购的生产物料按照行业及企业规则建立统一的物料编码从而杜绝因物料无序而导致的损失和混乱。

（2）对需要进行标识的物料打印其条码标，以便于在生产管理中对物料的单件跟踪，从而建立完整的产品档案。

（3）利用条码技术、对仓库进行基本的进、销、存管理。有效地降低库存成本。

（4）通过产品编码，建立物料质量检验档案，产生质量检验报告，与采购订单挂钩建立对供应商的评价。

2．生产管理

条码生产管理是产品条码应用的基础，它建立产品识别码。在生产中应用产品识别码监控生产，采集生产测试数据，采集生产质量检查数据，进行产品完工检查，建立产品识别码和产品档案。有序地安排生产计划，监控生产及流向，提高产品下线合格率。

（1）制定产品识别码格式。根据企业规则和行业规则确定产品识别码的编码规则，保证产品规则化、唯一标识。

（2）建立产品档案：通过产品标识条码在生产线上对产品生产进行跟踪，并采集生产产品的部件、检验等数据作为产品信息，当生产批次计划审核后建立产品档案。

（3）通过生产线上的信息采集点来控制生产的信息。

（4）通过产品标识条码在生产线采集质量检测数据，以产品质量标准为准绳判定产品是否合格，从而控制产品在生产线上的流向及是否建立产品档案。打印合格证。

此外，条形码被用来进行物品追踪、控制库存、记录时间和出勤、监视生产过程、质量控制、检进检出、分类、订单输入、文件追踪、进出控制、个人识别、送货与收货、仓库管理、路线管理、售货点作业以及包括追踪药物使用和病人收款等在内的医疗保健方面的应用。

二、射频技术

射频识别技术（RFID）是一种非接触式的自动识别技术，它通过射频信号自动识别目标对象来获取相关数据。识别工作无须人工干预，可工作于各种恶劣环境。短距离射频产品不怕油渍、灰尘污染等恶劣的环境，可以替代条码，例如用在工厂的流水线上跟踪物体。长距离射频产品多用于交通上，识别距离可达几十米，如自动收费或识别车辆身份等。

（一）射频技术系统组成

最基本的射频技术系统由 3 部分组成，如图 6-3 所示。

1．标签（Tag）

标签由耦合元件及芯片组成，每个标签具有唯一的电子编码，附着在物体上标识目标对象。RFID 技术具有条形码所不具备的防水、防磁、耐高温、使用寿命长、读取距离大、标签上数据可以加密、存储数据容量更大、存储信息更改自如等优点。

2．阅读器（Reader）

阅读器是读取（有时还可以写入）标签信息的设备，可设计为手持式或固定式。

3．天线（Antenna）

天线在标签和读取器间传递射频信号。

（二）射频技术系统的工作流程

阅读器通过发射天线发送一定频率的射频信号，当射频卡进入发射天线工作区域时产生感应电流，射频卡获得能量被激活；射频卡将自身编码等信息通过卡内置发送天线发送出去；系统接收天线接收到从射频卡发送来的载波信号，经天线调节器传送到阅读器，阅读器对接收的信号进行解调和解码后送到后台主系统进行相关处理；主系统根据逻辑运算判断该卡的合法性，针对不同的设定做出相应的处理和控制，发出指令信号控制执行机构动作。

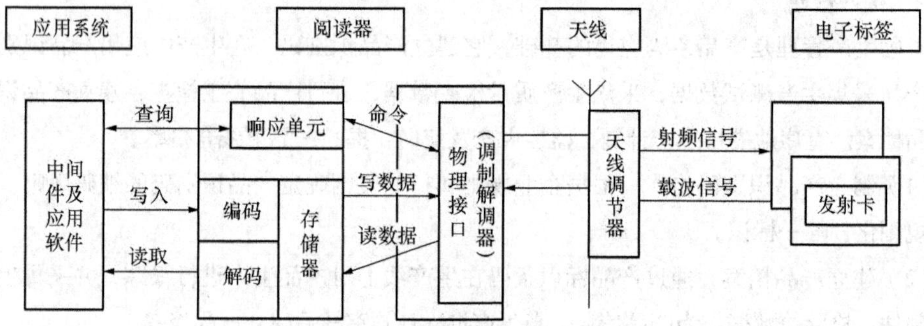

图 6-3　射频技术系统组成

（三）射频技术的特点

RFID 是一项易于操控，简单实用且特别适用于自动化控制的灵活性的应用技术，识别工作无须人工干预，它既可支持只读工作模式也可支持读写工作模式，且无需接触或瞄准；可自由工作在各种恶劣环境下，如短距离射频产品不怕油渍、灰尘污染等恶劣的环境；可以替代条码，例如用在工厂的流水线上跟踪物体；长距离射频产品多用于交通上，识别距离可达几十米，如自动收费或识别车辆身份等。其所具备的独特优越性是其他识别技术无法比拟的。主要有以下几个方面。

1．读取方便快捷

数据的读取无需光源，甚至可以透过外包装来进行。有效识别距离更长，采用自带电池的主动标签时，有效识别距离可达到 30 米以上。

2．识别速度快

标签一进入磁场，阅读器就可以即时读取其中的信息，而且能够同时处理多个标签，实现批量识别。

3．数据容量大

数据容量最大的二维条形码，最多也只能存储 2 725 个数字；若包含字母，存储量则会更少；RFID 标签则可以根据用户的需要扩充到数十 KB。

4．使用寿命长，应用范围广

其无线电通信方式，使其可以应用于粉尘、油污等高污染环境和放射性环境，而且其封闭式包装使得其寿命大大超过印刷的条形码。

5．标签数据可动态更改

利用编程器可以向电子标签里写入数据，从而赋予 RFID 标签交互式便携数据文件的功能，而且写入时间比打印条形码更短。

6．更好的安全性

RFID 电子标签不仅可以嵌入或附着在不同形状、类型的产品上，而且可以为标签数据的读写设置密码保护，从而具有更高的安全性。

7．动态实时通信

标签以每秒 50～100 次的频率与阅读器进行通信，所以只要 RFID 标签所附着的物体出现在解读器的有效识别范围内，就可以对其位置进行动态的追踪和监控。

（四）应用领域

（1）物流：物流过程中的货物追踪，信息自动采集，仓储应用，港口应用，邮政，快递。

（2）零售：商品的销售数据实时统计，补货，防盗。

（3）制造业：生产数据的实时监控，质量追踪，自动化生产。

（4）服装业：自动化生产，仓储管理，品牌管理，单品管理，渠道管理。

（5）医疗：医疗器械管理，病人身份识别，婴儿防盗。

（6）身份识别：电子护照，身份证，学生证等各种电子证件。

（7）防伪：贵重物品（烟、酒、药品）的防伪，票证的防伪等。

（8）资产管理：各类资产（贵重的或数量大相似性高的或危险品等）。

（9）交通：高速不停车，出租车管理，公交车枢纽管理，铁路机车识别等。

（10）食品：水果，蔬菜，生鲜，食品等保鲜度管理。

（11）动物识别：驯养动物，畜牧牲口，宠物等识别管理。

（12）图书馆：书店，图书馆，出版社等应用。

（13）汽车：制造，防盗，定位，车钥匙。

（14）航空：制造，旅客机票，行李包裹追踪。

（15）军事：弹药，枪支，物资，人员，卡车等识别与追踪。

（16）电力：智能电力巡检，智能抄表和电力资产管理等。

三、GIS 技术

地理信息系统（Geographical Information System，GIS）是多种学科交叉的产物，它以地理空间数据为基础，采用地理模型分析方法，适时地提供多种空间的和动态的地理信息，是一种为地理研究和地理决策服务的计算机技术系统。其基本功能是将表格型数据（无论它来自数据库、电子表格文件或直接在程序中输入）转换为地理图形显示，然后对显示结果浏览、操作和分析。其显示范围可以从洲际地图到非常详细的街区地图，显示对象包括人口、销售情况、运输线路和其他内容。

（一）GIS 的组成

从系统论和应用的角度出发，地理信息系统被分为四个子系统，即计算机硬件和系统软件，数据库系统，数据库管理系统，应用人员和组织机构。

1．计算机硬件和系统软件

这是开发、应用地理信息系统的基础。其中，硬件主要包括计算机、打印机、绘图仪、数字化仪、扫描仪；系统软件主要指操作系统。

2．数据库系统

系统的功能是完成对数据的存储，它又包括几何（图形）数据和属性数据库。几何和属性数据库也可以合二为一，即属性数据存在于几何数据中。

3．数据库管理系统

这是地理信息系统的核心。通过数据库管理系统，可以完成对地理数据的输入、处理、管理、分析和输出。

4．应用人员和组织机构

专业人员，特别是那些复合人才（既懂专业又熟悉地理信息系统）是地理信息系统成功应用的关键，而强有力的组织是系统运行的保障。

（二）GIS 技术的应用

地理信息系统在最近的 30 多年内取得了惊人的发展，广泛应用于资源调查、环境评估、灾害预测、国土管理、城市规划、邮电通信、交通运输、军事公安、水利电力、公共设施管理、农林牧业、统计、商业金融等几乎所有领域。

1．资源管理（Resource Management）

CIS 技术主要应用于农业和林业领域，解决农业和林业领域各种资源（如土地、森林、草场）分布、分级、统计、制图等问题。主要回答“定位”和“模式”两类问题。

2．资源配置（Resource Configuration）

在城市中各种公用设施、救灾减灾中物资的分配、全国范围内能源保障、粮食供应等到机构的在各地的配置等都是资源配置问题。GIS 在这类应用中的目标是保证资源的最合理配置和发挥最大效益。

3．城市规划和管理（Urban Planning and Management）

空间规划是 GIS 的一个重要应用领域，城市规划和管理是其中的主要内容。例如，在大规模城市基础设施建设中如何保证绿地的比例和合理分布，如何保证学校、公共设施、运动场所、服务设施等能够有最大的服务面（城市资源配置问题）等。

4．土地信息系统和地籍管理

土地和地籍管理涉及土地使用性质变化、地块轮廓变化、地籍权属关系变化等许多内容，借助 GIS 技术可以高效、高质量地完成这些工作。

5．生态、环境管理与模拟（Environmental Management and Modeling）

区域生态规划、环境现状评价、环境影响评价、污染物削减分配的决策支持、环境与区域可持续发展的决策支持、环保设施的管理、环境规划等。

6．应急响应（Emergency Response）

解决在发生洪水、战争、核事故等重大自然或人为灾害时，如何安排最佳的人员撤离路线、并配备相应的运输和保障设施的问题。

7．地学研究与应用（Application in Geoscience）

地形分析、流域分析、土地利用研究、经济地理研究、空间决策支持、空间统计分析、制图等都可以借助地理信息系统工具完成。

（三）移动 GIS

通过与流动装置的结合，地理资讯系统可以为用户提供即时的地理信息。一般汽车上的导航装置都是结合了卫星定位设备（GPS）和地理资讯系统（GIS）的复合系统。在香港曾经很流行的地图王，则是一套可以安装在 PDA 或手提电话上的即时地图系统。

汽车导航系统是地理资讯系统的一个特例，它除了一般的地理资讯系统的内容以外，还包括了各条道路的行车及相关信息的数据库。这个数据库利用矢量表示行车的路线、方向、路段等信息，又利用网络拓扑的概念来决定最佳行走路线。地理数据文件（GDF）是为导航系统描述地图数据的 ISO 标准。汽车导航系统组合了地图匹配、GPS 定位来计算车辆的位置。地图资源数据库也用于航迹规划、导航，并可能还有主动安全系统、辅助驾驶及位置定位服务（Location Based Services，LBS）等高级功能。汽车导航系统的数据库应用了地图资源数据库管理。

四、GPS 技术

全球定位系统（Global Positioning System－GPS）具有在海、陆、空进行全方位实时三维导航与定位能力。

（一）GPS 构成

GPS 由三个部分构成，如图 6-4 所示。

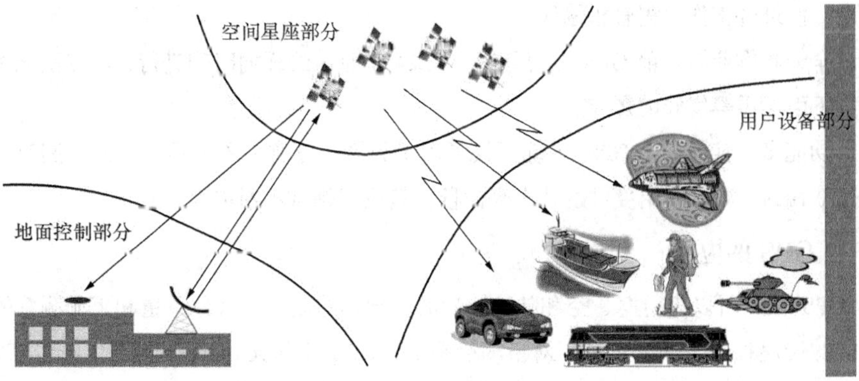

图 6-4　GPS 的构成

1．空间部分——GPS 卫星星座

由 24 颗卫星组成，它位于距地表 20～200km 的上空，均匀分布在 6 个轨道面上（每个轨道面 4 颗），轨道倾角为 55° 。此外，还有 3 颗有源备份卫星在轨运行。卫星的分布使得在全球任何地方、任何时间都可观测到 4 颗以上的卫星，并能在卫星中预存的导航信息。

2．地面控制部分——地面监控系统

由监测站、主控制站、地面天线所组成，主控制站位于美国科罗拉多州春田市。地面控制站负责收集由卫星传回之讯息，并计算卫星星历、相对距离，大气校正等数据。

3．用户设备部分——GPS 信号接收机

捕获到按一定卫星高度截止角所选择的待测卫星，并跟踪这些卫星的运行。当接收机捕获到跟踪的卫星信号后，就可测量出接收天线至卫星的伪距离和距离的变化率，解调出卫星轨道参数等数据。

（二）GPS 的特点

GPS 导航定位以其高精度、全天候、高效率、多功能、操作简便、应用广泛等特点著称。

（1）定位精度高。应用实践已经证明，GPS 相对定位精度在 50km 以内可达 10～6m，100～500km 可达 10～7m，1000km 可达 10～9m。在 300～1500m 工程精密定位中，1 小时以上观测的解其平面位置误差小于 1mm，与 ME-5000 电磁波测距仪测定得边长比较，其边长较差最大为 0.5mm，较差中误差为 0.3mm。

（2）观测时间短。随着 GPS 系统的不断完善，软件的不断更新，目前，20km 以内相对静态定位，仅需 15～20 分钟；快速静态相对定位测量时，当每个流动站与基准站相距在 15km 以内时，流动站观测时间只需 1～2 分钟，然后可随时定位，每站观测只需几秒。

（3）测站间无须通视。GPS 测量不要求测站之间互相通视，只需测站上空开阔即可，因此可节省大量的造标费用。由于无需点间通视，点位位置可根据需要，可稀可密，使选点工作甚为灵活，也可省去经典大地网中的传算点、过渡点的测量工作。

（4）可提供三维坐标。经典大地测量将平面与高程采用不同方法分别施测。GPS 可同时精确测定测站点的三维坐标。目前 GPS 水准可满足四等水准测量的精度。

（5）操作简便。随着 GPS 接收机不断改进，自动化程度越来越高，有的已达“傻瓜化”的程度；接收机的体积越来越小，重量越来越轻，极大地减轻测量工作者的工作紧张程度和劳动强度，使野外工作变得轻松愉快。

（6）全天候作业。目前 GPS 观测可在一天 24 小时内的任何时间进行，不受阴天黑夜、起雾刮风、下雨下雪等气候的影响。

（7）功能多、应用广。GPS 系统不仅可用于测量、导航，还可用于测速、测时。测速的精度可达 0.1m/s，测时的精度可达几十毫微秒。其应用领域不断扩大。

（三）GPS 的应用

用 GPS 信号可以进行海、空和陆地的导航，导弹的制导，大地测量和工程测量的精密定位，时间的传递和速度的测量等。对于测绘领域，GPS 卫星定位技术已经用于建立高精度的全国性的大地测量控制网，测定全球性的地球动态参数；用于建立陆地海洋大地测量基准，进行高精度的海岛陆地联测以及海洋测绘；用于监测地球板块运动状态和地壳形变；用于工程测量，成为建立城市与工程控制网的主要手段。用于测定航空航天摄影瞬间的相机位置，实现仅有少量地面控制或无地面控制的航测快速成图，导致地理信息系统、全球环境遥感监测的技术革命。

第四节 配送

一、配送的概念

配送是指在经济合理区域范围内，根据客户要求，对物品进行拣选、加工、包装、分割、组配等作业，并按时送达指定地点的物流活动。配送是物流中一种特殊的、综合的活动形式，是商流与物流紧密结合，包含了商流活动和物流活动，也包含了物流中若干功能要素的一种形式。它的内涵主要从以下三方面理解：

（一）满足顾客对物流服务的需求是配送的前提

（1）由于在买方市场条件下，顾客的需求是灵活多变的，消费特点是多品种、小批量的，因此从这个意义上说，配送活动绝不是简单的送货活动，而应该是建立在市场营销策划基础上的企业经营活动。

（2）由于在买方市场条件下，顾客的需求是灵活多变的，消费特点是多品种、小批量的，因此单一的送货功能，无法较好地满足广大顾客对物流服务的需求，因此配送活动是多项物流活动的统一体。如中国《物流术语》所述。更有些学者认为：配送就是“小物流”，只是比大物流系统在程度上有些降低和范围上有些缩小罢了。从这个意义上说，配送活动所包含的物流功能，应比中国《物流术语》提出的功能还要多而全面。

（二）配送是“配”与“送”的有机结合

所谓“合理地配”是指在送货活动之前必须依据顾客需求对其进行合理的组织与计划。只有“有组织有计划”地“配”才能实现现代物流管理中所谓的“低成本、快速度”地“送”，进而有效满足顾客的需求。

（三）配送是在积极合理区域范围内的送货

配送不宜在大范围内实施，通常仅局限在一个城市或地区范围内进行。

二、配送特点

（1）和送货概念的区别在于，不是一般概念的送货，也不是生产企业推销产品时直接从事的销售性送货，而是从物流据点至用户的一种特殊送货形式。从送货功能看，其特殊性表现为：①从事送货的是专职流通企业，而不是生产企业；②配送是“中转”型送货，而一般送货尤其从工厂至用户的送货往往是直达型；③一般送货是生产什么、有什么送什么，配送则是需要什么送什么。

（2）和输送、运输概念的区别在于，配送不是单纯的运输或输送，而是运输与其他活动共同构成的有机体。配送中所包含的那一部分运输活动在整个输送过程中是处于“二次输送”“支线输送”“末端输送”的位置，其起止点是物流据点至用户，这也是不同于一般输送的特点。

（3）和一般概念的供应或供给的区别在于，不是广义概念的组织物资订货、签约、结算、进货及对物资处理分配的供应，而是以供给者进货到户式的服务。从服务方式来讲，是一种“门到门”的服务，可以将货物从物流据点一直送到用户的仓库、营业所、车间乃至生产线的起点。

（4）和运送、发放、投送概念的区别在于，这是在全面配货基础上，充分按照要求，包括种类、种类措施、数量、时间等方面的要求所进行的运送。因此，除了各种“运”“送”活动外，还要从事大量分货、配货、配装等工作，是“配”和“送”的有机结合形式。

三、配送作用

（一）完善了输送及整个物流系统

第二次世界大战之后，由于大吨位、高效率运输力量的出现，使干线运输无论在铁路、海运抑或公路方面都达到了较高水平，长距离、大批量的运输实现了低成本化。但是，在所有的干线运输之后，往往都要辅以支线或小搬运，这种支线运输及小搬运成了物流过程的一个薄弱环节。这个环节有和干线运输不同的许多特点，如要求灵活性、适应性、服务性，致使运力往往利用不合理、成本过高等问题难以解决。采用配送方式，从范围来讲将支线运输及小搬运统一起来，加上上述的各种优点使输送过程得以优化和完善。

（二）提高了末端物流的效益

配送方式，通过增大经济批量来达到经济地进货，又通过将各种商品用户集中一起进行一次发货，代替分别向不同用户小批量发货来达到经济地发货，使末端物流经济效益提高。

（三）通过集中库存使企业实现低库存或零库存

实现了高水平的配送之后，尤其是采取准时配送方式之后，生产企业可以完全依靠配送中心的准时配送而不需保持自己的库存。或者，生产企业只需保持少量保险储备而不必留有经常储备，这就可以实现生产企业多年追求的“零库存”，将企业从库存的包袱中解脱出来，同时解放出大量储备资金，从而改善企业的财务状况。

实行集中库存，集中库存的总量远低于不实行集中库存时各企业分散库存之总量。同时增加了调节能力，也提高了社会经济效益。此外，采用集中库存是可利用规模经济的优势，使单位存货成本下降。

（四）简化事务，方便用户

采用配送方式，用户只需向一处订购，或和一个进货单位联系就可订购到以往需去许多地方才能订到的货物，只需组织对一个配送单位的接货便可代替现有的高频率接货，因而大大减轻了用户工作量和负担，也节省了事务开支。

（五）提高供应保证程度

让生产企业自己保持库存，维持生产，供应保证程度很难提高（受到库存费用的制约），采取配送方式，配送中心可以比任何单位企业的储备量更大，因而对每个企业而言，中断供应、影响生产的风险便相对缩小，使用户免去短缺之忧。

四、配送流程

配送的一般流程比较规范，如图 6-5 所示。但并不是所有的配送者都按下述流程进行。不同产品的配送可能有其独特之处，如燃料油配送就不存在配货、分放、配装工序，水泥及木材配送又多出了一些流通加工的过程，而流通加工又可能在不同环节出现。

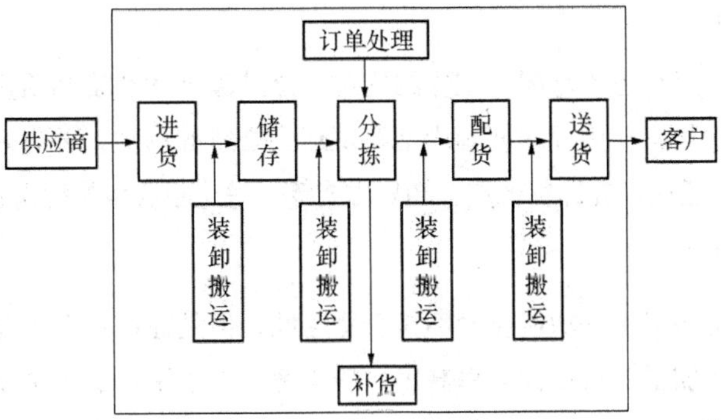

图 6-5　物流配送

（一）备货

是配送的准备工作或基础工作，备货工作包括筹集货源、订货或购货、集货、进货及有关的质量检查、结算、交接等。配送的优势之一，就是可以集中用户的需求进行一定规模的备货。备货是决定配送成败的初期工作，如果备货成本太高，会大大降低配送的效益。

（二）储存

配送中的储存有储备及暂存两种形态。配送储备是按一定时期的配送经营要求，形成的对配送资源的保证。这种类型的储备数量较大，储备结构也较完善，视货源及到货情况，可以有计划地确定周转储备及保险储备结构及数量。配送的储备保证有时在配送中心附近单独设库解决。

（三）分拣及配货

分拣及配货是配送不同于其他物流形式的有特点的功能要素，也是配送成败的一项重要支持性工作。分拣及配货是完善送货、支持送货准备性工作，是不同配送企业在送货时进行竞争和提高自身经济效益的必然延伸，所以，也可以说是送货向高级形式发展的必然要求。有了分拣及配货就会大大提高送货服务水平，所以，分拣及配货是决定整个配送系统水平的关键要素。

（四）配装

在单个用户配送数量不能达到车辆的有效载运负荷时，就存在如何集中不同用户的配送货物，进行搭配装载以充分利用运能、运力的问题，这就需要配装；和一般送货不同之处在于，通过配装送货可以大大提高送货水平及降低送货成本，所以，配装也是配送系统中有现代特点的功能要素，也是现代配送不同于以往送货的重要区别之处。

（五）配送运输

配送运输属于运输中的末端运输、支线运输，和一般运输形态主要区别在于：配送运输是较短距离、较小规模、额度较高的运输形式，一般使用汽车做运输工具。与干线运输的另一个区别是，配送运输的路线选择问题是一般干线运输所没有的，干线运输的干线是唯一的运输线，而配送运输由于配送用户多，一般城市交通路线又较复杂。如何组合成最佳路线，如何使配装和路线有效搭配等，是配送运输的特点，也是难度较大的工作。

（六）送达服务

配好的货运输到用户还不算配送工作的完结，这是因为送达货和用户接货往往还会出现不协调，使配送前功尽弃。因此，要圆满地实现运到之货的移交，并有效地、方便地处理相关手续并完成结算，还应讲究卸货地点、卸货方式等。送达服务也是配送独具的特殊性。

（七）配送加工

在配送中，配送加工这一功能要素不具有普遍性，但是往往是有重要作用的功能要素。主要原因是通过配送加工，可以大大提高用户的满意程度。配送加工是流通加工的一种，但配送加工有它不同于一般流通加工的特点，即配送加工一般只取决于用户要求，其加工的目的较为单一。

五、配送中心

配送中心作业流程及管理在不同模式的配送中心下作业内容有所不同，一般来说配送中心执行如下作业流程：进货——进货验收——入库——存放——标示包装——分类——出货检查——装货——送货。归纳而言，配送中心的作业管理主要有进货入库作业管理、在库保管作业管理、加工作业管理、理货作业管理和配货作业管理。

（一）进货入库作业管理

进货入库作业主要包括收货、检验和入库 3 个流程。收货是指连锁店总部的进货指令向供货厂商发出后，配送中心对运送的货物进行接收。收货检验工作一定要慎之又慎，因为一旦商品入库，配送中心就要担负起商品完整的责任。一般来说，配送中心收货员应做好如下准备：及时掌握连锁总部（或客户）计划中或在途中的进货量、可用的库房空储仓位、装卸人力等情况，并及时与有关部门、人员进行沟通，做好以下接货计划：①使所有货物直线移动，避免出现反方向移动；②使所有货物移动距离尽可能短，动作尽可能减少；③使机器操作最大化、手工操作最小化；④将某些特定的重复动作标准化；⑤准备必要的辅助设备。

检验活动包括核对采购订单与供货商发货单是否相符、开包检查商品有无损坏、商品分类、所购商品的品质与数量比较等。数量检查有四种方式：①直接检查，将运输单据与供货商发货单对比；②盲查，即直接列出所收到的商品种类与数量，待发货单到达后再做检查；

③半盲查，即事先收到有关列明商品种类的单据，待货物到达时再列出商品数量；④联合检查，即将直接检查与盲查结合起来使用，如果发货单及时到达就采用直接检查法，未到达就采用盲查法。

经检查准确无误后方可在厂商发货单上签字将商品入库，并及时登录有关入库信息，转达采购部，经采购部确认后开具收货单，从而使已入库的商品及时进入可配送状态。

（二）在库保管作业管理

商品在库保管的主要目的是加强商品养护，确保商品质量安全。同时还要加强储位合理化工作和储存商品的数量管理工作。商品储位可根据商品属性、周转率、理货单位等因素来确定。储存商品的数量管理则需依靠健全的商品账务制度和盘点制度。商品储位合理与否、商品数量管理精确与否将直接影响商品配送作业效率。

（三）加工作业管理

主要是指对即将配送的产品或半成品按销售要求进行再加工，包括：①分割加工，如对大尺寸产品按不同用途进行切割；②分装加工，如将散装或大包装的产品按零售要求进行重新包装；③分选加工，如对农副产品按质量、规格进行分选，并分别包装；④促销包装，如促销赠品搭配；⑤贴标加工，如粘贴价格标签，打制条形码。加工作业完成后，商品即进入可配送状态。

（四）理货作业管理

理货作业是配货作业最主要的前置工作。即配送中心接到配送指示后，及时组织理货作业人员，按照出货优先顺序、储位区域别、配送车辆趟次别、门店号、先进先出等方法和原则，把配货商品整理出来，经复核人员确认无误后，放置到暂存区，准备装货上车。

理货作业主要有两种方式：一是“播种方式”；二是“摘果方式”。

（1）所谓播种方式，是把所要配送的同一品种货物集中搬运到理货场所，然后按每一货位（按门店区分）所需的数量分别放置，直到配货完毕。在保管的货物较易移动、门店数量多且需要量较大时，可采用此种方法。

（2）所谓摘果方式（又称挑选方式），就是搬运车辆巡回于保管场所，按理货要求取出货物，然后将配好的货物放置到配货场所指定的位置，或直接发货。在保管的商品不易移动、门店数量较少且要货比较分散的情况下，常采用此种方法。

在实际工作中，可根据具体情况来确定采用哪一种方法，有时两种方法也可同时运用。

（五）配货作业管理

配送作业过程包括计划、实施、评价 3 个阶段。

（1）制定配送计划。配送计划是根据配送的要求，事先做好全局筹划并对有关职能部门的任务进行安排和布置，全局筹划主要包括：制定配送中心计划；规划配送区域；规定配送服务水平等。

制定具体的配送计划时应考虑以下几个要素：连锁企业各门店的远近及订货要求，如品种、规格、数量及送货时间、地点等；配送的性质和特点以及由此决定的运输方式、车辆种类；现有库存的保证能力；现时的交通条件。从而决定配送时间，选定配送车辆，规定装车货物的比例和最佳配送路线、配送频率。

（2）配送计划的实施。配送计划制定后，需要进一步组织落实，完成配送任务。

首先应做好准备工作。配送计划确定后，将到货时间、到货品种、规格、数量以及车辆型号通知各门店做好接车准备；同时向各职能部门，如仓储、分货包装、运输及财务等部门下达配送任务，各部门做好配送准备。

然后组织配送发运。理货部门按要求将各门店所需的各种货物进行分货及配货，然后进行适当的包装并详细标明门店名称、地址、送达时间以及货物明细。按计划将各门店货物组合、装车，运输部门按指定的路线运送各门店，完成配送工作。

如果门店有退货、调货的要求，则应将退、调商品随车带回，并完成有关单证手续。

（3）配送实施的评价。配送实施后，配送方或者是客户可以根据配送实施的具体情况来对这次的配送进行评价。评价是可以根据商品损耗率、无误交货率、订单满足率、交货的及时率、投诉次数等对这次的配送进行比较全面的评价。

评价结束后，配送方根据配送评价对这次的配送进行总结，找出问题所在的原因，加以改正，完善以后的配送工作。

综合案例

第四方物流

2009 年，组建不过两年的上海新跃物流企业管理有限公司，在物流领域的激烈竞争中遇到了发展瓶颈。两年后，新跃物流通过与中国电信上海公司展开合作，成功地打造了“物流汇”这个物流企业公共服务平台，3838 家加盟公司在信息化平台的辅助下，逐步实现了与世界先进物流体系的完美接轨。

一、对讲手机一键通话，司机师傅先按先得

新跃物流不同于普通的速递企业，是一个第四方物流平台，有许多加盟物流企业，司机往往是采用挂靠的方式提供服务，高效管理与控制成本是公司面临的两大难题。

新跃物流过去采用传统的方式：一有业务，公司就要给司机一个个打电话，等最终找到一个有空、可以拉货的司机，往往已经打了十几通电话，货物周转慢、话费支出高。

同时，司机也有抱怨：有时候一个电话没接到或者是别人先接到电话，一单生意就没有了。

循着问题解决的思考过程，借鉴国外物流行业的成熟经验，新跃物流觉得必须采用“移动对讲”技术。目前，上海电信是唯一一家推出结合其 3G 网络的天翼对讲终端的电信运营商。

新跃物流与上海电信开展合作后，公司率先给一千多名司机配备了最新的 PTT 对讲手机。管理员说，现在一有业务，只需按一个键，就可以通知到所有持 PTT 终端的司机，所有人可以同一时间分享货物信息，符合运货条件的司机也能及时做出回应。

一个手机，既能打电话又能对讲，一按即通，安全保密，一呼百应。对司机而言更公平，对公司而言更高效。此外，由于 PTT 通话走的是流量，除了天翼对讲每月 25 元的功能费，每个司机只要再根据自身的业务量增订一个 3G 流量包即可，通信资费大大降低，为公司运营节约了成本。

二、GPS 准确定位车辆货物实时追踪

货物与人员的安全是物流公司的头等大事。过去，一旦发生货物丢失，客户意见很大，而且遗失货物非常难找回，大家互相推诿责任，无法准确地知道是哪个环节出了错。

而现在，GPS 定位服务为公司有效地解决了这一难题。GPSONE 定位服务通过电信 CDMA 系统特有的 GP－Sone 定位接口，实时了解监控对象所处的方位及行驶状态，便于对监控对象实施全方位的管理。

公司管理员使用 PTT 确认送货人员之后，可以通过 GPS 平台监控软件，将取货地点、送货地点、行驶路线等调度指令发送到装有 GPS 终端的车辆，所发的指令在 1～2 秒内即能在 GPS 终端的液晶屏上显示，司机可根据相关指令立即进行工作，简洁高效。

公司的调度员表示，GPS 定位服务，使他们能够对公司的车辆进行集中、统一、系统化的管理，大大降低了人力成本。

而对客户来说，当他们在“物流汇”上搜索、选择运输车辆时，也更愿意选择有 GPS 终端的车辆，虽然运输费用略贵一些，但是货主能随时查询车辆及货物的位置信息。

管理人员高兴地说，如今，他们接到的有关货物丢失的客户投诉越来越少了。即使偶尔有丢失的情况，通过 GPS 轨迹回放也能马上知道是哪一个环节出了问题，货物找回的概率也比以前大。

三、无线摄像头全程保驾路况、货物远程监控

尝到甜头的新跃物流在信息化的道路上越跑越欢。未来，新跃物流的车辆上将出现两个无线摄像头，进一步确保整个物流环节的安全可控，这一应用在物流行业处于领先地位。

其中，一个视频摄像头将被安装在车头，随时监控车辆行驶前方的路面状况。一旦监测到前方路面发生交通事故或出现拥堵，新跃物流的后台调度员马上能通过无线摄像头看到现场情况，提醒司机做好安全防范措施，并通知其他司机尽量避开事故或拥堵路段。

另一个摄像头安装在货运车厢内部，专门用于监控货物。GPS 定位服务毕竟无法知晓车上每一件货物的位置，仍有可能发生在司机不知道的情况下货物被随意搬走的情况。在整个运输途中，如果后台监控人员在视频中看到有人无故打开货舱门或是随意移动货物，会立刻提醒司机进行检查；如果货物被盗，无线视频录像也能为追回货物及调查取证提供第一手资料。

四、物流信息化平台为企业全副武装

据悉，上海电信针对全市物流行业共推出了“公路物流”、“物流 E 通”、“综合配货”等一系列行业解决方案，吸引了业内众多知名物流公司成为其客户，嘉定安富轿车驳运公司就是其中的一家。安富公司是上汽集团安吉物流的下属企业，目前上海电信的 3G 业务已全面应用到公司运营管理中，公司利用 2000 多台天翼 3G 终端，实现全体工作人员的 GPSONE 定位、语音、数据服务、车辆人员定位等功能，除此之外，安富轿车还把现场发生的实时情况，进行 3G 手机拍照，并通过终端上一键快捷方式，实时发送到管理平台，为公司对现场操控带来了方便，并作为公司决策事务的重要依据，真正做到事故取证精确化；通过信息化平台，公司的最新动态、政策及各种安全质量规范信息发布、培训项目可直接通过电信 3G 网络，及时地发布到各个驾驶员手机终端上，极大提高了工作效率，使安富公司全面实现信息化。

最近，又有一家全国性的速递公司与上海电信签订了“物流信息化合作协议”。根据协议，上海电信为该公司组建移动 VPN 网络并提供总机服务，为客户定制“物流 E 通”移动终端，实现接单、收件、派件及查询等速递业务操作信息实时处理，并率先应用天翼 3G 手机进行条码扫描。

结合本案例请分析：

1. 新跃物流取得如此成功的秘诀是什么？
2. 第四方物流的主要业务有哪些？

思考题

1. 怎样理解配送的概念？
2. 配送与物流的区别是什么？
3. 配送与运输的区别是什么
4. 对一个生产企业来说，他们的配送流程是怎样的？
5. 配送与配送中心的区别是什么？
6. 配送中心在企业中的地位如何？配送中心的选址有何要求？

第七章　电子商务系统规划与应用

集合电子商务活动的电子技术手段，在 Internet 和其他网络的基础上，以实现企业电子商务活动为目标，满足企业生产、销售、服务等生产和管理的需要，支持企业的对外业务协作，从运作，管理和决策等层次全面提高企业信息化水平，为企业提供商业智能的计算机系统。

第一节　网站建设成为企业和政府推广的优势

一、传统企业竞争优势

格力——是目前全球最大的集研发、生产、销售、格力标志服务于一体的专业化空调企业。2014 年，格力电器在全国各地逐步增设旗舰店，作为“升级版专卖店”，旗舰店成为渠道发展的新标杆。格力专卖店的稳健扩充及转型升级，源自格力强大的品牌效应和对经销商的大力扶持政策，畅通的销售体系，也让经销商为格力的壮大提供了有力支持。格力网页，如图 7-1 所示。

年报显示，2013 年度格力电器实现营业总收入 1200.43 亿元，是中国首家净利润、纳税双双超过百亿的家电企业，家用空调销售额连续 19 年全国第一。

图 7-1　格力主页

（一）线下渠道打通共同获益

被称为家电行业“渠道之王”的格力在渠道建设方面不断创新。1994 年与 1996 年，格力分别首创“淡季贴息返利”模式与“年终返利”模式，通过对经销商进行激励，平衡季节性生产波动，激励了销售积极性。1997 年，格力独创被业界奉为圭臬的“股份制区域性销售公司模式”：在每个省份选定几家大的经销商，共同出资参股组成具有“利益共同体”性质的“联合销售公司”，通过联合大经销商共同把握市场，与经销商共同进步，合作共赢。

在渠道建设上，格力摸索出的“厂家—厂商联营体—渠道体”三级体系日益成熟，目标在于：加强对销售终端的控制，以形成格力统一的品牌形象，更好地服务消费者。格力在渠道经营上的核心理念仍是实现渠道、网络、市场、服务统一，与经销商共同经营市场。

正是由于格力对经销商的大力支持，对渠道建设的全力投入，助推了格力产品在市场上销售火爆。2012 年格力电器实现营业总收入 1001 亿元，成为中国首家超过千亿的家电上市公司。格力电器始终保持稳健的发展态势，线下渠道功不可没。

（二）线上平台构建实现共赢

互联网时代，消费者消费习惯发生着巨大变化，给家电行业带来挑战的同时，也带来了巨大的销售机遇。奥维咨询去年发布了《2013 年度家电市场整体及细分品类研究报告》，2013 年线下家电销售规模为 1.1291 万亿元，增幅 6%，而线上家电销售额尽管只有 716 亿元，但增幅达 79%，整体占比从 2012 年的 3.6%提升到 6%。

无论是线上购买还是线下购买，品牌、价格和服务仍是消费者选择品牌的重要标准。格力“核心科技”品质、对渠道终端掌控能力以及由渠道带来的终端服务能力使格力天然就具备 O2O 的支撑体系，线上线下销售融合将使厂商销售渠道更加立体，格力一旦将实体店与互联网连接起来，必能在新时代具备更多的发展空间。

因此，在科技技术迅猛发展的今天，企业间的竞争已经不仅仅是实体线下销售的竞争，线上的竞争战已经悄然打响。因此，无论企业规模大小，都将自已的网站建设视为成功的必不可少的要素。那么，电子商务系统建设到底有什么优势呢？

1．最有效的宣传推广方式

在互联网技术还未普及的时代。企业主要通过电视媒体和报纸杂志等来完成自已的宣传营销。但是这种传统的做法会导致受众群小，信息不及时，广告费过高等等的问题。而选择通过互联网发布企业的有关信息则更为有效快捷。很多企业通过对网站功能，网站的布局，网站的内容，网站结构等等要素的合理设计而使得网站在百度、Google 等著名搜索引擎上名列榜首。

2．最为专业的技术

目前企业电商系统建设涵盖该网站上的所有内容。达到它的售后服务、顾客点击率小到菜单的设计是否合理，网站色彩是否搭配等等细微之处。而且，在国内目前已有许多家专门从事网站建设的公司出现。他们中的网站建设专业技术人才使得网站建设更加接近完美。

3．最广泛的客户流量

百度、Google 等著名搜索引擎的排名往往导向着消费者的消费动态。因此，网站建设的最终目的就是要让企业成为搜索点击率接近 100%的商家。这样也能为企业招揽来更多的潜在客户。同时加入电商网（www.eb.cn）做“营销通”服务，网站排名流量有保证。

二、网站建设案例——政府门户网站

门户网站建设不仅应用在企业中，政府网站建设也是必然趋势。从世界范围看，政府网站建设能帮助政府部门实现办公自动化、网络化、电子化、全面信息化，这也是政府职能转变的必然趋势。政府网站开发、电子政务建设也是各国积极倡导的“信息高速公路”五个应用领域中的重中之重。政府网站主要面对的是社会公众和企业，网络体系除了对应的物理层网络层之外，建设的重点内容主要包括应用层、功能组件层和数据层，相对比较简单。主要构建架构如图 7-2 所示。

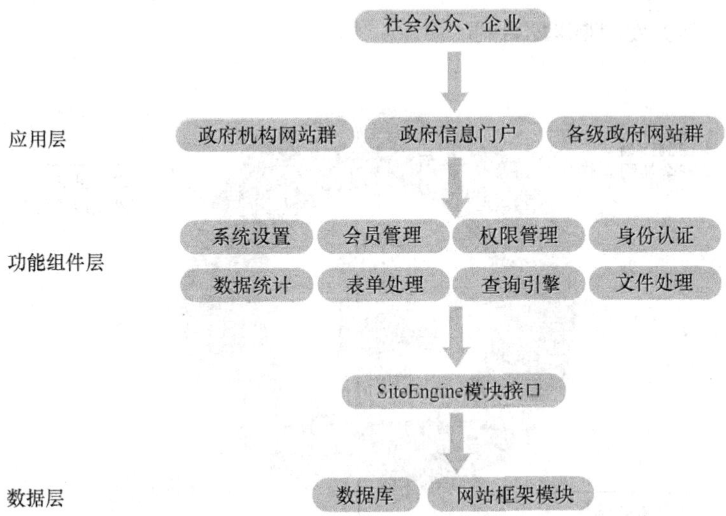

图 7-2 政府网站建设解决方案之网站构架图

政府网站建设能够展示政府形象，提高政府工作透明度，它是提升政府效率、减少官僚作风、杜绝营私舞弊的便利手段之一。政府网站建设解决方案以互联网为媒介为政府建立反映人民需求的网站平台，提高行政效率，为人们提供更广泛、更便捷的信息及服务，减少传统审核作业层层关卡阻碍，保障政府机关之间及政府与社会各界之间交流沟通便利。

（一）政府网站建设目标

政府网站建设解决方案的目标，主要从以下几个角度做起。

（1）政府网站建设保证实现“政府上网”和公众信息发布功能。各级政府部门建立门户网站，公开政府部门的名称、职能、机构组成、办事章程，各项文件、资料、档案等信息，实现政务公开，使普通百姓能够便利地了解政府机关组织结构和职能，保障循章办事，明确政府职能部门的职责，更好地服务社会群众。

（2）政府网站建设是在保证支持基本公务的基础上，着手于电子化政府建设，实现政府上网的功能性目标。政府网站设计是扩充网上政府的功能，实现政府的行政职能的转变与提高，为所需与政府打交道的人提供因特网交流平台。如网上报税、网上申请、项目审批、网上采购和招标等等。政府网站建设，帮助改善政府形象，提高政府机关办事效率，为广大群众行驶民主监督权力，提供便利条件。

（3）政府门户网站在政府职能上网的基础上，积极推动各行业和企业的网络化建设，形成“政府搭台、企业唱戏”的好局面。将各行业人民群众纳入网络大环境中，进行公共信息分享，从而形成畅通的“上令下达”、“下情上达”渠道。

（二）政府网站建设程序设计原则

程序是进行网站具体建设实施时的一个宏观方向指引，网站设计均依托于程序设计原则来进行。

（1）开放性原则。在政府网站建设的具体设计过程中，要充分考虑到各功能模块的可扩展性以及方便维护性，在使用数据库、编程语言时，要始终遵循开放性原则，来达到尽量降低后期维护和二次开发的难度的目的。

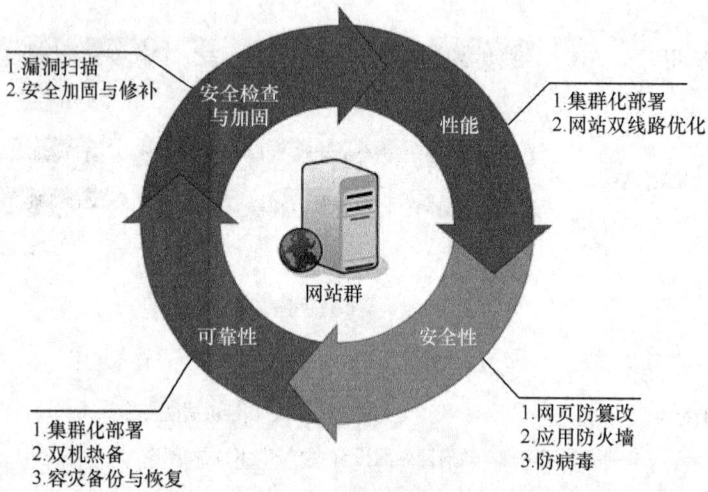

图 7-3　政府网站安全机制

（2）安全性原则。政府作为行政机构，其网站建设的意义非同寻常，必须要保障系统运行过程的安全性。要充分考虑到系统文件、数据的备份、恢复等要求，做到内外网分离，在信息发布管理方面能做到落实到个人，减少系统运行过程中出现偏差的可能性，如图 7-3 所示。

（3）实用性原则。政府网站作为展示政府形象、发布公共信息的平台，必须以方便用户为原则，在吸取政府网站建设先进经验的同时，考虑到政府的具体情况具体需求，进行量身定制。在用户界面，提供直观便捷、方便易操作的实用功能，降低网站使用前的培训难度。

（三）政府网站建设之网站设计原则

（1）政府网站设计应当突出网页美观、端正，布局合理，页面清晰。

（2）政府网站设计形式新颖，结构清晰，内容丰富，技术合理，浏览方便。

（3）政府门户网站中的当地政府介绍部分应当提供中英文两种形式。

（4）政府门户网站应当具有实现工作进程督办的功能。如督办工作，领导可及时监察工作，给出反馈意见。

（5）政府网站设计保障信息公开。政府网站，通过网站发布会议公告、人事管理信息、廉政监察、党建工作等信息，力求公平，公正，公开。

（6）政府网站设计应当以提高业务素质为原则和目标。政府网站建设解决方案，为建立政府内部网络平台提供思路和具体的方案，通过网站干部职工可交流业务，保障良性沟通，解决业务疑难，保证业务及时回复，分类检索方便。

（7）政府网站设计网站的功能模块时，应当注重可加强内部交流互动。通过网站可实现各部门员工协调管理，如及时了解员工动向、消除部门隔阂、提高竞争力和凝聚力。

（8）政府网站设计以便利获取信息为原则。政府网站建设，通过建立信息查询数据库，由专人负责收集整理信息，供干部职工查阅，实现信息的便捷共享与获取、查询。

（9）政府网站设计以充分展示政府丰富文化生活为原则。通过实施政府网站建设解决方案，建设政府门户网站，为展示各部门的文化活动提供平台，员工可把相关活动照片发布到网站上，展现政府丰富的文化生活。

（四）政府网站建设总体设计

1. 政府网站建设需求分析

在进行政府网站设计之前，首先需要对政府网站建设的需求进行分析，主要分析政府网站功能、运行性能需求、政府网站结构、数据格式等。门户网站设计分阶段、分模块进行，同时要对网站的功能、运行和性能需求进一步梳理。此外，在高层次的政府网站建设中，文档归档、网站维护和支持需求，也包含在网站设计阶段需考虑的问题之中。

2. 政府网站开发方式

政府网站建设解决方案，在政府网站开发中采用分步开发和集成相结合的方式，在网站功能分模块开发的基础上，对整个网站进行整体集成。在组织上，网站开发专业人员和有关的业务人员共同组建项目组按照用户需求，开发、试运行。在政府网站开发的同时，保障网站高质量、高效率、易维护，在政府网站设计方面，遵从国家软件工程规范需求。

3. 政府网站建设解决方案执行规划

资源和配置计划：概述关键的细节计划进度、里程碑和按合同规定应该交付的。

制订阶段性的政府网站建设计划：需求分析阶段，一般设计阶段，详细设计阶段等。详细说明每个阶段应该完成的日期，并指出不同阶段可以互相重叠的时间等。

政府网站建设责任分配：规定从事这个开发项目的每个小组的具体责任。

政府门户网站测试计划：概述应进行的测试和需要的工具，以及完成网站测试的过程和分工。

变动控制计划：企业客户在政府网站建设解决方案中针对可能发生的变动情况，制订相应的控制解决方案，确定在网站开发过程中要求变动时的管理控制机制。对任何变动实行有效的控制，并建立文档。

政府网站开发的文档计划：定义和管理与项目有关的文档，包括需求分析文档、网站设计文档、数据库设计文档、用户手册等。

政府门户网站培训计划：在应用网站建设的初期给出一个完整的培训计划，并在实施过程中进行必要的修改。这个计划包括对从事开发工作的程序员的培训计划和使用网站的用户的培训计划。

政府网站建设复审和报告计划：建立完整的复审和报告系统，对每个开发阶段的工作进行复审，以检查前一个阶段的开发并确定是否已具备开始下一阶段的开发。每个开发小组将向开发管理小组提交有关项目的总体状况、成本和进度等方面的报告，以便管理小组从管理的角度对开发工作进行审查及计划。讨论如何报告项目的状况，并且确定对项目进展情况进行正式复审的计划。

发布运行计划：在整个项目开始前（即：设备到货前及应用网站投入运行前），与用户一起制订一个安装运行计划，并按照计划的时间发布网站。

（五）政府网站建设具体分析

1．政府门户网站存在的问题

目前，部分政府门户网站存在一些问题，不利于政府行政效率的提高、职能的转变、政务的公开：

（1）政府门户网站缺乏有效地组织和规划，容易出现“信息孤岛”；

（2）政府门户网站缺乏有效管理，各部门“自我建站”，封闭性建设；

（3）政府门户网站中的有效内容匮乏和信息的更新维护困难；

（4）政府门户网站各站点信息缺少共享机制，缺乏高效地检索。

2．政府网站建设具体问题探究

政府网站针对上述政府门户网站存在的问题，提出五个方面的观念转变需求，如图 7-4 所示。

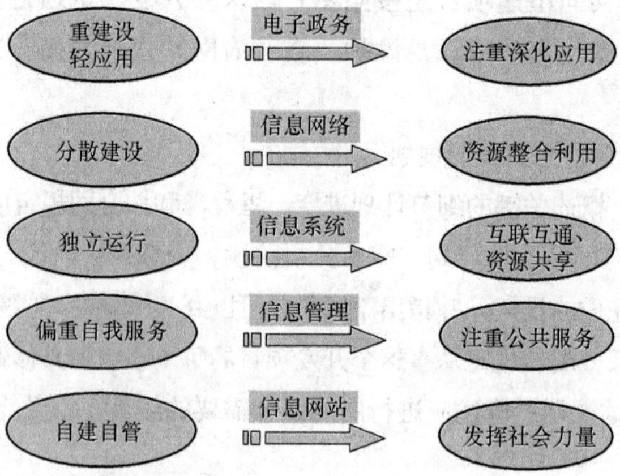

图 7-4　政府网站建设问题深究

3．政府网站建设希望解决的问题

（1）政府网站建设解决政务门户三网合一的构架问题；将政府公众信息网、门户网、专业服务网等相关功能有机整合成综合性门户网站，通过网络打造“不下班的政府”。

（2）政府网站建设解决门户网站内容的审核管理问题；促进政府门户网站及各部门、各镇乡办事处信息采集、发布、审核工作的规范化、制度化，保障政府网站发布信息的权威性、及时性、准确性、严肃性和安全性。

（3）政府网站建设解决门户网站改版、信息维护问题；确保政府门户网站政务信息更新及时，内容全面准确，便民服务方便快捷，可以更好地体现政府网站的权威性、准确性、全面性和严肃性。

（4）政府网站建设解决网站的数据整合问题；实现“外网受理、内网办理、外网反馈”的网上办事模式，运用电子监察系统实现数据整合，使得数据一致性和实现配套服务。

（5）政府网站建设解决大容量数据、大并发访问量问题。

第二节　电子商务系统构建

一、电子商务系统的概念及组成

电子商务系统可以从广义和狭义两个角度来理解。广义上的电子商务系统是指支持商务活动所采用的各种电子技术手段的集合；狭义上的电子商务法是指参与商务活动的各方，包括企业、消费者、政府、金融机构，运用计算机网络技术从事商务活动的信息系统。

一般认为，电子商务系统是由电子商务系统基础平台、服务平台、应用平台三个部分组成。

电子商务系统基础平台是电子商务系统的基层，多指网络通信设施与系统硬件环境。电子商务的各项活动最终都是通过网络通信基础设施与系统硬件环境，实现信息的收集、整理、加工、传输功能。网络通信基础设施主要包括有线网络、无线网络和卫星网络，系统硬件环境主要是指计算机系统和各种硬件设备构成的系统支撑平台。

电子商务系统服务平台是一个为电子商务应用提供服务的系统平台环境，是由系列化商业服务器支撑工具软件包组成，在电子商务系统基础平台之上。这个服务平台提供的是一个集成的电子商务系统开发环境，能够满足使用者建设一个完整的、以客户为中心的电子商务系统所需要的全部或者大部分系统功能。服务平台软件是面向系统层应用服务的。

电子商务系统应用平台是在电子商务系统服务平台支撑下实现具体商务逻辑应用的开发环境，是面向用户层面的应用。这些商务逻辑几乎涉及商务活动的各个领域业务，如网上销售、网上服务、供应链管理与协同商务、拍卖网站、门户网站、虚拟社区以及网络娱乐等内容都是应用的对象。

二、电子商务系统的开发方法

电子商务系统的开发方法很多，大部分是在软件开发方法基础之上发展起来的。以下主要介绍三种常用的电子商务系统开发方法，即结构化开发方法、原型法和面向对象法等。

（一）结构化系统开发方法

结构化系统开发方法简称结构化法，产生于 20 世纪 70 年代，它是自顶向下的结构化方法和生命周期法设计思想的结合，是管理信息系统的开发中应用效果良好的经典方法之一。

1．结构化法的基本思想

结构化法的基本思想是以系统的逻辑功能设计和数据关系为基础，用系统工程的思想和工程化的方法，按照用户至上的原则，对系统进行结构化、模块化、自上而下的分析和自下而上的设计，逐步明确系统的功能，最终实现系统的开发。这种方法先将整个信息系统开发过程划分成若干个相对独立的阶段，如系统规划、系统分析、系统设计、系统实施等。在前三个阶段坚持自上而下地对系统进行结构化划分，从组织的最顶层入手，逐层深入至最底层，先考虑整体的优化，再考虑局部的优化。在系统实施阶段，则应坚持自下而上的方法逐步实施，即按照前几个阶段设计的模块组织人员从最底层的模块做起，然后按照系统设计的结构，将模块一个个拼接到一起坚持调试，自下而上，逐渐地构成整体系统。

2．结构化的开发阶段

结构化法强调按照时间顺序、工作内容，将系统开发划分为以下几个阶段。

（1）系统规划阶段。该阶段的主要任务是根据用户的系统开发请求，对企业的环境、目标、现行系统的状况进行初步调查，明确问题，确定系统目标和总体结构，对新建设系统的需求做出分析和预测，同时考虑建设新系统所受的各种约束，研究建设新系统的必要性和可行性。根据用户需求设计系统开发方案，并对这些方案进行可行性分析，写出可行性分析报告。本阶段的总结性成果是系统规划报告。

（2）系统分析阶段。该阶段的主要任务是根据系统规划报告所确定的范围，对现行系统进行的组织机构、业务流程进行详细的调查，并用组织结构图和业务流程图来表达调查结构；通过业务流程图分析现行系统的局限性和不足之处，抽取数据流程，并用数据流程图来表达，建立数据字典；确定新系统的目标和逻辑功能的需要，提出系统的逻辑模型。本阶段的成果是系统分析报告。

（3）系统设计阶段。该阶段的主要任务是根据新系统的逻辑模型，结合计算机的具体配置设计各个组成部分在计算机上的具体实现，提出系统的物理模型。其主要内容包括：总体结构设计、代码设计、数控库/文件设计、输出设计、模块结构与功能设计。本阶段的成果是系统设计报告。

（4）系统实施阶段。该阶段是将设计的系统付诸实施的阶段。这个阶段的主要任务包括计算机等设备的购置、安装和调试，程序的编写和调试，人员的培训，系统的测试、调试与转换等。同时进行编程和人员培训，然后投入试运行。本阶段的成果为大量的程序清单、测试报告、调试报告以及系统使用说明等。

（5）系统运行与维护阶段。该阶段的主要任务是进行系统的日常运行管理和评价。对系统进行修改和扩充，在出现不可调节的大问题时，进一步提出开发新系统的请求。本阶段的成果是系统评价分析报告。

在以上开发的各阶段中，最关键的是系统分析，该阶段提出的逻辑模型是新系统开发的重要依据，如图 7-5 所示。

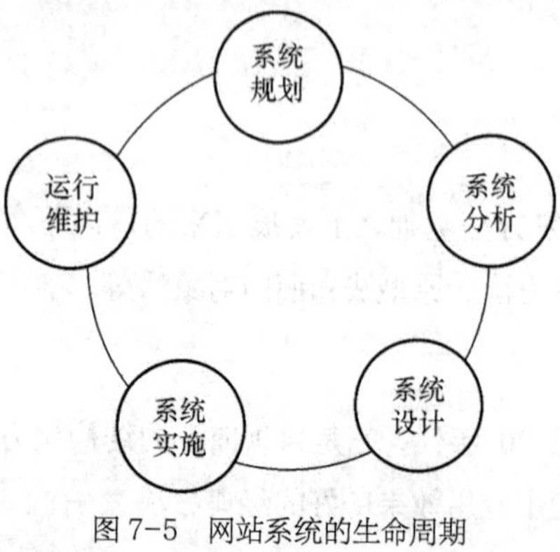

图 7-5　网站系统的生命周期

3．结构化法的优缺点

结构化法的主要优点是：整个开发过程阶段和步骤清楚，每一阶段和步骤均有明确的成果，这些成果以可行性分析报告、系统规划报告、系统分析说明书、系统设计说明书等形式表现出来，并作为下一阶段工作的依据；在每个阶段和步骤中，整个项目可以划分为许多组成部分，各个部分可各自独立地开展工作，且各部分的工作必须按要求到达各阶段或步骤的终点，这有利于整个项目的管理与控制。

结构化法主要有三个方面的缺点：一是开发周期过长，难以适应环境变化。对于一个比较大的系统，开发工作可能需要两三年，在此期间，用户的要求会越来越高，环境的变化可能使原先提出的配置、设计要重新考虑；二是难以准确定义用户需求，用户在初始阶段提出的要求往往不全面也不明确，而在设计过程中，用户可能感到最初的目标达不到要求，需要修改，这给开发工作不仅带来较大的工作量，而且大大加大了开发工作的难度；三是系统开发成本高、效率低，系统开发各个阶段的工作从系统分析、系统设计到系统实施，绝大部分靠人工完成，开发成本过高。

（二）原型法

为了弥补结构化法的不足，人们进行了大量的研究、分析和探讨，于 20 世纪 80 年代中期提出了原型法。原型法既可以作为生命周期法的补充使用，也可以单独作为开发信息系统的工具。

1．原型法的基本思想

原型法的基本思想是通过初步了解用户需求，在较短时间内构建、设计和开发一个原型系统给用户使用，让客户根据使用情况反馈意见，收集不同的需求信息，然后直接满足在系统当中。这种方法适用于用户在初期无法掌握系统需求的情况，通过需求分析，开发者同用户最终达成共识，这样就形成了一个比较全面的管理信息系统。

2．原型法的开发步骤

利用原型法开发管理信心系统的工作步骤主要包括以下几个阶段。

（1）明确用户的基本信息需求。系统开发人员对组织进行初步调查，与用户进行交流，清楚用户对系统的基本要求，不需要像结构法那样做出详细的用户需求，可以在开发者和用户的配合下，确定系统应具备的基本功能。这个阶段只形成一个初步的需求文件，较为简单地描述对系统的认识。

（2）建立初始原型。系统开发人员根据用户的基本需求，迅速开发一个初始的原型系统，再进行相关讨论。同时，构建原型时，要充分考虑到原型的可扩充性、灵活性以及操作简便的人机接口，为将来的修改和使用提供方便。这个过程要注意两个原则：集成原则和最小系统原则。集成原则强调要用现有的软件模型来构成，最小系统原则强调耗资不超过总投资百分之十。

（3）评价原型。原型一旦开发完毕，就可以立即运行使用。用户通过对一个真实原型的操作、测试和试验，获得对系统最直接的使用效果，不断发现原型中存在的缺陷，进一步明确用户需求，提出修改意见。

（4）修改和完善原型。系统开发者针对第三阶段用户提出的问题，经过修改进一步得出一个更完善的原型，升级得到新的原型。然后再试用、评估，再修改升级，多次反复，直到用户满意为止。如图 7-6 所示。

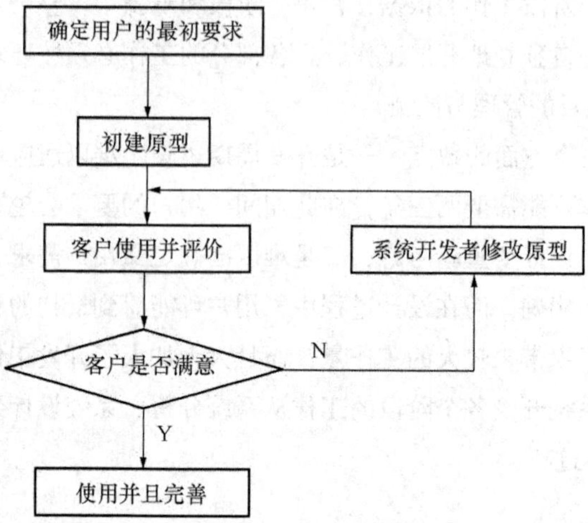

图 7-6　修改和完善原型

3．原型法的优缺点

原型法的主要优点表现在：原型法体现了从特殊到一般的认识规律，更容易被人们普遍掌握和接受。贯彻“自上而下”的开发策略，使用户能很快接触和使用系统，容易为不熟悉计算机应用的用户所接收，可提供用户参与系统开发的积极性。原型法增进了用户与开发人员的沟通，符合人们认识事物的规律，系统开发循序渐进，反复修改，确保较好的用户满意度；开发周期短，开发效率高，使用灵活，对于管理体制和组织结构部稳定、有变化的系统比较适合。

原型法的主要缺点表现在：缺乏统一的规划和开发标准，难以对系统的开发过程进行控制，对开发环境要求较高，不符合大型的、复杂的系统；如果初始原型的构建不合适，整个开发过程会受到影响；对于大量运算的、逻辑性较强的程序模块，原型法很难构造出模型来供人评价。

（三）面向对象法

面向对象法是一种将面向对象的思想应用于软件开发过程中，指导开发活动的系统方法，是建立在对象概念基础上的方法学。该方法不仅是具体的管理信息系统开发方法，而且是一整套关于如何看待现实世界关系与软件系统、用什么观点来研究问题并进行问题求解，以及如何进行系统构造的方法学。

1．面向对象法的基本概念

面向对象法认为客观世界是由许多各种各样的对象所组成的，每种对象都有各自的内部状态和运动规律，不同对象之间的相互作用和联系就构成了各种不同的系统。在设计和实现一个管理信息系统时，如果能在满足需求的条件下，把系统设计成由一些不可变的部分组成的最小集合，这个设计就是最好的。因为它掌握了事物的本质，因而不再被周围环境的变化以及用户的需求变化所左右，而这些不可变的部分就是所谓的对象。

（1）对象。客观世界由各种对象（Object）组成，任何事物都是对象，对象是在原事物基础上抽象的结果。在面对对象系统中，问题对象是基本的运行实体，由一组数据和施加于这些数据上的一组操作封装而成。构成对象的基本要素由：标志，即对象的名称；数据，描述对象属性的存储或数据结构；操作，即对象的行为；接口，指对象接受外部消息所指定的操作名称集合。

（2）类。类是具有相同属性和相同行为描述的一组对象，它为属于该类的全部对象提供统一的抽象描述。类的定义包括：标志，即对象的名称；继承，描述子类承袭父类的名称、结构及功能；数据结构，对该类数据包含的数据项进行描述；操作，该类通用功能的具体实现方法；接口，面向其他类的统一的外部通信协议。

（3）消息。消息是对象发出的服务请求，是实现对象与对象直接相互合作的通信载体，是链接对象的纽带。

（4）继承。继承是指一个类承袭另一个类的能力和特征的机制。继承的优点是避免了系统内部类或对象封闭而造成的数据与操作多余的现象，并保持接口的一致性。此外，继承还支持重用，传统的过程调用远远比不上继承。利用继承可以迅速开发原型系统，还可利用可重用成分构造软件系统或进行系统扩充。

2．面向对象法的特性

面向对象法以对象为导向，主要具有以下特点。

（1）封装性。面向对象法中，程序和数据是封装在一起的，对象作为一个实体，其操作隐藏在方法中，其状态由对象的“属性”来描述，并且只能通过对象中的“行为”来改变。

（2）抽象性。面向对象法中，抽出实体的本质和内在属性而忽略一些无关紧要的属性称为抽象。类是抽象的产物，对象是类的一个实例。同类中的对象具有类中规定的属性和行为。

（3）继承性。对象可按其属性进行归类，继承性是类特有的性质，类可以派生出子类，子类自动继承父类的属性与方法。这样，在定义子类时，只需说明它不同于父类的特性，从而可大大提高软件的可重用性。

（4）动态链接性。动态链接性是指各种对象间统一、方便、动态的消息传递机制。

3．面向对象法的优缺点

面向对象法的优点是：可以较为真切的模仿现实当中的对象，可以限制不同的人对于系统的不同理解所造成的偏差；以对象为中心，利用某种软件工具直接完成从对象客体的描述到软件结构间的转换；它的优点在于产品开发成本低，开发时间短，开发流程容易控制，开发的系统具有良好的可靠性。

面向对象法的缺点在于它需要一定的软件基础支持才可以应用，并在大型管理信息系统中不作垂直的整体划分，很难得出系统的全貌，有可能造成系统的结构不合理，各部分关系失调等问题。

三、电子商务系统实施步骤

电子商务系统的实施主要有 5 个步骤：系统分析、系统设计、系统开发、系统测试、系统运行和维护。

（一）系统分析

系统分析的目的是确定商业目标、系统功能及信息需求。其中，确定商业目标是要确保已建好的电子商务系统，具备完善的实现企业经营目标的能力；确定系统功能是指确定企业实现商业目标，所需要的各种信息系统的功能；确定信息需求是指确定为了实现商业目标，所必须产生的信息元素。

（二）系统设计

系统设计的工作重点在于硬件与软件平台的选择与开发。在完成系统分析后，应开始着手编制系统设计说明书，并考虑应该如何实现这些功能。

系统设计分为两部分内容：逻辑设计和物理设计。逻辑设计的任务是描述电子商务系统的信息流、基本处理功能、所使用的数据库、数据流程图、系统的安全与应急备份系统建构和系统中所使用的控制机制的说明书。物理设计的任务是将系统的逻辑设计转变成物理组件，如系统的硬件、软件选型等。

（三）系统开发

在明确系统设计任务之后，就可以具体实施系统的开发与建设了。如前所述，系统开发的方法主要有结构化法、原型法和面向对象法，开发途径主要由自主研发（内部开发）、合作开发、外包或在成熟的商品软件基础上进行再次开发。

（四）系统测试

当系统开发和代码实现基本完成之后，也就进入了系统测试阶段。系统测试工作的任务是尽可能彻底检查出程序或系统中的错误，提高系统的可靠性，这是一项费时、费力且需要认真准备测试方案并周密细致完成的任务。系统测试又分为模块测试、组装测试和确认测试三个步骤。模块测试是针对概要设计中的一个一个模块来进行测试的，它的重点就是测模块与模块之间的关系。组装测试（也叫集成测试，联合测试）是单元测试的逻辑扩展。它的最简单的形式是：两个已经测试过的单元组合成一个组件，并且测试它们之间的接口。确认测试是指将系统安装在真实环境下，由企业高层管理者以及其他各部门实际使用；测试系统是否实现了企业最初制定的系统商业目标中；最后还应根据测试结果提交测试报告，说明测试数据与预期结果的匹配程度，找出出错的位置和原因，并提出改进方案。

（五）系统运行与维护

系统在通过验收测试后，将投入试运行，由此就进入了系统运行与维护阶段。系统运行主要包括组织系统管理人员、建立运行管理制度、数据输入与输出、记录并分析系统的运行情况等几个方面；维护则是为增加功能、修改错误、提高处理能力等而进行的一系列系统软件硬件文档修改活动的总和。维护工作不仅是保证系统正常运行的手段，也是派生新系统的重要途径。

电子商务系统的实施成功与否不仅在于细致、准确的完成以上五个步骤，还依赖于一个专业的系统开发、运行、维护团队，它的成功涉及与系统构建相关的各个方面。

第三节 电子商务网站规划

一、电子商务网站简介

（一）电子商务网站的概念

因特网起源于美国国防部高级研究计划管理局建立的阿帕网。网站（Website）开始是指在因特网上，根据一定的规则，使用 HTML（标准通用标记语言下的一个应用）等工具制作的用于展示特定内容的相关网页的集合。简单地说，网站是一种沟通工具，人们可以通过网站来发布自己想要公开的资讯，或者利用网站来提供相关的网络服务。人们可以通过网页浏览器来访问网站，获取自己需要的资讯或者享受网络服务。

电子商务网站就是在相关软硬件基础设施的支持下，由一系列网页、后台数据库等构成的，能够实现电子商务应用各种功能的网站。它是企业、政府或者银行开展电子商务的基础设施和平台，是展示商品和服务的舞台，也是企业体现其企业形象和经营战略的载体，是电子商务企业与供应商、客户直接的交互界面，也是电子商务系统运转的承担者和表现者。

（二）电子商务网站的功能

1．产品和服务的展示、推广功能

产品和服务的展示、推广功能是电子商务网站最基本的功能。当客户访问电子商务网站时，就应该像进入现实的商店或市场一样，能够清晰地看到各种产品和服务的介绍，方便客户了解这些产品和服务的性能、作用、价格等属性。同时，它还可以展示最新的促销组合、推销活动以及相关服务。

2．在线购买功能

当客户在电子商务网站上搜索找到自己所满意的产品和服务时，网站提供在线购买（在线询价、在线订单、在线支付以及物流等）功能。网上支付功能即通过银行电子支付系统实现在线支付功能。

3．信息发布、管理功能

信息是客户与企业之间沟通的重要内容，一个访问量高、好评率高的网站必须具有良好的交互性。电子商务网站应能发布企业相关的商业信息，包括企业新闻、最新热点、行业信息、供求信息等；并且能够通过开通聊天室、企业社区、E-mail 等工具，实现与客户即时交流与沟通。

4．数据库检索功能

如果一个电子商务网站的内容较为丰富，而且企业的产品种类繁多，为了能够让客户准确、快捷地找到自己想要的产品或服务说明，就应建立相关数据库，为客户提供便捷的检索服务。此外，电子商务网站还要能提供多种客户配套服务、售后服务，遇到简单的故障问题能够通过网上沟通进行解决。在与客户进行沟通的过程中，网站也要能自动收集客户相关信息，节省人力、物力，为后期的客户跟踪服务提供信息支持。

（三）电子商务网站的分类

电子商务网站种类繁多，根据不同的角度能够将其分为不同的类型。

1．根据网站建立目的分类

（1）信息服务型。信息服务型电子商务网站能为浏览者提供信息服务，其建站目的在于提供各种产品信息或信息获得方式。

（2）广告型。广告型电子商务网站的所有技术和信息内容都是针对广告推广而设，目的在于通过广告推广企业产品和服务。

（3）交易型。交易型电子商务网站的基本功能在于提供网上交易的功能，如网上商城、交易平台网站等。

（4）管理型。管理型电子商务网站是企业、公司和行政教育等机构，将传统业务迁移到网络的应用界面，如企业、机构的内部办公网站。

（5）综合型。综合型电子商务网站是指综合了以上多个建站目的的电子商务网站。

2．按构建网站的主体分类

（1）行业电子商务网站。这类网站是为某一行业专有属性较为明显的行业而设，如医疗业、法律业、教育业、建筑设计业等，其对象是那些本行业的从业人员或是对该行业感兴趣的浏览者。如艾瑞网（见图 7-7）。

图 7-7　艾瑞网

企业电子商务网站。这类网站是以企业为主体构建的，主要为企业的电子商务活动服务，从内容到形式都是围绕企业设计的，有着较大的信息流量和信息存储量，功能完善，能够为企业完成各项电子商务服务提供支持。如阿里巴巴（见图 7-8）。

政府电子商务网站。这类网站是以政府机构为主体构建的网站，主要围绕电子政务展开，是政府与群众之间相互了解、相互交流的平台。如北京政府网（见图 7-9）。

图 7-8 阿里巴巴

图 7-9 北京政府网

（2）服务机构电子商务网站。这类网站是指以服务机构为构建主体，包括商务服务机构、金融服务机构、娱乐服务机构、邮政服务机构等的电子商务网站，主要为用户提供各种不同类型的服务。

3．按网站实施电子商务的程度分类

（1）初级电子商务网站。初级电子商务网站是指企业刚开始从商务活动转向电子商务活动时，将部分业务引入计算机网络信息处理与交换，代替企业内部或对外部分传统的信息储存和传递方式的网站。这种网站的主页往往是一些静态的页面，其版面和功能设计一般都比较简单，不设涉及复杂的技术问题和法律问题。

（2）中级电子商务网站。中级电子商务网站是初级电子商务网站的更高一级形式，企业利用网络的信息传递部分地代替了某些合同成立的有效条件，或者构成履行商务合同的部分义务。这种网站的主页面是一种静态和动态混合的交互式页面，其版面和功能设计比初级电子商务网站复杂、美观，并有自己企业的服务器，具有多种功能，如企业基本信息维护、产品分类表、后台产品分类维护、后台产品维护、产品评价反馈、产品价格查询、用户账号和密码管理、留言板维护等。这一类型的电子商务网站会涉及一些复杂的技术问题（如安全）和法律问题（如法律有效性）。

（3）高级电子商务网站。高级电子商务网站是电子商务网站的理想阶段、高级阶段，它是将企业商务活动的全部程序用计算机网络的信息处理和信息传输所代替，最大程度消除了人工干预的网站。这一类网站的功能更加齐全，实现了企业最大程度的内部办公自动化和外部交易的电子化连接，它在中级电子商务网站具备的功能之上，还有动态页面管理、动态链接管理、企业修改配置、文件管理、订单管理、用户信息管理、市场预测管理等功能。这类网站能为用户提供多方位电子商务服务，可以最大限度地满足用户需求，提高用户满意度和忠诚度，从而使企业在激烈的竞争中立于不败之地。

二、电子商务网站规划的原则

电子商务网站的规划是构建网站的基础工作，在规划网站过程中需要遵循以下几条原则。

（一）明确建立网站的目标和用户需求

建立电子商务网站之前一定要明确建站目标，制定发展战略。规划者应评价企业的目标和战略是否与其电子商务网站实现的商业目标一致，据此确定电子商务网站开发的详细计划书，对电子商务网站的目标、功能和信息需求做认真分析。给出企业商务网站的应用环境和应用现状评估，制定企业电子商务应用发展政策、目标和战略。

电子商务网站建设的目标应该经过深思熟虑并非常明确，主要包含以下几点。

（1）目标的定义明确。目标的定义应该是明确的，而不是笼统地说要做一个平台、要开展电子商务，而应该清楚主要希望哪些人群来浏览，具体要体现哪些内容，提供怎样的服务，达到什么效果等。

（2）从实际出发。电子商务网站的规划应该从实际出发，以当前资源环境的承受能力为基础，而不能脱离了自身的人力、物力、财力、网络基础以及整个外部环境等因素而盲目制定目标。

（3）结合用户需求。满足用户需求是建立网站的最基本目的之一，也是网站规划的出发点，只有充分体现用户需求，满足用户需求，网站才能拥有生机。

（4）主次分明、循序渐进。如果电子商务网站建设的目标较高，就应该充分考虑各部分之间的轻重关系和实现的难易程度，分清主次、循序渐进地一步步实现。

（二）总体设计方案鲜明

在目标明确的基础上，完成电子商务网站的构思即总体设计方案。对网站的整体风格和特色作出定位，规划网站的组织结构。网站的总体设计方案不仅要能凸显企业形象和特色，也应与大众的层次、年龄、行业、爱好等特质相结合。例如，网站是只需提供简洁的文本信息即可，还是要用多媒体作为主要表现手法；是将内容全部罗列在网站首页，还是仅需体现主要的一些模块，方便简洁大方。

（三）网站的形式与内容要一致

丰富的内容是网站建设的意义和多样性的表现形式。将多样化的页面结构，用结构化的语言来充分、准确地体现内容的丰富含义，网站设计者应该以独特的形式来展现其核心内容，比如诸多快递公司网站都会有个显眼的单号查询窗口。网站需要方便扩展功能和信息更新，电子商务系统规划方案中需要注意功能的多样性，应该预留未来新功能加入的接口或者空间，不断完善电子商务系统，降低复杂性，使得信息更新、查询更具便利性。

第四节 电子商务网站的建设和管理

一、域名的选择和注册

网站域名对一个网站的重要性不言而喻。如何选择网站的域名？选择网站域名时需要考虑哪些因素？方法/步骤如下。

（1）域名最重要的是好记。容易让用户记住的域名就是好域名，请相信，想让用户记住你的域名真的不是一件很容易的事情。现在你应该明白为什么简短的域名能卖出天价。要让人记住，域名必须简短，现在简短的域名基本已经被注册了，当然你也可以考虑购买中意的域名。如果你的域名跟公司的名称和产品有直接的联系，也能方便用户记住。

（2）优先选择.com 的域名。并不是.com 域名比其他后缀的域名有什么技术优势，其实这就是一种用户习惯。绝大多数用户第一反应都认为域名的后缀就应该是.com。反过来也可以这么理解.com 域名也是商业公司实力的一种体现。

（3）将域名的多个后缀一起注册。如果你是商业公司，建议将公司域名的多个后缀域名同时注册，这是对公司域名资产的一种保护，预防以后不必要的麻烦。

（4）选择顶级的域名注册服务商。域名本身价格就很便宜，不要考虑省几个小钱，务必选择顶级的域名注册服务商。这种公司实力较为强大，用着放心，服务质量也有保障。后续的备案等各种手续操作起来很方便，也不会有什么障碍。

（5）网站域名及时备案。按国家政策要求及时备案，千万不要抱侥幸心理，务必遵法守纪。

（6）购买时尽可能续费多年。域名价格本身也不贵，一次性购买续费多年省事安全，不要担心忘记续费域名过期的问题，同时购买多年的话，整体费用比每年续费还要便宜一些。

（7）查询你中意的域名是否被注册时，最好用工具批量查询。

二、接入方式的选择

当网站设计完成后，就需要接入互联网，即把装有网站内容的服务器接入到互联网中。而服务器要接入互联网，首先需要选择合适的因特网服务提供者（Internet Service Provider,

ISP）。ISP 是向广大用户提供互联网接入业务、信息业务和增值业务的电信运营商，目前国内有很多家 ISP 能为企业和个人提供互联网接入服务。ISP 提供的服务主要包括：接入服务，即通过其主机将客户网站接入互联网；内容服务，即为客户提供多种互联网服务，包括新闻、电子邮件、网上娱乐等。

电子商务网站在选择 ISP 时应考虑以下因素：可靠性，即无故障运行时间的长短、对灾难性故障的恢复能力等；性能，即网络基础性能、出入口带宽等；规模，即自己的网络规模大小、用户数量多少等；信誉，即在用户中的信誉、在同行中知名度等；独立性，即独立组建还是租用其他 ISP 的相关设备；安全性，即管理的严密性，是否遭遇过黑客事件、入侵事件等。

中国对能够提供互联网接入服务的 ISP 有严格的准入制度。目前，中国的 ISP 主要有中国公用计算机互联网（CHINANET）、中国教育和科研计算机网（CERNET）、中国联通互联网（UNINET）、中国网通公用互联网（CNCNET）、中国科学技术网（CSTNET）等。

目前，ISP 提供的接入方式主要有以下几种。

（一）虚拟主机

虚拟主机是使用特殊的软硬件技术，把一台运行在 Internet 上的服务器主机分成若干份“虚拟”的主机，每一台虚拟主机都具有独立的域名和共享的 IP 地址，共享真实主机的 CPU、RAM、应用软件等，具有完整的 Internet 服务器（WWW、FTP、E-mail 等）功能。虚拟主机之间完全独立，并可由用户自行管理，在外界看来，每一台虚拟主机和一台独立的主机完全一样。ISP 可以为中小客户提供优质的网络环境和服务器，并由高级网管负责监控。

采用虚拟主机方式接入互联网具有投资小、建立速度快、安全可靠、无须软硬件配置及投资、无须拥有技术支持等特点。用户不需要负担软硬件以及昂贵的网络通信费用，也不需要聘请专业网络管理人员对硬件、操作系统及通信线路进行维护，只需对自己的信息进行远程维护，从而大幅度降低企业网站建设成本，不失为中小型企业在电子商务起步时期的理想方案。但是，由于多个不同的站点共享一台服务器的所有资源，会存在许多不安全和不稳定的因素，因此这种接入方式多适用于中小型网站。

（二）服务器托管

服务器托管，即客户将自己的独立服务器寄放在 ISP 的机房，客户提供自己的硬件服务器，并可选择自行提供软件系统，享受专业的服务器托管服务，包括稳定的网络带宽，恒温、防尘、防火、防潮、防静电。客户拥有对服务器完全的控制权限，可自主决定运行的系统和从事的业务。

这种方式不计电子商务网站的通信量和访问次数，也不需申请专用线路和搭建复杂的网络环境，因此能够节省大量的初期投资即日常维护的费用。这种方式特别适用于有大量数据需要通过互联网进行传递，以及大量信息需要发布的企业。

（三）服务器租用

服务器租用是指用户租赁 ISP 的已经接入互联网的服务器，把自己的网站放置在租来的网站上，因而也可称为租用网页空间。这是一种与虚拟主机类似但更为简单的方法，向 ISP

申请一个虚拟域名（实为一个超级链接），将自己的网页寄放在 ISP 的主机上，用户可以自行上传，维护网页内容，自行发布网页信息。

一般来说，这种方式较前两种费用更为低廉。但这种方式主要以静态网页的形式介绍企业、展示产品、收发电子邮件等等，主页空间容量小，网页中对象单一，浏览不稳定，功能简单，不支持动态网页，不能进行实时的数据处理，特别是网站的管理很不方便。所以多用于建立临时性的网站。

三、电子商务网页的设计与制作

由于电子商务网页的设计与所有网页设计类似，所以下面介绍网页设计的相关知识。

（一）网页的组成元素

网页是由一些基本元素组成的，包括文本、图像、超链接、表格、表单、导航栏、动画、框架等。

（1）文本。文本是网页中最基本的元素，也是网页的主体。这里的文本是指文本文字，并非图片中的文字。在网页中可以通过调整字体、大小、颜色、底纹、边框等来设计文本的属性。在网页制作过程中，文字都可以方便地设置成各种字体的大小。规划合理，美观的文本能带给浏览者一种清新的感觉。

（2）图像。图像在网页中的作用也是无可替代的，我们能看到丰富多彩的网页正是因为有了图像。一般图像被运用在企业 Logo、Banner 和背景图上。Logo 是代表企业形象或栏目内容的标志性内容，一般放置在网站主页的左上角。Banner 是用于宣传网站内某个栏目或活动的广告，一般要求制作成动画形式，动画能够吸引更多的注意力，将介绍性的内容简练地加在其中，达到宣传的效果。Banner 一般位于网页的顶部和底部，通常还会有一些小型的广告放在网页的两侧。在网页页面中比较常用的图像还包括背景图。适当的背景图能给网站的网页一种整体性的感觉。

（3）超链接。超链接是网站的灵魂，能给网站带来活力，是从一个网页指向另一个网页的链接。超链接可以是文字，也可以是图片，它可以引导浏览者到达另一个网页、电子邮件地址、一个文件或是一个程序。

（4）表格。表格是网页排版的灵魂。此处的表格并非指网页中直观意义的表格，它是 HTML 语言中的一种元素。使用表格排版是现在网页制作的主要方式。通过表格可以精确地控制各个网页元素在网页中的位置、大小。

（5）表单。表单是用来收集站点访问者信息的域集。站点访问者填写表单的方式是输入文本、单击单选按钮与勾选复选框，以及从下拉菜单中选择选项。在填好表单之后，站点访问者便送出所输入的数据，该数据就会根据网站设计者所设置的表单处理程序，以各种不同的方式进行处理。

（6）导航栏。导航栏是一组超链接，是对网站中各部分结构的概括，用来指引浏览者方便地浏览站点。导航栏可能是按钮或者文本超链接。

（7）动画。动画是网页上最活跃的元素，主要包括 GIF 动画和 FLASH 动画。GIF 动画的标准简单，在各种类、各版本的浏览器中都能播放。FLASH 动画简单易学，而且还有很多重要的动画特征，如关键帧补间、运动路径、动画蒙板、形状变形和洋葱皮等。

（8）框架。框架是网页的一种组织形式，能将相互关联的多个网页的内容组织在一个浏览器窗口中显示。此外，网页中的基本元素还包括横幅广告、字母、悬停按钮、计数器、音频、视频等。

（二）电子商务网页设计

1．网页布局设计

页面布局是对页面的整体规划，即把页面划分成不同的领域，用于放置不同的页面内容。对于整个网站，每个页面的布局应该相对保持协调一致，不应该有大的跳跃感。大部分网页页面布局的内容是摘要信息列表，包括关键词、信息短语、信息缩写或信息的前几行内容，当读者对某些摘要或提示信息感兴趣时，就会点击链接得到其详细内容。

在进行网页设计时，首先要考虑网站的整体外观和页面结构，从视觉和技术的角度理解组成整个页面的元素以及它们之间的相互关系，页面布局应该具有逻辑性并易于理解，帮助分类、简化和阐明信息。一旦确定了页面布局元素，应该在整个网站上贯彻所选择的元素。

网页布局元素包括页面规划布局、边界、字体、颜色、图像以及表格等。

（1）页面布局的方法。页面布局的方法主要有两种：纸面布局法和软件布局法。

在设置页面布局时，设计人员需要在纸面上画出页面布局的草图，将设想落实到页面上，查看设计效果。不要直接在网页设计工具中边设计网页边修改页面布局，想到哪里，设计到哪里，这样会浪费很多时间和精力。在开始制作页面前，应该首先在纸上画出页面布局草图，一旦确定就不要轻易修改，在页面设计中要自始至终贯彻确定好的页面布局。

软件布局法是使用图形软件工具设计页面布局草图的方法，可以使用比较熟悉的图形软件如 Photoshop、Fireworks 等。使用这些图形工具可以方便地设计页面布局和颜色，比纸面布局法更能查看页面布局的整体效果和真实效果，使用图形工具和图层更容易修改和查看各种无法用纸张实现的效果。

（2）页面布局的技术。常用的页面布局技术有，层叠样式表页面布局（DIV+CSS 页面布局）、表格页面布局、框架页面布局、透明 GIF 页面布局和 Flash 页面布局等。

DIV 是 HTML 中的一个元素，DIV+CSS 是一种网页的布局方法，这一种网页布局方法有别于传统的 table 布局，真正地达到了 WAC 内容与表现相分离的优点。目前，浏览器对 CSS 的支持越来越好，这也使得 DIV+CSS 布局方法发展越来越快。CSS 是英文 Cascading Style Sheets 的缩写。它是一种用来表现 HTML（标准通用标记语言的一个应用）或 XML（标准通用标记语言的一个子集）等文件样式的计算机语言。

2．网页制作工具

（1）FrontPage 是微软公司出品的一款网页制作入门级软件。FrontPage 使用方便简单，会用 Word 就能做网页，所见即所得是其特点，该软件结合了设计、程式码、预览三种模式。在 2006 年年底前微软公司宣布 Microsoft FrontPage 将会被 Microsoft SharePoint Designer 新产品替代。

Microsoft SharePoint 2010 新特性。

① 全新的视频预览功能

SharePoint 2010 包括功能支持包括新媒体和一个 Silverlight 的内容浏览器 Web 部件。我们通过 Silverlight Web Part 功能，在网页上设置显示一个视频显示框，这是以前没有的功能。企业可以利用这种能力建设自己的视频网站而不需要额外的编程。

② 更好的备份功能

全新的备份和恢复功能，让你能够更加方便地选择需要备份的组件，节省操作时间也缩短了之前复杂烦琐的过程。

③ 系统健康检查功能

SharePoint 2010 的管理中心网站也经过了重新设计，能够提供更好的可用性，包括检测 SharePoint 服务器的工作状况这一新功能。

④ 增加简化的编辑格式

SharePoint 2010 就像 Wiki 一样简单，虽然用户可以使用功能丰富的 Office 来实现编辑功能，但 HTML 这种标记语言使用起来并不是很方便，它总是需要通过编辑工具生成。而另一方面，Wiki 是容易编写的语言代表。

SharePoint 2010 支持 Wiki 标记，而 SharePoint 2010 所见即所得的编辑方式也让操作者能够很好地掌控设计的准确性。在某些方面，SharePoint 2010 甚至比许多 Wiki 更容易使用。

⑤ 卓越的 Excel 图表功能

通过此功能，Excel Web Access 能够让你将实时的 Excel 图表和数据信息嵌入 SharePoint 2010 的网页之中，图表内容将监视操作者所有的更新，使得表格保证显示最新数据内容。

⑥ 预览功能

SharePoint 2010 中所拥有的一项新工具能够让用户可以预览在文件库中所包含的视频和其他多媒体资源，不用一一打开就能获取一定文档内容，让浏览更加方便。

⑦ 可视化的工作流程

SharePoint 2010 支持让工作流程可视化，大大地方便了让操作人员更加准确地掌握在 Microsoft Visio 中编辑工作的进展情况。

⑧ 管理员的添加

SharePoint 2010 可以添加更多的管理员用户，新的管理员用户的添加能够让 IT 人员更好地控制网页上资源的分配，从而能够让服务器运行效率得到提高。

（2）Adobe Dreamweaver（前身 Macromedia Dreamweaver）是 Adobe 公司的著名网站开发工具。它使用所见即所得的接口，也有 HTML 编辑的功能。它现在有 Mac 和 Windows 系统的版本。原本由 Macromedia 公司所开发。Dreamweaver 由 MX 版本开始使用 Opera 软件公司的排版引擎“Presto”作为网页预览；由 CS4 版本开始，则转用 WebKit 排版引擎（亦即 Google Chrome 和 Apple Safari 浏览器所用的排版引擎）作为网页预览。

Dreamweaver 可以非常好的支持 ActiveX、JavaScript、Java、Fireworks、Flash 和 Shockwave 等软件，大大加速了网络时代电子商务应用的项目交付。

（3）Fireworks 是 Macromedia 公司发布的一款专为网络图形设计的图形编辑软件，它大大简化了网络图形设计的工作难度，无论是专业设计家还是业余爱好者，使用 Fireworks 都不仅可以轻松地制作出十分动感的 GIF 动画，还可以轻易地完成大图切割、动态按钮、动态翻转图等，因此，对于辅助网页编辑来说，Fireworks 将是最大的功臣。借助于 Macromedia Fireworks 8，可以在直观、可定制的环境中创建和优化用于网页的图像并进行精确控制。

（4）Flash 是由 Macromedia 公司推出的交互式矢量图和 Web 动画的标准，由 Adobe 公司收购。网页设计者使用 Flash 创作出既漂亮又可改变尺寸的导航界面以及其他奇特的效果。Flash 的前身是 Future Wave 公司的 Future Splash，是世界上第一个商用的二维矢量动画软件，用于设计和编辑 Flash 文档。用该软件制作出来的动画大量应用于各种互联网网站。

四、电子商务网站的发布与维护

（一）电子商务网站发布

在完成网站设计和测试之后，将制作好的网页上传到服务器，称之为网站的发布。用户也可以利用局域网，直接在服务器上管理网站，而对于外围用户来说，就需要借助工具上传到异地服务器。

举例

利用常用的 FTP 工具操作流程：打开软件“文件”面板中的“管理站点”对话框，点击“编辑”，选择“高级”选项卡，将“远程信息”中的“访问”设置为 FTP。设置一些数据，比如 FTP 主机、主机目录、用户名和密码等，进入“文件”面板，单击“链接到远端主机”按钮，会弹出与远程服务器连接的“状态”对话框。连接成功后，站点面板中即可看到远程服务器上的目录，点击“展示以显示本地和远端站点”，即可同时看到远端站点的窗口和本地站点的窗口。在本地站点窗口中选择文件后，单击该窗口工具栏中的“上传文件”按钮，便可以将本地计算机中的网页文件上传到服务器上了。如果要下载相关文件，也可以选择远端站点窗口中的“获取文件”按钮。

（二）电子商务网站的维护

在完成了电子商务网站的前期规划、建设与发布后，还应注重网站的后期维护。电子商务网站的魅力与生机，很大程度取决于它能否源源不断地提供最新、最及时、最准确的产品服务的信息和资料。目前，不少企业虽然注册了自己的域名，也建立了属于自己企业的网站，然后却“重建设，轻管理”，忽视了日常维护更新工作，使网站的价值没有很好地发挥体现。电子商务网站重在运营，如果一个网站无论什么时候都是相同的内容，几天、几个月甚至几年不更新，内容一成不变，没有任何新鲜感，那么这个网站就将失去活力，并且也将失去人心。版面的调整、内容的更新，活动的推广是电子商务网站维护中必不可少的。企业的状态在不断变化、网站的内容也需要随之调整，给人新鲜的感觉，这样的网站才会提供更多有价值的信息给用户，并且吸引浏览者，给客户留下很好的印象。

1．电子商务网站的硬件维护

电子商务网站的硬件维护主要包括对服务器的维护和日常设备的维护。

（1）服务器维护。服务器在电子商务网站中占据非常重要的地位，服务器运行是否正常，直接关系到整个网站的状态、功能是否能正常实现。因此电子商务网站要非常重视对服务器的维护。服务器的维护主要包括系统的安装、升级、检查、优化、故障判断、故障处理，设备的清洁、保养等。服务器应当安放在固定、可靠的地点，避免出现高温、高湿、虫害等危害；对服务器应采取严格的开关机控制，保证整个计算机网络和网站的正常运行；原有系统不能满足现有要求时，应对服务器进行及时的升级；出现故障时，要进行详细的记录和认真的处理，故障记录应该包括时间、底单、设备编号、故障现象、故障危害等。

（2）常用设备维护。设备的维护主要体现在设备的增加、设备的卸载、设备的更换及除尘等方面。在增加设备时应注意以下几点：在增加内存之前，需要认定与服务器原有内存的兼容性；在增加硬盘之前，需要认定服务器是否还有空余的硬盘支架、硬盘接口和电源接口，主板是否支持这种容量的硬盘等问题。在进行设备的卸载和更换时，要注意不同品牌服务器机箱的不同设计，在拆卸机器时要充分阅读说明书，切忌强拆，要保持完全断电、服务器接地良好，防止静电对设备造成损坏。除尘也是设备维护的重要内容之一，因为尘土会为设备带来致命的伤害。因此，管理者必须定期除尘，尽量保持干净的系统环境。

2．电子商务网站的操作系统维护

操作系统是一个庞大的管理计算机硬件与软件资源的程序，同时也是计算机系统的内核和基石。现在使用最广泛的是 Windows 系统。Windows 系统本身是一个开放的，同时也非常脆弱的操作系统，若遇到攻击或者病毒感染，很容易使系统受损，甚至瘫痪，所以网站管理者必须对操作系统进行认真维护。

定期对磁盘进行碎片整理和磁盘文件扫描。这是最简单、最直接的操作系统方法。一般来说，管理者可以使用 Windows 系统自身提供的“磁盘碎片整理程序”和“磁盘扫描程序”对磁盘文件进行优化。此外，还可以使用 Windows 自身提供的“磁盘清理”工具对磁盘中的各种无用文件进行扫描。它们都可以非常安全地删除系统各路径下存放的临时文件、无用文件、备份文件等，完全释放磁盘空间。

维护系统注册表。Windows 的注册表是控制系统启动、运行的最底层设置，其文件为 Windows 安装路径下的 system.dat 和 user.dat。这两个文件并不是以明码方式显示系统设置的，普通用户根本无从修改。但是如果用户经常地安装或者卸载应用程序，这些应用程序在系统注册表中添加的设备通常并不能够彻底删除，时间长了会导致注册表变得非常大，系统的运行速度就会受到影响。目前市面上流行的专门针对 Windows 注册表的自动除错、压缩、优化工具也非常多，管理者可以利用这些工具进行系统注册表错误设置的自动检测，并利用其自动修复功能完成注册表修复。

经常性地备份系统注册表。对系统注册表进行备份是保证 Windows 系统可以稳定运行、系统维护、恢复系统的最简单、最有效的方法。如上所述，系统的注册表信息保存在 Windows 文件夹下，其文件名是 system.dat 和 user.dat。这两文件具有隐含和系统属性，备份系统注册表就是对这两个文件进行备份。管理者可以使用 regedit 的导出功能直接将这两个文件复制到备份文件路径下，当系统出错时再将备份文件导入到 Windows 路径下，覆盖源文件即可恢复系统。如果系统使用的是 Windows 98，可以使用它提供的 scanreg.exe 进行系统备份与修复，这样更简单一些。

清理 system 路径下的无用 dll 文件，这项维护工作大家可能并不熟悉，但它也是影响系统能否快速运行的一个至关重要的因素。应用程序安装到 Windows 中后，通常会在 Windows 的安装路径下的 system 文件夹中复制一些 dll 文件。而当用户将相应的应用程序删除后，其中的某些 dll 文件通常会保留下来。当该路径下的 dll 文件不断增加时，将在很大程度上影响系统整体的运行速度。而对普通用户来讲，进行 dll 文件的手工删除是非常困难的。针对这种情况，管理者可以使用 clean system 中的 dll 文件扫描、删除工具，这种方法不会引起系统中的应用程序出错，效果非常好。

使用防系统死机工具维护系统稳定，这是另外一种维护系统的方法。当用户的系统出现不稳定现象而用户又不知道问题的起因也不想重新安装系统时，可以使用该工具来维护系统的稳定。这种方法可以在关键时刻保护用户的应用程序，将在系统内存中暂存的数据保存到磁盘中，防止文件的丢失或者未及时保存而造成的损失。目前这方面的工具比较多，如 Norton 提供的 CrushGuard 在应用程序死机方面就做得较为成功。

使用在线病毒检测工具防止病毒入侵。病毒检测涉及维护系统安全，虽然它不是最重要的，但如果用户的系统经常接触数据交换，使用这种工具就是非常必要的。在线防御病毒程序能在系统启动后自动运行并提供在线监测，当发现病毒入侵系统时，会给出警告信息并停止一切系统活动，然后由用户选择下一步操作，从而有效保障系统的安全性。

使用 Windows 辅助工具优化系统。Windows 是一个非常庞大的系统，同时系统对 CPU、内存的要求也日益提高，加上现在的应用程序也越做越大，从而导致了系统启动速度逐步减慢。为此，现在已经出现了专门为 Windows 和其应用程序启动加速的工具，如 Norton Utilities 提供的 SpeedStart。

优化 Windows 系统本身。虽然 Windows 系统本身的自动化程度已经很高，原则上已经不需要用户自己进行优化设置。但是用户在使用过程中还是可以对系统本身进行优化操作。例如，多使用 FAT32 格式；尽量少在 autoexee.bat 和 config.sys 文件中加载驱动程序。定期删除不再使用的应用程序：删除系统中不再使用的字体；如果显示卡速度有限，则不要使用过高的显示设置，不使用过高的显示刷新速率设置，一般 75Hz 即可；日常使用过程中应该留意一下与自己机器相关的最新硬件驱动程序，并保持及时更新，尽量做到最低费用、最高系统性能。

3．电子商务网站的数据库维护

电子商务网站的数据库往往存放了大量的重要资料，如客户信息、商品信息、订货单、账单等，为了保证这些资料的安全、可靠，有必要对数据库进行管理和维护。

（1）备份系统数据。电子商务网站上的数据可分为用户应用数据、用户备份数据、系统备份数据、系统临时数据等。其中，用户应用数据是指用户运行应用软件所需数据和运行程序产生的结果数据，包括数字、文字、声音、图片等。这类数据数量大、调用频率高、更新快、所属关系复杂；用户备份数据是指用户应用软件时所产生数据和产生的结果数据的周期性备份；系统备份数据是指系统程序运行中，特别是在对系统调整时自动产生的，这些数据数量大、无规律；系统临时数据是指系统程序运行中自动产生的数据，主要用于改善系统运行状态的数据文件。

（2）恢复数据库数据。如果用户数据库存储设备失效，导致数据库被破坏或不可存取，则通过装入最新的数据库备份及后来的事务日志备份可以恢复数据库。

（3）监视系统。系统管理员的另一个项目常工作是监视系统运行情况，主要包括监视当前用户以及进程的信息，监视目标占用空间情况，监视 SQL Server 统计数字。

（4）保证系统数据安全，周期更改用户口令。为保证系统数据的安全，系统管理员必须依据系统的实际情况，执行一系列的安全保障措施。其中，周期性地更改用户口令是比较常用且十分有效的措施。

4．电子商务网站的内容维护

（1）网页内容的更新与检查。为了保障电子商务网站的生命力，网页内容必须保持其新颖性，管理者必须及时更新网页内容，并定期检查更新状况。如果网站内容不能及时更新，内容日渐陈旧，跟不上事态发展，就会减少对访问者的吸引力，从而令访问者越来越少，搜索引擎也没有更新网站的功能，导致网站被搜索引擎排在靠后的位置甚至删除，用户也就无法搜索到该网站的内容了。

（2）网页布局的更新。网页布局的更新是指对网页整体布局的调整，有利于改善人们对网页的第一印象。常用的网页布局模式主要有“国”字型、左右框架型、上下框架型、标题正文型、拐角型、综合型、flash 型、自由型等。

（3）网站升级。在对网页进行细节维护的同时，也要做好网站的升级工作，包括对网站应用程序的升级、网站后台数据库的升级、服务器软件的升级、操作系统的升级等。

五、电子商务网站的宣传与推广

在完成电子商务网站的框架建设后，需要进行网站的宣传与推广，使其成为一个有效的网上营销工具。网站的推广需要解决两个问题：一方面是如何提高网站的知名度，扩大用户访问量；另一方面是如何在已经浏览过电子商务网站的用户中有选择地保留网站的潜在用户。如果解决了这两个问题，则网站的推广就成功了，电子商务网站也就有了存在的价值。

（一）电子商务网站的传统推广方式

电子商务网站的传统推广方式主要有以下几种。

1．电视与广播

电视与广播是传播最广泛、最迅速的传统媒体形式。电视广告能对传播内容进行动态演示，能够展现事物细节及过程，既有影像又有声音，能够有效感染受众的情绪，给人以深刻的印象，且容易记忆。广播电台能够发布时效性较强的广告，从写稿、修改、录音到播放，只需要很短的时间就能完成，且能与听众实现互动，提高听众接受能力。

2．报纸与杂志

报纸与杂志是人们获取信息的重要传统渠道，具有发行量大、传播范围广、报道深入具体、信息量足的特点。电子商务网站可以选取与网站主题贴近、知名度较好的报纸或杂志进行宣传，吸引报纸与杂志的读者访问自己的网站。

3．户外媒体

随着户外媒体的不断发展。户外广告形式也不断创新，趋于多元化。现在有以占据建筑显著位置为特点的户外广告，如大厦顶楼的大型广告牌；有以城市交通系统为载体的地铁广告、车身广告；有以光性能为元素从而达到广告效果的霓虹灯广告、灯箱广告、电子屏广告等。

4．公共关系

公共关系也是一种重要的推广方式。它通过与电子商务网站相关利益者，也包括供应商、股东、客户、社会 团体、雇员等建立良好的合作关系，为网站经营造出良好的环境。

（二）电子商务网站的网络推广方式

随着网络的逐步成熟，电子商务网站出现的多种网络推广方式，具体如下。

1．搜索引擎推广

搜索引擎推广是指利用搜索引擎、分类目录等具有在线检索，即把网络中的资源收集起来，根据提供的资源类型不同而分成不同目录，再逐层进行分类，用户在搜寻信息时边按照这样的分类一层层进入，直到找到自己想要的信息；另一类是基于关键词寻找用户所需资源的位置，然后根据一定的规则反馈给用户包含这些关键词信息的所有网址和指向这些网址的链接。

2．网络广告推广

网络广告就是通过互联网来发布并传播的广告。网络广告推广是一种使用非常广泛的网站推广方式，其形式多种多样，如第三章介绍过的旗帜广告、按钮广告、弹出式广告、文字链接广告、巨型广告、电子邮件广告等。通过网络广告，广告主可以在网上推销自己的产品和服务，向目标受众进行有偿的信心传达，从而引起受众和广告主之间的信息交流活动，实现广告内容的传播。

3．电子邮件推广

常用的方法有会员通信、电子刊物、专业服务上的电子邮件广告等。这是一种基于用户许可的 E-mail 营销，与滥发邮件有本质省的区别。它可以减少广告对用户的滋扰，提高潜在用户定位的准确度，增强网站与客户的友好关系，提高品牌忠诚度。

4．利用 BBS、博客群、新闻组等形式发布站点信息

BBS（电子公告板）也称论坛，是一种以文本为主的网上讨论组织，主要通过文字的形式，进行网络聊天、文章发表、通信等活动。博客（Blog）本质上是一种个人日志，现在发展为一种网友发表个人见解、互相了解的渠道。利用博客群，可以迅速在圈子中传播电子商务网站的内容，扩大其影响力，并得到不同层次读者的反馈意见。新闻组（News Group）则是一个在网络上提供给网络用户用以彼此交换信息或是讨论某一共同话题的系统，也能够迅速地在网络用户中传播网站信息和资源。

5．交换链接推广

目前大多数网站都有宣传的积极性，所以大多数网站都愿意与其他主页建立友情链接，扩大宣传范围。如果与相关知名网站进行交换链接，将会有效提高电子商务系统网站的知名度，不失为一种省钱、省力的推广方法。

（三）整合推广

整合推广就是通过对传播过程中的各种推广方法进行整合处理，来吸引现有和潜在用户的注意力的一种方法。整合的方式主要有以下两种：

1．纵向整合

纵向整合是指在不同的推广阶段，综合运用各种推广手段来产生协调一致、渐进加强的信息，同时通过对各个推广方法的预先选择来达到比较好的宣传目标。

2．横向整合

横向整合又称水平整合，是指将各种推广方法以“并列”的位置加以整合，如同时对多种媒体（电视、广播、报纸、网络等）的整合运用、对多种推广工具（BBS、新闻组、E-mail）的整合运用等。

总而言之，电子商务网站既可以是企业的网络门户，也可以是企业的对外宣传窗口。对于企业而言，网站既能发布产品信息、推出各种服务项目，又能获取消费者对产品及服务的反馈意见以及市场需求信息。对于客户来说，网站是获取企业产品与服务的详细资料的重要渠道，也是商品服务和需求的诉求窗口与互动平台。消费者通过从不同网站上获取的产品或服务资料，做到货比多家、理性消费；同时，消费者可以积极参与到营销活动中，比如消费者的个性化和定制化消费需求愿望，可以通过网站快速传递给产品供应方，使生产厂家能够及时了解市场需求，在产品设计、生产、包装、销售、维护和服务等经营策略制定中，充分考虑到消费者的利益。由此可见，商务网站实际上是“推拉”互动营销策略实施的媒介与窗口，创造比传统媒介更好的营销效果是未来营销理论和务实的发展方向。

案例分析

企业网站建设和运营中的主要问题分析

在互联网高度发展的今天，越来越多的企业建立了自己的企业网站（或称为官方网站，区别于企业用于内部办公、管理的网站，主要提供给企业以外的用户访问）。对于大型企业、知名企业，企业网站已经成为了必不可少的对外窗口，中国500强企业全部建立了企业网站；而另一方面，中小企业的网站建设比例也不断提高，根据CNNIC调查数据显示，2010年末有法人资格的中小企业中曾建立独立企业网站的达到了27.8%。

可以看出，中国的企业管理者们都已经认识到了企业网站的价值，建不建企业网站已经不是一个需要讨论的问题。但中国企业的企业网站总体运营水平和运营效果还是偏低，企业网站更多还是停留在“网络名片”的阶段，对企业的实际价值并不高。

企业网站建设和运营中的主要问题

尽管很多企业都已经建立了企业网站，但建立网站的企业并不一定都认识到了企业网站的真正本质，也不一定掌握了运营企业网站的知识和技能。因此，很多企业网站出现了这样或那样的问题。在这里，笔者将企业网站的一些常见问题归纳如下：

定位不明或定位落伍

定位是一个企业网站的起点，也是决定一个企业网站好坏的最重要因素之一。定位之于网站，就如同是指南针之于航船，没有一个正确、清晰的定位，网站就只能成为一艘失去航向的航船，永远也抵达不了成功的彼岸。

定位决定了企业网站将成为什么样、将服务于哪些受众、将提供哪些功能和内容……根据 CNNIC 调查显示，目前，中国中小企业对自己网站最主要的功能定位是：提供企业联系方式、展示产品、展示企业形象，总的来说，就是一个网络上的企业名片，或者说是企业黄页。显然，这样的功能定位大大限制了企业网站的作用，这种定位的企业网站没有办法为企业提供很高的价值，更像一种“鸡肋”。

不仅仅是中小企业存在这样的问题，大量大型企业、知名企业同样存在网站功能定位落伍的情况。其中，尤其是一些大型国有企业，企业网站甚至成为了党政建设、内部公告的平台。企业网站不是企业内部办公平台，应该是一个连接企业和客户的纽带和桥梁，一些定位不明的企业网站将内部办公平台和企业网站功能混杂在一起，造就出一些四不像的企业网站，失去了企业网站真正的价值。

旗下多个网站间缺乏整合

这一现象主要出现在一些大型企业的网站建设中，尤其是一些多个子公司或事业部独立运营的企业中。首先是缺乏统一的规划、布局，有的企业的各个分公司、分业务线的企业网站甚至在 VI、宣传口径上都有差异，域名体系也没有统一规划；其次，是各个不同功能模块的网站中用户信息统一的问题；再次，各个网站的统一营销推广策划、统一的资源协调等方面也存在问题。

大型企业旗下多个网站缺乏整合，存在多方面的弊端：一是造成用户对企业品牌形象认知的混乱，减弱了企业品牌形象强化的效果；二是多平台间用户信息不互通，需要用户多次注册并记忆多个账户，用户体验差；三是缺乏整合推广和利用的规划，致使营销等各类资源极大浪费。

网站设计不符合用户使用习惯

目前，UI/UE 已经成为了软件、互联网领域所熟知的概念，然而，中国的企业网站很多在界面、流程设计方面仍然处于十分初级的阶段。主要原因是：传统企业的技术人员在构建网站时往往是一种自内而外的思考方式，是从企业内部运营出发来设计企业网站的。例如，企业网站的栏目设置很可能是参考企业内部相关职能机构设置来进行分类、管理的，从企业的角度来看，这样有利于网站运营的内容维护分工。但是，以企业的思路设计的企业网站界面、流程却往往不能符合用户的使用习惯。

无法有效连接用户、积累营销资源

企业网站应当是企业与客户沟通、互动的一个纽带，应该提供用户感兴趣的内容和功能，同时通过这些保持与用户的紧密联系。但是，目前很多企业网站仅仅考虑“我有什么”，不考虑用户“需要什么”，网站内容、功能以单向的信息传递为主，而且还是从企业视角考虑的信息内容。这样的网站，仅仅起到一个企业名片的作用，没有办法将企业和客户连接起来，形成双向互动。

通过企业网站建立起的与用户间的连接，是企业十分宝贵的营销资源，他们很多都可能成为企业未来的营收来源。因此，不仅要吸引他们，还要留住他们、利用他们。但目前很多企业网站并没有重视建立与网站访客的连接以及保持长期的接触。

当然，随着社交网站、微博等新型互联网应用的出现，企业官方网站的某些功能可以考虑发展到这些渠道，例如，在 SNS 网站、微博中建立官方账户。但企业网站与这些外延网络渠道间应该是无缝连接的。

过分强调网站美化，牺牲网站性能

很多企业网站为了彰显自身的技术实力、高端品牌形象，往往使用大量的 flash、大像素图片、动态效果等网站元素，一味追求网站的美学效果，却牺牲了网站的使用性能；而另一方面，对于网站的硬件条件却又没有积极地升级、扩展。这就使得一些企业网站对于用户十分难以访问，从而大大降低用户访问企业网站的积极性。企业网站最重要的作用在于吸引用户访问，并通过与用户的接触提供有价值的产品信息、顾客服务，进而影响用户对企业、产品的印象甚至产生购买意愿，如果过分注重外在的视觉效果却忽视了网站最核心的作用，就可能适得其反。

缺少对于企业网站的营销推广

企业网站要发挥更大的作用，前提是企业网站自身拥有更多的访问者。然而，目前很多企业都没有营销自己网站的意识，或者是没有营销自己网站的有效方法。

很多大型企业的网站建设一般是采用外包的方式进行，而外包方仅仅承担系统的开发和维护的责任，并没有考虑如何更好地有利于网站的推广；而网站运营的人员往往对网站知识并不了解，连最基础的 SEO 意识都普遍缺乏，也很少进行有意识的网站推广。由于长期处于缺乏营销的境况，大多数企业网站的访问量都偏低，对企业的价值不高。

网站数据分析能力弱

对于专业的互联网网站，网站后台数据的分析是十分重要的工作，需要达到多重目的：一是监控网站的运行情况，为网站后续的调整提供数据支撑；二是针对一些网站推广活动进行效果监控，总结和评估营销推广活动的得失，甚至还可以在活动过程中根据效果监控结果对活动进行及时的调整和优化；三是通过后台数据深度挖掘访问用户的各种行为特性，为产品设计、网站改版、营销策划等各种工作提供有力的数据支持。

然而，目前大多数传统企业的企业网站运营人员对网站的数据利用能力偏弱，一般只会通过一些最初级的指标了解网站总体运行情况，没有充分有效地利用网站强大的后台数据分析能力。

网站运营与业务运营脱节

各个企业中企业网站的运营职能归属有一些差异，有的企业中就存在运营网站的部门和业务部门间缺乏沟通、工作脱节的情况，这一问题在一些大型企业中尤为突出。

根据各个企业对自身企业网站战略定位的不同，企业网站的运营可能被划分到技术相关部门、客户服务部门、市场部门、渠道管理部门，等等。而对于一些大型企业，企业网站实际的内部使用者可能涉及非常多的部门。例如，市场部可能希望通过网站了解网络受众的情况，并针对性地制订网络营销策略，产品部可能希望通过网站了解用户对产品的评价、偏好等……然而，一些大型企业条块分割严重，网站运营部门与其他业务部门之间的沟通和协同往往不顺畅，造成网站资源的利用水平普遍偏低。

网站与其他渠道的冲突问题

随着电子商务的不断发展，很多企业的官方网站正在向着营销渠道、销售渠道的方向发展。但在这样的转型过程当中，往往会遇到渠道冲突的问题，处理不好很容易挫伤其他渠道的积极性，影响企业整体的渠道战略布局。正是由于这样的原因，很多企业在电子商务方面显得有些裹足不前，略显保守。

企业官方网站、外部合作网站、各类传统渠道之间的协同发展问题，也是目前很多企业网站建设中面临的主要问题之一。

网站评估的问题

目前，很多企业在建设和运营网站的过程中，缺少系统、科学、有效的网站评估手段。评估一方面可以作为绩效考核的依据，通过考核提升网站运营部门的工作效果；另一方面也可以作为企业网站诊断的有力工具，帮助企业找到企业网站的短板，有针对性地改进。

企业网站的评估可以根据网站功能定位的不同，从多个维度进行。例如：网站性能、用户满意度、网站营销效果等。企业网站的评估，不仅仅要反映整体的情况，还要能够找出制约总体发展的短板，帮助企业进行针对性的优化。

（来源：《企业文明》杂志 文/中国互联网络信息中心 吴丹 编选：中国电子商务研究中心）

结合本案例请分析：

1. 企业在网站建设时，如何避免和其他渠道相冲突？
2. 一个网站的建设如何抓住有效的客户？

思考题

1. 在互联网发布网站的意义有哪些？
2. 静态网页和动态网页的区别是什么？
3. 企业网站和政府网站的建设规划有什么区别？
4. 访问 http：//www.gree.com.cn/，观察体验提供的服务。

问题扩展

建立企业电子商务系统网站是现代企业进行网络营销的一门技术，查阅相关资料，回答下列问题：

1. 如何制定现代电子商务系统的设计和推广策略？
2. 一个优秀的网站规划方案需要重点关注哪些要素？

第八章　电子商务法律基础

法律是规范人类行为的最系统、最具强制力的行为规范。对于历史悠久的传统商务模式，各国的法律制度都已相当完备。电子商务作为一种新的商务模式于 20 世纪中期开始逐渐显现，特别是 1991 年起，电子商务贸易活动进入 Internet，凭借 Internet 之力，电子商务活动也遍布全球、涉及社会各方面。由于电子商务模式的新颖性，出现较晚，发展又如此迅速，原有的传统法律制度不适用，现实中新的针对电子商务的法律规范不能及时跟上所需，作为调整电子商务行为的重要规范，电子商务法律规范的缺失或不严密，无疑会严重影响到电子商务的健康与可持续发展，因此必须迫切制定专门的电子商务法。

国际上的立法状况，在国际组织方面，有多个国际或区域性组织都在对电子商务的发展及其所需的法律环境进行研究和立法。1996 年，联合国贸易法委会制定通过了《电子商务示范法》，对数据电文的概念、电子数据在法律上的有效地位、电子合同的效力、电子合同的成立和生效时间地点等重要问题作了规定。以示范法为基础，联合国贸易法委会 2000 年制定了《电子签名统一规则》，在“功能等同”原则的基础上，又从对使用电子签名进行规范的角度做了一定的完善。欧盟于 1998 年 3 月发表了《欧盟电子签字法律框架指南》，确立了“技术中立”原则（数字签名与其他技术手段一样，同为身份认证技术的一种，具有同等的证明力）。在各国立法方面，主要经济发达国家纷纷针对电子商务的发展加强了国内立法，美国则走在这些国家的前列。着眼于 21 世纪经济的持续增长，为此发展电子商务成为克林顿政府第二个任期内的主要任务。通过对美国 1998 年以来发表的有关电子商务的政策性文件、基本框架原则以及美国和日本等国签署的双边协议来看，美国的电子商务基本政策和原则框架已趋向成熟，并在某种意义上成为各国发展电子商务的先导。亚太地区，则以新加坡为领先，1998 年 4 月发布《电子商务政策框架》，同年 6 月就通过了《电子交易法》，使新加坡成为一个以整体立法规范电子交易的国家。就目前的现状而言，探讨电子商务立法的主体、客体、权利、义务、诉讼程序、诉讼管辖等细节条款还为时过早，因此国内外都从制定和细化有关电子商务立法的原则问题着手。

第一节　我国电子商务法律环境概述

电子商务的健康发展需要和谐、透明的电子商务交易环境，我国的电子商务立法受到了政府及社会各界的关注，但对于电子商务的快速发展来说，立法还比较滞后。2000 年初，在九届全国人大三次会议上张仲礼提出《关于制定我国“电子商务法”的议案》，将电子商务立法问题提上了议事日程，自此，我国电子商务立法发展到新阶段。目前，我国为了适应电子商务的发展，相关的立法机关及政府也采取了一些措施，取得了一定的成效。另外我国行政机关也制定了一些规章制度，2000 年 4 月我国证监会颁布的《网上证券委托暂行管理办法》，确立了通过互联网下达证券交易指令、获取成交结果的委托方式的合法性；教育部 2000 年 6 月颁布的《教育网站和网校暂行管理办法》等。2004 年 8 月 28 日第十届全国人大常委会第十一次会议通过的《中华人民共和国电子签名法》，是我国电子商务立法史上具有划时代意义的一部法律，标志我国电子商务法制建设进入新阶段，是电子商务发展的里程碑，扫除了电子签名在电子商务及其他领域中应用的法律障碍，推动了我国电子商务的迅速发展。这部专门的电子商务法，规定电子签名具有同手写签名或者盖章同等的法律效力，同时承认电子文件与书面文书具有同等效力，从而使现行的民商事法律同样适用于电子文件。在地方上，有些地方根据当地实际制定了大量的地方性法规。例如 2000 年 5 月北京工商局颁布的《关于对网络广告经营资格进行规范的通告》和上海市出台的《上海市电子商务管理办法》，2013 年 10 月深圳市市场监督管理局颁布的《深圳市网络交易合同规则》等，这些地方性法规对全国电子商务立法的规定具有一定的参考价值。时至 2013 年 10 月，第十二届全国人大常委会公布的新立法规划中，“电子商务法”被列为第二类立法项目，这是电子商务法第一次正式列入我国最高立法机关的议事日程。

从这些现状可以看出，我国的电子商务法体系还处于初建阶段，专门的法律法规较少，至今只有一部电子签名法是专门的电子商务法，更多的是一些针对电子商务活动某一方面的办法、规则；另外，在一些相关的法律、法规及地方性法规中有零散的对电子商务活动的规范，没有形成完整、规范的法律法规体系。而且，在电子商务立法方面还存在诸多空白领域，并且规范化层次低，与电子商务快速发展的需求还有着较大的差距。下面就我国最新发布的一些电子商务管理办法做详细阐述。

第二节 《网络发票管理办法》

经济贸易中，发票作为交易的原始凭据，会计工作据以填制记账凭证，税务机关据以收税，若涉及法律纠纷，又可作为物证，具有毋庸置疑的法律效力。因此，对发票进行规范管理非常重要。传统贸易中的发票已有《中华人民共和国发票管理办法》予以规范管理。我国电子商务贸易中所用的发票，即所谓网络发票，自国家税务总局制定并于 2013 年 4 月起施行《网络发票管理办法》(以下简称《网络发票办法》)，也有了专门的、更完整的法律规范。

一、网络发票的概念

《网络发票办法》规定，网络发票是指符合国家税务总局统一标准并通过国家税务总局及省、自治区、直辖市国家税务局、地方税务局公布的网络发票管理系统开具的发票。由这个概念可见，网络发票并非严格意义上的电子发票，因为它最终要“开具”而成为纸质发票。国家也鼓励使用网络发票，这有利于电子商务的发展。

二、《网络发票办法》适用范围

《网络发票办法》第二条："在中华人民共和国境内使用网络发票管理系统开具发票的单位和个人办理网络发票管理系统的开户登记、网上领取发票手续、在线开具、传输、查验和缴销等事项，适用本办法"。可见，该办法管理的是网络发票管理系统上围绕网络发票而进行的一系列行为。

三、网络发票的管理

由当地税务机关负责网络发票的管理，管理平台是税务机关公布的网络发票管理系统。《网络发票办法》第四条规定："税务机关应加强网络发票的管理，确保网络发票的安全、唯一、便利，并提供便捷的网络发票信息查询渠道；应通过应用网络发票数据分析，提高信息管税水平"。

（一）网络发票管理系统的开户登记

网络发票管理的第一项，是审核网络发票管理系统上的开户行为。税务机关根据开具发票的单位和个人的经营情况，核定其在线开具网络发票的种类、行业类别、开票限额等内容。通过了开户的单位和个人如果需要变更核定内容的，应向税务机关提出书面申请，经税务机关确认才能变更。

（二）在线开具网络发票

1．正常发票的开具

《网络发票办法》第六条规定："开具发票的单位和个人开具网络发票应登录网络发票管理系统，如实完整填写发票的相关内容及数据，确认保存后打印发票。开具发票的单位和个人在线开具的网络发票，经系统自动保存数据后即完成开票信息的确认、查验"。可见，网络发票在打印成纸质发票之前，网络发票管理系统会要求保存以进行信息的自动审核，来确保与开户时的核准要求一致，避免错开和金额多开。另外，通过审核的发票备份也为将来受票方进行上网查验准备了条件。

2．红字网络发票的开具

《网络发票办法》第八条规定："开具发票的单位和个人需要开具红字发票的，必须收回原网络发票全部联次或取得受票方出具的有效证明，通过网络发票管理系统开具金额为负数的红字网络发票"。这是出于谨慎性原则，原打印的网络发票所有联次要收回，或者有受票方有效的要求开具红字发票的证明，才能开具红字网络发票。

3．代开网络发票

遇有代开网络发票的情况，《网络发票办法》第十一条："税务机关根据发票管理的需要，可以按照国家税务总局的规定委托其他单位通过网络发票管理系统代开网络发票"。但是，"税务机关应当与受托代开发票的单位签订协议，明确代开网络发票的种类、对象、内容和相关责任等内容"，以免受托方随意代开发票。

又出于合法性的考虑，该办法第十二条规定："开具发票的单位和个人必须如实在线开具网络发票，不得利用网络发票进行转借、转让、虚开发票及其他违法活动”。并且，第十四条有“开具发票的单位和个人违反本办法规定的，按照《中华人民共和国发票管理办法》有关规定处理”。

（三）故障的处理

对于突发事件，例如网络故障而造成无法在线开具发票的情况，《网络发票办法》规定可以离线开具发票。但是，“开具发票后，不得改动开票信息，并于48小时内上传开票信息”。

（四）网络发票的作废

如果发票开错需要作废，开具发票的单位和个人应收回原网络发票全部联次，注明“作废”，并在网络发票管理系统中进行发票作废处理。

（五）网络发票的查验

单位和个人取得网络发票时，特别是受票方，应及时登录网络发票管理系统查询验证网络发票信息的真实性、完整性，对不符合规定的发票，不得作为财务报销凭证，任何单位和个人有权拒收。

（六）注销登记

开具发票的单位和个人在办理变更或者注销税务登记的同时，应当办理网络发票管理系统的用户变更、注销手续并缴销空白发票。因为网络发票管理系统的开户登记以税务登记为前提，登记的信息应一致，注销了税务登记，网络发票管理系统上的用户也应注销。

四、电子发票的试行

《网络发票办法》前瞻性地规定了可以试行电子发票。第十五条规定：“省以上税务机关在确保网络发票电子信息正确生成、可靠存储、查询验证、安全唯一等条件的情况下，可以试行电子发票”。电子发票更具快捷性、便利性和低成本的特点，这更契合电子商务的需要，但需满足一定的前提条件，即“确保网络发票电子信息正确生成、可靠存储、查询验证、安全唯一等条件的情况”，且批准权限在省以上税务机关，这是出于商务安全和执行的慎重性考虑。

整体上看，《网络发票办法》内容全面、详实，又具有一定的前瞻性和灵活性，表现在条件允许情况下可以试行电子发票，而不“自我束缚”，能因时而变地抓住时机，试行电子发票，促进电子商务发展。

第三节 《网络交易管理办法》

电子商务活动中，网络交易占有重要位置。国家工商行政管理总局曾于 2010 年 5 月 31 日发布和实施《网络商品交易及有关服务行为管理暂行办法》（以下简称《暂行办法》），为更好地规范网络商品交易及有关服务，保护消费者和经营者的合法权益，促进网络经济持续健康发展，2014 年 1 月 26 日，经中国国家工商行政管理总局局务会审议通过并公布自 2014 年 3 月 15 日起正式施行的《网络交易管理办法》(以下简称《网络交易办法》)，之前的《暂行办法》同时作废。该办法的正文部分依次为总则、网络商品经营者和有关服务经营者的义务、网络商品交易及有关服务监督管理、法律责任和附则五章共五十八条。

一、总则

该章给出了网络交易的概念及《网络交易办法》的适用范围。网络商品交易及有关服务行为统称为网络交易。网络商品交易，指通过互联网（含移动互联网）销售商品或者提供服务的经营活动。《网络交易办法》规定，凡在中华人民共和国境内从事网络商品交易及有关服务，都适用于该办法。这里的有关服务，指为网络商品交易提供第三方交易平台、宣传推广、信用评价、支付结算、物流、快递、网络接入、服务器托管、虚拟空间租用、网站网页设计制作等营利性服务。《网络交易办法》第二十二条对第三方交易平台做了补充解释："前款所称第三方交易平台，是指在网络商品交易活动中为交易双方或者多方提供网页空间、虚拟经营场所、交易规则、交易撮合、信息发布等服务，供交易双方或者多方独立开展交易活动的信息网络系统"。

二、网络商品经营者和有关服务经营者的义务

该章是《网络交易办法》的主体部分，分为三节共三十二条。

（一）第一节

第一节包括第七条到第二十一条，属于一般性规定。

从事网络商品交易及有关服务的经营者，应当依法办理工商登记。而从事网络商品交易的自然人，应当通过第三方交易平台开展经营活动，并向第三方交易平台提交其姓名、地址、有效身份证明、有效联系方式等真实身份信息。比如我们中的一个公民，要开网店，就要提供自己的各方面信息，包括自己符合要求的电子照片。当然，网络经营者销售的商品或者提供的服务在内容上应合符法律规定，即合法，质量上"应当遵守《中华人民共和国消费者权益保护法》和《中华人民共和国产品质量法》等法律、法规、规章的规定，不得损害消费者合法权益"；如果国务院决定规定应当取得行政许可的，还应当依法取得有关许可。

为了证明经营的合法性，第八条规定："已经工商行政管理部门登记注册并领取营业执照的法人、其他经济组织或者个体工商户，从事网络商品交易及有关服务的，应当在其网站首页或者从事经营活动的主页面醒目位置公开营业执照登载的信息或者其营业执照的电子链接标识"。让消费者通过网络平台就能认定网络经营者的合法身份，这也是使电子商务产生公信力的一个措施。如有违反，按第五十一条规定，"予以警告，责令改正，拒不改正的，处以一万元以下的罚款"。

由于网络交易客观存在信息不对称，消费者一般处于商品和服务信息缺乏的一方，易造成消费者盲目交易，交易后利益受损又投诉无门，等等。为此，《网络交易办法》有多条针对网络商品经营者的规定来保护消费者："应当向消费者提供经营地址、联系方式、商品或者服

务的数量和质量、价款或者费用、履行期限和方式、支付形式、退换货方式、安全注意事项和风险警示、售后服务、民事责任等信息，采取安全保障措施确保交易安全可靠，并按照承诺提供商品或者服务”；“应当保证商品或者服务的完整性，不得将商品或者服务不合理拆分出售，不得确定最低消费标准或者另行收取不合理的费用”；“应当按照国家有关规定或者商业惯例向消费者出具发票等购货凭证或者服务单据；征得消费者同意的，可以以电子化形式出具。电子化的购货凭证或者服务单据，可以作为处理消费投诉的依据。消费者索要发票等购货凭证或者服务单据的，网络商品经营者必须出具”；“提供的商品或者服务信息应当真实准确，不得作虚假宣传和虚假表示”；“应当遵守《中华人民共和国商标法》《企业名称登记管理规定》等法律、法规、规章的规定，不得侵犯他人的注册商标专用权、企业名称权等权利”等。而且，第十六条明确规定：“消费者有权自收到商品之日起七天内退货，且无需说明理由”，即可以在规定的时间段内无条件退货，充分保障消费者权益，也考虑到网络商品经营者的利益，把商品一分为二，区分出不可以无条件退货的商品，如消费者定做的、鲜活易腐的、在线下载或消费者拆封的音像制品、计算机软件等数字化商品和交付的报纸、期刊，以及“其他根据商品性质并经消费者在购买时确认不宜退货的商品，不适用无理由退货”，即这类商品退货时需要给出合适的理由。另外，消费者退货时，应做到商品是完好的，且退货所需运费由消费者承担，“网络商品经营者应当自收到退回商品之日起七日内返还消费者支付的商品价款”。

为避免合同欺诈和“霸王条款”，第十七条规定，经营活动中，网络商品经营者、有关服务经营者在与消费者之间签订合同格式条款时，“应当符合法律、法规、规章的规定，按照公平原则确定交易双方的权利与义务，采用显著的方式提请消费者注意与消费者有重大利害关系的条款，并按照消费者的要求予以说明”。而且“不得以合同格式条款等方式作出排除或者限制消费者权利、减轻或者免除经营者责任、加重消费者责任等对消费者不公平、不合理的规定，不得利用合同格式条款并借助技术手段强制交易”。如有违反的，《网络交易办法》第五十二条规定，按照《合同违法行为监督处理办法》的有关规定进行处罚。

公民个人信息泄露也是网络时代的易发事件，特别是消费者在交易平台进行网购时一般都要求先注册，注册行为就是输入个人信息，这些个人信息本属个人私有，但放到网上之后就难保被窃取、被非法使用，最终损害到消费者本人。当然也有使用该交易平台的其他经营者的商业秘密信息。这些信息首先是由网络商品经营者、有关服务经营者因消费者或其他经营者注册而合法获得，因此监管他们使用这些信息的行为就非常关键。《办法》第十八条：要求他们“在经营活动中收集、使用消费者或者经营者信息，应当遵循合法、正当、必要的原则，明示收集、使用信息的目的、方式和范围，并经被收集者同意。网络商品经营者、有关服务经营者收集、使用消费者或者经营者信息，应当公开其收集、使用规则，不得违反法律、法规的规定和双方的约定收集、使用信息”。除了他们自身必须合法、合理使用这些信息，还要严防信息泄露，做到“必须严格保密，不得泄露、出售或者非法向他人提供。网络商品经营者、有关服务经营者应当采取技术措施和其他必要措施，确保信息安全，防止信息泄露、丢失。在发生或者可能发生信息泄露、丢失的情况时，应当立即采取补救措施”。而且不能利用消费者个人的联系电话及其他掌握的渠道随意向其本人发布商业性信息，需有消费者本人的允许或请求。

一般性规定中对不正当竞争行为作了行为范围的界定并明确禁止。其中第一种不正当竞争行为就是“擅自使用知名网站特有的域名、名称、标识，或者使用与知名网站近似的域名、名称、标识，与他人知名网站相混淆，造成消费者误认”，这种行为极具网络交易的环境特征。《网络交易办法》第五十三条规定，对这些不正当竞争行为，分别按照《反不正当竞争法》相应条款进行处罚。另外，网络商品经营者、有关服务经营者对竞争对手进行非法的网络技术攻击也是不允许的。否则，按第五十四条，予以警告，责令改正，并处一万元以上三万元以下罚款的处罚。

（二）第二节

第二节包括第二十二条到第三十四条，是对第三方交易平台经营者的特别规定。

首先明确特别规定所针对的对象——第三方交易平台经营者，这里应是指经工商行政管理部门登记注册并领取营业执照的企业法人，而非其他经济组织或者个体工商户。

第三方交易平台经营者负责对审查和登记进入第三方交易平台的申请。门槛不高，不具备工商登记注册条件的自然人，也可以获准进入。第二十三条规定：“第三方交易平台经营者应当对尚不具备工商登记注册条件、申请进入平台销售商品或者提供服务的自然人的真实身份信息进行审查和登记，建立登记档案并定期核实更新，核发证明个人身份信息真实合法的标记，加载在其从事经营活动的主页面醒目位置”。只要自然人提交个人的真实身份信息，有一定的财力就可以进入第三方交易平台从事销售商品或提供服务，成为经营者。这增加了社会就业机会，也扩大了参加电子商务活动的群众基础。

申请进入第三方交易平台从事经营活动的经营者，被称为第三方交易平台内经营者，他们与第三方交易平台经营者之间的责、权、利应有正式的协议来制约。第二十四条“第三方交易平台经营者应当与申请进入平台销售商品或者提供服务的经营者订立协议，明确双方在平台进入和退出、商品和服务质量安全保障、消费者权益保护等方面的权利、义务和责任”。第三方交易平台经营者有权修改该协议、交易规则，但是“应当遵循公开、连续、合理的原则，修改内容应当至少提前七日予以公示并通知相关经营者。平台内经营者不接受协议或者规则修改内容、申请退出平台的，第三方交易平台经营者应当允许其退出，并根据原协议或者交易规则承担相关责任”。可见，这种协议的内容有灵活性，签订后可以由平台经营者再修改，平台内相关经营者可以不接受公示的修改内容，但面临的可能就是退出平台，因此就协议的话语权而言，平台内经营者处于被动地位。

第三方交易平台经营者是平台管理的主体，《网络交易办法》有多条来规定第三方交易平台经营者的责任和义务：建立平台内交易规则、交易安全保障、消费者权益保护、不良信息处理等管理制度；采取必要的技术手段和管理措施保证平台的正常运行，提供必要、可靠的交易环境和交易服务，维护网络交易秩序；对平台内经营者及其发布的商品和服务信息建立检查监控制度，并配合工商行政管理部门开展对平台内违反工商行政管理法律、法规、规章的行为进行依法管理；采取必要手段保护注册商标专用权、企业名称权等权利；建立消费纠纷和解和消费维权自律制度；审查、记录、保存在其平台上发布的商品和服务信息内容及其发布时间；采取电子签名、数据备份、故障恢复等技术手段确保网络交易数据和资料的完整性和安全性，并应当保证原始数据的真实性。对其中一些责任和义务有违反的行为，第五十条规定，应对第三方交易平台经营者予以警告，责令改正，拒不改正的，处以一万元以上三万元以下的罚款。

对于准备退出平台经营的第三方交易平台经营者，第三十一条规定："应当至少提前三个月在其网站主页面醒目位置予以公示并通知相关经营者和消费者，采取必要措施保障相关经营者和消费者的合法权益"。规定提前三个月明确告知相关经营者和消费者，是为了被告知方能有充分的时间来保障自己的合法权益。

在保障相关经营者和消费者的权益方面，《网络交易办法》还作出了鼓励性的规定，第三十二条："鼓励第三方交易平台经营者为交易当事人提供公平、公正的信用评价服务，对经营者的信用情况客观、公正地进行采集与记录，建立信用评价体系、信用披露制度以警示交易风险"。并鼓励第三方交易平台经营者与平台内的经营者协议设立消费者权益保证金，对消费者权益保证金的运作规则双方作出明确约定，以维护消费者利益。

（三）第三节

第三节共四条，对其他有关服务经营者做了特别规定。

其他有关服务经营者指有关服务经营者中除第三方交易平台经营者外的其他为网络商品交易提供营利性服务的经营者。由于其他有关服务经营者种类还较多，管理上有区别，因此又按为网络商品交易分别提供网络接入、服务器托管、虚拟空间租用、网站网页设计制作等服务的有关服务经营者，提供信用评价服务的有关服务经营者，提供宣传推广服务的有关服务经营者和提供网络接入、支付结算、物流、快递等服务的有关服务经营者共四类做出相应的特别规定。其中除第三类经营者外，经营者如有违反这里的特别规定，根据第五十条，将被予以警告，责令改正，拒不改正的，处以一万元以上三万元以下的罚款。

三、网络商品交易及有关服务监督管理

该章内容规定了对网络商品交易及有关服务进行外部监管的执行主体与行为规范。首先，明确规定网络商品交易及有关服务的监督管理权在县级以上工商行政管理部门，监管的主要措施是通过建立网络商品经营者、有关服务经营者的网络商品交易或有关服务的信用档案，通过信用机制来实施信用分类监管。

对涉嫌违法的网络商品交易及有关服务行为进行查处时，第四十三条规定，县级以上工商行政管理部门可以行使下列职权：询问有关当事人，调查其涉嫌从事违法网络商品交易及有关服务行为的相关情况；查阅、复制当事人的交易数据、合同、票据、账簿以及其他相关数据资料；依照法律、法规的规定，查封、扣押用于从事违法网络商品交易及有关服务行为的商品、工具、设备等物品，查封用于从事违法网络商品交易及有关服务行为的经营场所；法律、法规规定可以采取的其他措施。并且，还规定，"工商行政管理部门依法行使前款规定的职权时，当事人应当予以协助、配合，不得拒绝、阻挠"，以保证查处行为贯彻到位。对违法情节严重的，可以制止违法网站继续从事违法活动，根据需要，还可以依法关闭该违法网站。

四、法律责任

该章汇集了对违反前述《网络交易办法》条款行为的具体处罚规定，另有法律、法规规定的，从其规定，比如适用于《合同违法行为监督处理办法》的合同违法行为，适用于《中华人民共和国反不正当竞争法》的不正当竞争行为等。对于适用于《网络交易办法》的，一般处以一万元或一万元以上三万元以下的罚款，在前面介绍相应规定条款后已分别做了违反及处罚的具体说明。

五、附则

附则特别指出，通过第三方交易平台发布商品或者营利性服务信息、但交易过程不直接通过平台完成的经营活动，也参照适用《网络交易办法》关于网络商品交易的管理规定。

综合上述分析，可以看出，《网络交易办法》内容详实、具体，基本涵盖了网络商品交易及有关服务行为各参与方的行为规范，并且有规定有处罚，能很好地指导网络交易行为。

第四节 《网络交易平台经营者履行社会责任指引》

为进一步规范网络商品交易及有关服务行为，引导网络交易平台经营者积极履行社会责任，保护消费者和经营者的合法权益，促进网络经济持续健康发展，中国工商总局制定了《网络交易平台经营者履行社会责任指引》（以下简称《指引》），于 2014 年 5 月 28 日发布并施行。《指引》依次为总则、履行社会责任的主要内容、履行社会责任的保障措施和附则四章共三十五条。这部《指引》主要是对网络交易中的经营主体之一——网络交易平台经营者的应尽社会责任做指导，可视作对不久前发布施行的《网络交易办法》的补充。

一、总则

该章给出《指引》的关键概念及总要求。为明确规范行为的主体对象，必须澄清三个关键概念：网络交易平台、网络交易平台经营者、网络交易平台内经营者。对照《网络交易办法》的概念定义，可以发现，《指引》与《网络交易办法》中的同名概念内涵是一致的。网络交易平台，也即第三方交易平台，“是指在网络商品交易活动中为交易双方或多方提供网页空间、虚拟经营场所、交易规则、交易撮合、信息发布等服务，供交易双方或者多方独立开展交易活动的信息网络系统”。照此定义，网络交易平台就是我们所熟知的网购型网站，例如淘宝网、当当网和从事专业出版的易文网等电子商务网站。而网络交易平台经营者，也即第三方交易平台经营者，“是指从事网络交易平台运营并为交易双方或多方提供服务的企业法人”，就是指经营类似淘宝网、当当网这类网站平台的企业法人。而网络交易平台内经营者，简称平台内经营者，“是指在网络交易平台内从事网络商品交易及有关服务的法人、其他经济组织、个体工商户或自然人”，即《网络交易办法》中申请进入第三方交易平台进行商品销售或提供服务的经营者。按此定义，网络交易平台内经营者应是与网络交易平台经营者有着共同价值链的各相关方，有着一定的共同利益，合作经营。同时，网络交易平台经营者作为网络交易的平台提供者和管理者，负有包括社会责任在内的更多责任。

这个社会责任，《指引》做了特别定义：“本指引所称社会责任是指网络交易平台经营者在经济活动中，对平台内经营者、消费者、企业员工、政府、社会等利益相关者所承担的责任和义务，包括法律社会责任、经济社会责任和道德社会责任”。

《指引》对网络平台经营者提出的总要求是：履行社会责任应以人为本，服务社会，热心公益，坚持履行社会责任与诚信守法经营相结合、与促进网络经济发展相结合、与构建和谐社会相结合，实现的渠道和工作重点是有效保护平台内经营者和消费者合法权益，以实际行动赢得消费者和全社会的信赖和支持。

二、履行社会责任的主要内容

为指导网络交易平台经营者更好地履行社会责任，《指引》在这一章提出了二十二条建议，构成《指引》的主要部分。有一些与《网络交易办法》中的重合，又有更多的补充，在这里仅突出新增加的内容，主要有以下几方面。

（一）网络平台经营者合同签订方面

网络交易平台经营者除与平台内经营者签订服务合同外，还应与消费者签订明确双方的权利义务、违约责任、争议解决、个人信息保护、交易安全保障等内容的服务合同，提高消费者在网络交易中的法律地位。

网络交易平台经营者在与他人订立合同时，不仅应考虑自身的商业利益和发展战略，更应兼顾社会责任，建立规则应遵循公平透明、平等协商的原则，合理引入多元化社会主体的参与，充分考虑各方利益主体的诉求。而且，不得以格式条款、通知、声明、公告等方式，作出排除或者限制相对人权利、减轻或者免除自身责任、加重相对人责任等不公平、不合理的规定，不得利用格式条款并借助技术手段强制交易。总之，要做到履行社会责任与诚实守法经营相结合。

（二）网络平台经营者对平台内经营者的管理及责任承担方面

网络交易平台经营者应建立对平台内经营者的信息检查和不良信息处理制度，对于发现有违反法律法规和规章的行为，应向有关部门报告，并及时采取措施制止，必要时可以停止对其提供网络交易平台服务。同时，网络交易平台经营者还应积极配合监管部门依法查处相关违法违规行为。并应主动采取技术手段屏蔽侵犯知识产权和制售假冒伪劣等违法商品信息，及时排查隐患，处理违法违规行为，发现苗头性、倾向性、危害性严重的问题及时上报。

对于平台内经营者的侵权行为，第十八条专门规定了网络平台经营者应承担的责任。接到被侵权人对平台内经营者的商标侵权等侵权举报，网络交易平台经营者应反应及时，措施得力，否则，对损害扩大的部分与平台内经营者一起承担连带责任。如果接到侵权举报前明知或者应知平台内经营者存在侵权行为，而未采取必要措施的，也应与平台内经营者承担连带责任。

对于平台内经营者发生侵害消费者合法权益的情形，第十九条规定，“网络交易平台经营者应向消费者提供平台内经营者的真实名称、地址和有效联系方式；不能提供的，消费者可以向网络交易平台经营者要求赔偿。网络交易平台经营者赔偿后，有权向平台内经营者追偿”，以及时维护消费者利益。这也符合第二十三条“鼓励网络交易平台经营者建立健全先行赔付制度，一旦发生消费纠纷，消费者与平台内经营者协商无果的，由网络交易平台经营者先行赔偿”的根本宗旨，即确保消费者安全放心消费。该条还规定：“鼓励网络交易平台经营者建立健全消费者权益保护公示制度，定期公示消费者纠纷处理情况、保护消费者权益相关措施、加强对平台内经营者管理的相关措施等”。这一措施能增加消费者进行网络交易的信心，也能起到激励平台内经营者提高经营管理水平的作用。

（三）网络平台经营者自身管理方面

对于网络交易平台经营者的特殊群体——团购网站经营者，第二十二条规定，“应切实保障团购商品（服务）质量，考查确认商品库存、发货速度、物流体系、服务细则等关键因素，防止出现虚高报价”。防止团购网络经营者因为团购量大而忽视质量，又虚高报价，而且这种只图眼前利益的做法也不利于经营者自身的长远发展。

作为网络交易平台的提供者，网络交易平台经营者应不断提高平台的技术含量，以技术促经营，这就要建立和完善技术创新机制，同时要注意自身的知识产权保护，实施知识产权战略，实现技术创新与知识产权的良性互动，推动电子商务产业健康发展。

网络交易平台经营者内部薪酬的管理，《指引》提出构建合理的激励约束机制，保障员工各项合法权益，遵循按劳分配、同工同酬的原则，即做到以人为本。

（四）网络平台经营者与自然、社会关系方面

关于网络交易发展与自然生态资源的关系，第二十八条规定，“网络交易平台经营者应坚持可持续发展战略，重视环境和生态保护，合理利用和开发资源，通过科技创新和管理创新，提高资源利用率”，实现电子商务与生态环境的“绿色”和谐发展。

《指引》还要求网络交易平台经营者积极参与社会公益事业和社区建设，并鼓励内部员工志愿服务社会公益，使履行社会责任与构建和谐社会相结合。这也有利于树立网络交易平台良好的社会形象。

三、履行社会责任的保障措施

在履行社会责任的指导后，《指引》又给出了保障措施，以确保社会责任的履行。其实这主要在于网络交易平台经营者的主观能动性，主动从以下方面去努力：不断完善工作机制，把履行社会责任融入企业发展战略，把履行社会责任纳入每年工作的总体规划，努力实现企业履行社会责任与日常经营的有机结合；加强宣传和教育培训力度，普及相关法律法规，提高员工的法律意识和社会责任意识，努力形成履行社会责任的企业价值观和企业文化；建立和完善企业社会责任指标统计和考核体系，主动接受新闻媒体、消费者、经营者、政府和社会的广泛监督，及时了解和回应相关意见和建议，不断改进工作；定期发布社会责任报告，公布企业履行社会责任的措施、成效、规划等，努力营造良好的工作氛围，等等。

四、附则

明确《指引》由国家工商行政管理总局负责解释，并于发布之日起施行。

这部《指引》从强调和扩展网络平台经营者履行社会责任方面对此前发布的《网络交易办法》进行了补充，和《网络交易办法》及其他相关法律法规一起，对正蓬勃发展、前景广大的网络交易市场进行国家层面的规范引导非常及时，也非常有价值，将使网络交易更加规范、健康和有序，特别是有利于引导网络交易平台经营者积极履行社会责任，保护消费者和经营者的合法权益，促进网络经济持续健康发展。由于网络平台经营者的社会责任履行更多的是带有义务性、公益性，国家出台的法规、办法对此也只能是宏观上的引导和鼓励，不能带有强制性，因此《指引》中没有处罚性的条款，主要还是依靠网络平台经营者的自觉自律和社会公德心。

第五节　我国电子商务立法方向、参考原则与展望

电子商务相关法律法规的重要性不言而喻，其主旨是通过规范电子商务行为，明确责、权、利的关系，寻求电子商务从业方、电子商务消费者、国家、社会和自然界，在经济全球化的今天，更可以扩大到与全球之间利益的平衡，来实现电子商务这一全新商务模式在全球环境下的健康、可持续发展。在这几方中，消费者、自然界相对而言，要弱势些，理应受到更多的关注，在法律法规上应有更多的保护倾向。我国《全国人民代表大会常务委员会关于修改〈中华人民共和国消费者权益保护法〉的决定》于 2013 年 10 月 25 日第十二届全国人民代表大会常务委员会第五次会议通过，并自 2014 年 3 月 15 日起施行，也自同日施行修改后的《中华人民共和国消费者权益保护法》。这次修改就特别重视电子商务消费者权益的保障，而且它的电子商务消费群体不限于网络交易环境，还包括使用电视、电话、邮购等方式的消费者。很多新的相关条款内容就被后来颁布的《网络交易办法》和《指引》所引用。例如消费者退回商品的规定、经营者在经营活动中使用格式条款时应显著提醒消费者注意的规定、经营者收集使用消费者个人信息的规定等等。特别是增加了一条作为新的第四十四条："消费者通过网络交易平台购买商品或者接受服务，其合法权益受到损害的，可以向销售者或者服务者要求赔偿。网络交易平台提供者不能提供销售者或者服务者的真实名称、地址和有效联系方式的，消费者也可以向网络交易平台提供者要求赔偿；网络交易平台提供者作出更有利于消费者的承诺的，应当履行承诺。网络交易平台提供者赔偿后，有权向销售者或者服务者追偿。网络交易平台提供者明知或者应知销售者或者服务者利用其平台侵害消费者合法权益，未采取必要措施的，依法与该销售者或者服务者承担连带责任"，该条款针对网络交易平台的消费者，几乎直接被引用，成为《指引》中的第十五条、第十八条第二款的内容。

电子商务活动中也应特别注意对自然界生态平衡的保护，但就目前的生态状况，相关法律的制定远远不够，还需要加强，更需要有力地执行。另外，网络支付，也是电子商务网络交易活动的一个重要环节，对网络支付建立有效的行为规范也非常重要。人民银行于 2014 年 3 月 20 日发布了《支付机构网络支付业务管理办法》的征求意见稿，希望藉此来加强对我国网络支付业务的管理。可见，我国政府是重视电子商务法律法规建设的，虽然我国的电子商务法律体系还处于初建阶段，但至少在不断地完善过程之中，相信我国的电子商务事业在相关法律法规和规章的保驾护航下会持续地健康发展。

在如何进行电子商务立法的问题上，需要特别提到的是，2013 年 12 月 18 日首届中国电子商务立法高层论坛暨“电子商务立法支撑研究平台”成立大会期间，清华大学网络行为研究所吴伟光发言指出，关于电子商务立法已有一些立法原则，它们包括最小程度原则、程序性原则、功能相等、技术中性原则、当事人意思自愿原则和国际协调性原则，其中的最小程度原则是指对于电子商务的立法应该采取低调的态度，不是大范围的全面的建立一个有关电子商务的新的系统性的法律，而是尽量在最小的程度上对电子商务订立新的法律，尽力将已经存在的法律适用到电子商务中。如此，电子商务立法可以相对较少地“全新全立”、大动干戈，尽量借鉴已有法律法规，可以加快电子商务的立法进程，促进电子商务法律环境的完善，保障电子商务这一新型商务模式在我国的健康顺利发展。

综合案例

广东首宗微信公众号侵权案宣判 判赔 1 元

因在微信公众号上擅自转载他人原创作品，中山市一家公司被告上法庭。据悉，这是广东省首宗微信公众号侵权案。2014 年 9 月 3 日，中山市第一人民法院对这起引发社会公众关注的案件做出一审宣判，认定被告 B 公司微信公众号的擅自转载行为已构成侵犯著作权，判令在其的微信订阅号上向原告 S 公司公开书面赔礼道歉，并赔偿经济损失 1 元。

原告：被告擅自转载三篇原创文章，索赔 1 元

2014 年 1 月 28 日、2 月 6 日、3 月 12 日，S 公司在其微信公众号上先后向微信用户推送了三篇文章。这三篇文章的最后均载明了“本文为××微信搜集资料和撰写的文章，欢迎读者分享或转发到朋友圈。任何公众号未经许可不得私自转载或抄袭”。

B 公司运营的“××××”也是腾讯微信平台的订阅号账号，但未经认证。2014 年 2 月 3 日、2 月 6 日、3 月 13 日，“××××”先后向微信用户推送了以上三篇文章，与 S 公司的微信公众号上推送的三篇文章内容基本一致，只是表述方式上略有不同。

原告 S 公司认为，经悉心运营，他们公司的微信公众号在中山本地已具有较高知名度，并对发布在其微信公众号上的上述三篇原创作品享有著作权，而被告 B 公司未经许可，擅自将该公司注明不得转载的原创作品稍加修改后就发布在“××××”微信公众账号上，且未注明作品出处，其行为已严重侵犯了原告的著作权，原告遂索赔 1 元并要求暴风科技公司赔礼道歉。

法院结论：一篇文章享著作权，判定被告侵权。

中山第一人民法院做出缺席判决，判令被告 B 公司向原告 S 公司赔偿经济损失 1 元，连续三日在“××××”的微信订阅号上向 S 公司书面赔礼道歉

资料来源：广州日报

根据本案例请分析：

1. 你认为微信平台在本案中有没有相关责任？

2. 在互联网的快速发展过程中，如何有效的保护相关合法权益不被侵犯。

思考题

1. 依据《网络发票管理办法》，什么是网络发票？在什么条件下可以发展为电子发票？

2. 请详细解释网络交易的概念，并回答网络交易平台、网络交易平台经营者、平台内经营者三个网络交易环境中的关键概念，并分别举例说明。

3. 依据《网络交易平台经营者履行社会责任指引》，网络平台经营者应承担的社会责任主要有哪些？（先对这里的社会责任作解释）

问题扩展

1. 思考本章案例，并试着阐述出自己的观点。

2. 延伸思考，电子商务法的特征有哪些？

第九章 电子商务的发展前沿

随着互联网技术的不断普及，电子商务的发展日新月异。互联网的发展不断地改变现代经济的运行规则，也促进了产业的不断创新与变革。在互联网革命的浪潮中，企业只有不断地去适应互联网的环境，去满足互联网环境中的消费者的需求，企业的产品和服务才能立足于互联网市场。传统银行业的金融产品创新饱受诟病，一款基于互联网的金融产品——余额宝”的诞生打破了市场的沉寂，迅速引发了互联网金融革命。还有其他诸多领域，比如生鲜电商、本地电子商务、物联网等新模式的发展无处不体现互联网发展的生命力。

第一节 互联网金融

一、互联网金融的发展现状

随着互联网的发展与普及，互联网对金融业的发展产生了深刻的影响。20 世纪 90 年代中期到至今，我国传统金融服务业务实现了用户互联网自助办理。2010 年之后，一些互联网企业，特别是掌握互联网入口的第三方机构，利用大数据、云计算和数据挖掘技术等现代信息技术，不断推出创新性的互联网金融模式产品。比如阿里巴巴公司推出的阿里小贷，人人贷、拍拍贷等公司推出的互联网个人对个人的信贷业务。互联网金融创新逐步打破传统商业银行在金融业务多方面的垄断。

（一）互联网金融的含义

互联网金融是指以依托于支付、云计算、社交网络以及搜索引擎等互联网工具，实现资金融通、支付和信息中介等业务的一种新兴金融。互联网金融不是互联网和金融业的简单结合，而是在实现安全、移动等网络技术水平上，被用户熟悉接受后，自然而然为适应新的需求而产生的新模式及新业务。是传统金融行业与互联网精神相结合的新兴领域。互联网金融与传统金融的区别不仅仅在于金融业务所采用的媒介不同，更重要的在于金融参与者深谙互联网“开放、平等、协作、分享”的精髓，通过互联网、移动互联网等工具，使得传统金融业务具备透明度更强、参与度更高、协作性更好、中间成本更低、操作上更便捷等一系列特征。理论上任何涉及了广义金融的互联网应用，都应该是互联网金融，包括但是不限于第三方支付、在线理财产品的销售、信用评价审核、金融中介、金融电子商务等模式。互联网金融的发展已经历了网上银行、第三方支付、个人贷款、企业融资等多阶段，并且越来越在融通资金、资金供需双方的匹配等方面深入传统金融业务的核心。

（二）互联网金融的发展现状

2013 年 6 月，支付宝网络技术有限公司开通余额宝功能（见图 9-1），与天弘基金公司合作，直销中国第一支互联网基金。作为一种全新的互联网金融产品，在不足一个月，客户转入余额宝资金规模已突破百亿元，引起金融市场的高度关注和讨论。

2013 年 6 月 17 日，余额宝正式上线。余额宝是由第三方支付平台支付宝打造的一项余额增值服务。通过余额宝，用户不仅能够得到较高的收益，还能随时消费支付和转出，用户在支付宝网站内就可以直接购买基金等理财产品，获得相对较高的收益，同时余额宝内的资金还能随时用于网上购物、支付宝转账等支付功能。转入余额宝的资金在第二个工作日由基金公司进行份额确认，对已确认的份额会开始计算收益。

与余额宝挂钩的，是增利宝货币基金。增利宝货币基金，全称是天弘增利宝货币市场基金，是由天弘基金管理有限公司发行的一款货币型基金。天弘基金是增利宝货币基金的唯一销售机构，以支付宝为唯一直销推广平台，用户转入余额宝的资金，即购买了增利宝货币基金，并享有货币基金的投资收益。

余额宝的诞生，拉开了我国互联网金融改革的大幕。余额宝的意义在于在互联网时代，要充分尊重消费者并体现消费者的价值。另外，由于传统的金融产品不够灵活，且各大金融机构都对普通投资者摆出高傲的姿态，让广大消费者无从选择。余额宝的诞生改变了传统的金融市场格局，它以极富创新力在同传统金融市场作斗争，也让广大的互联网消费群体多个一种选择。

图 9-1　余额宝

从余额宝上线发展到 2014 年的 6 月底，短短的一年间余额宝用户数已经发展超过 1 亿人，人均持有金额 5030 元，余额宝规模更是达到 5741.60 亿元。天弘基金也从国内一家名不见经传的小基金管理公司一举发展成为拥有将近 6000 亿元规模、国内排名第一的基金管理公司。

余额宝在短短 5 个月规模就突破千亿的靓丽成绩显然震动了业界。此后，类似的产品可谓层出不穷，包括百度“百发”，以及未出先热的微信理财等都不断引起市场关注。各种名为“现金宝”、“活期宝”、“天天宝”的类余额宝产品相继出现，规模快速增加。

余额宝的发展不仅影响到了互联网的同行企业，更是撬动了高高在上的银行金融机构。

调查结果显示，包括平安银行、招商银行、光大银行和北京银行在内的股份制银行在面对余额宝所带来的压力，几乎全线上调了利率。而国有大银行中也有松动的迹象，如交通银行和建设银行将 2 年和 3 年利率上调，上调幅度为基准利率的 10%。

余额宝改变了一个行业。银行、基金、券商都因为余额宝带来了颠覆性变化。由于余额宝的出现，货币基金实际上已经具有活期存款的功能，已经可以有条件和银行在这个品种上形成竞争。

互联网的特点则是边际成本递减，用户越多，成本越低，甚至趋近零。这让“余额宝”们能按一块钱的最低门槛服务那些小客户。不仅如此，海量客户、频繁交易、小客单价组成在一起，通过大数据技术，还形成了相对稳定的趋势。

二、互联网金融的经营模式

（一）按照互联网金融运作主体的不同分类

根据互联网金融运作主体的不同，可以将其划分为电商介入模式、互联网企业介入模式、银行结算的第三方支付模式、P2P 模式、众筹模式以及比特币模式等。

1．电商介入模式

是指以阿里巴巴、京东商城为代表的电商介入金融领域所形成的互联网金融模式。2012 年，市场上从事互联网金融的电商已达 6 家，即阿里小贷、京东商城供应链服务、民生慧聪新 e 贷、苏宁小贷、敦煌网 e 保通、网盛贷款通，其中有 4 家属于 B2B 平台，2 家属于 B2C 平台。前者定位于向平台上的中小企业客户提供服务，后者面向平台上的供应链商家服务。

2．互联网企业介入模式

是指互联网企业介入到金融服务领域所形成的模式，它们本身并不直接为客户提供金融服务而以服务金融机构为主。这类模式主要以各类基金代销网站和金融信息服务网站为主，如东方财富、融 360、数米网、好贷网等。

3．通过银行结算的第三方支付模式

即涉及银行支付结算体系的第三方支付。截止到 2013 年 1 月，包括财付通、支付宝在内，我国第三方支付企业已达到 223 家。2012 年我国第三方支付市场整体交易规模达 12.9 万亿元，同比增长 54.2%，其中第三方互联网在线支付全年交易额规模达 3.8 万亿元（2011 年为 2.16 万亿元）。

4．P2P 模式

P2P 网络借贷（Peer-to-Peer Lending）平台，是 P2P 借贷与网络借贷相结合的金融服务网站。如拍拍贷（见图 9-2）。即由具有资质的网站（第三方公司）作为中介平台，借款人在平台发放借款标，投资者进行竞标向借款人放贷的行为。P2P 模式的核心就是利用互联网几亿人之间的信息不对称，让他们相互对接把信息的不对称减少到最小。

P2P 网络信贷平台模式自出现以来引起了世人的关注，发展也异常迅速。2005 年 3 月，全球第一家 P2P 网贷平台 Zopa（Zone of Possible Agreement）在伦敦成立。2006 年，美国的第一家 P2P 信贷公司 Prosper 在加州三藩市成立。截至 2013 年 8 月 10 日，世界上最大的 P2P

图 9-2　拍拍贷（ppdai.com）

互联网借贷平台 Lending Club 累计发放的个人贷款数额已超过 22.56 亿美元，上月发放贷款超过 1.73 亿美元。我国最早的 P2P 互联网信贷平台拍拍贷，成立于 2007 年 8 月。到 2012 年底，我国 P2P 信贷公司总共超过 300 家，行业交易总量高达 200 多亿元。

随着网络的发展，社会的进步，此种金融服务的正规性与合法性会逐步加强，在有效的监管下发挥网络技术优势，实现普惠金融的理想。

2012 年 4 月 19 日，国务院发布《关于进一步支持小型微型企业健康发展的意见》（国发[2012]14 号）（简称《意见》）。《意见》指出，落实支持小型微型企业发展的各项税收优惠政策。

P2P 网络借贷对中小微企业融资渠道提供了很好的机会和条件；大力支持小型微型企业技术改造；提升小型微型企业创新能力、支持创新型、创业型和劳动密集型的小型微型企业发展；切实拓宽民间投资领域。

发展至今由 P2P 的概念已经衍生出了很多模式。中国网络借贷平台已经超过 2000 家，平台的模式各有不同，归纳起来主要有以下 4 类。

（1）担保机构担保交易模式。这也是最安全的 P2P 模式。此类平台作为中介，平台不吸储，不放贷，只提供金融信息服务，由合作的小贷公司和担保机构提供双重担保。典型代表例如有利网、诺帮友信。此类平台的交易模式多为“1 对多”，即一笔借款需求由多个投资人投资。此种模式的优势是可以保证投资人的资金安全，由中安信业等国内大型担保机构联合担保，如果遇到坏账，担保机构会在拖延还款的第二日把本金和利息及时打到投资人账户。这其中，有利网也推出了债权转卖交易，如果投资人急需用钱，可以通过转卖债权，从而随时把自己账户中的资金取走。有利网因为其安全、方便、迅速获得用户喜爱。

（2）“P2P 平台下的债权合同转让模式”的宜信模式。可以称之为“多对多”模式，借款需求和投资都是打散组合的，甚至有由宜信负责人唐宁自己作为最大债权人将资金出借给借款人，然后获取债权对其分割，通过债权转让形式将债权转移给其他投资人，获得借贷资金。宜信页面如图 9-3 所示。

图 9-3 宜信（creditease.cn）

宜信也因其特殊的借贷模式，制定了“双向散打”风险控制，通过个人发放贷款的形式，获得一年期的债权。宜信将这笔债权进行金额及期限的同时拆分，这样一来，宜信利用资金和期限的交错配比，不断吸引资金，一边发放贷款获取债权，一边不断将金额与期限的错配，不断进行拆分转让。宜信模式的特点是可复制性强、发展快。其构架体系可以看做是左边对接资产，右边对接债权，宜信的平衡系数是对外放贷金额必须大于或等于转让债权，如果放贷金额实际小于转让债权，等于转让不存在的债权，根据《关于进一步打击非法集资等活动的通知》，属于非法集资范畴。

（3）大型金融集团推出的互联网服务平台。平安陆金所是此类模式的代表。与其他平台仅仅几百万的注册资金相比，陆金所 4 个亿的注册资本显得尤其亮眼。此类平台有大集团的背景，且是由传统金融行业向互联网布局，因此在业务模式上金融色彩更浓、更专业。以风险控制来说，陆金所的 P2P 业务采用线下的借款人审核，并与平安集团旗下的担保公司合作进行业务担保，还从境外挖了专业团队来做风控。线下审核、全额担保虽然是最靠谱的手段，但成本并非所有的网贷平台都能负担，无法作为行业标配进行推广。值得一提的陆金所采用的是“1 对 1”模式，1 笔借款只有 1 个投资人，需要投资人自行在网上操作投资，而且投资期限为 1～3 年，所以在刚推出时天天被抱怨买不到，而且流动性不高。但由于 1 对 1 模式债权清晰，因此陆金所在 2012 年底推出了债权转让服务，缓解了供应不足和流动性差的问题。

（4）以交易参数为基点，结合 O2O 的综合交易模式。例如阿里小额贷款为电商加入授信审核体系，对贷款信息进行整合处理。这种小贷模式创建的 P2P 小额贷款业务凭借其客户资源、电商交易数据及产品结构占得优势，其线下成立的两家小额贷款公司对其平台客户进行服务。线下商务的机会与互联网结合在了一起，让互联网成为线下交易的前台。

在良好的发展势头下面，也隐藏着诸多的风险。P2P 网贷业务，主要存在的风险包括信用评估、业务监管、系统安全这 3 大风险。

① 信用评估的风险

据了解，目前国内的网贷平台要多做很多信用审核的步骤，这其中就存在很大风险。有消息称我国在“十二五”期间要建立“征信体系”，网贷平台方面也呼吁能够与央行的征信系统进行对接，更便捷地查询用户的征信报告。不过就目前而言，还没有一家网贷平台建立起征信系统。这样使得网贷平台在审核客户信用时存在诸多难题，也为P2P网贷市场埋下了安全隐患。

② 业务层面的风险

P2P网贷平台原本是纯线上的一种信贷方式，而由于信用评估方面的问题，目前国内多数平台都将信用评估转移到线下。线上模式是在公开的互联网上运行，自然比较公开透明；线下在后台内网运行，则有可能涉及不透明的债权转让。如果资金规模一大或者进行了暗箱操作，平台出现无法承担风险损失，出资人的资金很难得到保证，网贷平台便涉及违法。

③ 系统安全性的风险

由于缺乏监管，在技术方面的问题也没有真正的技术门槛要求来对网贷行业进行规范。

历经2013年野蛮生长的P2P网贷平台终于在2014年拉响了警报，进入了风险暴露期。据媒体不完全统计，到2014年7月底，全国累计已有119家P2P平台“倒闭”或“跑路”，涉及资金共计约21亿元；其中，今年前4个月出现问题的网贷平台已近30家。

5．众筹模式

众筹，由Crowd Funding一词翻译而来，即大众筹资，兴起于2009年美国Kickstarter网站。在美国，如果有人有好的想法就可以把这个想法放到网上，让大众对其投资，然后用这个产品的收益回报投资者。投资者在网上投资可以获得股权。2012年4月，美国通过JOBS法案（Jumpstart Our Business Startups Act），允许小企业通过众筹方式获得股权融资。相比美国，我国的众筹起步就显得相对较晚，不过，发展速度却快得惊人。2014年3月26日，阿里巴巴推出新一代“宝”产品——娱乐宝，首批登录娱乐宝界面的项目，包括电影《小时代3》《小时代4》《狼图腾》《非法操作》以及社交游戏《魔范学院》。项目一经推出，立马得到网民的热烈回应，项目筹集的总投资额高达7300万元，让人惊叹。紧接着百度、京东、苏宁等互联网企业拍马而上，其众筹频道纷纷上线，与国内的众筹平台，如点名时间、追梦网、天使汇、大家投、众筹网、原始会等，并肩拓宽众筹平台。据央行2014年4月发布的《金融稳定报告（2014）》统计，我国的众筹平台已发展到21家。

6．比特币模式

比特币（Bit Coin）是由开源软件以及建构其上的P2P网络产生的电子货币，是一种网络虚拟货币。比特币不依靠特定的货币机构发行，通过特定的算法计算产生，使用整个P2P网络来确认、记录所有的交易行为。比特币具有极强的稀缺性，可以用它兑现或购物。比特币页面如图9-4所示。

图9-4 比特币中国（vip.btcchina.com）

（二）按照互联网金融服务形式的不同分类

根据互联网金融服务形式的不同，可以大致将其分为 3 种主要的经营模式：传统金融服务的互联网延伸、金融的互联网居间服务和互联网金融服务。

（1）传统金融服务的互联网延伸是指传统的金融机构（主要是银行）借助互联网的便捷性和强大的影响力将自己的服务在互联网上进行推广，最典型的代表是网上银行和电子银行。

（2）金融的互联网居间服务主要包括有第三方支付平台、P2P 信贷、众筹网络等。

（3）互联网金融服务是网络形式的金融平台。这一模式大多是以阿里、京东为代表的电商向金融行业的渗透，包括互联网基金（如天弘增利宝货币基金）、网络小额贷款公司（如阿里小贷）、保险销售平台（目前以 B2C 模式为主）等。截至 2013 年 6 月末，阿里小贷投入贷款总额已超过 1000 亿元，客户超过 32 万户，户均贷款额度 4 万元。海通证券研报将阿里进攻金融业的过程解析为一个逐渐渗透的过程，银行三大核心业务“存、贷、汇”；阿里金融通过“支付宝”实现由“电商”到“汇”业务，由“余额宝”实现“汇”到“存”，由“阿里小贷”实现“汇”到“贷”。

三、互联网金融目前存在的风险及相关建议

与传统的金融产品相比，互联网金融产品也面临如下几个重要风险。

第一是信用违约风险，即互联网理财产品能否实现其承诺的投资收益率。

例如，阿里巴巴的余额宝当前的收益率低于 5%，且余额宝的性质是货币市场基金。但百度百发的预期收益率高达 8%，其他平台的年化收益率甚至超过 50%，这就不由得让我们想问，这些互联网金融产品最终投资的基础资产是什么？在全球经济增长低迷、中国经济潜在增速下降、国内制造业存在普遍产能过剩、国内服务业开放不足、影子银行体系风险逐渐显现的背景下，如何实现 8%甚至更高的收益率？

第二是期限错配风险，即互联网理财产品投资资产是期限较长的，而负债是期限很短的，一旦负债到期不能按时滚动，就可能发生流动性风险。

当然，金融机构的一大功能就是将短期资金转化为长期资金，因此金融机构都会面临不同程度的期限错配，而其中的关键是错配的程度。联想到百度百发给出的承诺是允许投资者随时赎回，这无疑最大程度地加剧了流动性风险。既要允许随时赎回，还能给出 8%的预期收益率，这当然令缺乏经验的投资者欢欣鼓舞，但也会令富有经验的投资者疑虑重重。

第三是最后贷款人风险。尽管商业银行也面临期限错配风险、商业银行发行的理财产品也面临信用违约风险与期限错配风险，但与互联网金融相比的一个重要区别是，商业银行最终能够获得央行提供的最后贷款人支持。当然，这一支持是有很大代价的，例如商业银行必须缴纳法定存款准备金、自有资本充足率必须高于 8%、必须满足监管机构关于风险拨备与流动性比率的要求等。相比之下，互联网金融目前面临监管缺失的格局，因此运营成本较低，但如果缺乏最后贷款人保护，那么一旦互联网金融产品违约，最终谁来买单？互联网金融企业有能力构筑强大的自主性风险防御体系吗？

除上述传统风险外，中国互联网金融产品还面临一系列独特风险。

其一是法律风险。目前互联网金融行业尚处于无门槛、无标准、无监管的三无状态。这导致部分互联网金融产品（尤其是理财产品）游走于合法与非法之间的灰色区域，稍有不慎就可能触碰到“非法吸收公众存款”或“非法集资”的高压线。

其二是增大了央行进行货币信贷调控的难度。一方面，互联网金融创新使得央行的传统货币政策中间目标面临一系列挑战。例如，虚拟货币（例如比特币）是否应该计入 M1？再如，由于互联网金融企业不受法定存款准备金体系的约束，这实际上导致了货币乘数的放大。又如，如何来看待传统货币与虚拟货币之间的互动与转化？另一方面，互联网金融的发展也削弱了中央政府信贷政策的效果。例如，如果房地产开发商传统融资渠道被收紧，那么很可能会考虑到通过互联网金融来融资。事实上，最近一年来中国互联网理财产品的大发展，其宏观背景就与中国政府收紧了对影子银行体系的监控，导致地方融资平台、房地产开发商等市场主体不得不寻找新的融资来源有关。

其三是个人信用信息被滥用的风险。首先，由互联网金融企业通过数据挖掘与数据分析，获得个人与企业的信用信息，并将之用于信用评级的主要依据，此举是否合理合法？其次，通过上述渠道获得的信息，能否真正全面准确地衡量被评级主体的信用风险，这里面是否存在着选择性偏误与系统性偏差？

其四是信息不对称与信息透明度问题。如前所述，目前互联网金融行业处于监管缺失的状态。那么，谁来验证最终借款人提供资料的真实性？有无独立第三方能够对此进行风险管控？如何防范互联网金融企业自身的监守自盗行为？毕竟，有关调查显示，目前在互联网 P2P 类公司中，有专业的风险控制团队的仅占两成左右。

其五是技术风险。与传统商业银行有着独立性很强的通信网络不同，互联网金融企业处于开放式的网络通信系统中，TCP/IP 协议自身的安全性面临较大非议，而当前的密钥管理与加密技术也不完善，这就导致互联网金融体系很容易遭受计算机病毒以及网络黑客的攻击。目前考虑到互联网金融账户被盗风险较大，阻碍了不少人参与互联网金融，这其中绝非没有专业的金融或 IT 人士。因此，互联网企业必须对自身的交易系统、数据系统等进行持续的高投入以保障安全，而这无疑会加大互联网金融企业的运行成本，削弱其相对于传统金融行业的成本优势。

综上所述，既然中国互联网金融企业在起步阶段就面临如此之多的风险，那么是否就应该以此为由放慢甚至扼杀这一宝贵的金融创新呢？答案自然是否定的。有关各方应该在充分考虑潜在风险的基础上，推动互联网金融的稳步、可持续发展。

第一，应充分加强行业自律。用行业准入来替代政府审批，通过加强行业协会的作用，有助于规范行业的发展，并避免政府的过度介入。目前的中关村互联网金融行业协会，以及互联网金融千人会等，都是有益的尝试；

第二，应该加强投资者教育，充分向投资者提示投资互联网金融产品可能面临的风险，且这一风险显著高于投资类似的传统金融产品的风险；

第三，应该加强网络安全管理，从更高层次上来防范黑客攻击导致的系统瘫痪；

第四，监管机构应该构建灵活的、富有针对性与弹性的监管体系，既要弥补监管缺位，又要避免过度监管。

第二节 移动电子商务

移动电子商务就是利用智能手机、掌上计算机等无线终端进行各类电子商务的活动。它将因特网、移动通信技术、短距离通信技术及其他信息处理技术完美的结合，使人们可以在任何时间、任何地点进行各种商贸活动，实现随时随地、线上线下的购物与交易、在线电子支付以及各种交易活动、商务活动、金融活动和相关的综合服务活动等。

马云曾说："电子商务将改写商业世界"。这句话已经应验，原有的商业格局已经被兴起的电子商务打破，互联网电子商务在人们生活中的影响越来越大。而智能终端的普及，移动互联网的兴起，移动电子商务的日趋完善，将为电子商务添加新的活力，为商业世界再一次注入新的元素。

一、移动电子商务发展现状

随着人们生活水平的提高，生活节奏加快，人们希望从 PC 终端解脱双脚，能随时随地使用互联网，满足对信息化的需求，因此移动互联网应运而生。随着使用智能移动终端的用户越来越多，巨大的市场和利益驱使着运营商们加快发展移动电子商务。

我国移动电子商务进入发展期是在 2008~2009 年年初，随着移动通信进入 3G 网络时代，更高速的网络带宽，更便宜的资费以及更加丰富的移动终端使得消费者们对方便快捷的移动电子商务更加青睐。各大传统电商也纷纷踏入移动电商领域，使得移动电子商务步入快速发展期。

从 2010 年开始，智能手机已不再是商务、高端的代名词。国内厂商为了开通低端消费市场，研发了低端智能手机，原有的功能机市场开始被智能手机取代，智能手机越来越普及。PC 端与移动端服务日均覆盖人数对比，如图 9-5 所示。

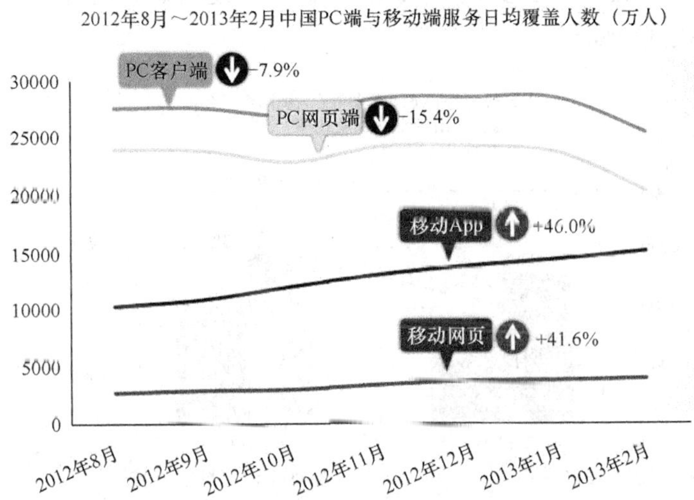

图 9-5 PC 端与移动端服务日均覆盖人数对比

中国互联网信息中心（CNNIC）在 2014 年 7 月 21 日发布第 34 次中国互联网统计报告，

报告显示，截至 2014 年 6 月，我国网民规模达 6.32 亿，其中手机网民达 5.27 亿，较 2013 年底增加 2699 万人，网民中使用手机上网的人群占比提升至 83.4%，相比 2013 年底上升了 2.4 个百分点。我国手机网民规模变化，如图 9-6 所示。

图 9-6　我国手机网民规模变化

随着智能手机的普及，移动终端使用频率越来越高，移动电子商务交易规模也会迅速增长。据数据统计，截至 2014 年 6 月，手机支付用户规模半年增长率达 63.4%，使用率由 2013 年底 25.1%增至 38.9%（见图 9-7），支付应用在整体和手机端都成为增长最快的应用。相比 2013 年底，手机购物、手机团购和手机旅行预订网民规模增长率分别达到 42.0%、25.5%、65.4%，保持较好增长态势。与此同时，互联网理财产品增速明显，推出仅一年用户规模就达 6383 万，使用率达 10.1%。

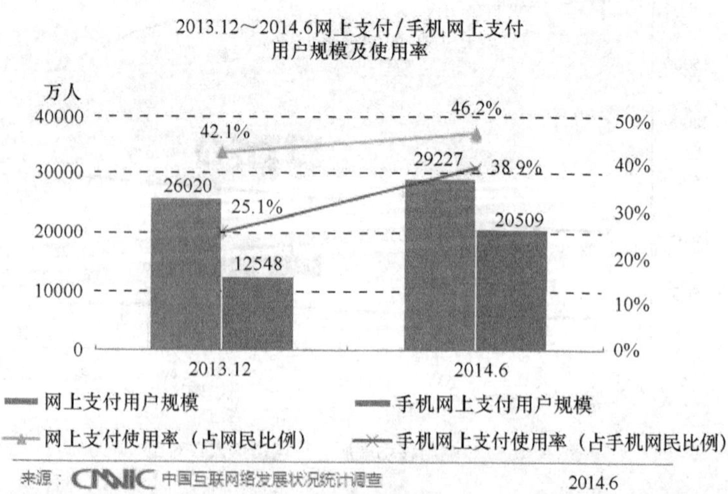

图 9-7　网上支付与手机网上支付用户规模增长对比

据中国电子商务研究中心监测数据显示，截至 2013 年 12 月，中国移动电子商务市场交易规模达到 2325 亿元（见图 9-8），较去年的 965 亿元同比增 141%，依然保持快速增长的趋势。我们预计：到 2014 年这一数字有望达 4124 亿元。在过去的 2013 年，移动电子商务用户规模约达 38076 万人，较 2012 年的 25050 万人同比增长 52%。预计到 2014 年这个数据将增长到 53256 万人。

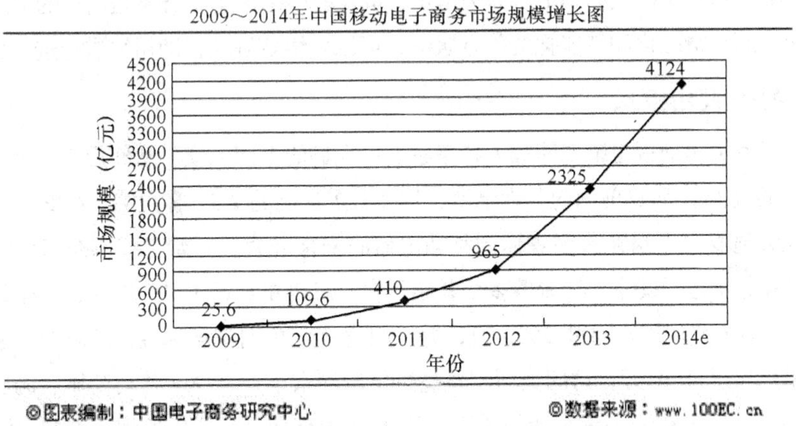

图 9-8　中国移动电子商务市场规模变化

据中国电子商务研究中心分析师莫岱青认为，移动电子商务的快速增长主要得益于以下几个原因。

（1）电商企业纷纷发动移动端，相关产品不断推出，并且推出促销活动；

（2）移动正在改变人们生活的方方面面，各应用场景网上购物成为现实：在超市购物或百货商店购物时，通过应用程序查看最新的优惠，用手机扫描物品的条码，无需排队，直接通过移动支付就可以完成付款；

（3）基于移动支付衍生的结合地理位置（LBS）、社交网络（SNS）的应用，让移动购物受到欢迎，移动购物尚属新兴事物，吸引部分网购用户到移动端，这部分人愿意利用碎片时间在移动端上购物。

二、移动电子商务的主要应用模式①

移动电子商务使用人群更加大众化、服务更加个性化，不受时空限制，可随时随地进行移动支付、是一种灵活、高效的电子商务。为此它的模式也应该有别于传统的电商模式。

（一）基于 LBS 的 O2O 模式

O2O 模式算是移动电子商务模式的典型代表。在一个陌生商圈里想找家咖啡馆，打开手机客户端进行搜索并准确定位，还能下载这家咖啡馆的优惠券获得消费折扣，既方便又省钱。这就是典型的 O2O 应用场景。

在移动终端的普及下，通过电信移动运营商的无线通信网络或外部定位方式获取移动端

① 王慧.移动电子商务应用模式探析.电子商务.2013.9.

用户的位置信息，在 GIS 平台的支持下，随时随地的把线下商务机会与移动互联网有机结合在一起，客户可以通过移动终端随时随地筛选服务，在线支付、结算，也可以先体验、再结算。O2O 模式与传统的电商模式还有一个最大的区别就是“闭环”，它可以全程跟踪用户的每一交易和满意程度，即时分析数据，随时调整营销策略。随着模式越来越成熟，O2O 将会为用户提供更好的体验和服务，将会促进移动电子商务的飞速发展。

基于 LBS 的 O2O 模式移动电子商务给用户提供的生活信息服务不是简单的信息分类展示和信息搜索，而是精准化和智能化的信息服务，可以更快更好地帮助用户进行选择服务。

（二）APP 商用模式

当前，用手机和平板电脑上网的人越来越多，人们的上网习惯已从使用 PC 机逐步转向使用 APP 客户端上网，而目前国内各大电商，均拥有了自己的 APP 客户端。APP 客户端的商业使用，已经大显身手。京东集团意识到移动电商的未来潜力，开始上线京东移动端。目前该移动端已经服务于包括安卓、苹果等多个移动平台。日订单量超过 10 万单，占全站订单量的 10%以上；移动客户端用户超过 5000 万，并以超过 10%的月递增速度迅速增长，手机网页版每日访问用户超过 150 万，访问页面浏览量过亿。除京东外，中国移动商城、淘宝、凡客诚品、唯品特卖、国美在线等大企业纷纷开发了手机移动端，而且从类别上来看，涵盖了吃穿住行用方方面面。

商用 APP 是移动电子商务发展的一个必然趋势，不管是电子商务公司还是传统零售商都在朝这个方向发展。

（三）微信营销模式

在移动商务领域，垂直电商网站继植入手机商用 APP 应用之后，又将发力点转向微信平台。微信营销的模式包括：

（1）查看附近的人：用户点击后可以根据自己的地理位置查找到周围的微信用户。在这些附近的微信用户中，除了显示用户姓名等基本信息外，还会显示用户签名档的内容。所以也有许多用户利用这个免费的广告位为自己的产品打广告。

（2）品牌活动式：微信的用户逐月增加，因此不少大品牌也在尝试利用微信推广。其中，漂流瓶便是商家看重的一个微信活动应用。

（3）O2O 折扣式：微信结合 O2O 展开商业活动，通过二维码，用户将可以获得会员折扣和商家优惠等服务。

另外，微信方面也适时开通了在线支付功能，电商进驻微信，是一个新的营销趋势，未来微信有可能成为最重要的移动电子商务平台。

（四）手机支付

移动支付现在作为一种新兴支付方式正逐渐走入人们生活。用户要进行线上支付，对于移动电子商务而言没有线上支付就失去了网站的黏性，对于形成稳定的客户资源和成熟的商业模式是非常不利的。当客户资源和消费者成熟时并非仅仅是为了线上交易以及一些优惠，重要的是它能满足用户支付以外的需求，比如交易安排、诚信保障等更多的价值，为此移动支付安全性成了消费者关注的关键问题。

移动电子商务的快速发展正在改写着商务世界，未来，将有更多的电商公司以及传统零售商向这个新平台进发。移动电子商务的扩展必须要突出移动优势、扬长避短，并与电子商务特征充分结合，发挥移动设备的精准优势，从广告到植入式产品销售渠道发挥移动终端的实时操作优势，从位置相关信息到行为触发的许可营销；发挥手机的聚群优势，基于影响力和好友关系的团购和 C2C，以此突出业务特色，形成巨大的移动商务市场规模。

第三节 跨境电子商务

跨境电子商务是指分属不同关境的交易主体，通过电子商务平台达成交易、进行支付结算，并通过跨境物流送达商品、完成交易的一种国际商业活动。

跨境电子商务是基于网络发展起来的，网络空间独特的价值标准和行为模式深刻地影响着跨境电子商务，使其不同于传统的交易方式而呈现出自己的特点。

一、跨境电子商务具有如下特征

互联网环境下，国际贸易正发生着深刻的变革，跨境电子商务呈现出传统国际贸易所不具备 5 大新特征：多边化、直接化、小批量、高频度、数字化。

（1）“多边化”是指跨境电商贸易过程相关的信息流、商流、物流、资金流已由传统的双边逐步向多边的方向演进，呈网状结构。跨境电商可以通过 A 国的交易平台、B 国的支付结算平台、C 国的物流平台，实现其他国家间的直接贸易。

而传统的国际贸易主要表现为两国之间的双边贸易，即使有多边贸易，也是通过多个双边贸易实现的，呈线状结构。

（2）“直接化”是指跨境电商可以通过电子商务交易与服务平台，实现多国企业之间、企业与最终消费者之间的直接交易。与传统国际贸易相比，进出口环节少、时间短、成本低、效率高。

传统的国际贸易主要由一国的进/出口商通过另一国的出/进口商集中进/出口大批量货物，然后通过境内流通企业经过多级分销，最后到达有进/出口需求的企业或消费者。进出口环节多、时间长、成本高。

（3）“小批量”是指跨境电商相对于传统贸易而言，单笔订单大多是小批量，甚至是单件。这是由于跨境电商实现了单个企业之间或单个企业与单个消费者之间的交易。

（4）“高频度”是指跨境电商实现了单个企业或消费者能够即时按需采购、销售或消费，因此相对于传统贸易而言，交易双方的交易频率大幅提高。

（5）“数字化”是指随着信息网络技术的深化应用，数字化产品（软件、影视作用、游戏等）的品类和贸易量快速增长，且通过跨境电商进行销售或消费的趋势更加明显。与之相比，传统的国际贸易主要存在于实物产品或服务中间。

但关于“数字化”的一大挑战是，目前数字化产品的跨境贸易还没有纳入海关等政府相关部门的有效监管、贸易量统计、收缴关税的范围。

此外由于跨境电子商务涉及多个国家、客户遍布全球，这为各国在征收机制上提出了新的难题。

二、我国跨境电子商务及支付交易现状

近年来，我国传统外贸发展速度放缓，跨境电子商务却保持了快速增长的态势。商务部数据显示，2011 年我国跨境电子商务交易额为 1.6 万亿元，同比增长 33%；2012 年，我国跨境电子商务交易额达到 2 万亿元，同比增长 25%，同期我国外贸增速仅为 6.2%。跨境电子商务具有巨大的发展潜力，将成为我国外贸的重要增长户。2013 年我国跨境电子商务交易规模突破 3 万亿元，据商务部测算，2016 年将增长至 6.5 万亿元，年均增速接近 30%。从市场格局来看，外贸 B2B 在我国跨境电子商务中占主导地位。外贸 B2B 企业主要依托阿里巴巴、环球资源、中国制造网、敦煌网等电商平台进行信息展示，电商平台帮助企业进行在线匹配和撮合。大多数 B2B 贸易订单的金额较大，进出口贸易的部分环节在线上完成，目前尚未实现完全的在线交易。虽然在线全流程的跨境贸易是未来的发展趋势，但今后几年，外贸 B2B 仍将以信息撮合和信息化服务为主。

我国跨境网络零售近年来增势迅猛。跨境网络零售模式可细分为两类，一类是电商企业建立独立的外贸 B2C 网站，如兰亭集势（Lightinthebox）、易宝（DX）、唯品会（VIP）等；另一类是电商企业入驻第三方外贸交易服务平台，在阿里速卖通（AliExpress）（见图 9-9）、敦煌网（DHgate）、亚马逊（Amazon）等平台上销售商品。外贸 C2C 则主要是个人在速卖通、eBay 等平台上开设网店。2012 年，我国 C2C 跨境网上交易额达到 150 亿美元，并保持了年均 30%左右的增速。中国企业出口商品主要是服装、饰品、小家电、数码产品等日用消费品，规模较大且增速较快。跨境网络零售以个人为服务对象，呈现出小金额、多批次、高频率的交易特征。

图 9-9　速卖通（AliExpress.com）

近年来，我国跨境电子商务进口快速增长，“海淘”、“海代”等成为较流行的购物方式。“海淘”是国内消费者在电子商务平台或电商企业的网站上购买境外的商品，通过转运公司将商品运回国内。“海代”即海外代购，是国内消费者通过海外人士在境外购物。根据中国电子商务研究中心的统计数据，2011 年我国海外代购市场交易规模为 265 亿元，2012 年增至 483 亿元。化妆品、护肤品、奢侈品、新潮服装、电子消费品、食品及保健品是跨境电子商务进口的主流商品。

（一）我国跨境电子商务服务业已初具规模

跨境电子商务服务业为跨境电子商务应用提供各种专业服务，包括交易平台服务以及物流配送、电子支付、信用服务等。我国电子商务服务业已经初具规模，推动了跨境电子商务的快速发展。

2011 年在全球经济增长放缓背景下，我国跨境电子商务小额出口业务的总体规模超过 100 亿美元，虽仅占 2011 年全国出口总额的 0.5%，但同比增速超过 100%。而且还在明显加速发展。

据不完全统计，2013 年底我国电商平台企业已超过 5000 家，境内通过各类平台开展跨境电子商务的外贸企业已超过 20 万家。阿里巴巴（包括阿里巴巴国际站、阿里速卖通）、敦煌网、环球资源、中国制造网、环球市场集团、浙江网盛生意宝等电商平台企业占据了我国跨境电子商务较大的市场份额。

在外贸 B2B 领域，阿里巴巴、敦煌网、环球资源、中国制造网、环球市场集团等电商平台企业在海外市场已树立品牌。阿里巴巴跨境电子商务平台在国内外市场的知名度最高。2012 年，平台上的供应商共获得超过 45 亿美元的订单；2013 年上半年，平台平均每天收到 1 万笔订单需求，总金额超过 3000 万美元。阿里巴巴的统计数据显示，接近 90%的订单由中国企业获得。截至 2013 年年底，阿里巴巴跨境电子商务平台已经累积了超过 1000 万的全球买家的采购数据。敦煌网将自身定位为“B2B 在线交易及供应链服务平台”。敦煌网以交易服务为核心，提供整合信息服务、支付服务、物流推荐、竞价排名、免费翻译等全程交易服务，并在交易完成之后向买方收取一定比例的佣金。敦煌网“为成功付费”的模式打破了传统电子商务“会员收费”的经营模式。

在跨境网络零售出口方面，由几大电商平台主导的行业格局已初步形成，但 B2C 市场内行业商机依然较多。通过细分市场、创新交易模式，兰亭集势等电商平台异军突起。兰亭集势的经营范围涵盖了服装、电子产品、玩具、饰品等 14 大类，在北京、上海、广东、浙江、江苏、山东、福建等省市有大量供货商。兰亭集势充分发挥互联网技术特长，开展精准营销，集合国内的供货商向国际市场提供“长尾式采购”。兰亭集势的营业收入快速增长，2009 年、2010 年、2011 年、2012 年和 2013 年的营业收入分别为 2605 万美元、5869 万美元、1.162 亿美元、2 亿美元和 2.924 亿美元。

近年来，跨境电子商务进口的服务链条基本成型，拉近了我国消费者与海外品牌之间的距离。国内跨境电子商务进口 B2B 平台的代表性企业有进口中国网、谷迈进口网等；B2C 平台的代表性企业有走秀网、唯品会等。国内知名海外代购主要是淘宝全球购，是淘宝代购全球商品的导购平台。

（二）跨境电子商务的物流快递服务

在跨境电子商务的带动下，近年来我国跨境包裹数量持续快速增长。据海关统计，2012年，我国海关监管的邮快件总量3.5亿件，同比增长23.4%。跨境快件中70%～80%通过电子商务的方式实现。

联邦快递（FedEx）、联合包裹（UPS）、敦豪速递（DHL）、天地快运（TNT）等国际物流快递公司是跨境包裹的主要承运商。除快递公司外，还有马士基等国际海运公司可供选择。中国邮政积极开展跨境物流快递业务，为eBay中国大陆卖家量身定制了全新国际邮递产品——国际e邮宝以及和全球速卖通合作的"中国邮政小包（China Post Air Mail）"等业务大大丰富了国内小卖家开辟国际电子商务市场的选择。国际e邮宝经济实惠，支持按总重计费，50克首重，续重按照每克计算，免收挂号费。2013年，国际e邮宝的服务已覆盖国内40多个城市，日均处理包裹达10万件。顺丰速运已经上线"海购丰运"，进入海淘转运市场。自2013年6月起，顺丰速运对中国大陆出口至美国、日本、马来西亚、韩国、新加坡的正式报关快件免收代理报关费。总体而言，尽管中国邮政、顺丰速运等国内企业都有跨境物流快递的服务项目，但在国际覆盖范围、物流配送效率、物流信息采集等方面与国际物流快递公司相比还存在较大差距，难以有效满足电商企业的需求。物流快递仍是我国发展跨境电子商务面对的主要瓶颈。

（三）跨境电子商务的支付服务

目前，在跨境电子商务领域，银行转账、信用卡、第三方支付等多种支付方式并存。目前跨境电子商务B2B主要以传统线下模式完成交易，支付方式主要是信用卡、银行转账如西联汇款。跨境电子商务B2C主要使用线上支付方式完成交易，第三方支付工具得到了广泛应用。

美国的第三方支付系统贝宝（PayPal）是全球使用最广泛的跨境交易在线支付工具，拥有超过1.32亿活跃用户，支持25种货币付款交易。PayPal为我国跨境外贸电商提供外币在线支付服务已有多年，被认为是国内外贸从业者的必备支付工具。我国一批优秀的第三方支付本土企业近年来逐步发展壮大，第三方支付前三强支付宝、财付通和银联电子支付占据了国内市场份额的78.5%。这些第三方支付企业已陆续进军跨境支付领域。2013年，支付宝、财付通、银联电子支付、汇付天下、通融通等17家国内第三方支付企业获得了跨境支付业务试点资格，它们可以通过银行为小额电子商务交易双方提供跨境互联网支付所涉及的外汇资金集中收付及相关结售汇服务。

（四）跨境电子商务及支付将成为企业新的盈利点

据Capgemini（凯捷咨询公司）、RBS（苏格兰皇家银行）和EFMA（欧洲金融市场协会）联合发布的《2012年全球支付报告》（World Payments Report 2012）及《2013年全球支付报告》（World Payments Report 2013）显示，2013年全球电子支付交易额达到1.6万亿美元，是2010年交易金额的近两倍。其中，2013年全球移动支付总额达2354亿美元，用户超过2.4亿。著名调查机构Juniper Research近日发布一份调查，调查显示2014年的全球移动支付总额将达到5070亿美元。外贸电子商务发展的巨大空间及潜藏的盈利空间已引起国内涉外经济主体的关注。据有关机构统计数据显示，自 2008 年开始国内电子商务及支付传统细分领域的占比不断缩小，2011 年网上支付在航空、电信等领域的总占比由 2010 年的 72.9%下降为 67.2%，经测算到 2014 年这一比例将下降到为 48%。同时，随着 2010 ~ 2011 年各大电子商务平台在教育、公共事业缴费和保险、股票、基金等金融产品应用上的积极布局，电子商务的国内支付领域格局将逐渐趋于稳定。面对激烈的细分市场竞争和海外电子商务平台的进入，跨境市场无疑是电子商务及支付的下一个争夺点。

（五）跨境电子支付结算方式多种多样

跨境电子支付业务发生的外汇资金流动，必然涉及资金结售汇与收付汇。从目前支付业务发展情况看，我国跨境电子支付结算的方式主要有跨境支付购汇方式（含第三方购汇支付、境外电商接受人民币支付、通过国内银行购汇汇出等）、跨境收入结汇方式（含第三方结汇、通过国内银行汇款，以结汇或个人名义拆分结汇流入、通过地下钱庄实现资金跨境收结汇等）。

三、我国跨境电子商务与支付业务管理缺陷

虽然跨境电子商务及支付业务的迅猛发展给企业带来了巨大的利润空间，但是如果管理不当也可能给企业带来巨大的风险。当前我国跨境电子商务与支付业务的管理缺陷主要体现在以下方面。

（一）政策缺陷

1．电子商务交易归属管理问题

从电子商务交易形式上分析，纯粹的电子交易在很大程度上属于服务贸易范畴，国际普遍认可归入服务贸易总协定（General Agreement on Trade in Services，GATS）的规则中按服务贸易进行管理。对于只是通过电子商务方式完成定购、签约等，但要通过传统的运输方式运送至购买人所在地，则归入货物贸易范畴，属于 WTO 的管理范畴。此外，对于特殊的电子商务种类，既非明显的服务贸易也非明显货物贸易，如通过电子商务手段提供电子类产品（如文化、软件、娱乐产品等），国际上对此类电子商务交易归属服务贸易或货物贸易仍存在较大分歧。因我国尚未出台《服务贸易外汇管理办法》及跨境电子商务外汇管理法规，对电子商务涉及的外汇交易归属管理范畴更难以把握。

2．交易主体市场准入问题

跨境电子商务及支付业务能够突破时空限制，将商务辐射到世界的每个角落，使经济金融信息和资金链日益集中在数据平台。一旦交易主体缺乏足够的资金实力或出现违规经营、信用危机、系统故障、信息泄露等问题，便会引发客户外汇资金风险。因此，对跨境电子商务及支付业务参与主体进行市场准入规范管理极其重要与迫切。

3．支付机构外汇管理与监管职责问题

首先，支付机构在跨境外汇收支管理中承担了部分外汇政策执行及管理职责，其与外汇指定银行类似，是外汇管理政策的执行者与监督者；其次，支付机构主要为电子商务交易主体提供货币资金支付清算服务，属于支付清算组织的一种，又不同于金融机构。如何对此类

非金融机构所提供的跨境外汇收支服务进行管理与职能定位，急需外汇管理局在法规中加以明确、制度上规范操作。

（二）操作瓶颈

1．交易真实性难以审核

电子商务的虚拟性，直接导致外汇监管部门对跨境电子商务交易的真实性、支付资金的合法性难以审核，为境内外异常资金通过跨境电子商务办理收支提供了途径。

2．国际收支申报存在困难

一方面，通过电子支付平台，境内外电商的银行账户并不直接发生跨境资金流动，且支付平台完成实质交易资金清算常需要 7～10 天，因此由交易主体办理对外收付款申报的规定较难实施。另一方面，不同的交易方式下对国际收支申报主体也产生一定的影响。如代理购汇支付方式实际购汇人为交易主体，应由交易主体进行国际收支申报，但依前所述较难实施；线下统一购汇支付方式实际购汇人为支付机构，可以支付机构为主体进行国际收支申报，但此种申报方式难以体现每笔交易资金实质，增加了外汇监管难度。

3．外汇备付金账户管理缺失

随着跨境电子商务的发展，外汇备付金管理问题日益凸显，而国内当前对外汇备付金管理仍未有明确规定，如外汇备付金是归属经常项目范畴或资本项目范畴（按贸易信贷管理）；外汇备付金账户开立、收支范围、收支数据报送；同一机构本外币备付金是否可以轧差结算等无统一管理标准，易使外汇备付金游离于外汇监管体系外。

四、我国跨境电子商务及支付业务管理体系构建建议

（一）管理政策层面

1．明确跨境电子商务交易的业务范围和开放顺序

结合我国外汇管理体制现状，建议我国跨境电子商务及支付遵循先经常性项目后资本性项目，先货物贸易后服务贸易再至虚拟贸易，先出口后进口的顺序逐步推进。提供跨境支付服务的电子支付机构应遵循先开放境内机构，慎重开放境外机构的管理原则，限制货物贸易和服务贸易跨境外汇收支范围，暂时禁止经常转移项目和资本项目外汇通过电子支付渠道跨境流动，做好对支付机构的监督管理工作。

2．建立跨境电子商务主体资格登记及支付机构结售汇市场准入制度

一方面，对从事跨境电子商务的境内主体（除个人外）要求其必须在外汇局办理相关信息登记后，方可进行跨境电子商务交易，建立跨境电子商务主体资格登记制度。另一方面，对支付机构的外汇业务经营资格、业务范围、外汇业务监督等方面参照外汇指定银行办理结售汇业务市场准入标准，建立跨境支付业务准入机制，对具备一定条件的支付机构，给予结售汇市场准入资格。外汇局可在一定范围内赋予支付机构部分代位监管职能，并建立银行与支付机构责任共担机制，形成多方监管、互为监督的监管格局。

3．适时出台跨境电子商务及支付外汇管理办法

将跨境电子外汇业务纳入监管体系，在人民银行《非金融机构支付服务管理办法》的基

础上，适时出台《跨境电子商务及电子支付外汇管理办法》，对跨境电子商务主体资格、真实性审核职责、外汇资金交易性质、外汇数据管理、外汇收支统计等方面做出统一明确的管理规定。

（二）业务操作层面

1．将跨境电子商务及支付主体纳入外汇主体监管体系

结合当前国家外汇管理局监管理念由行为监管向主体监管的转变，建议将跨境电子商务及支付交易主体纳入外汇主体监管范畴，充分利用现有主体监管结果实行分类管理。一是跨境电子商务中境内交易主体为法人机构时，外汇局应依据已公布的机构考核分类结果，有区别的开放跨境电子商务范畴。电子支付机构在为电商客户办理跨境收支业务时，应先查询机构所属类别，再提供相应跨境电子支付服务。二是境内交易主体为个人时，除执行个人年度购结汇限额管理规定外，支付机构还要健全客户认证机制，对于“关注名单”内的个人应拒绝办理跨境电子收支业务。三是将支付机构纳入外汇主体监管范畴，实行考核分类管理。

2．有效统计与监测跨境电子商务外汇收支数据

建议要求开办电子商务贸易的境内机构无论是否通过第三方支付平台，均需开立经常项目外汇账户办理跨境外汇收支业务，对办理跨境电子商务的人民币、外汇收支数据需标注特殊标识，便于对跨境电子商务收支数据开展统计与监测。同时，在个人结售汇系统未向电子支付机构提供接口的情况下，同意支付机构采取先购结汇再由补录结售汇信息的模式。外汇局要加强对跨境电子商务外汇收支数据的统计、监测、管理，定期进行现场检查，以达到现场与非现场检查相结合的管理目标，增强监管力度。

3．明确规范国际收支统计申报主体和申报方式

一是境内交易主体为法人机构的方式下，国际收支统计申报主体应规定为法人机构，申报时间为发生跨境资金收付日，申报方式由法人机构主动到外汇指定银行进行国际收支申报；二是境内交易主体为个人的方式下，建议申报主体为支付机构，由其将当日办理的个人项下跨境外汇收支数据汇总后到银行办理国际收支申报，并留存交易清单等相关资料备查。

4．规范外汇备付金管理

明确规定电子支付机构通过外汇备付金专户存取外汇备付金。外汇局要规范外汇备付金专户外汇收支范围，将专户发生的外汇收支数据纳入外汇账户非现场监管体系进行监测。建议将外汇备付金按资本项下进行管理，收取外汇备付金的支付机构需定时向外汇局报送备付金收支情况，并将其纳入外汇指定银行外债指标范围。

第四节　大数据

“啤酒与尿布”的故事可以说是营销界的经典段子，打开 Google 搜索一下，你会发现很多人都在津津乐道于“啤酒与尿布”，可以说 100 个人就有 100 个版本的“啤酒与尿布”的故事。故事的时间跨度从 20 世纪 80 年代到本世纪初，甚至连故事的主角和地点都会发生变

化——从美国跨越到欧洲。我们发现沃尔玛的“啤酒与尿布”案例是正式刊登在 1998 年的《哈佛商业评论》上面的，这应该算是目前发现的最权威报道。“啤酒与尿布”的故事产生于 20 世纪 90 年代的美国沃尔玛超市中，沃尔玛的超市管理人员分析销售数据时发现了一个令人难以理解的现象：在某些特定的情况下，“啤酒”与“尿布”两件看上去毫无关系的商品会经常出现在同一个购物篮中，这种独特的销售现象引起了管理人员的注意，经过后续调查发现，这种现象出现在年轻的父亲身上。

在美国有婴儿的家庭中，一般是母亲在家中照看婴儿，年轻的父亲前去超市购买尿布。父亲在购买尿布的同时，往往会顺便为自己购买啤酒，这样就会出现啤酒与尿布这两件看上去不相干的商品经常会出现在同一个购物篮的现象。如果这个年轻的父亲在卖场只能买到两件商品之一，则他很有可能会放弃购物而到另一家商店，直到可以一次同时买到啤酒与尿布为止。沃尔玛发现了这一独特的现象，开始在卖场尝试将啤酒与尿布摆放在相同的区域，让年轻的父亲可以同时找到这两件商品，并很快地完成购物；而沃尔玛超市也可以让这些客户一次购买两件商品、而不是一件，从而获得了很好的商品销售收入，这就是“啤酒与尿布”故事的由来。这个发现为商家带来了大量的利润，但是如何从浩如烟海却又杂乱无章的数据中，发现啤酒和尿布销售之间的联系呢？这又给了我们什么样的启示呢？

其实“啤酒”与“尿不湿”的营销案例是典型的数据挖掘应用。数据挖掘的前提就是要有数据的存在。在互联网高度发达的今天，我们在各个环节都可能会产生数据，比如网上购物、网络社交、网络访问等等。大数据（Big Data），或称巨量资料，指的是所涉及的资料量规模巨大到无法通过目前主流软件工具，在合理时间内达到撷取、管理、处理、并整理成为帮助企业经营决策更积极目的的资讯。人类社会时时刻刻都在产生海量的数据，这些数据就统称为大数据。在维克托·迈尔·舍恩伯格及肯尼斯·库克耶编写的《大数据时代》中，大数据指不用随机分析法（抽样调查）这样的捷径，而采用所有数据的方法。

一、大数据的概述

（一）大数据的特征

关于大数据的特征，业内专业人士表示，可以用很多词语来表示。比较有代表性的即为 2001 年 Doug Laney 最先提出“3V”模型，包括规模型（Volume）、高速性（Velocity）和多样性（Variety）。除此之外，在 3V 的基础上又提出了一些新的特征。关于第四个 V 的说法不一，IDC 认为大数据还应当具有价值性（Value），大数据的价值往往呈现出稀疏性的特点。

1．规模性（volume）

Volume 指的是数据巨大的数据量以及其规模的完整性。数据的存储 TB 扩大到 ZB。这与数据存储和网络技术的发展密切相关。数据的加工处理技术的提高，网络宽带的成倍增加，以及社交网络技术的迅速发展，使得数据产生量和存储量成倍增长。实质上，在某种程度上，数据的数量级的大小并不重要，重要的是数据具有完整性。数据规模性的应用有如下的体现，比如对每天 12TB 的 tweets 进行分析，了解人们的心理状态，可以用于情感性产品的研究和开发；基于 Facebook 上成千上万条信息的分析，可以帮助人们处理现实中的朋友圈的利益关系。

资料显示，2011 年，全球数据规模为 1.8ZB，可以填满 575 亿个 32GB 的 iPad，这些 iPad 可以在中国修建两座长城。到 2020 年，全球数据将达到 40ZB，如果把它们全部存入蓝光光盘，这些光盘和 424 艘尼米兹号航母重量相当。我国，2010 年新存储的数据为 250PB，2012 年数据存储量达到 364EB，约为日本的 60%，北美的 7%。

淘宝网站每天有超过数千万笔交易，单日数据产生量超过 50TB（1TB 等于 1000GB），存储量 40PB（1PB 等于 1000TB）。百度公司目前数据总量接近 1000PB，存储网页数量接近 1 万亿页，每天大约要处理 60 亿次搜索请求，几十 PB 数据。

大量新数据源的出现则导致了非结构化、半结构化数据爆发式的增长。信息数据的单位由 TB-PB-EB-ZB 的级别。这些由我们创造的信息背后产生的这些数据早已经远远超越了目前人力所能处理的范畴。如何管理和使用这些数据，逐渐成为一个新的领域，于是大数据的概念应运而生。

2．高速性（Velocity）

Velocity 主要表现为数据流和大数据的移动性。现实中则体现在对数据的实时性需求上。随着移动网络的发展，人们对数据的实时应用需求更加普遍，比如通过手持终端设备关注天气、交通、物流等信息，高速性要求具有时间敏感性和决策性的分析——能在第一时间抓住重要事件发生的信息，比如，当有大量的数据输入时（需要排除一些无用的数据）或者需要马上做出决定的情况。例如，一天之内需要审查 500 万起潜在的贸易欺诈案件；需要分析 5 亿条日实时呼叫的详细记录，以预测客户的流失率。

3．多样性（variety）

Variety 指有多种途径来源的关系型和非关系型数据。这也意味着要在海量、种类繁多的数据间发现其内在关联。互联网时代，各种设备通过网络连成了一个整体。进入以互动为特征的 Web2.0 时代，个人计算机用户不仅可以通过网络获取信息，还成为了信息的制造者和传播者。这个阶段，不仅是数据量开始了爆炸式增长，数据种类也开始变得繁多。除了简单的文本分析外，还可以对传感器数据、音频、视频、日志文件、点击流以及其他任何可用的信息。比如，在客户数据库中不仅要关注名称和地址，还包括客户所从事的职业、兴趣爱好、社会关系等。利用大数据多样性的原理就是：保留一切你需要的对你有用的信息，舍弃那些你不需要的；发现那些有关联的数据，加以收集、分析、加工，使得其变为可用的信息。

4．价值性（value）

Value 体现出的是大数据运用的真实意义所在。其价值具有稀缺性、不确定性和多样性。“互联网女皇”Mary Meeker 在 2012 年互联网发展趋势中，用一幅生动的图像来描述大数据（如图 9-10 所示）。一张是整整齐齐的稻草堆，另外一张是稻草中缝衣针的特写。寓意通过大数据技术的帮助，可以在稻草堆中找到你所需要的东西，哪怕是一枚小小的缝衣针。这两幅图揭示了大数据技术一个很重要的特点，即价值的稀疏性。

（二）大数据的发展历程

最早提出“大数据”时代到来的是全球知名咨询公司麦肯锡，麦肯锡称：“数据，已经渗透到当今每一个行业和业务职能领域，成为重要的生产因素。人们对于海量数据的挖掘和运用，预示着新一波生产率增长和消费者盈余浪潮的到来。”　“大数据”在物理学、生物学、环境生态学等领域以及军事、金融、通信等行业存在已有时日，却因为近年来互联网和信息行业的发展而引起人们关注。大数据作为云计算、物联网之后 IT 行业又一大颠覆性的技术革命。云计算主要为数据资产提供了保管、访问的场所和渠道，而数据才是真正有价值的资产。企业内部的经营交易信息、互联网世界中的商品物流信息，互联网世界中的人与人交互信息、位置信息等，其数量将远远超越现有企业 IT 架构和基础设施的承载能力，实时性要求也将大大超越现有的计算能力。如何盘活这些数据资产，使其为国家治理、企业决策乃至个人生活服务，是大数据的核心议题，也是云计算内在的灵魂和必然的升级方向。

图 9-10　数据的变革

进入 2012 年，大数据（Big Data）一词越来越多地被提及，人们用它来描述和定义信息爆炸时代产生的海量数。

随着网络和信息技术的不断普及，人类产生的数据量正在呈指数级增长。数据正在迅速膨胀并变大，它决定着企业的未来发展，虽然很多企业可能并没有意识到数据爆炸性增长带来的问题隐患，但是随着时间的推移，人们将越来越多地意识到数据对企业的重要性。

正如《纽约时报》2012 年 2 月的一篇专栏中所称，“大数据”时代已经降临，在商业、经济及其他领域中，决策将日益基于数据和分析而作出，而并非基于经验和直觉。

哈佛大学社会学教授加里 · 金说：“这是一场革命，庞大的数据资源使得各个领域开始了量化进程，无论学术界、商界还是政府，所有领域都将开始这种进程。

（三）大数据的分析方法

大数据已经不简简单单是数据大的事实了，而最重要的现实是对大数据进行分析，只有通过分析才能获取很多智能的、深入的、有价值的信息。那么越来越多的应用涉及大数据，而这些大数据的属性，包括数量、速度、多样性等都呈现了大数据不断增长的复杂性，所以大数据的分析方法在大数据领域就显得尤为重要，可以说是决定最终信息是否有价值的决定性因素。基于这种认识，大数据分析普遍存在的方法理论有哪些呢？

1．可视化分析

大数据分析的使用者有大数据分析专家，同时还有普通用户，但是他们二者对于大数据分析最基本的要求就是可视化分析，因为可视化分析能够直观地呈现大数据特点，同时能够非常容易被读者所接受，就如同看图说话一样简单明了。

2．数据挖掘算法

大数据分析的理论核心就是数据挖掘算法，各种数据挖掘的算法基于不同的数据类型和格式才能更加科学地呈现出数据本身具备的特点，也正是因为这些被全世界统计学家所公认的各种统计方法（可以称之为真理）才能深入数据内部，挖掘出公认的价值。另外一个方面也是因为有这些数据挖掘的算法才能更快速地处理大数据，如果一个算法得花上好几年才能得出结论，那大数据的价值也就无从说起了。

3．预测性分析

大数据分析最重要的应用领域之一就是预测性分析，从大数据中挖掘出特点，通过科学地建立模型，之后便可以通过模型带入新的数据，从而预测未来的数据。

4．语义引擎

非结构化数据的多元化给数据分析带来新的挑战，我们需要一套工具系统地去分析，提炼数据。语义引擎的设计需要有足够的人工智能以足以从数据中主动地提取信息。

5．数据质量和数据管理

大数据分析离不开数据质量和数据管理，高质量的数据和有效的数据管理，无论是在学术研究还是在商业应用领域，都能够保证分析结果的真实和有价值。

大数据分析的基础就是以上五个方面，当然更加深入大数据分析的话，还有很多很多更加有特点的、更加深入的、更加专业的大数据分析方法。

二、数据机遇

自从有了 IT 部门，董事会就一直在要求信息管理专家提供洞察力。实际上，早在 1951 年，对预测小吃店蛋糕需求的诉求就催生了计算机的首次商业应用。自那以后，我们利用技术来识别趋势和制定战略战术的能力不断呈指数级提高。

今天，商业智能（使用数据模式看清曲线周围的一切）稳居 CXO 们的重中之重。在理想的世界中，IT 是巨大的杠杆，改变了公司的影响力，带来竞争差异、节省金钱、增加利润、愉悦买家、奖赏忠诚用户、将潜在客户转化为客户、增加吸引力、打败竞争对手、开拓用户群并创造市场。

大数据分析是商业智能的演进。当今，传感器、GPS 系统、QR 码、社交网络等正在创建新的数据流。所有这些都可以得到发掘，正是这种真正广度和深度的信息在创造不胜枚举的机会。要使大数据言之有物，以便让大中小企业都能通过更加贴近客户的方式取得竞争优势，数据集成和数据管理是核心所在。

面临从全球化到衰退威胁的风暴，IT 部门领导需要在掘金大数据中打头阵，新经济环境中的赢家将会是最好地理解哪些指标影响其大步前进的人。

当然，企业仍将需要聪明的人员做出睿智的决策，了解他们面临着什么，在充分利用的情况下，大数据可以赋予人们近乎超感官知觉的能力。Charles Duhigg（查尔斯·杜希格）是 The Power of Habit（《习惯的力量》）一书的作者，他找出的一个黄金案例分析的例子是美国零售商 Target（塔吉特公司），其发现妇女在怀孕的中间三个月会经常购买没有气味的护肤液和某些维生素。通过锁定这些购物者，商店可提供将这些妇女变成忠诚客户的优惠券。实际上，Target 知道一位妇女怀孕时，那位妇女甚至还没有告诉最亲近的亲朋好友，更不要说商店自己了。

很明显，在可以预见的将来，隐私将仍是重要的考量，但是归根结底，用于了解行为的技术会为方方面面带来双赢，让卖家了解买家，让买家喜欢买到的东西。

大数据将会放大我们的能力，了解看起来难以理解和随机的事物。对其前途的了解提供了获取崭新知识和能力的机会，将改变您企业运作的方式。

三、数据回报

企业可以通过思考数据战略的总体回报，来应对大数据的挑战，抓住大数据的机会。数据回报率是为帮助高级 IT 和业务部门领导者进行大数据基本的战术和战略含义的讨论而设计的一个简单概念。等式非常简单：如果您提高数据对于业务部门的价值，同时降低管理数据的成本，从数据得到的回报就会增加——无论是用金钱衡量，还是更好的决策。

数据回报率=数据价值/数据成本

在技术层面，数据回报率为数据集成、数据管理、商业智能和分析方面的投入提供了业务背景和案例。它还与解决业务的基础有关：挣钱、省钱、创造机会和管理风险。它涉及对效率的考虑，同时推动了改变游戏规则的洞察力。

四、大数据的主要应用

大数据在互联网领域的应用现状以及未来发展。

（一）电子商务

近年来，淘宝、京东等网络零售第三方交易平台和电子商务网站的蓬勃发展，使其上聚集了大量的经营者、消费者和商品、服务，并因此而衍生出了大量的数据，利用大数据理论和技术，对网络购物、网络消费、网络团购、网上支付等数据进行深度挖掘、深入分析，将可发现大量有价值的信息与统计规律，对布局和推动今后中国互联网经济的健康有序发展、对进一步规范经营者和消费者的电子商务活动、加强国家对该领域的宏观调控和监管等，均将产生积极的影响。

当前的电子商务平台主要面对两类用户，一是最终消费者，二是大量的商家。对于最终消费者而言，电子商务平台目前主要通过积累和挖掘用户消费过程的行为数据，来为消费者提供商品推荐服务。某些电子商务平台还将时间、地理位置、社交网络等因素融入到用户行为数据中，进一步进行精准推荐。在实际的推荐系统中，主要利用的是机器学习、自然语言理解、大数据分布式存储和并行处理等技术；然而，目前针对第二类用户——商家的大数据分析挖掘服务还较少。一方面，相对于最终消费者，商家更注重数据的隐私性，对于某些数据他们是不愿意被第三方获知的；另一方面，商家的许多商业行为并不都是在线上完成的，有很多是在线下完成的，平台难以获得较为全面的数据。促使商家开放数据或者部分数据，需要在数据安全、数据使用的商业模式和技术等多个层面的创新以及观念的改变才能实现，还需要一定的时间。然而，针对商家数据的分析的确具有很高的价值。例如，通过对商家进货、库存、销售、客户关系等多方位数据的获取和分析，可以有效地为商家推荐优质的上下游业务，帮助商家建立起上下游的产业链关系；可以通过平台数据的分析为商家推送有关税收、融资、法律等与企业经营活动相关的专业服务，帮助商家更好地发展，帮助政府更好地对企业进行监管和扶持。目前，国内专注于企业领域的一些公司正在大力开展这方面的工作。

（二）网络广告

在互联网上，网民经常根据自己的需求或喜好查阅相关内容，虽然关闭网页就意味着某一次的网上活动结束，但网民在互联网上的任何行为都会留下痕迹，它代表着某种心理、需求或行为，反映个体的审美观、价值观以及消费观。每一次的上网痕迹都会成为抽象的数据，负载着个体的多样信息，最后存储在后台服务器中。经过长期的积累，后台服务器会存储海量的数据，这些数据都可以被广告从业者获取、“化验”，采用特定的数据挖掘算法对这些海量数据进行分析、挖掘、利用，然后对受众群体进行基本定位，进而抽象出受众的审美、消费、兴趣特征，利用这些特征便可以精准地设计出符合某类受众群体口味的广告。如果收集的数据可靠且分析准确，那么设计出的广告受到网络用户青睐的可能性将大大提高，获得成功的概率也会大大增加。

（三）网络新闻、搜索引擎

利用大数据理论和技术，通过对网民阅读/搜索内容、习惯、爱好、行为、关键词等的深入分析，可为新闻门户网站的建设、搜索引擎技术的改进、互联网舆情的监控与引导等提供依据。

（四）旅行预订

网上预订旅行产品、旅行行程、车票机票等，已成为一项非常重要的互联网服务和应用，并因此聚集了大量的有关游客/乘客、景区/景点、宾馆/饭店等的数据，利用大数据理论和技术对此做深入、精细分析，可为更好地布局和推动我国旅游经济和假日经济的发展、更好地为游客提供旅游产品和旅游服务、更好地建设景区和景点等提供参考和依据。

（五）即时通信、社交网络、博客微博

即时通信、社交网络、博客微博成为互联网时代民众新的通信、社交和发表见解手段，利用大数据理论和技术对此进行深入分析，可更好地发现民众新的交往习惯与方式、民众关

注的社会问题与社会热点、民情民意，为改善互联网时代的通信和社交服务、更好地体察民情和改进社会管理等提供参考。

（六）网络视频、网络音乐、网络游戏和影视制作等

网络视频、网络音乐、网络游戏、影视制作等为互联网时代的民众带来了新的娱乐形式，带动了新的经济增长，当然也带来了网瘾、网络安全等问题。利用大数据理论和技术对此进行深入分析，可更好地发现民众新的娱乐形式和爱好、掌握青少年网游习性和规律，为更好地推出网络娱乐和网络游戏产品与服务、推动网游经济发展、保障青少年上网安全等提供依据；根据观众的心理需求制作出更加卖座的影视作品。大数据分析在互联网上的一个重要应用就是基于用户的各种海量在线行为来分析用户的兴趣和需求。对于网络游戏来说，越来越多的游戏厂商也意识到了大数据分析的重要性，特别是对于游戏研发和运营中的三个重要环节的作用，即降低用户获取成本、提高用户留存和提高用户付费率和付费额。他们开始建立实时大数据平台收集用户在游戏中的行为数据，通过分析理解每个用户如何玩游戏、他们的动机和潜在的价值，来调整游戏的设计，并对这些用户进行实时自动的营销，以更好地满足这些用户的需求。例如基于游戏内用户行为利用数据挖掘和机器学习算法对每个用户进行评估和分类，然后可以使用这些细分的用户类别，推送及时、相关和个性化的消息（如促销信息）来留住用户。同时基于行为数据对用户细分后，还可以进行跨游戏的用户营销，对不同的用户类型推送不同类型的游戏。面向游戏的大数据分析仍有三个挑战，第一个关于数据质量，不同的游戏之间或者不同玩家的数据的预处理面临的问题是，接口不规范、杂乱无章导致数据比较差，如何能够选出高质量的数据。第二个问题在用户的隐私和个性化之间找到一个平衡点，这对整个互联网上的用户行为分析来说都是有挑战的问题，这个挑战不光是技术，还有政策法规。第三个问题是未来跨设备、跨平台、跨应用的手机游戏，网页游戏和电视游戏将为用户提供更加无缝的娱乐体验，如何收集用户完整的行为数据以了解他们的需求将是挑战性的任务，同时如何将大数据中的预测性分析技术应用于游戏分析，提供更加个性化的游戏成为未来的另一个方向。

2013 年，一部网络剧《纸牌屋》受到影视界与网络界人士的广泛关注，该剧时下已经横扫 40 多个国家收视榜。该剧之所以备受关注，是因为它在很大程度上是采用大数据“算”出来的。该剧的制作方是世界上最大的在线影片租赁服务商 Netflix，它通过其全球 3300 万个订阅用户大量的行为痕迹，如下载、收藏、推荐、快进、暂停、回放、播放等，了解到大多数用户喜欢 David Fincher 导演，Kevin Spacey 主演的影片口碑不错，还了解到英剧版的《纸牌屋》很受欢迎。三者的碰撞促进了《纸牌屋》的诞生。Netflix 还通过海量的数据积累和挖掘，分析出用户的观看习惯在不断改变，观看时间逐渐零散化，不再喜欢追剧而是喜欢一次性全部看完，所以《纸牌屋》不再有“首播剧集”和“追剧”的概念，首次开播也是将一季内容全部播出。Netflix 对其长期积累下来的“大数据”进行分析、处理、挖掘、预测，根据受众特征、喜好定制电视剧，不再是随意、主观地编制影片，而是以数据为依据，成功地推出了广受欢迎的电视剧。在整个过程中，人们不难发现，《纸牌屋》从内容生产、受众定位到受众审美心理、受众消费习惯，都依赖于数据分析，像受众审美心理这些以前无法量化、无

法掌控的因素，现在由于有了海量的数据和相应的数据挖掘技术而成为可以“计算”、可以操控的“客体”。将混沌不清的因素透明化，将柔性的、主观的东西刚性化、客观化，数据挖掘在其中起到了至关重要的作用。此时，数据分析已经不再仅仅是一种方法、一种工具，而是包含着革命性的变化。

（七）医疗行业

Seton Healthcare 是采用 IBM 最新沃森技术医疗保健内容分析预测的首个客户。该技术允许企业找到大量病人相关的临床医疗信息，通过大数据处理，更好地分析病人的信息。

在加拿大多伦多的一家医院，针对早产婴儿，每秒钟有超过 3000 次的数据读取。通过这些数据分析，医院能够提前知道哪些早产儿出现问题并且有针对性地采取措施，避免早产婴儿夭折。

大数据同时能让更多的创业者更方便地开发产品，比如通过社交网络来收集数据的健康类 App。也许未来数年后，它们搜集的数据能让医生给你的诊断变得更为精确，比方说不是通用的成人每日三次一次一片，而是检测到你的血液中药剂已经代谢完成会自动提醒你再次服药。

（八）能源行业

智能电网现在欧洲已经做到了终端，也就是所谓的智能电表。在德国，为了鼓励利用太阳能，会在家庭安装太阳能，除了卖电给你，当你的太阳能有多余电的时候还可以从你家中买回来。通过电网收集每隔五分钟或十分钟收集一次数据，收集来的这些数据可以用来预测客户的用电习惯等，从而推断出在未来 2～3 个月时间里，整个电网大概需要多少电。有了这个预测后，就可以向发电或者供电企业购买一定数量的电。因为电有点像期货一样，如果提前买就会比较便宜，买现货就比较贵。通过这个预测后，可以降低采购成本。

维斯塔斯风力系统，依靠的是 Big Insights 软件和 IBM 超级计算机，然后对气象数据进行分析，找出安装风力涡轮机和整个风电场最佳的地点。利用大数据，以往需要数周的分析工作，现在仅需要不足 1 小时便可完成。

除了上述几大应用领域之外，大数据还广泛应用于商业零售、智慧城市、通信等领域。可以说，大数据对人类的影响正在逐渐深入。

五、网络空间安全与大数据

人机结合成为网络安全领域大数据分析工具的基本形态，单以全球每天产生的海量信息来看，以当前软硬件能力存储、传递、分析所有萃取出的元数据与内容数据仍然相当困难。为此有很多解决方案，包括“将元信息自动分析预警与重点内容数据采集”相结合、“采集数据滚动式缓存与验证信息结构化提取”等，都可以减少海量信息采集与存储带来的压力。但这样仍然不能解决海量信息的分析处理需求。当前的主要解决方案是将人机结合作为大数据分析工具的基本形态：通过“形式化”专家学者的智能经验，提升分析工具的智能化程度；将关键领域任务模型与规范化工作流相结合，打造任务敏感性分析方式；将情报分析专家与技术专家相结合，实时修订信息处理策略提升信息处理能力；以发展态势可视化技术为基本方向，做好人机结合式的网络安全态势理解。

美国人正在做的系列项目，都是试图汇聚所有美国及其盟国情报系统的力量和资源，尽最大可能实现更广泛意义上的“人机”结合。

组建国家网络安全力量是网络安全大数据应用的重要步骤。网络安全领域的大数据应用，要求数据的完整性、综合性，需要多种信息处理手段相结合，更需要高效组织运作机制的保障。当前，这些情报来源已经由传统的军方以电子监听为主转为以电子监听、网络监视相结合，甚至网络监视的业务量可能更大。这种组织构架全面、综合处理各类信息，能够有效地保证及时、准确的威胁告警与安全反应。

2012 年 5 月美国击毙本·拉登的组织领导者就是中央情报局，美海军陆战队只是执行人。2013 年 8 月 4 日美国政府发布关闭全球大使馆安全告警，随后在也门打死六名基地组织武装人员，背后也都有大数据技术的有效支持。目前美军正在依照国家安全局的模式组建 100 个服务于联合作战的“营”级规模的网络作战分队，其核心装备仍需要大数据技术的支撑。国家力量对网络安全领域大数据的投入，彻底改变了国际网络安全力量格局。

第五节　物联网

一、物联网的基本概念

Acquity 集团（全球最大的管理咨询跨国公司埃森哲子公司）在 2014 年 8 月 22 日发布了《2014 年全球物联网报告》，报告显示：预计在 2019 年全球 69%的家庭都至少有一台物联网设备。在针对 2000 名美国用户的随机调查中目前仅有 4%的用户拥有物联网设备，而到 2015 年年底这个数字有望上升到 13%。

物联网（Internet of Things，IOT）是一个基于互联网、传统电信网等信息承载体，让所有能够被独立寻址的普通物理对象实现互联互通的网络。物联网一般为无线网，每个人都可以应用电子标签将真实的物体上网联结，在物联网上都可以查找出它们的具体位置。通过物联网可以用中心计算机对机器、设备、人员进行集中管理、控制，也可以对家庭设备、汽车进行遥控，以及搜寻位置、防止物品被盗等各种应用。

物联网将现实世界数位化，应用范围十分广泛。物联网的应用领域主要包括以下几个方面：运输和物流领域、健康医疗领域、智能环境（家庭、办公、工厂）领域、个人和社会领域等，具有十分广阔的市场和应用前景。

比尔·盖茨 1995 年《未来之路》一书中提及物物互联，只是当时受限于无线网络、硬件及传感设备的发展，并未引起重视。1998 年麻省理工学院提出了当时被称作 EPC 系统的物联网构想。1999 年，在物品编码，RFID 技术的基础上 Auto-ID 公司提出了物联网的概念。2005 年 11 月 17 日，信息世界峰会上，国际电信联盟发布了《ITU 互联网报告 2005：物联网》，其中指出“物联网”时代的来临。

我国物联网应用总体上处于发展初期，许多领域积极开展了物联网的应用探索与试点，但在应用水平上与发达国家仍有一定差距。

目前已开展了一系列试点和示范项目，在电网、交通、物流、智能家居、节能环保、工业自动控制、医疗卫生、精细农牧业、金融服务业、公共安全等领域取得了初步进展。

工业领域，物联网可以应用于供应链管理、生产过程工艺优化、设备监控管理以及能耗控制等各个环节，目前在钢铁、石化、汽车制造业有一定应用，此外在矿井安全领域的应用也在试点当中。农业领域，物联网尚未形成规模应用，但在农作物灌溉、生产环境监测（收集温度、湿度、风力、大气、降雨量，有关土地的湿度、氮浓缩量和土壤 pH 值）以及农产品流通和追溯方面物联网技术已有试点应用。金融服务领域，在“金卡工程”、二代身份证等政府项目推动下，我国已成为继美国、英国之后的全球第三大 RFID 应用市场，但应用水平相对较低。正在起步的电子不停车收费（ETC）、电子 ID 以及移动支付等新型应用将带动金融服务领域的物联网应用朝着纵深方向发展。电网领域，2009 年国家电网公布了智能电网发展计划，智能变电站、配网自动化、智能用电、智能调度、风光储等示范工程先后启动。交通领域，物联网在铁路系统应用较早并取得一定成效，在城市交通、公路交通、水运领域的示范应用刚刚起步，其中视频监控应用最为广泛，智能车路控制、信息采集和融合等应用尚在发展中。物流领域，RFID、全球定位、无线传感等物联网关键技术在物流各个环节都有所应用，但受制于物流企业信息化和管理水平，与国外差距较大。医疗卫生领域，我国已经启动了血液管理、医疗废物电子监控、远程医疗等应用的试点工作，但尚处于起步阶段。节能环保领域，在生态环境监测方面进行了小规模试验示范，距离规模应用仍有待时日。公共安全领域，在平安城市、安全生产和重要设施防入侵方面进行了探索。民生领域，智能家居已经在一线重点城市有小范围应用，主要集中在家电控制、节能等方面。

二、物联网应用的关键技术

（一）传感器技术

这也是计算机应用中的关键技术。大家都知道，到目前为止绝大部分计算机处理的都是数字信号。自从有计算机以来就需要传感器把模拟信号转换成数字信号计算机才能处理。

我国已建立了较完整的敏感元件与传感器产业，产业规模稳步增长。2009 年我国传感器产业规模接近 600 亿元，形成了长三角为主，以及珠三角、京津、中部及东北部分城市的空间布局。目前我国大陆共有 450 余家从事敏感元件及传感器生产厂家，年产量突破 24 亿只，批量生产的产品涉及光敏、电压敏、热敏、力敏、气敏、磁敏和湿敏 7 大类约 3000 多个品种。主要传感器企业中，外资企业比重达到 67%。我国传感器产业和技术发展仍存在突出问题：一是核心技术和基础能力缺乏，传感器在高精度、高敏感度分析、成分分析和特殊应用的高端方面差距大，中高档传感器产品几乎 100%从国外进口，90%芯片依赖国外；二是共性关键技术尚未真正突破，设计技术、可靠性技术、封装技术、装备技术等方面都存在较大差距；三是产业结构不合理，品种、规格、系列不全，技术指标不高；四是企业能力弱，95%以上属小型企业。

近几年，中国传感器行业发展总体规模逐渐扩大，显著应用于汽车工业中包括汽车轮胎中的传感器应用、安全气囊中的传感器应用、底盘系统中的传感器应用、发动机运行管理系统中的传感器应用、废气与空气质量控制系统中的传感器应用和需求、ABS 中的传感器应用和需求、车辆行驶安全系统中的传感器应用和需求、汽车防盗系统中的传感器应用和需求、发动机燃烧控制系统中的传感器应用和需求、汽车定位系统中的传感器应用和需求、汽车其他系统中的传感器应用和需求。

除此以外，中国传感器在其他领域也有新的应用，如工业控制领域、在环境保护领域、在设施农业中、在多媒体图像领域、其他有关传感器的应用。全球现在大概有 40 个国家从事传感器的研制生产工作，研发、生产单位有 5000 余家，产品达 20000 多种。国内有 1688 家企事业单位从事传感器的研制、生产和应用，其中从事 MEMS 研制生产的有 50 多家，但规模和应用领域都较小。

由于没有规模化应用，国内传感器产品普遍存在技术水平低和价格高的矛盾。在国际市场上，德国、日本、美国、俄罗斯等老牌工业国家的企业主导了传感器市场，许多厂家的生产都实现了规模化，有些企业的年生产能力达到几千万只甚至几亿只。相比之下，中国传感器的应用范围较窄，更多的应用仍然停留在工业测量与控制等基础应用领域。基于此，中国传感器市场竞争十分激烈。

（二）RFID 标签

也是一种传感器技术，RFID 技术是融合了无线射频技术和嵌入式技术为一体的综合技术，RFID 在自动识别、物品物流管理有着广阔的应用前景。

我国形成了 RFID 低频和高频的完整产业链和京、沪、粤为主的空间布局，2009 年市场规模达到 85 亿元并成为全球第 3 大市场；我国低频和高频段 RFID 技术相对成熟，超高频和微波频段产业链与国外技术差距较大，超高频、有源 RFID 等领域还没有形成整体产业能力。RFID 产业链主要由标签芯片设计、标签天线设计、标签封装技术与设备、读写机具设计与制造、系统集成与软件开发等几个部分组成，各环节实力较强的企业仍然集中在美国和欧洲国家。我国在射频芯片、封装、应用支撑软件、系统集成领域逐渐壮大，但整体实力不强。RFID 标签芯片方面，自主知识产权比较贫乏，但标签芯片设计上取得了长足发展。标签封装环节，产品性能已达到国际先进水平，RFID 卡片形式封装技术已十分成熟，但欠缺封装超高频、微波标签能力，在提供防水、抗金属的柔性标签方面仍需提高生产工艺。读写机具设计与制造方面，13.56MHz RFID 的识别系统设计与生产技术成熟，竞争力较强。RFID 中间件产品与国外仍有较大差距。系统集成与系统软件开发上，国内企业具备一定的大型系统集成能力。标签打印机和贴标机领域，目前基本上被国外垄断。

从国际市场看，RFID 市场包括 RFID 标签和应用，即主动标签、被动标签、阅读器、软件、服务、网络等相关产品。据咨询机构 IDTechEx 统计，2012 年全球 RFID 及应用的市场价值为 76.7 亿美元，较 2011 年的 65.1 亿美元上升 17.8%。预计 RFID 及应用市场在未来十年会继续稳步增长，保持约 20%的增长率，到 2022 年市场价值将达到 261.9 亿美元。从国内市场看，中国 RFID 及应用产业的市场规模 2009 年 85.1 亿元，2010 年 120 亿元，2011 年 179.7 亿元，增长的幅度是 48%，2012 年是 270 亿元。其增长得益于应用试点和示范项目的推动，以及应用领域的扩大和增长，产业配套的带动。到 2012 年，标签及封装服务市场的占比最高，达到 32.39%。其次是系统集成服务，占 31.60%。随着 RFID 技术的快速发展、市场应用越来越多、规模越来越大，标签和读写机器的成本也会随之下降，RFID 行业中的设备供应商和系统集成商都会有非常大的机会，整个 RFID 行业将会加速发展。从 RFID 的市场结构上看，软件和系统集成的规模会进一步提高。RFID 的市场前景非常广阔，在各个细分行业基本上都有相应的 RFID 企业，如汽车、火车、医疗、图书馆、资产管理、门禁等。中国作为全球制造基地，无疑将会成为 RFID 技术在各方面应用的最大潜在市场之一。

在国内 RFID 技术的运用已经延伸到各个细分行业，比如汽车防盗系统、火车班次识别、医疗状况跟踪、图书馆书籍管理、固定资产查收、门禁系统等。RFID 技术运用范围非常之广，市场前景十分广阔。

1．物流及零售领域

物流和零售业领域可谓是 RFID 技术腾飞的起点，早在 2003 年，德国的最大零售商麦德龙（Metro）就已经利用 RFID 技术对商品流通进行跟踪管理。而美国沃尔玛是目前运用 RFID 技术管理商品最娴熟的零售企业之一，据 Sanford C. Bernstein 公司的零售业分析师估计，通过采用 RFID 技术，沃尔玛每年可以节省 83.5 亿美元，其中大部分是因为不需要人工查看进货的条码而节省的劳动力成本。“研究表明，采用 RFID 技术的商场或大型超市补充脱销货物的效率比普通的高 63%”，沃尔玛常务副总裁及信息总管林达・迪尔曼说。

因为高昂的成本，国内大规模采用 RFID 技术进行零售业商品管理的企业较少。海尔集团在其新建的 7200 平方米全自动物流中心搭建 RFID 技术平台，使海尔集团不仅减少了 20 万平方米仓库，同时呆滞物资降低了 90%，库存资金减少了 63%，极大地降低了运营成本。

随着 RFID 技术的日益完善，物流和供应链领域的需求规模将会日益扩大。RFID 的终极目标是实现对单个产品的追踪，届时对电子标签的需求会以天文数字来计量。

2．食品安全领域

近年来，国内食品安全是民生关注的重大问题之一。奶粉、食用油等食品安全让国人谈之色变，近几个月，假羊肉事件也在各地掀起风波，食品安全已逐渐成为影响社会稳定的因素之一。

利用 RFID 技术可以有效地追踪问题食品，通过给商品、食物贴电子标签，对其生产、运送、流通过程全程追踪，可以有效地缓解食品安全的困境。消费者和食品质检人员只需在指定阅读器读写电子标签，即可获悉食品的来源、加工过程等信息，直接追溯到食品的源头厂家。

以畜牧业食品为例，国家金卡工程 RFID 试点工程“牲畜通”系统在四川运营获得成功后，将正式推向全国。防疫和质检部门通过此系统可对生猪种群品种及饲养、防疫、检疫过程进行全程监管。

3．高速公路收费系统

随着中国高速公路网络逐渐建立和国内人均汽车保有量不断提高，在拥挤路段，特别是进出市区的高速公路收费关卡，工作人员的收费速度极大影响交通的通畅程度。

国外许多高速公路收费都实现了不停车收费（Electronic Toll Collection，ETC），不停车收费系统是利用 RFID 技术的电子收费系统，解决了因停车收费排队而造成的道路拥挤状况。从车辆经过、阅读车辆电子标签，至核对正确后从客户账户上扣除应付费用，整个过程不到一秒钟。同时因为收费系统只需要射频卡、阅读器、感应圈、数据库等系统单元，既能组成简单的不停车收费系统，并且无需人工操作，不仅降低了硬件、软件的采购成本，同时减少人工运营成本。

（三）嵌入式系统技术

该技术是综合了计算机软硬件、传感器技术、集成电路技术、电子应用技术为一体的复杂技术。经过几十年的演变，以嵌入式系统为特征的智能终端产品随处可见，小到人们身边的手机，大到航天航空的卫星系统。嵌入式系统正在改变着人们的生活，推动着工业生产以及国防工业的发展。如果把物联网用人体做一个简单比喻，传感器相当于人的眼睛、鼻子、皮肤等感官，网络就是神经系统用来传递信息，嵌入式系统则是人的大脑，在接收到信息后要进行分类处理。这个例子很形象地描述了传感器、嵌入式系统在物联网中的位置与作用。

我国已形成基本齐全的物联网产业体系，部分领域已形成一定市场规模，网络通信相关技术和产业支持能力与国外差距相对较小，传感器、RFID 等感知制造产业、高端软件与集成服务与国外差距相对较大。仪器仪表、嵌入式系统、软件与集成服务等产业虽已有较大规模，但真正与物联网相关的设备和服务尚在起步。

1．物联网应用基础设施服务业

虽然不是所有云计算产业都可纳入物联网产业范畴，但云计算是物联网应用基础设施服务业中的重要组成部分，物联网的大规模应用也将大大推动云计算服务发展。

国内云计算商业服务尚在起步，SaaS 已形成一定规模，而真正云计算意义的 IaaS 和 PaaS 商业服务还未开展。目前，我国在云计算服务的基础设施（IDC 中心）建设、云计算软硬件产业支持和超大规模云计算服务的核心技术方面与发达国家存在差距。云安全方面，我国企业具有一定的特点和优势。随着物联网应用的规模推进、互联网快速发展和国家信息化进程的不断深入，我国云计算服务将形成巨大的市场需求空间，“十二五”期间呈现快速发展态势。

2．物联网相关信息处理与数据服务业

信息处理与数据分析的关键技术主要是数据库与商业智能。我国数据库产业非常薄弱，知名企业只有三四家，只占国内市场 10%左右的份额。商业智能（BI）领域我国虽然技术相对落后，然而已形成了一定规模，国内现有 BI 厂商有近 500 家，但高端市场仍由国际厂商垄断。整体而言，我国拥有自主知识产权的数据库产品、BI 产品和掌握关键技术的软件企业少，产业链不完整，缺乏产品线完整、软硬结合、竞争力强的国际企业。

3．物联网相关软件开发与集成服务业

我国软件与集成产业连续多年保持高速增长，2010 年完成业务收入 1.3 万亿元，同比增长 31%，其中系统集成和支持服务实现收入 2910 亿元，同比增长 31.8%。然而物联网应用所需的软件高端综合集成能力，特别是软件与各行业的业务流程深度融合和集成整合能力，我国与国际领先企业差距很大，总体上处于产业链低端。

4．物联网应用服务业

整体上我国物联网应用服务业尚未成形，已有物联网应用大多是各行业或企业的内部化服务，未形成社会化商业化的服务业，外部化的物联网应用服务业还需一个较长时间的市场培育，并需要突破成本、安全、行业壁垒等一系列制约。

我国尚未形成真正意义的物联网产业形态和爆发点，物联网已形成巨大市场的潜力，但潜在空间转化为现实市场还需要较长时间培育，关键点是通过技术和应用创新形成新兴业态和新增市场。我们预计，“十二五”期末我国物联网相关产业规模将达到 5000 多亿元，而真正可能形成万亿级规模的时间节点预计在“十三五”后期。

综合案例

美国梅西百货：O2O 十二项攻略大起底

美国著名的百货零售集团梅西（Macy's，Inc.纽交所：M），2013 财年销售额达 279 亿美金，管理了 840 家 Macy's 和 Bloomingdale's 百货店（下文简称梅西百货），及 13 家 Bloomingdale's 奥莱商场。公司近日对其 O2O 全渠道战略进行了非常详尽的披露。

1．Apple Pay 苹果支付

2014 年 9 月，梅西百货成为首批支持 Apple Pay 移动支付系统零售商，由于其指纹方案和近场通信技术 NFC 芯片技术，业界纷纷看好，认为其离线化、易识别等特性使其更安全。

2．当日送达

梅西百货自今年秋季将开始试点，与众包当日送达服务供应商 Deliv 合作，在全美先期选择在几个梅西销售规模大的城市试点如芝加哥、洛杉矶等，对 PC 和手机端线上购物用户承诺当日购买，当日到店取货。

3．线上购买线下取货（BOPS）

从2013年开始试点，现已实现梅西百货全网店通用。

4．线下店铺销售端的技术创新

梅西在几家店内试点各种与销售相关的技术创新，如能帮助店员更有效地为消费者展示货品搭配和商品信息，并加快交易的新一代加强版的手持终端和平板计算机；在几家店试点设立梅西联络中心（Connect@Macy's Centers）便于线上购物消费者取货；增加店员数量为消费者提供风格搭配建议和产品推荐；有些试点店铺内，消费者还可以在电子服务站和大型互动屏幕显示，通过手机购买产品。

5．加强购物APP应用

梅西发布了iOS和安卓版的购物APP，并在不断改进和添加帮助人们购物体验的功能。

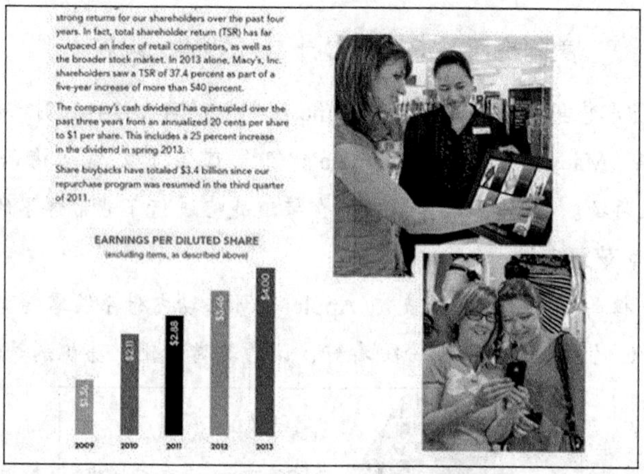

6．梅西图像搜索

梅西网站在旧金山的创新实验室开发出此项新技术概念，并迅速研发应用，消费者可以拍摄并上传任何一件日常生活中见到的产品，系统会为消费者找到梅西网站对应或相似产品，现在梅西图像搜索仅支持苹果官方商店下载，未来该功能将合并到上文的购物APP应用中。

7．梅西手机钱包

该功能使消费者轻松存储和了解优惠及打折券信息，并为梅西的忠诚会员提供无缝全渠道的使用体验，线上线下店内外都可使用。

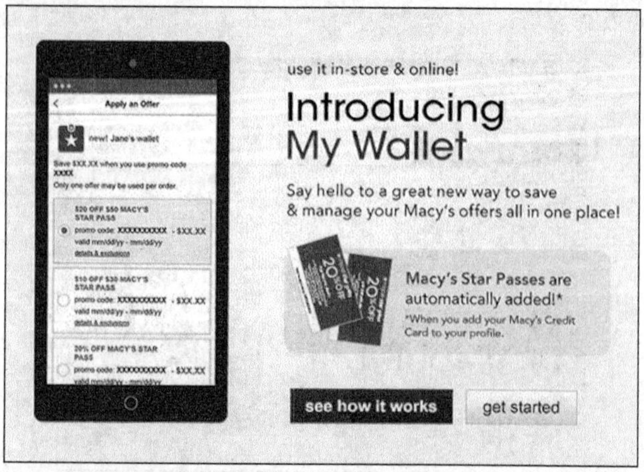

8. RFID 应用和扩展

梅西百货是首批全美范围使用该技术的零售商，自 2011 年至今已初见成效。RFID（射频技术或电子标签技术）提高了其库存盘点准确度，特别是帮助公司清楚了解哪些货品和尺寸在库可销售，方便及时补货。最近通过 RFID 技术在时尚品类的试点应用，得益于精准的实时库存盘点，梅西的正装裙、男士运动外套和休闲裤卖得更好。2015 年将完成时尚品类的 RFID 应用。

9. Shopkick 逛街应用

通过与全球应用范围最广的购物应用 Shopkick 合作，梅西在所有门店都将推广使用这个基于 iBeacon 技术的位置服务应用，也将是迄今为止该技术在零售商店最大规模的一次使用，梅西各门店届时将安装 4 千台设备，每家门店可定制推送折扣、推荐等促销信息。设备安装将于今年秋天完成并启用。

10. 智能试衣间

试衣间配有壁挂平板计算机供店员和消费者扫描查询产品颜色尺寸和产品推荐等搭配信息，还可不必出门，通过一键呼叫店员帮助。

11. 梅西数字出版

梅西在推出了秋季时尚购物目录后，梅西网站将推出数字版，充分利用屏幕如 360 度图片介绍，看时尚视频、线上个人风格混搭等。

12. 梅西桌面搭配 Bloomingdale's Tabletop Builder

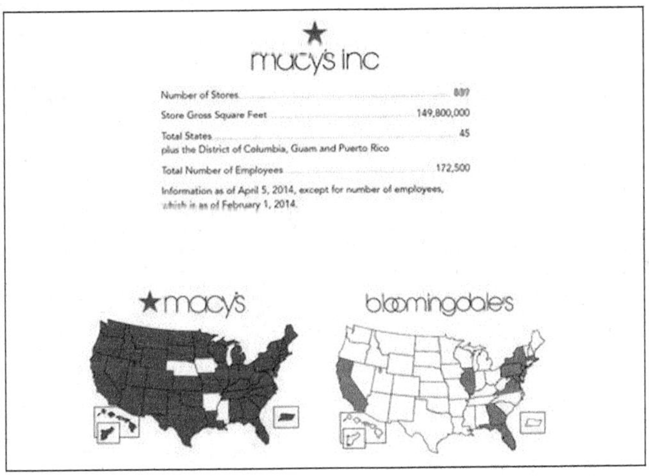

梅西的线上桌面搭配于 10 月 1 日上线，帮助消费者混搭或搭配桌面餐具、盘子、玻璃器皿等摆设，并提供家居摆设建议。

（资料来源：中国电子商务研究中心）

结合本案例请分析：

1. 梅西百货实施 O2O 的关键因素是什么？
2. 在所有制约 O2O 电子商务模式发展的因素中，你认为最难克服的是什么？

思考题

1. 你认为 O2O 电子商务模式最重要的因素是什么？
2. 互联网金融和传统的金融有何区别？
3. 你认为电子商务的发展趋势是什么？

参考文献

[1] 吴清烈. 电子商务管理[M]. 北京：机械工业出版社，2009.

[2] 曾小春. 电子商务管理[M]. 西安：西安交通大学出版社，2010.

[3] 方晨. PhotoshopCS2 中文版教程[M]. 上海：上海科学普及出版社，2008.

[4] 孙建伶，林怀忠. 数据库原理与应用[M]. 北京：高等教育出版社，2006.

[5] 高洪深. 决策支持系统（DSS）案例集[M]. 北京：清华大学出版社，2009（46-50）.

[6] 曾小春. 电子商务管理[M]. 西安：西安交通大学出版社，2010.

[7] 杨慧. 我国电子商务立法的现状及其完善[J]. 中国商贸，2012（03）.

[8] 方美琪，刘鲁川. 电子商务技术员教程[M]. 北京：清华大学出版社，2005.

[9] 俞立平. 电子商务概论[M]. 北京：清华大学出版社，2012.

[10] 黄海峰. 电子商务概论[M]. 上海：上海交通大学出版社，2012.

[11] 杨选辉. 信息系统分析与设计[M]. 北京：清华大学出版社，2010.

[12] 郑仁泉. 国际贸易理论与实务[M]. 北京：经济日报出版社，2010.8.

[13] 中国电子商务研究中心 http：//www.100ec.cn/.

[14] 百度百科 http：//baike.baidu.com/.

[15] 百度文库 http：//wenku.baidu.com/.

[16] MBA 智库 http：//wiki.mbalib.com/.